Der Times Square und die New York Times

Stadtentwicklung, Politik und die
Rolle der Medien in New York City

Dr. Eva C. Schweitzer

Der Times Square und die New York Times
Stadtentwicklung, Politik und die Rolle der Medien in New York City

Inaugural-Dissertation zur Erlangung des Akademischen Grades Dr. Phil
Eingereicht an der Philosophische Fakultät III
der Humboldt Universität zu Berlin von:
M. A. Eva C. Schweitzer
bei Professor Hartmut Häußermann, 2002

Aktualisierte Fassung 2013

Herausgegeben von
© Manahatta Publishing
ISBN: 978-1-935902-91-1

255 West 43rd St, Suite 1012
New York, NY 10036
www.manahatta.com
info@manahatta.com

Reproduktion, auch in Teilen, nur mit Genehmigung des Verlags

Der Times Square und die New York Times

Stadtentwicklung, Politik und die Rolle der Medien in New York City

Dr. Eva C. Schweitzer

New York, 2013

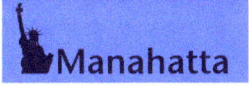

Inhaltsverzeichnis

Vorwort

1)	**Einleitung und Fragestellung**	11
2.)	Politik und Stadtentwicklung in den USA	15
2.1)	Krise und Wiederentdeckung der Downtown	16
2.2)	Public Private Partnerships: Geschichte und Beispiele	18
2.3)	Globalisierung und ihre Auswirkung auf die Downtown	21
2.4)	New York: Vom Manhattan Grid zur Global City	24
2.4.1)	Abriss der Geschichte der Stadt	24
2.4.2)	New Yorker Strukturen in Politik und Planung	29
2.4.3)	Stadt und Staat New York und die UDC/ESDC	33
2.4.4)	Die Bedeutung der globalen Medienindustrie für New York City	34
	Zusammenfassung	37
3)	**Historie des Times Square bis in die 70er Jahre**	39
3.1)	Beginn der Entwicklung am Times Square bis 1905	41
3.1.1)	Erste Theater am Times Square und der West 42nd Street	42
3.1.2)	Der Bau der U-Bahn und des Times Tower	44
3.2)	Die Blütezeit nach der Jahrhundertwende	48
3.2.1)	Der Times Square als Standort der Presse	48
3.2.2)	Der Theatre District bis zur Depression von 1929	52
3.2.3)	Aufkommen des Kinos und Konkurrenz zu Hollywood	57
3.3.)	Niedergang bis zur Ära von Lindsay und Beame	63
3.3.1)	Aufkommen des Fernsehens, Theater als TV-Studios	63
3.3.2)	Sex-Business am Times Square und der West 42nd Street	66
3.3.3)	Die New York Times am Times Square der Nachkriegszeit	70
	Zusammenfassung	74
4)	**Public Private Partnership von Stadt, UDC und TSCA**	75
4.1)	Vorlauf und öffentlicher Diskurs vor Beginn des Projektes	76
4.1.1)	Die „City at 42nd Street"	77
4.1.2)	Zustand des Areals um 1978, Studie der CUNY	80
4.2)	Der Investorenwettbewerb und die Einsetzung der UDC	86
4.2.1)	Ausschreibung und Vergabe der Grundstücke	87
4.2.2)	Die Rahmenbedingungen für das Projekt	99
4.3)	Der politische Diskurs über das Projekt	102
4.3.1)	Die Key Players	103
4.3.2)	Die Public Hearings und die Debatte	108
4.4)	Probleme und Blockaden führen zum Stillstand	112
4.4.1)	Proteste und Prozesse gegen das Projekt	112
4.4.2)	Kosten und Subsidies im Lauf der Verhandlungen	115
	Zusammenfassung	125

5)	**Intervention der New York Times und das neue, an Entertainment orientierte Konzept der UDC**	**127**
5.1)	Der Times Square nach dem Immobiliencrash von 1987	128
5.2)	Die Doppelrolle der Times bei der Planung für das Staatsprojekt	131
5.2.1)	Die Times unterstützt die staatlichen Aufwertungspläne	132
5.2.2)	Die Immobilien- und Bauinteressen der Times	135
5.3)	Die Beiträge der New York Times zum „Cleaning Up"	138
5.3.1)	Der Times Square Business Improvement District	139
5.3.2)	Der Midtown Community Court	148
5.3.3)	Die Gründung der New 42nd Street Inc.	153
5.4)	Die Planung des Entertainment-orientierten Times Square	158
5.4.1)	Der Interims-Plan 42nd Street Now!	161
5.4.2)	Die Übernahme des „New Amsterdam" durch die UDC	167
5.5)	Die New York Times plant ein neues Headquarter im Projektgebiet	171
5.5.1)	Die Baupläne der Times	171
5.5.2)	Potentielle Interessenkonflikte um den Neubau	175
	Zusammenfassung	179
6)	**Der Times Square als globales Zentrum der Medienindustrie**	**181**
6.1)	Disney, das „New Amsterdam" und New York	181
6.1.1)	Die Struktur des Walt-Disney-Konzerns	182
6.1.2)	Warum und wie Disney an den Times Square kam	187
6.1.3)	Die Reaktion der Kulturszene auf Disney	195
6.2.)	Der Times Square nach Disney	198
6.2.1)	Das Staatsprojekt wird tatsächlich verwirklicht	198
6.2.2)	Demographische Veränderungen	205
6.2.3)	Kooperation zwischen Medien und Real Estate	207
6.2.4)	Exkurs: Air Rights für Hells Kitchen	212
6.3)	Die Times-Square-Renaissance und die Medienindustrie	217
6.3.1)	Disney an der 42nd Street: Einflüsse und Folgen	221
6.3.2)	Globale Auswirkungen des neuen Times Square	228
6.3.3)	Die Zukunft der New York Times	232
	Zusammenfassung	237
7)	**Bilanz**	**239**
7.1)	Was geschah mit dem Times Square in städtebaulicher Hinsicht?	239
7.2)	Wer nutzt heute den Times Square?	241
7.3)	Die Key Players: Wer traf die Entscheidungen?	243
7.4)	Finanzielle Bilanz des Staatsprojekts - wer profitierte?	244
7.5)	Was ist der Times Square heute?	247
	Zusammenfassung	248
Nachwort		251

8)	**Bibliographie**	**256**
	Bücher und wissenschaftliche Arbeiten	256
	Zeitungen und Zeitschriften	262
	Quellen aus der Verwaltung und Organisationen	271
	Websites	274
	Interviews	274
	Fotonachweis	275
9)	**Anhang**	**276**
9.1)	Karte von 1920, West 42nd Street, Theater	276
	Karte von 1999, West 42nd Street, Theater	277
9.2)	Karte des Projektgebiets mit allen Sites	278
	Grundstückslisten aus der Sanborn Manhattan Land Use Map	
	Legende	
	Karte mit allen Lots	
	Block 995	
	Block 1012	
	Block 1013	
	Block 1014	
	Block 1015, 1171, 994	

Das Apollo/Lyric im Jahr 2013. Heute firmiert es als Foxwoods Theater

Vorwort

Es ist nun — um die Jahreswende 2012-2013 — fast zwanzig Jahre her, dass ich das erste Mal am Times Square war. Der Times Square ist ein Platz mitten in Manhattan, wo sich Broadway und Seventh Avenue treffen, von der West 47th Street bis zur legendären West 42nd Street, bekannt aus dem gleichnamigen Musical. Im Norden leuchtet die aus zahllosen Filmen bekannte Coca-Cola-Reklame, hier ist auch die Verkaufsstelle für Broadwaytickets. Flankiert wird der Platz von glitzernden Medienhochhäusern und TV-Studios: ABC, MTV, Fox, Viacom, Bertelsmann, die Letterman-Show, Condé Nast mit dem New Yorker und Vanity Fair, und Reuters, dazu neonbunte Reklametafeln für Theater, TV-Shows, Sony und Samsung. Im Osten liegt das Rockefeller Center mit NBC, im Westen CBS und Comedy Central. Im Süden, an der West 42nd Street, steht das alte Hochhaus der New York Times, über und über mit Reklame bedeckt und an der 42nd Street reihen sich Restaurents und Andenkenläden, Theater und Kinos, darunter Disney's New Amsterdam, Ripley's Believe It or Not, Madame Tussauds, und der BB King Blues Club. Südlich davon ist das neue Hochhaus der New York Times. Millionen von Touristen aus allen Ländern tummeln sich hier, und überall wacht berittene Polizei.

Aber der Times Square ist mehr als das: Er war jahrzehntelang ein staatliches Entwicklungsgebiet, ein Areal, das von staatlichen und städtischen Planern umgebaut und aufgewertet werden sollte. Denn seit den sechziger Jahren machte sich hier Verfall und Pornographie breit. Diese Seite des Times Square, die sich eher hinter den Kulissen abspielte, sah ich zum esten Mal am 15. November 1993. An dem Tag trafen sich einige Dutzend Menschen im *Apollo-Theater* an der West 4nd Street zu einem *Public Hearing*. Es waren Architekten, Historiker, Developer, Theatereigner, Politiker und Geschäftsleute, aber auch Anwohner. Der Haupteingang des alten Theaters lag damals noch an der W. 43rd Street, gegenüber dem früheren Gebäude der New York Times, der Annex, der, wie das *Apollo*, heute den Besitzer gewechselt hat.

1993 stand das *Apollo*, wie alle Theater an der 42nd Street, leer und war arg heruntergekommen: Die pastellfarbenen Sessel und der blaue Samtvorhang waren verschwunden, die Marmorsäulen waren stumpf geworden, die Farbe blätterte von den Wänden. Draußen, auf einer Markise, stand: "A Lot of Professionals are Crackpots"; viele Professionelle sing verrückt. Das *Apollo*, 1910 erbaut, hatte die klassische Times-Square-Geschichte hinter sich.

In den goldenen Zwanzigern hatte Oscar Hammerstein, der berühmte Broadway-Impresario, hier Stücke produziert, Macbeth wurde auf der Bühne gespielt, auch W. C. Fields trat auf. 1934, in der Großen Depression, eroberte die halbseidene Burlesque das Theater. Dann wurde aus dem *Apollo* ein Kino. In den sechziger Jahren wurden nur noch Pornos gezeigt. Das Haus wurde Kulisse für den düsteren Martin-Scorcese-Streifen *Taxi Driver,* wo Robert de Niro versucht, eine minderjährige Prostituierte an der West 42nd Street zu retten und schließlich durchdreht.

1978 versuchten die Pächter — die Brandts, eine von den drei Familien, die damals über den Broadway herrschten — noch einmal, hier Sprechtheater zu produzieren, aber auch das blieb erfolglos. Danach gab es im Haus, das nun *Academy* genannt wurde, ab und an Rockkonzerte, bis die Brandts es an die Durst Organisation verpachteten, die größten Immobilienbesitzer am Times Square. Wenig später wurde das Theater von der staatlichen *Urban Development Corporation*, der UDC, enteignet, wie die übrigen Grundstücke am Times Square auch.

Die UDC war es auch, die zu diesem *Public Hearing* geladen hatte, ziemlich genau hundert Jahre, nachdem das allererste Theater an der West 42nd Street eröffnet worden war, das längst verschwundene *American*. Die UDC und die Stadt New York versuchten seit 1981 in einer mäßig erfolgreichen *Public Private Partnership* mit dem Developer George Klein und dem Versicherungskonzern Prudential, den Times Square und den angrenzenden Abschnitt der West 42nd Street mit ihren *Massage Parlors*, Kung-Fu-Kinos, Drogenhändlern, Pornotheatern, Bars, Peepshows, Alkoholikertreffs und Billigimbissen umzubauen. Vier Hochhäuser, eine riesige Mall, Mart genannt, und ein Hotel sollten statt dessen entstehen.

Dieses *Public Hearing* markierte einen Wendepunkt für das Vorhaben. Der eigentliche Anlass war, das Scheitern des — ohnehin schwer umstrittenen — UDC-Projekts einzugestehen und einen Interimsplan vorzustellen, wonach viele bunte Neonlichter an der West 42nd Street blinken sollten, im Stil der großen Vergangenheit, der *Bright Lights*. Der Architekt Robert Stern hatte einen solchen Plan entworfen. Stern saß auch im Aufsichtsrat der Walt Disney Company. Kurz zuvor war durchgesickert, dass Disney ein Theater an der West 42nd Street pachten wolle. Gerald Schoenfeld von der Shubert Organisation, die größten Theatereigner am Broadway, wandte sich auf dem Hearing empört dagegen, Disney Subventionen zu geben. Disney, die "Krake aus Kalifornien" (wie jeder New Yorker denkt), am Broadway!

Die Stimmung war überhaupt nicht besonders gut an diesem Nachmittag. Alle, die da waren, nutzten die Gelegenheit, Dampf abzulassen. Die Betreiber von Sexshops warfen Gretchen Dykstra vor, gegen die Meinungsfreiheit zu sein. Dykstra war die Chefin des Times Square Business Improvement District, den der New York Times-Herausgeber Arthur Sulzberger Jr. gegründet hatte und der die Gegend von Sex und Crime säubern sollte. Jo Ann Macy von der Anwohnervertretung, dem *Community Board 4* warnte, die Pläne der Developer und der UDC bedrohten das angrenzende Wohnviertel Hell´s Kitchen. Kent Barwick vom Stadtplanerverein *Municipal Art Society* sprach von "destruktiven Hochhäusern", die früher oder später doch kommen würden, trotz Interimsplan. Ruth Messinger, die Borough-Präsidentin von Manhattan, sagte, die UDC habe mittlerweile überhaupt kein Recht mehr, ihre Pläne weiterzuverfolgen. Und der linke demokratische Senator Franz Leichter kritisierte die allzu hohen Subventionen für die Developer. Die einzigen, die das Projekt verteidigten, waren Rebecca Robertson, Präsidentin der UDC-Tochter 42nd Street Project und natürlich George Klein.

Für mich war vor allem eines faszinierend: Der Times Square war eine eigene Welt für sich, wie in einer Nussschale, deren Bewohner sich alle seit langem kannten (und meist hassten) und in der zugleich der Keim einer *global community* steckte. Wenige Jahre später sollte kaum mehr ein Stein auf dem anderen stehen. Disney war tatsächlich gekommen und hatte einen Prozess ausgelöst, der erst endete, als das langgeplante Projekt verwirklicht war — wenn auch in ganz anderer Form als ursprünglich gedacht. Anfang 2011 wurde das letzte Hochhaus im Projektgebiet fertiggestellt; an der Südost-Ecke von Eight Avenue und West 42nd Street.

Diese Dissertation stellt das Projekt und das Ergebnis dieses Wandels dar. Sie zeigt, wer profitierte, wer verlor, wer wann und wie Einfluss genommen hat, und welche Rolle welche Institutionen, Medienunternehmen und Personen spielen. Im Zentrum dieser Arbeit steht dabei die größte, älteste und einflussreichste Institution am Times Square: Die New York Times.

Ich selbst wohne inzwischen in einem der alten, nun renovierten Hotels, das dem Abriss entkommen sind. Dies hier ist die aktualisierten Form der Doktorarbeit, mit einem Nachwort, das auflistet, was inzwischen aus jedem Grundstück und jeden Projekt geworden ist. Zum Schluss möchte ich noch einmal meinem Doktorvater, dem 2011 verstorbenen Professor Hartmut Häußermann danken, einer derer, die New York geliebt und gekannt haben.

New York, März 2013
Eva C. Schweitzer

1) Einleitung und Fragestellung

Der Times Square, Mittelpunkt des New Yorker Zeitungs- und Theaterviertels gilt in den USA als "Heart of the World". "Times Square is unique. It is both the symbolic and the real heart of the country's theater world. (...) It is the soul of the city that relishes it's image as the cultural beacon of the nation".[1] In William Taylors Standardwerk *Inventing Times Square* heißt es über die Kreuzung von Broadway, dem *Great White Way,* und der West 42nd Street: "Times Square became Americas great central marketplace for commercial culture between 1900 and 1929".[2]

Aber das "Herz der Welt" verwahrloste mit der Prohibition und der Depression, Kriminalität und Prostitution breiteten sich aus. Die *New York Times* — seit 1904 Grundeigentümerin im Gebiet — bezeichnete 1960 die West 42nd Street zwischen Seventh und Eighth Avenue als den "worst block in town".[3] Alle fünf seitdem amtierenden Bürgermeister versuchten wiederholt, das Areal aufzuwerten. Dies gipfelte 1981, unter Edward I. Koch, in einer *Public Private Partnership* zwischen der Stadt New York und der staatlichen *Urban Development Corporation* (UDC), heute *Empire State Development Corporation* (ESDC) auf der einen Seite und der *Times Square Center Associates* (TSCA) auf der anderen Seite. Die TSCA ist eine Tochter der Developmentfirma Park Tower Realty und der Versicherungsgruppe Prudential.

Diese Partnerschaft hatte den vollständigen Umbau des Times Square zum Ziel. Auf 13 acres (5,2 Hektar) sollten 4,1 Millionen *squarefeet* an Büro- und Geschäftsfläche entstehen, in vier Hochhäusern mit 29, 37, 49 und 58 Geschossen, dazu eine Mall, Mart genannt, mit 2,5 Millionen *squarefeet* und ein 45-stöckiges Hotel. Es war ein 2,5-Milliarden-Dollar-Vorhaben. Das Projektgebiet, also das von der UDC/ESDC beplante Areal, umfasst beide Blöcke an der West 42nd Street zwischen Seventh und Eighth Avenue, einen halben Block an der Eighth Avenue zwischen 40th und 41st Street, den *Times Tower* und die Bauflächen östlich und südlich davon (Anhang 9.1.2). Die Developer sollten diese Flächen relativ preiswert bekommen und doppelt so hoch bauen dürfen wie planerisch zulässig. Dafür sollten sie für die Renovierung der U-Bahn-Station und der historischen Theater zahlen, die teils wieder als Theater genutzt, teils zu Geschäften oder Restaurants umgebaut werden sollten. Das Projekt musste nach mehr als zehn Jahren Planung, die von Streitigkeiten, politischen Widerständen, Fehlern der Verantwortlichen und Gerichtsverfahren gekennzeichnet waren, um 1990 vorläufig zurückgestellt werden. Anlass dafür waren die Auswirkungen der Wirtschafts- und Immobilienkrise Ende der 80er Jahre.

Das Projekt wurde erst ab Mitte/Ende der 90er Jahre verwirklicht, nachdem Disney an den Times Square gezogen war, kurz nach Bertelsmann und Viacom. Bald folgten weitere Medien- und Entertainmentkonzerne, darunter Sony, AMC, Madame Tussauds, AOL Time-Warner, Condé Nast, Reuters und ABC, von denen zwei — Condé Nast und Reuters — heute Hochhäuser nutzen, die schließlich doch im Rahmen des Staatsprojekts entstanden sind. Die *New York Times* wird ebenfalls ein Hochhaus bauen, das zwar im Projektgebiet liegt, aber den ursprünglichen Plan erheblich modifiziert. Dies alles verwandelte das Areal um den Times Square in ein Zentrum der globalen Medien- und Entertainmentindustrie, womit die Tradition des "great central marketplace for commercial culture" wieder aufgegriffen wurde.

Jedoch war der Umbau anfangs sehr umstritten, und zwar aus drei Gründen: Erstens

---
1 Gratz, 1989, S. 337
2 Hammack, in: Taylor, 1996, S. 36
3 Zitiert nach: Reichl, 1995, S. 25

wegen des monumentalen Architekturentwurfs von Philip Johnson/John Burgee, zweitens wegen der befürchteten Verdrängungseffekte, auch im benachbarten Stadtteil Clinton/ Hell's Kitchen, und drittens wegen der hohen städtischen und staatlichen Subventionen. Es gebe "concerns, that the transformation of the area was destroying the elements that nurtured the entertainment industry", heißt es in Fainsteins *The City Builders*.[4] Brendan Gill, der Vorsitzende der *New York Landmarks Conservancy* und einer der heftigsten Kritiker des Vorhabens, sagte, es werde "turn Times Square into the bottom of a well".[5]

In Deutschland haben sich bislang Lütke-Daldrup und Roost mit dem Times Square befasst. Lütke-Daldrup interpretierte die Planung 1989 als "Aufbereitung der Stadtmitte für einen neuen Verwertungszyklus"[6], also im wesentlichen als bauliches Verdichtungs- und Verwertungsvorhaben. Roost (2000) focussiert auf die neue Rolle des Walt Disney Konzerns, also auf das Entertainment. Durch Disney als "treibender Kraft und wichtigstem Investor wird das bisherige Rotlichtquartier zu einem familienfreundlichen innerstädtischen Unterhaltungsbereich umgebaut."[7] In den USA gibt es zwei wesentliche wissenschaftliche Arbeiten: Die Dissertation von Alexander Reichl (1999), der die Entwicklung an der West 42nd Street als Verdrängungsprozess beschreibt, dem eine kostenträchtige historische Rekonstruktion der Theatermeile zugrunde liege, sowie das Ende 2001 erschienene Buch der Wirtschaftswissenschaftlerin Lynne Sagalyn *Times Square Roulette*, die den Umbau grundsätzlich als Erfolg sieht, der aber weniger durch Disney denn durch die *Public Private Partnership* zwischen ESDC und TSCA möglich geworden sei.

Meine These ist hingegen, dass die Entwicklung des Times Square — die im übrigen mit historischer Rekonstruktion wenig zu tun hat — nur bedingt auf die *Public Private Partnership* zwischen ESDC und TSCA zurückzuführen ist. Im Gegenteil, diese war zunächst darauf aus, das verbliebene Entertainment vom Times Square zu vertreiben und statt dessen Anwaltsfirmen und Banken anzusiedeln. Aber auch Disney ist m. E. nicht die treibende Kraft. Vielmehr haben die örtlichen Grundstückseigner, allen voran die *New York Times Company*, durch zahlreiche Maßnahmen dazu beigetragen, das Gebiet aufzuwerten, dies allerdings auch schon früh mit der Zielsetzung, die Ansiedlung von Disney zu ermöglichen. Dadurch wurde aus einem reinen Bauprojekt die Revitalisierung eines Medien- und Entertainmentviertels. Während dieser Entwicklung sind diese Medienkonzerne Verbindungen mit dem traditionell einflussreichen *real estate business* eingegangen. Dadurch konnten sie ihren eigenen Einfluss auf die Politik verstärken und ihre Ansiedlungsinteressen durchsetzen.

Im Einzelnen möchte ich fünf Fragen zur Struktur des Times Square klären:

1) Wie ist der Times Square von heute städtebaulich zu beurteilen? Dabei soll es zum einen um die Dimension und die Auswirkung der Verdichtung sowie um den Umgang mit der historischen Bausubstanz gehen, die ein Parameter für die Transition vom klassischen Theater- zum modernen Multiplexstandort ist. Außerdem soll thematisiert werden, welche Funktion die *Bright Lights*, die Reklametafeln, Videowände und Leuchtbänder heute haben. Taylor (1996) hat beobachtet, dass der Times Square mit seinen zahllosen Leuchtreklamen schon bald nach einer Gründung über eine "commercial aesthetic of color and light"[8] verfüge. Muschamp betrachtet den Platz heute als "large building turned inside out: a megastructure de la publicité".[9] Macht das den Times Square zu einem virtuellen öffentlichen Platz?

2) Wie war die Struktur der Nutzer des Times Square in den vergangenen Jahrzehn-

---

4 Fainstein, 1995, S. 134
5 Crosbie, in: Architecture, Mai 1984
6 Lütke-Daldrup in: Becker/Schoen, 1989, S. 212
7 Roost, 2000, S. 9

8 Taylor, in: Taylor, 1996, S. xxi
9 Muschamp, in: NYT, 3. Januar 2000

ten, wie hat sie sich durch die Entwicklung verändert? War der Ort, wie Reichl behauptet, ein soziales Eldorado mit "People of all different classes, races, ethnicities and nationalities - though it failed to accomodate women"?[10] Oder ist diese Sicht einem nostalgischen Rückblick geschuldet? Denn: "Times Square has the capacity to endenger discourse of nostalgia", schreibt Marshall Berman. Berman verweist auf "people like (...) Rem Koolhaas (...), who are nostalgic for the pre-AIDS golden age of hustling."[11] Und ist der Platz heute wirklich eine Art kontrollierter Disney-Themenpark, wie Roost (2000) es nahelegt?

3) Key Players: Wie und durch wen wurden die Entscheidungen getroffen, die zur heutigen Gestalt und Nutzung des Times Square geführt haben? Dazu muss man sich mit folgenden Fragen auseinandersetzen: Wer suchte die Developer aus und nach welchen Kriterien? Gab es politische Gründe dafür? Welche Rolle spielten Parteispenden? Welche Rolle hatten die Medien, insbesondere die ortsansässigen Medien? Warum haben sich Konzernzentralen wie die von Bertelsmann und Viacom hier angesiedelt? Warum ABC und MTV? Wie kam Disney ins Gebiet? Inwieweit hat die *New York Times* Einfluss genommen? Da die *Times* wiederum eine Doppelrolle hat — als Grundeigentümerin am Platz und als Berichterstatterin über den Platz — wird darüberhinaus extemporiert, wieweit das zu Interessenkonflikten führt.

4) Wer profitierte finanziell von dem Projekt? Stadt und Staat, die von der UDC ausgesuchten Developer TSCA, oder die ortsansässigen Grundstückseigner und Konzerne? Und wer sind die Verlierer? Mollenkopf fragt: "...even if the project would have all the good spatial impacts claimed for it and none of the bad ones, what benefit would average city residents get?" Er glaubt: "On balance, not much".[12] Hingegen verweisen die Verantwortlichen bei Stadt, Staat und UDC auf *trickle-down*-Effekte und darauf, dass zehntausende Jobs entstanden seien.

5) Ist der Times Square generell ein Beispiel für "the use of culture to clear space for real estate development", wie Zukin meint?[13] Oder steht hier umgekehrt *real estate* im Dienst der globalen Medien- und Entertainmentkonzerne, analog zu der Theorie von Sassen, wonach durch die Ballung von Konzernzentralen bestimmter Branchen an bestimmten Standorten der Bedarf nach mehr Büroraum entstanden sei?[14] Und prägt dies den Ort besonders?

Der Times Square kann als Feldforschungsprojekt zur Untersuchung der Frage dienen, warum es überhaupt zu einer Konzentration der Zentralen von globalen Konzernen an einem Ort — hier: New York und die Medienindustrie — kommt. Sassens zufolge ist durch die "global assembly line", also die Option, die Produktion weltweit auszulagern, die Komplexität des Managements und damit das Bedürfnis nach Zentralisation gewachsen.[15] Hingegen halten es Häußermann/Roost für wahrscheinlicher, dass es sich bei dieser Konzentration um "kontingentes, an der Tradition symbolischer Zentralität orientiertes Standortverhalten"[16] handelt.

Die Arbeit orientiert sich im Wesentlichen an der Chronologie der Entwicklung. Sie betrachtet den Times Square generell ab 1895 — Bau des ersten Theaters —; die eigentliche Untersuchung mithilfe von Feldforschung und Quellenauswertung deckt den Zeitraum von 1976 bis 2001 ab.

Kapitel 2) befasst sich mit der Geschichte der Stadt in den USA und vergleichbaren *Public Private Partnerships* sowie mit den politischen, historischen und planerischen Gegebenheiten in New York City.

---

10 Reichl, 1995, S. 333. Reichl hätte statt "People, but not women" natürlich auch etwas ehrlicher schreiben können: "Men of all different classes...."
11 Berman, in: Dissent, Herbst 1997
12 Mollenkopf, in: City Almanac, Sommer 1985
13 Zukin, 1995, S. 133
14 Sassen, 1991
15 Sassen, 1991, S. 10
16 Häußermann/Roost, in: Häußermann, 1998, S. 88

In Kapitel 3) geht es um Entstehung und Entwicklung des Times Square selbst von der Jahrhundertwende bis in die 70er Jahre, unter besonderer Berücksichtigung der *real-estate*-Interessen und der frühen, damals schon sehr einflussreichen Rolle der *Times*.

Kapitel 4) befasst sich mit dem *Public-Private-Project* von UDC/ESDC und TSCA, im einzelnen mit der Debatte um das Projekt und der Kritik daran — Stichworte: Verdrängung, Subventionen und Umgang mit der historischen Bausubstanz. Es wird dargestellt, wie die Developer ausgesucht wurden und aus welchen Gründen das Projekt schließlich scheiterte.

Das Kapitel 5) setzt nach der vorläufigen Zurückstellung des Projekts um 1990 ein und erläutert die im wesentlichen von der *New York Times* initiierten Maßnahmen, die zum Engagement von Disney und der Verwirklichung des Projekts führten. Das sind die Gründung des *Times Square Business Improvement District* (BID), die Gründung des *Midtown Community Court* und der *New 42nd Street Inc*, sowie der Interimsplan der UDC-Tochter *42nd Street Projekt* und des Disney-Architekten Robert Stern.

Das Kapitel 6) setzt sich mit der Rolle von Disney und den übrigen Medien- und Entertainmentkonzernen auseinander und stellt dar, wie sie den Times Square prägen und ihn für ihre Außendarstellung nutzen. Des weiteren wird beschrieben, welchen Einfluss diese Unternehmen auf die Politik haben und wieweit sich dieser Einfluss durch ihr Engagement am Times Square verstärkt hat.

Im Kapitel 7) wird eine Bilanz gezogen: Welche städtebaulichen Auswirkungen hat das Projekt, wer sind die heutigen Nutzer des Times Square, wer hat hat das Projekt letztlich beeinflusst und wer profitiert von dem Umbau des Platzes?

Für diese Untersuchung wurde zum einen die wissenschaftliche Literatur über den Times Square herangezogen, insbesondere Bücher, wissenschaftliche Arbeiten und Aufsätze von Bitnar, Fainstein, Mollenkopf, Reichl, Roost, Sagalyn, Sassen, Taylor und Zukin; des weiteren populäre Zeitschriften und Zeitungen, insbesondere die *New York Times* selbst.

Des weiteren wurden zahlreiche teils unveröffentlichte Dokumente ausgewertet, das Gros von der UDC/ESDC bzw. ihrer Tochter 42nd Street Projekt und der von ihr beauftragten Planern. Dazu kamen die Protokolle der *Public Hearings* von 1984, die die öffentliche Diskussion widerspiegeln. Außerdem wurden die *Zoning*-Verordnungen des Stadtplanungsamts von Manhattan herangezogen, die Eigentümerlisten aus dem *Sanborn Manhattan Land Use Book*, dazu Auflistungen der Stadt New York über Parteispenden und Lobbyarbeit, zudem Untersuchungen und Jahresberichte des *Times Square BID*, eine Untersuchung des städtischen *Department of Investigation* über einen Immobilienskandal, der die Theater an der West 42nd Street in den 80er Jahren tangierte, sowie interne Gutachten der Developer über Steuerersparnisse, die Aufschluss darüber geben, wer vom Projekt wie profitiert.

Was die Änderung der Nutzerstruktur am Times Square betrifft, wurde eine Untersuchung der CUNY aus 1978 herangezogen, und zum Vergleich Untersuchungen der *League for American Theatres and Producers* auf dem Jahr 1997 sowie Fußgängerzählungen des *Times Square BID* von Ende der 90er Jahre.

Die Arbeit — insbesondere die Kapitel 4), 5) und 6) — stützt sich zum großen Teil auf die Methode der Feldforschung. In diesem Rahmen wurden Interviews mit fast 40 Personen geführt, im wesentlichen Developer, Architekten, Grundstückseigner, Anwohner, Theater- und Medienvertreter, Politiker, Kritiker, Vertreter von Behörden und der UDC/ESDC. Dazu kamen Hintergrundgespräche sowie der Besuch von einem guten Dutzend Veranstaltungen und *Public Hearings*, bei denen es um den Times Square ging.

2) Politik und Stadtentwicklung in den USA

Einleitung

Die Städte in den USA wuchsen bis Mitte des letzten Jahrhunderts, bis ihre Bevölkerung die auf dem Land weit überstieg. Mit der Depression einerseits und der Verbreitung von Auto und Fernsehen andererseits begann jedoch die Suburbanisierung, die einherging mit dem Bau von Malls auf der grünen Wiese und der Deindustrialisierung der Innenstädte. Es kam zu einem städtebaulichen, finanziellen und sozialem Niedergang der Stadt, die als gefährlich, schmutzig und arm galt, als Sündenbabel, geprägt von Rassenunruhen und bevölkert von Armutsimmigranten. Als Reaktion darauf versuchten die Stadtverwaltungen, ihre *Downtowns* aufzuwerten, meist durch Großprojekte, die im Rahmen einer *Public Private Partnership* errichtet wurden, und die auch oft — nachdem politische Aktivisten wie Jane Jacobs die Erhaltung der Altstädte gefordert hatten — unter Einbeziehung von Altbausubstanz entstanden. Seit den 80er Jahren setzte eine Rückkehr der Gutsituierten in die Innenstadt und eine Verdrängung der Armen in die *Outer Boroughs* ein. New York hat diese Entwicklung mitgemacht, in manchen Punkten eingeschränkt, in anderen hingegen schneller und umfassender als andere Städte.

Zu den Gründen für die Verarmung der Städte gibt es zwei Positionen: Konservative und Wirtschaftsliberale wie Paul E. Peterson (1981) vertreten die Ansicht, dass zu hohe Ausgaben für städtische Bedienstete und zu viele Sozialleistungen für die Unterschicht zur Krise geführt haben. Oder, wie es Fitch (1993) als Zitat eines Angestellten der *Municipal Assistance Corporation* wiedergibt, eine *Business Association*, die New York nach der Krise von 1975 wieder auf die Beine helfen sollte: „It's the fucking blacks and Puerto Ricans".[17] Für Fitch ist der Hauptgrund der Strukturwandel der Nachkriegszeit, durch den Industriearbeitsplätze abgebaut wurden. Liberale Wissenschaftler wie Mollenkopf (1983) oder Fainstein/Fainstein (1989) machen zu hohe Finanzhilfen und Steuernachlässe für das Business verantwortlich. Kritische Stadtplaner wie Jacobs (1961) oder Gratz (1989) sehen in der Kahlschlagsanierung von Altbauquartieren und einer autofreundlichen Politik die Hauptursache der Misere. Auch die *Public Private Partnerships* sind die Meinungen geteilt: Während Frieden/Sagalyn (1989), Fosler/Berger (1982) oder Levitt (1987) diese trotz Fehler im Detail für effektive Instrumente der Stadterneuerung halten, warnen andere — etwa Mollenkopf (1983), Fainstein (1983) oder Molotch/Logan (1987) — vor hohen Kosten für die öffentliche Hand, geringem Nutzen für die Bevölkerung sowie vor einem Verlust an Demokratie.

Der erste Teil dieses Kapitel befasst sich mit Geschichte der Städte in den USA allgemein. Der zweite Teil zeichnet die Geschichte von New York City nach. Das Kapitel dient der Einordnung der Entwicklung des Times Square in den Zusammenhang der Stadtentwicklung in den USA. Um den Hintergrund verständlich zu machen, vor dem sich Stadtplanung in New York abspielt, werden zudem deren wichtigste Begriffe, Strukturen und Protagonisten vorgestellt.

Im Abschnitt 2.1) wird die Stadtentwicklung in den USA dargestellt sowie die Beziehung zwischen Wirtschaft und Politik. Im Abschnitt 2.2) wird die Aufwertung der *Central Business Districts* durch Projekte von

---

17 Fitch, 1993, S. VII

Public Private Partnership nachgezeichnet, es wird auf die *Business Improvement Districts* eingangen, die eine spezielle Form solcher *Partnerships* sind. Der Abschnitt 2.3) schildert die Ansiedlung von weltweit operierenden Konzernen in den Innenstädten, insbesondere der Medien- und Entertainment im Zuge der Globalisierung.

Abschnitt 2.4) befasst sich mit der Geschichte New Yorks, den Beziehungen zwischen *real estate*, Politik und Stadtplanung. Es stellt Persönlichkeiten vor, die die Stadt prägten, wie William M. Tweed, Robert Moses, die Rockefellers und Edward I. Koch. Zudem werden die Struktur der Stadtverwaltung und die Grundzüge des New Yorker Planungsrechts erläutert. Weiter wird die Beziehung zwischen Stadt und Staat New York erörtert sowie die *Urban Development Corporation* (UDC) vorgestellt, die in New York als Transferriemen von *Public Private Partnership* dient. Schließlich wird die Rolle der Medienindustrie als eine der wichtigen und einflussreichsten Industrien New Yorks dargestellt.

2.1) Krise und Wiederentdeckung der Downtown

Zum Zeitpunkt der ersten Volkszählung im Jahr 1790 lebten nur fünf Prozent der Bevölkerung der USA in Städten. 1860 wohnte bereits ein Fünftel aller Amerikaner in Siedlungen mit über 2500 Einwohnern.[18] 50 Jahre später war die Zahl der Amerikaner von 31 Millionen auf 92 Millionen angestiegen, von denen nunmehr fast die Hälfte in Städten lebte, die Zentren des Handels, der Industrialisierung und Häfen für Immigranten waren.[19] Der Anteil der Städter sollte bis 1980 auf 75 Prozent steigen.[20] Damit entwickelte sich ein kultureller Gegensatz von Stadt und Land. „The symbols and the reality of the industrial age were found in the cities, and thus the cities and the people who lived in them were blamed for the changes occurring in society. (...) Cities seemed to be, literally, foreign invasions of American rural life."[21]

Die großen Städte waren zunächst Handelsstädte, *Mercantile Cities*, meist an natürlichen Häfen gelegen und bald auch Eisenbahnknotenpunkte, sie wurden von gutsituierten Kaufleuten regiert. „All these aspects of town life were closely tied to one principal purpose: making money".[22] Diese *Business Elite* wehrte sich gegen staatliche Einflüsse auf die Wirtschaft, auch gegen Steuern. Demzufolge hielt die Infrastruktur der US-Städte nicht mit den Bedürfnissen Schritt. So waren z. B. in New York 1857 erst ein Viertel der Straßen mit Kanalisation versehen.[23] Die Kriminalität war hoch, es gab Aufstände, Streiks, Großbrände und blutige ethnische Auseinandersetzungen. Mit der Depression von 1870, als diese Probleme ihren Höhepunkt erreichten, setzte sich die Ansicht durch, dass die Städte nicht mehr alleine von den *Business Elites* regiert werden konnten.

Damit begann der Aufstieg der Parteien und ihrer Vorort-Organisationen, den *machines*, die oft von Männern angeführt wurden, die keinen Zugang zu den *Business Elites* hatten. Die Funktionäre der *machines* sorgten in ihren Districts für Jobs und soziale Wohltaten, vor allem für Immigranten, oft mit Hilfe von Politikern, die mit Unterstützung der *machine* in ihre Ämter gelangt waren. Im Gegenzug drängten sie die Wohnbevölkerung, entsprechend zu wählen. So konnten die *machine bosses* ein Beziehungsnetz aufbauen, aus dem ihre Macht erwuchs.[24] Die *Business*

---

18 Glaab/Brown, 1967, S. 26, zitiert nach: Kantor, 1995, S. 19-20
19 Glaab/Brown, 1967, S. 107-108, zitiert nach: Kantor, 1995, S. 43
20 Kantor, 1995, S. 97
21 Judd/Swanstrom, 1988, S. 14
22 Judd/Swanstrom, 1988, S. 19
23 McKelvey, 1962, S. 44, zitiert nach: Judd/Swanstrom, 1988, S. 34
24 Judd/Swanstrom, 1988, Kantor 1995

Elites behielten ihren Einfluss, indem sie mit den *machines* kooperierten. Da erstere wiederum die Gewerkschaften als unliebsame Konkurrenz unterdrückten, entwickelte sich das System: „Eine Hand wäscht die andere".

Mittels Kritik an den *machines* versuchten sich ab 1900 in vielen Städten Reformpolitiker zu profilieren, die für faire Besteuerung, bessere Infrastruktur, mehr öffentliche Schulen und soziale Sicherung der Armen eintraten.[25] Die Macht der *machines* wurde aber erst nach der Großen Depression von 1929 gebrochen. Denn Präsident Franklin D. Roosevelts New Deal, der der Depression folgte, machte durch seine Arbeitsplatz- und Wohlfahrtsprogramme die *machines* überflüssig. Zwar bestanden die *machines* noch bis in die Nachkriegszeit. Aber die Macht begann in die Hände der gewählten Amtsinhaber überzugehen, die ihrerseits Verbindungen mit dem *Business Groups* eingegangen waren, die den Wert ihrer Immobilien sichern wollten.

Denn derweil war zweierlei passiert: Die Depression hatte viele Großstädte an den Rande des Konkurses gebracht. Zugleich hatte mit der Entwicklung der Massenverkehrsmittel und des Autos ein Prozess der Suburbanisierung der Mittelklasse eingesetzt, während die Armen in den Stadtkernen zurückblieben. Diese Suburbanisierung begann in den 20er Jahren und schritt in der Nachkriegszeit rapide fort: Während 1950 drei von fünf Städtern in der Innenstadt wohnten und zwei von fünf in den *suburbs*, hatte sich das Verhältnis 1990 umgekehrt.[26]

So wuchsen die wohlhabenden *suburbs*, die die moralischen und kulturellen Standards des ländlichen Amerika adaptiert hatten, gleichzeitig zogen mexikanische und schwarze Arbeitsimmigranten vom Land in die Städte, die weiter verarmten. „A sprawling network of preponderantly low-density, white, prosperous communities has meant the creation of a veritable wall of separation between city and suburb. (...) The central city house those left behind — the poor, minorities, unemployed (...) with the greatest demand for public services".[27] So waren 1940 noch 94 Prozent der New Yorker Bevölkerung weiß, 1985 waren es 49 Prozent.[28] Die Städte wurden zusätzlich dadurch belastet, dass Vorstadtbewohner deren Infrastruktur nutzten, aber nicht zum Steueraufkommen beitrugen. So verfielen die Altbauquartiere immer weiter, und den *Central Business Districts* mangelte es an Kunden. Jacobs verweist in dem Zusammenhang auf die Darlehenspolitik der Banken, die über Jahrzehnte Baukredite nur für Eigenheime in den *Suburbs* vergaben, während sanierungsbedürftige Innenstädte auf „schwarzen Listen" standen.[29]

Die Bundesregierung hatte seit dem *Housing Act* von 1949 versucht, gegenzusteuern, und Förderprogramme für Städte aufgelegt. Dabei gab es laut Judd eine „trickle-down assumption", die Annahme, dass „business growth and investment would create jobs and incomes, thus reducing poverty and its related social problems". Ziel war: „Reviving the economy *and* solving social problems by providing financial assistance to private sector institutions".[30]

Zunächst richteten die Städte ihre Sanierungsbemühungen auf Wohngebiete, die als *blighted*, verslumt deklariert wurden. Das stieß jedoch bald auf heftige Kritik von Anwohnern, da vor allem preiswerter Wohnraums zerstört und die ärmere, schwarze Bevölkerung verdrängt wurde. So wurden durch das föderale *Urban Renewal Program* von 1945 bis 1965 rund 400.000 preiswerte Wohnungen zerstört, aber nur etwas mehr als 40.000 geschaffen.[31] Mit dem 226 Milliarden Dollar teuren Highway-Programm, das 1956

---

25 Judd/Swanstrom, 1988, S. 107
26 Pohlman, 1992, S. 82, zitiert nach: Kantor, 1995, S. 161

27 Kantor, 1995, S. 162
28 Sassen, 1991, S. 253
29 Jacobs, 1963
30 Judd/Swanstrom, 1988, S. 5-6
31 Gratz, 1989, S. 17

mit dem *Federal Highway Act* einsetzte,[32] wurden 42.500 Highway-Meilen gebaut, davon 8600 in Städten, um *Suburbs* mit dem *Central Business District* zu verbinden.[33] Auch dabei wurden zumeist schwarze Nachbarschaften zerstört. Mitte der 60er Jahre brachen in vielen schwarzen Ghettos *Freeway-Revolts* aus, so dass kaum noch eine Stadtautobahn durchgesetzt werden konnte.[34]

Die Verschuldung der Städte stieg immer mehr an. In den 70er Jahren gerieten viele Großstädte vor allem des nördlichen, so genannten *Frostbelts* — Detroit, Buffalo, Boston, Chicago, Washington, Philadelphia, Baltimore, Newark und New York — in eine Finanzkrise, New York gelangte an den Rand des Konkurses (vgl. Abschnitt 2.4). Vor diesem Hintergrund, aber auch, weil großflächige Sanierungen kaum mehr gegen die Wohnbevölkerung durchzusetzen waren, konzentrierten die Städte ihre Bemühungen mehr und mehr auf die Revitalisierung ihres *Central Business District* als potenzielle Finanzquelle.

1974 wurde das *Urban Renewal Program* beendet. Beginnend in 1978 in Kalifornien gab es in den USA *taxpayers revolts*, so dass für die Stadtsanierung weniger öffentliche Gelder zur Verfügung standen.[35] Zudem kürzte zunächst Präsident Nixon, dann Reagan Bundeszuschüsse für die Städte.[36] Das führte dazu, dass sowohl die Stadterneuerungsprojekte kleiner wurden, als auch, dass Städte stärker auf den privaten Sektor angewiesen waren. Dazu kam Kantor zufolge, dass die Wirtschaft ihre Standort-Entscheidungen nicht mehr von natürlichen Vorteilen wie der geographischen Lage abhängig machte, so dass Städte stärker um Wirtschafts-Ansiedlungen konkurrieren mussten. „From the perspective of corporate managers, cities are usually interchangeable; from the perspective of those who live in the cities, they are economically dependent."[37] Im Konkurrenzkampf setzten alle Städte Steuernachlässe und kostenloses Land ein, unabhängig von der politischen Ausrichtung der Stadtregierung.

2.2) Public Private Partnerships: Geschichte und Beispiele

Keimzelle der *Public Private Partnerships* waren von den *Business Elites* initiierte Komitees zur Revitalisierung der Innenstädte, deren erstes die 1944 gegründete *Allegheny Conference on Community Development* in Pittsburgh war.[38] Öffentliche Gelder für die Stadterneuerung flossen seit dem *Housing Act* von 1949. Der schrieb zwar seit 1954 vor, dass maximal zehn Prozent dieser Gelder für *commercial redevelopment* verwandt werden durften, hingegen 90 Prozent für *housing*. Aber schon 1959 wurden 20 Prozent der Mittel für *commercial redevelopment* verwandt, und 1965 waren es 35 Prozent.[39] Damit wurden Projekte wie Pittsburghs *Golden Triangel*, Baltimores *Charles Center*, die *Nicollet Mall* in Minneapolis oder die *Yerba Buena Gardens* in San Francisco gebaut.[40]

Seit 1950 wurden vielerorts staatseigene *Redevelopment Authorities* gegründet. Sie verfügten über die Vollmachten des (Bundes-)Staates und hatten gleichzeitig die Flexibilität privater Unternehmen. Sie unterlagen nicht der Kontrolle des Parlaments, sondern sie wurden von Wirtschaftsfachleuten geführt. Es kam häufig vor, dass diese nach Abschluss der Verhandlungen als Manager zu dem Projekt wechselten, das sie zuvor im Auftrag des Staates betreut hatten.[41] Auch Bedienstete der

---

32 Snell in: The Urban Scene, 1979, S. 247, zitiert nach: Judd/Swanstrom, 1988, S. 289-291
33 Frieden/Sagalyn, 1989, S. 21
34 Frieden/Sagalyn, 1989, S. 45
35 Fosler/Berger, 1982, S. 5
36 Sbragia, 1983, S. 4
37 Kantor,1995, S. 95
38 Fosler/Berger, 1982, S. 11
39 Weicher, 1972, zitiert nach: Donham, 1993, S. 19
40 Levine in: Squires, 1989, S. 12
41 Frieden/Sagalyn, 1989, S. 143

Stadt nutzten gerne diese *revolving doors*.

In den 70er Jahren wurden die Projekte komplexer. So legte Chicago 1973 zusammen mit den Architektenbüro SOM den „Chicago-21-Plan" auf, ein 15-Milliarden-Dollar-Vorhaben mit 32 Gebäuden. Auch in Dallas, St. Paul, Atlanta oder Portland wurden die Innenstädte großflächig umgebaut.[42] Die öffentliche Hand wurde dabei von der Stadt und/oder der staatlichen Agentur repräsentiert. Deren Rolle bestand darin, das Land zur Verfügung zu stellen, gegebenenfalls zu enteignen und zu räumen und sich um Straßenbau, Parkplätze und Infrastruktur zu kümmern, oft aber auch als Co-Developer aufzutreten. Der Developer brachte das Kapital ein, baute — im Idealfall nach den Vorgaben der Stadt —, und sorgte für die Vermietung. Developer und öffentliche Hand waren dabei durch zahlreiche Steuersubventionen, Kredite und Verträge aneinander gebunden. Viele Bürgermeister — darunter Ed Koch in New York — sahen ihre Rolle darin, durch Unterstützung dieser *Partnerships* für Wachstum zu sorgen, wobei andererseits diese Bürgermeister auf die Spenden solcher Developer für ihren Wahlkampf angewiesen sind.[43] Der ehemalige Planungsdirektor von Detroit sagte dazu: „Planning in Detroit is the mayor's phone number. He deals with development on an ad hoc basis".[44] Nach Levine sind „...public private partnerships (...) an urban form of state capitalism in which city governments help underwrite important components of the capital accumulation process."[45]

Public Private Partnerships wurden auch durch das *Urban Development Action Grant Program* (UDAG) des *U.S. Department of Housing and Urban Development* gefördert, das von 1978 bis 1985 existierte. Das UDAG verlangte für eine Förderung gemeinsames öffentliches und privates Engagement. Präsident Carter schrieb dazu: „National urban policy must reflect a strong and effective partnership between the public and the private sector."[46] Zwischen 1970 und 1988 entstanden mehr als hundert *Downtown Centers* als *Public Private Partnership*. Mittelpunkt war meist eine Mall, dazu Büros, Hotels, Restaurants und Wohnungen. Zu diesen Projekten gehörten das *Crown Center* in Kansas, *Broadway Plaza* in Los Angeles, *Water Tower Place* in Chicago, *Omni Center* in Atlanta, *Renaissance Center* in Detroit, *St. Anthony Main* in Minneapolis, *Charleston Center* in West Virginia, *Bayside Market Place* in Miami, *Fountain Square South* in Cincinnati, *Georgetown Park* in Washington, *Canal Place* in New Orleans und das *Tivoli* in Denver.[47]

Seit den 80er Jahren wurden diese *Downtown Centers* auch unter Verwendung von historisch bedeutsamen Altbauten — Markthallen, Fabriken, Theater — errichtet. Führender Developer war James Rouse, der etwa *Faneuil Hall Marketplace* in Boston, *South Street Seaport* in New York, *Harborplace* in Baltimore, Grand Avenue Mall in Milwaukee oder *Union Station* in St. Louis umbaute. Zu Projekten dieser Art gehören auch *Pike Place Market* in Seattle und *Cannery Row* in San Francisco. Solche Altbauprojekte erfahren von Anwohnern meist mehr Zustimmung als Neubauten, von Architekturkritikern und Stadtplanern wird hingegen oft der Vorwurf erhoben, es sei ein historisierendes Disneyland für Touristen entstanden.[48]

Ein weiterer kritischer Punkt ist, dass insbesondere Malls oft von privaten Sicherheitsdiensten überwacht werden. Die Stadt wird aus diesen befestigten Zellen der Wohlstandsgesellschaft quasi ausgeschlossen, ein pseudo-öffentlicher Raum entsteht.[49] Ob diese Projekte tatsächlich der gesamten Stadtbevölkerung zugute kommen, ist fraglich. In vielen Städten stieg die Arbeitslosigkeit

---

42 Fosler/Berger, 1982, S.12
43 Levine in: Squires, 1998, S. 24
44 Frieden/Sagalyn, 1989, S. 261
45 Levine in: Squires, 1989, S. 19

46 U.S. President, 1978, S. 121, zitiert nach: Frieden/Sagalyn 1989, S. 216
47 Frieden/Sagalyn, 1989, S. 171
48 Boyer, in: Sorkin, 1992.
49 Davis, 1990, S. 260, 262

in schwarzen Vierteln trotz der Aufwertung der *Downtown* an.⁵⁰ Levine zufolge zeigten Studien in Boston, Baltimore, New York und Cleveland, dass mehr als 60 Prozent der Jobs mit über 25.000 Dollar im Jahr, die durch *Downtown Revitalization* geschaffen wurden, an Bewohner der *suburbs* gingen. Und auch viele der Nutzer kämen aus den *suburbs*: „Downtowns have been revitalized and transformed into centers of corporate services and tourism, but the great majority using these facilities are not city residents".⁵¹

Zudem fehlt das Geld, das die öffentliche Hand zuschießt, oft der sozialen oder technischen Infrastruktur. Ob diese Mittel langfristig wieder zurückfließen, ist fraglich, da es bei den meisten dieser Vorhaben massive Steuerabschläge gibt. Es ist ohnehin schwierig, die realen Kosten zu berechnen. Frieden/ Sagalyn haben 39 Projekte untersucht, die zwischen 1971 und 1985 fertiggestellt wurden. Der Anteil der Kosten, den die öffentliche Hand trug, lag zwischen 3 Prozent und 83 Prozent. Wurden die Bürgermeister nach diesem Anteil befragt, war die Antwort oft: „Kein Pfennig" oder „sehr wenig". Es habe sich aber herausgestellt, dass viele Bürgermeister Zuschüsse der Bundesregierung, Kosten, die nicht im Haushalt auftauchten (wie verbilligtes Land) oder Mittel, die in früheren Wahlperioden ausgegeben worden waren, nicht mitgerechnet hätten.⁵² Des weiteren gewännen bei einer solchen *Partnership* die *Corporations* mehr politischen Einfluss, sagt Levine. Dazu wendet Peterson ein, dass dies nicht schade, da es ohnehin einen allgemeinen Konsens gebe, dass *Development* nützlich für die Stadt sei.⁵³

Die neueste Form von *Downtown Redevelopment*, ebenfalls oft im Rahmen einer *Public Private Partnership*, ist das *Urban Entertainment Center* (UEC). UECs wurzeln in den 80er Jahren. Seit damals galt Kultur — auch populäre — als Basis für *Urban Growth*.. Einige Städte sahen *Arts Development* auch als Möglichkeit, unliebsame Nutzungen zu vertreiben.⁵⁴ Dazu kam in den 90er Jahren, dass traditionelle Innenstädte von preiswerten *Factory Outlets* oder dem Einkauf per Internet beeinträchtigt wurden und daher zusätzliche Attraktionen benötigten.

Ein UEC ist eine Kombination aus Multiplexkino, Themenrestaurant, High-Tech-Unterhaltung, Filialen von Ketten wie The GAP, Nike Town oder Virgin sowie Life-Entertainment. „We go there to eat, see a movie and shop. And I don't mean everyday shopping. In that trip, I'm not coming home with a garden hose (...). We're talking Disneyland without the rides", sagt der Developer William Chadwick.⁵⁵ UECs, obgleich mitten in der Stadt, wenden sich an Touristen und Besucher aus den *Suburbs*. Dabei versuchen sie, durch Verwendung von bekannten Namen plus historischer Bausubstanz Markenidentität zu schaffen. Solche Center entstanden in Los Angeles, Dallas, Miami, Las Vegas und eben am Times Square.⁵⁶ Träger der UECs sind spezialisierte Developer, in jüngerer Zeit auch Medienkonzerne, allen voran Disney, die wie Developer auftreten (mehr in 6.1.1)

Eine weitere Form von *Public Private Partnership* sind *Business Improvement Districts* (BID). BIDs sind Vereinigungen von Grundbesitzern, die kommunale Aufgaben übernehmen, wie Müll beseitigen, Veranstaltungen, oder Sicherheitsdienste betreiben und dafür von ihren Mitgliedern Gebühren eintreiben, die bei BIDs in wohlhabenden Districts mehrere Millionen Dollar im Jahr erreichen. Grundlage der BIDs und der Regeln, nach denen sie arbeiten, sind staatliche Gesetze, so dass die Tätigkeit einer BID von Staat zu Staat anders aussehen kann.⁵⁷

---

50 Squires, 1989, S. 1
51 Levine, in: Squires, 1989, S. 28
52 Frieden/Sagalyn, 1989, S. 155-156
53 Peterson, 1981, S. 27
54 Zukin, 1982, zitiert nach: Whitt/Lammers, in: Urban Affairs Quarterly, September 1987
55 Dobrian, in: Real Estate Forum, May 1998
56 Braun, in: Urban Land Supplement, August 1995
57 Houstoun, in: Urban Land, Juni 1994

BIDs werden von einem *Board of Directors*, einem Aufsichtsrat, überwacht, der von den Mitgliedern gewählt wird, sie haben oft Angestellte. BIDs begannen in den 70er Jahren, wo sie noch *Special Assessment Districts* genannt wurden, in den 80er Jahren bürgerte sich dann der Name *Business Improvement District* ein[58]. Der erste BID in einer Großstadt wurde 1975 in New Orleans gegründet[59]. 1997 gab es allein in New York um die 60 BIDs und mehr als 1000 in den USA und Kanada[60]. Auf die BIDs in New York, insbesondere den *Times Square BID* wird im Abschnitt 5.3.1) ausführlich eingegangen.

2.3) Globalisierung und ihre Auswirkung auf die Downtown

Seit Mitte der 80er Jahre hat sich Sassen zufolge mit einer sich verändernden Weltökonomie und der globalen Vernetzung ein neuer Typ von Stadt gebildet, die „Global City". Die Tatsache, dass heute Dienstleistungen und Waren auf der ganzen Welt abrufbar seien, habe dazu geführt, dass Planung, Kontrolle und Produktion weit komplizierter seien als früher. Deshalb sei das Bedürfnis nach zentraler Kontrolle gewachsen. Die neuen Technologien hätten es nun ermöglicht, dass sich das *Top Level Management* bestimmter Branchen — vor allem Finanzhandel, Versicherungen, Anwälte, Medien — in einigen wenigen „Global Cities" balle, die als „zentrale Marktplätze" dienten, an erster Stelle New York, London und Toyko.[61]

Die „Global Cities" funktionierten die Sassen zufolge auf vier Arten: „As highly concentrated command points in the organization of the world economy; second, as key locations for finance and for specialized service firms (...), third, as sites of production (...) in these leading industries; and fourth, as markets for the products and innovations produced."[62] Damit kontrollierten diese Städte riesige Ressourcen, und die in den letzten Jahren explosionsartig gewachsene Finanz- und Serviceindustrie habe die soziale und ökonomische Ordnung dieser Städte massiv restrukturiert.

Altvater/Mahnkopf führen die Erklärungsmuster für die Globalisierung auf Karl Marx zurück, der das Phänomen schon früh vorausgesehen und als „World Market" bezeichnet hat. „What Marx characterized as the ‚propagandistic tendency' to bring the world market into being is no longer an abstraction which can only be understood by an analytical mind. It is rather a reality of capitalist modernity. (...) The world market is an ensemble of economic and social forms and political institutions of money, commodities and labour markets."[63]

Martin/Schumann warnen vor den Gefahren der Globalisierung, da diese die Menschen weltweit in wenige Gewinner und viel Verlierer spalte. Es gebe mittlerweile 40.000 transnationale Konzerne, die sowohl ihre eigenen Angestellten als auch die Regierungen der Staaten, in denen sie operierten, gegeneinander ausspielen könnten — sei es bei Löhnen, bei Steuern oder bei Subventionen. Die Globalisierung sei eigentlich der „Kampf für die Freiheit des Kapitals"[64] nach dem Zusammenbruch des Ostblocks, dessen Instrumente die Weltbank, der IMF (*International Monetary Fund*) und die WTO (*World Trade Organization*) seien.

Harding/le Galès fragen, warum die Globalisierung überhaupt zu mehr Agglomeration innerhalb bestimmter Städte führt, wo doch die „information revolution" viel eher Zerstreuung und Dezentralisation zur Folge haben könnte.[65] Ihre Antwort ist, dass nur eine Großstadt die benötigte Auswahl von Ressourcen, Personal, Finanzierungsmöglichkei-

---

58 Zukin, 1995, S. 33
59 Houstoun, in: Urban Land, Juni 1994
60 Houstoun, in: Urban Land, Januar 1997
61 Sassen, 1991, S. 10

62 Sassen, 1991, S. 3-4
63 Altvater/Mahnkopf, in: Scott, 1997, S. 323
64 Martin/Schumann, 1996, S. 8
65 Harding/Le Galès, in: Scott, 1997, S. 187

ten, persönlichen Netzwerken, Infrastruktur und technischen Innovationen bietet, die diese Konzerne bräuchten.

Castells, der am Beispiel von *Downtown* Manhattan ebenfalls das „striking paradox of the increasing concentration of global flows of information, controlling global flows of capital, in a few congested blocks of one particular city?"[66] führt dafür vier Gründe an: Erstens die Konzentration von „high-level directional corporate activity", da Manhattan der *Central Business District* von New York sei und New York das *Corporate Center* der größten Ökonomie der Welt, zweitens die Abhängigkeit dieser Zentralen von Kommunikation, weshalb die neueste Kommunikationstechnik inklusive *backups* und *technical support* rund um die Uhr verfügbar sein müsse, drittens die Abhängigkeit von schneller, informeller persönlicher Kommunikation und viertens das Netzwerk der Zulieferer. Castells fügt hinzu: „Once the milieu is consolidated, it reproduces its own space."[67]

Häußermann/Roost hingegen bezweifeln grundsätzlich, dass das Spezifische von New York oder London auf andere Großstädte übertragbar sei. Für sie erwächst diese Konzentration aus der Tradition dieser Städte.[68] Und für Martin/Schumann ist die Globalisierung nur ein weiterer Ausdruck des amerikanischen Strebens nach ökonomischer Vorherrschaft. Diese Frage wird im Kapitel 6) ausführlich am Beispiel des Times Square debattiert werden.

Voraussetzung für die Globalisierung war der Wandel von der Industrie- zur Dienstleistungstadt, der in den USA mit der Depression begann: Während 1930 drei Viertel aller industriellen Arbeitsplätze in der Innenstadt lagen, waren es 1990 kaum 25 Prozent.[69] Die Zahl der Industriearbeitsplätze an der Beschäftigung sank von 32 Prozent in 1947 auf 22 Prozent in 1982, während der Anteil der Dienstleistungsjobs von 57 Prozent auf 74 Prozent stieg.[70] In New York ist die Zahl der industriellen Arbeitsplätze zwischen 1969 und 1987 um 50 Prozent — um eine halbe Million — zurückgegangen, während sich die Arbeitsplätze im Dienstleistungsbereich auf eine Million verdoppelt haben.[71] Seit Mitte der 80er Jahre verfügt New York über 59 *Headquarters* von Fortune-500-Firmen, das sind die 500 umsatzstärksten Firmen der USA, die 87 Prozent der Produktion kontrollieren.[72] Über 34 Prozent der im US-Bankgeschäft umgesetzten Summen wurden in den 80er Jahren über New York abgewickelt, wo auch ein Drittel aller Rechtsberatungen beim Investmentbanking stattfand.[73]

Auch bei Medien und Kommunikation hat New York einen hohen Anteil (vgl. 2.4.4). „Major cities, in addition to being centers for finance and business services (...) are strategic sites for the coordination of global entertainment conglomerates".[74] Diese Konglomerationsbildung wurde durch den *Telecommunications Act* von 1996 noch verstärkt, der fast unbeschränkt Mergers erlaubte und den Medienmarkt in den USA weitgehend staatlicher Kontrolle entzog.[75] Das wiederum war die Voraussetzung für die weltweite Ausdehnung der Medienkonzerne. „The power center of America (...) has moved from its role as military-industrial giant to a new supremacy as the world's entertainment-information superpower", zitiert Bagdikian in seinem Standardwerk *The Media Monopoly* die Zeitschrift *Vanity Fair*.[76]

Dieser Wandel hat auch Auswirkungen auf

---

66 Castells, 1989, S. 343
67 Castells, 1989, S. 344
68 Häußermann/Roost, in: Häußermann, 1998, S. 88
69 Kantor, 1995, S. 98
70 Frieden/Sagalyn, 1989, S. 265
71 Sassen, 1991, S. 202
72 Hertsgaard, 1988, zitiert nach: Elfenbein 1996, S. 140-141 und Sassen, 1991, S. 171. Es waren zuvor allerdings *mehr* Fortune-500-Firmen in New York City gewesen. Sassen führt dies darauf zurück, dass produzierendes Gewerbe New York verlassen hat, jedoch sei die Zahl der Fortune-500-Headquarters im FIRE-Bereich gestiegen.
73 Sassen, 1991, S. 152-154
74 Sassen/Roost, in: Judd/Fainstein, 1999, S. 132
75 Bagdikian, 1997, S. XIV
76 Bagdikian, 1997, S. VIII

Oben: 2008: Der „Ball Drop" wird vorbereitet, und weltweit übertragen. Unten: 2010 wurde am Times Square eine Autobombe gefunden. Touristen sandten Handyfotos um die Welt.

die Stadtstruktur. In den 60er, 70er und 80er Jahren entstanden in den Großstädten der USA mehr als 1300 Bürogebäude mit insgesamt 550 Millionen *squarefeet*, was dem Bauvolumen von 250 *Empire State Buildings* entspricht.[77] Areale, die als unterentwickelt oder unattraktiv galten, wurden von den Städten als *prime office land* deklariert. In New York entstanden Hochhäuser für internationale Banken, Broker und Medienunternehmen, die meist von international tätigen Architekten entworfen wurden: „The central areas of these cities have become part of an international property market." Diese Immobilien seien „commodities, which can be bought, sold, and resold as commodities, in a market that is autonomous from broader conditions in a national economy".[78]

Diese Entwicklung hatte zwei Folgen: Die Aufwertung der Innenstadt als Wohnquartier und die Verdrängung der Ärmeren in die *Outer Boroughs*. Diese wohnten nun in einem neuen „Armutsgürtel" zwischen *Downtown* und *Suburb*. Hingegen drängten, so Sassen, die besser verdiendenden Angestellten, „attracted to the amenities and lifestyles that large urban centers can offer",[79] in die Innenstadt. Diese Leute seien das „key element in the gentrification of large sectors of the city".[80] Das gelte vor allem für Frauen: Auf 115 männliche Manager, die in Manhattan arbeiten und wohnen, kommen 168 weibliche. „In this context, it would seem (...) that women are a key factor in the process of gentrification in New York City".[81]

2.4) New York City: Vom Manhattan Grid zur Global City

2.4.1) Abriss zur Geschichte der Stadt

New York, „Mekka und Menetekel zugleich"[82], wurde 1653 als New Amsterdam von holländischen Kolonisten gegründet, nachdem Generaldirektor Peter Minuit den Lenape-Indianern Manhattan für Glasperlen im Wert von 24 Dollar abgekauft hatte.[83] 1684 übernahm England die Kolonie und nannte sie New York. Sie bestand aus zwölf *Counties*, von denen fünf das heutige New York bilden: New York (heute Manhattan), Kings (Brooklyn), Queens, Richmond (Staten Island) und Southern Westchester (The Bronx). 1691 wurde die erste *Assembly* gewählt, die aus Kaufleuten und Männern prominenter Familien zusammengesetzt war. Wahlberechtigt waren nur Grund besitzende Männer. Nach der Revolution von 1776 wurde die Stadt vom *Common Council* regiert, den die Grundbesitzer kontrollierten. Die Staatsregierung in Albany ernannte die Bürgermeister. 1788 formte sich die mächtigste *machine* der demokratischen Partei: *Tammany Hall*, deren Einfluss bis ins 20. Jahrhundert reichen sollte.[84]

1811 trat der *Commissioners Plan* für Manhattan in Kraft, dessen Hauptbestandteil das *Grid* war, das rechteckige Straßenmuster nördlich der Houston Street. Der Plan sah zwölf Avenues in Nord-Süd-Richtung und 155 Streets in Ost-West-Richtung

---

77 Frieden/Sagalyn, 1989, S. 265
78 Sassen, 1991, S. 187
79 Sassen, 1991, S. 12
80 Sassen, 1991, S. 257
81 Smith, in: Environment and Planning, Society and Space 5, 1987, S. 158

82 Häußermann/Siebel, 1993, S. 10
83 Soweit die Darstellung der Weißen. Nach Auffassung der Indianer haben diese niemals jedoch Land verkauft, da sie das nach ihren Wertvorstellungen gar nicht können. Sie haben diese Perlen vielmehr als Begrüßungsgeschenke betrachtet. Nach indianischer Auffassung gehört Manhattan immer noch den Lenape.
84 Jackson, 1995, S. 476-479

vor, die 2082 Blöcke bilden.[85] Überall, wo der schräg dazu verlaufende Broadway, ein alter Indianerpfad, eine der Avenues schnitt, entstanden Plätze. Einer davon war der Times Square. Mumford nennt als einen der Effekte des *Grid*, dass es die Bauträger dazu ermuntere, einzelne Grundstücke innerhalb eines Blockes zusammenzukaufen. „The assemblage of such lots into parcels suitable for larger buildings offered a new field for canny speculation and unscrupulous forestalling".[86] Auch Kantor bemerkt: „The driving forces behind street design and layout were real estate speculation."[87] Für Sennett symbolisiert das *Grid* die puritanische Stadt, deren „fear of pleasure" sich in dem Versuch ausdrücke, die Natur beherrschen zu wollen: „The grid has been used in modern times as a plan that neutralizes the environment. It is a protestant sign for the neutral city (...) The modern urbanist is in the grip of a Protestant ethic of space."[88]

Tammany Hall setzte 1820 durch, dass auch Nicht-Grundbesitzer wählen durften. 1834 wurde erstmals ein Bürgermeister von der Bevölkerung gewählt, der Demokrat Cornelius Lawrence. In den Folgejahren wurde ein *Common Council,* der Stadtrat, gegründet, Verwaltung, Feuerwehr und Polizei aufgebaut und mit dem Bau der technischen Infrastruktur begonnen. Das *Grid* wurde bis zur 42nd Street aufgefüllt, die lange Zeit die nördliche Stadtgrenze markierte. 1840 war New York die größte Stadt der USA mit 369.000 Menschen.[89] Mit dem Bauboom entwickelte sich jedoch auch Korruption (der *Common Council* hieß im Volksmund „Forty Thieves"[90]), deren Höhepunkt mit dem Tweed-Ring erreicht war.

Tammany-Boss William Marcy Tweed hatte von 1868 bis 1871 mit seinen Genossen mindestens 30 Millionen Dollar durch Geschäfte mit der Stadt beiseite geschafft.[91] 1871 wurde er verhaftet und abgeurteilt. Ein Jahr später geriet *Tammany* von englischer unter irische Führung.

1898 wurden Manhattan, Queens, Brooklyn, The Bronx und Staten Island zu Greater New York vereint, das damals 3,5 Millionen Einwohnern hatte. Es gab den Bürgermeister, den *Mayor*, einen unabhängigen *Comptroller*, den Chef über die Stadtfinanzen und fünf *Borough Presidents*. 1901 wurde im Rahmen einer neuen Stadtverfassung das — bald sehr einflussreiche — Board of Estimate gegründet. Das BoE hatte das letzte Wort bei allen Angelegenheiten, bei denen es um städtisches Geld ging, es setzte sich aus dem *Mayor*, dem *Comptroller*, dem Vorsitzenden des *City Council* und den *Borough Presidents* zusammen.

In Manhattan wurden immer höhere Häuser errichtet. Möglich wurde das durch die Erfindung des Aufzugs (um 1854) und des Stahlskelettbaus.[92] Hochhäuser seien, so Koolhaas, ein „Rezept zur Schaffung unzähliger unbebauter Grundstücke über einer einzigen städtischen Parzelle", die damit „ — theoretisch — eine nicht vorsehbare und unstabile Kombination gleichzeitiger (...) Aktivitäten" berge.[93] Ein Phänomen, das heute um den Times Square beobachtet werden kann, wo in einem Hochhaus eine Mall, eine Jazzhalle, ein TV-Studio, Büros, ein Hotel und Wohnungen sein können. Es entstanden das *Equitable Building* (1870, 45 Meter), das *Flatiron Building* (1902, 95 Meter), der *Metropolitan Life Tower* (1909, 214 Meter), das *Woolworth Building* (1913, 260 Meter), das *Chrysler Building* (1930, 320 Meter) und das *Empire State Building* (1931, 381 Meter), das lange Zeit das höchste Hochhaus der Welt bleiben

---

85 Napiontek, in: Becker/Schoen, 1989, S. 179
86 Mumford, 1961, S. 424
87 Kantor, 1995, S. 54
88 Sennett, 1992, S. 42. Interessant ist dabei, dass alle das puritanische Grid durchbrechenden Plätze am Broadway, auch Times Square, Standorte von Entertainment sind oder waren.
89 Judd/Swanstrom, 1988, S. 15
90 Jackson, 1995, S. 479

91 Jackson 1995, S. 1206
92 Napiontek, in: Becker/Schoen, 1989, S. 180
93 Koolhaas, in: Archplus, Oktober 1990.

Der Entwurf für den Commissioners' Plan *für Manhattan, der 1811 verabschiedet wurde. Der Plan legte das Grid fest, nach dem sich die Stadtplanung in New York richten würde.*

sollte.[94] Seit 1916 wird das Wachstum durch *Zoning Regulations* begrenzt (vgl 2.4.2).

1933 wurde der Republikaner Fiorello La Guardia Bürgermeister. Damit wurde *Tammany Hall*, die demokratische *machine*, erstmals besiegt. La Guardias zwölfjährige Amtszeit fiel mit dem New Deal zusammen. Der Bürgermeister machte allerdings keine grundsätzlich andere Politik, als ein Demokrat es getan hätte: Er legte städtische Arbeitsbeschaffungsprogramme auf. Und mit diesen begann der Aufstieg von Robert Moses, New Yorks *Master Planner*. Beginnend in 1924 addierte Moses unter La Guardia und sechs seiner Nachfolger Amt zu Amt: Er wurde *Parks Commissioner*, Chef der *TriBorough Bridge and Tunnel Authority*, *Planning Commissioner*, *Construction Coordinator* und (nach 1945) Chef des *Committee of Slum Clearance*. Unter Moses wurde New York völlig umgestaltet.[95] Es entstanden u.a. der *Ocean Beach Park* und der *Jacob Rijs Park*, die *TriBorough Bridge*, die *Verrazzano Bridge*, der *Brooklyn-Queens-Expressway* und der *Cross Bronx Expressway*, der Campus der *New York University*, die *Fordham University*, das *United Nations Headquarter*, das *Lincoln Center* und fast hundert *Housing Projects* (das größte davon *Stuyvesant City*), denen allerdings auch Quartiere zum Opfer fielen, die keine Slums waren.[96]

Moses praktizierte frühzeitig *Public Private Partnerships*. Es gelang ihm, umfangreiche Bundeshilfen abzuschöpfen, dann überließ er die von Staatsseite freigeräumten Grundstücke Developern, meist solchen mit *Tammany*-Verbindungen,[97] deren wichtigster William Zeckendorf Sr. war. Mit Zeckendorf entwickelte Moses etwa die UN-Zentrale am East River, während der Bau des *Lincoln Center* von den Rockefellers finanziert wurde. Moses' Macht stützte sich auf sein Netz von politischen Freunden, vor allem aber auf Geldflüsse aus Straßen- und Brückenzöllen, die er verwandte, um neue Projekte anzuschieben.[98] Von 1945 bis 1960 verloren eine halbe Million Menschen ihre Wohnungen für seine Projekte.[99] Als Moses zunehmend von Bürgergruppen kritisiert wurde, deren prominenteste Vertreterin Jane Jacobs war, musste er zwei Posten abgeben. Jacobs, eine Aktivistin aus Greenwich Village, führte in den 60er Jahren den Widerstand gegen die Kahlschlagsanierung in New York an.[100]

Ende der 60er Jahre gab es nicht mehr nur Widerstand in Greenwich Village, sondern gewalttätige Aufstände in Harlem, bei denen ganze Blöcke brannten. Dies geschah vor dem Hintergrund der Proteste gegen den Vietnamkrieg und der Ermordung von schwarzen Bürgerrechtlern wie Martin Luther King und — später — Malcolm X. 1968 gründete der *Governor* des Staates New York, Nelson D. Rockefeller, die *Urban Development Corporation* (UDC), zunächst, um Harlem wiederaufzubauen[101] (vgl. 2.4.3). Die Rockefellers waren dominante *Players* des *urban growth*. Sie wollten damals auch — mithilfe der familieneigenen Chase Manhattan Bank — 228 Hektar der *Downtown* umbauen. Verwirklicht davon wurden das *World Trade Center*, *Battery Park City* und *South Street Seaport*.[102] Außerdem stellten sie eine der treibenden Kräfte hinter der Verdichtung der *West Side* dar, die dem Umbau des Times Square vorausging, um die Umgebung des *Rockefeller Center* aufzuwerten (vgl.4.3).

Inzwischen hatten die Demokraten die *City Hall* zurückerobert. 1953 wurde Robert Wagner *Mayor*, der von *Tammany*-Chef Carmine DeSapio unterstützt wurde. Jedoch war es *Tammany* nie richtig gelungen, den Machtverlust von zwölf Jahren La Guardia aufzuholen.

---

94 Schmidt, 1991, S.80/81
95 Fitch, 1993
96 Allein für Lincoln Center wurden 188 intakte Gebäude abgerissen und 1647 Familien verloren ihre Wohnung. Gratz, 1989, S. 312
97 Fainstein, in: Mollenkopf, 1988, S. 165
98 Peterson, 1981, S. 135
99 Caro, 1974, S. 20
100 Fainstein, in: Mollenkopf, 1988
101 Kantor, 1995. S. 172
102 Fainstein, in: Mollenkopf 1980, S. 175

1966 wurde wieder ein Republikaner Bürgermeister, John Lindsay, der allerdings später zu den Demokraten wechselte. Mit Lindsay geriet die Stadt in eine Finanzkrise, die unter seinem ebenfalls demokratischen Nachfolger Abraham Beame zum Quasi-Konkurs führte. Die Ursachen der Finanzkrise waren vielfältig: In den Jahren zuvor waren viele Unternehmen in Nachbarstaaten oder in die *Suburbs* gezogen, nach Westchester, Long Island, Connecticut oder New Jersey. 49 Prozent der Stadtbevölkerung lebten unterhalb der Armutsgrenze. Gleichzeitig gingen zahlreiche subventionierte Großprojekte im Bau und die Stadtkasse wurde durch steigende Pensionsaufwendungen für ihre Angestellten belastet. Zudem hatte New York für fast 35 Prozent der Grundstücke die *real estate tax* aufgehoben, um Firmen zu halten.

Wer die Schuld an der Krise trug, darüber sind die Meinungen geteilt, und die Gründe schließen sich auch nicht unbedingt aus. Die Republikaner warfen Lindsay vor, er habe die Stadtkasse durch Lohnerhöhungen für städtische Bedienstete zu sehr belastet. Konservative führen laut Fainstein die Krise auf die „Vergeudung öffentlicher Mittel an Arme" zurück.[103] Dem Journalisten Jack Newfield zufolge ist New York ein Opfer von „federal indifference" geworden — er spricht von „Nixons war on the cities" und „wasteful, needless building of construction projects" und „politically connected businessmen", die sich an dem Bau solcher Gebäude bereicherten (wie dem *Bronx Terminal Market* und *Yankee Stadion*). Zudem habe es zu viele „tax reductions" für Banken und Konzerne gegeben.[104] Marcuse behauptet, die Krise sei vom Staat und Bundesregierung absichtlich herbeigeführt worden, um die Stadt zur Disziplin zu zwingen.[105] Fitch sieht bei den Grundbesitzern, allen voran bei den Rockefellers die Schuld: Die hätten aus Grundverwertungsinteressen die Umwandlung Manhattans zur Bürostadt betrieben und damit industrielle Arbeitsplätze vernichtet. Allein der Bau des *World Trade Center* habe 30.000 *Blue Collar Jobs* gekostet.

Nachdem Beame das Amt von Lindsay übernommen hatte, versuchte Roger Starr, Chef der *Housing and Development Administration*, mithilfe des Konzepts der *Planned Shrinkage* zu sparen und zugleich ärmere Teile der Bevölkerung zu vertreiben: Starr zog systematisch Busse, Feuerwehr, Polizei oder Müllabfuhr aus armen Nachbarschaften ab.[106] Aber dies hatte nur den Effekt, die Stadt weiter herunterzuwirtschaften. Es brachte das Fass zum Überlaufen, als die Nixon-Regierung 1973 Bundeszuschüsse für die Städte kürzte.[107] Am 17. März 1975 stoppten die Banken die Kredite. New York hatte 14 Milliarden Dollar Schulden.[108]

Die Krise hatte zwei nachhaltige Folgen, die sich auch auf das Projekt am Times Square auswirken sollten: Einmal setzte sich damit eine Stadtentwicklungspolitik durch, die sich mehr an potenziellen Einnahmen denn an der Stadtgestaltung orientierte, und zweitens musste die Stadt Kompetenzen an die private Wirtschaft, aber noch mehr an die Staatsregierung in Albany abgeben. Denn zur Bewältigung der Krise wurden unter der Aufsicht des Staates New York zwei Gremien geschaffen: Die *Municipal Assistance Corporation* (MAC) und das *State Emergency Financial Control Board* (FCB), beide besetzt mit Vertretern aus Verwaltung und Wirtschaft (darunter Chase Manhattan), dazu ein *Special State Deputy Comptroller* des Staates. Dies war ein „loss of representative government (...) to a consortium of bankers, corporate executives, technocrats, and politicians".[109] MAC und FCB kürzten Ausgaben für Soziales und Infrastruktur, froren die Gehälter der Beamten ein, bauten

---

103 Fainstein, in: Häußermann/Siebel, 1993, S. 56
104 Newfield, in: Alcaly/Mermelstein 1976
105 Fainstein, in: Häußermann/Siebel, 1993, S. 56

106 Gratz, 1989, S. 176
107 Judd/Swanstrom, 1988, S. 210-213
108 Leeds, in: Sbragia, 1983, S. 113. Nach dem Wert von 2001 sind das 46 Milliarden Dollar.
109 Newfield, in: Alcaly/Mermelstein,1976

tausende von städtischen Jobs ab und führten Studiengebühren an der City University ein. Koch, Beames Nachfolger seit 1977, war als liberaler Reformer angetreten, aber es blieb ihm nichts anderes übrig, als diese Politik fortzusetzen, wobei MAC und FCB „were constantly looking over the city's shoulder".[110]

In den 80er Jahren gab es wieder einen Bauboom, bei dem 53 Millionen *squarefeet* an Bürofläche entstanden sind.[111] Koch, der inzwischen als Interessenvertreter von Developern und Banken galt,[112] wurde nach einem Korruptionsskandal nach drei Wahlperioden nicht wiedergewählt. Seit 1989 ist mit Rudolph Giuliani wieder ein Republikaner Bürgermeister. Giuliani hat sich als Law-und-Order-Mann profiliert. In seiner Amtszeit ist die Kriminalität drastisch gesunken, die Stadt erlebte — auch vor dem Hintergrund einer US-weiten Hausse — einen Aufschwung. Zu Giulianis Prioritäten gehörte, New York als Standort für Tourismus zu entwickeln.[113] Auch dabei spielt der Times Square eine wichtige Rolle.

2.4.2) Strukturen in Politik und Planung in New York

In diesem Kapitel sollen die wichtigsten Strukturen, die *Players*, die wesentlichen Industrien und die gesetzlichen Regelungen umrissen werden, die die Stadtentwicklung in New York kennzeichnen. Das Kapitel dient dem allgemeinem Überblick und soll die späteren Ausführungen zu dem Projekt am Times Square verständlicher machen, aber auch zeigen, wieweit die Entwicklung dort in eine gesamte, stadtweite Planungspolitik eingebettet ist.

a) Die Stadtverwaltung

New York wird vom Bürgermeister, dem *Mayor* regiert, der sich mit dem Stadtrat, dem *City Council*, abstimmen muss. Der *Mayor* wird alle vier Jahre gewählt — seit 1993 sind maximal zwei Wahlperioden möglich — und ist mit weitreichenden Vollmachten ausgestattet. Er kann einen Finanzplan vorlegen (über den der *City Council* abstimmt), Behörden umorganisieren, deren Leiter, die *Commissioners* ernennen und abberufen (mit Zustimmung des *City Councils*) und mit städtischen Gewerkschaften verhandeln. Der *Mayor* wird direkt gewählt und nicht über eine Parteiliste, wie auch der *Comptroller* und der *Public Advocate*, der Ombudsmann.

Im *City Council*, der vom *Speaker* geführt wird, sitzen die von der Wohnbevölkerung gewählten Vertreter der 51 *Districts*. Der *City Council* ist das gesetzgebende Organ.[114] Der Stadtplanungsprozess findet im *Department of City Planning*, der Fachbehörde, statt. Deren Vorlagen werden der *City Planning Commission* und eventuell einem Ausschuss des *City Council* (dem *Land Use Committee* oder dem *Zoning Subcommittee*) vorgelegt. Die *Planning Commission* stimmt dann darüber ab. Die *Planning Commission* hat 13 Mitglieder, davon werden fünf von den Präsidenten der fünf *Boroughs* ernannt, sieben vom Bürgermeister und einer vom *Public Advocate*. Ihr *Chairman* ist auch gleichzeitig der *Chairman* des *Department of City Planning*. Die endgültig entscheidende Instanz war lange Zeit das bereits erwähnte *Board of Estimate*. Aber der *U.S. Supreme Court* erklärte 1990 das BoE für verfassungswidrig, da ein kleiner *Borough* wie Staten Island darin so viele Stimmen hatte wie ein großer.[115] In einer folgenden Verwaltungsreform wurde die *Planning Commission* gestärkt.

---

110 Browne et. al., 1985, S. 184
111 Fitch, 1993, S. 145
112 Browne, et. al, 1985
113 Sassen/Roost, in: Judd/Fainstein, 1999
114 Jackson, 1995, S. 735-744, 229-230
115 In Einladungen von Bürgergruppen wie etwa der „Clinton Coalition" zur City Planning Commission heißt es immer noch: „Die Veranstaltung ist im früheren Board-of-Estimate-Saal"

Politiker — nicht nur der *Mayor*, sondern auch der *Comptroller*, der *Public Advocate*, der *City Council Speaker* sowie die *Borough Presidents* — sind für ihre Wahlkämpfe auf Spenden, *Campaign Contributions*, angewiesen. Nur die vom Bürgermeister berufenen *Commissioners* dürfen keine Spenden annehmen. In New York kostet eine Wahl Millionen von Dollar, vor allem für TV-Werbung. Der frühere demokratische Senator Franz Leichter sagte dazu: „The line between a bribe and a contribution is almost invisible."[116] Die größten Einzelspenden kommen in der Regel von Developern oder Konzernen. Neben den *Campaign Contributions* geben diese auch erhebliche Summen für Lobbyarbeit während der Legislaturperiode aus.

Bei den *Contributions* gibt es seit neuerem eine Begrenzung von 7700 Dollar pro Person, die aber häufig dadurch umgangen wird, indem Angestellte der Firma oder Familienmitglieder spenden. Immer wieder wurde auf gesetzlichem Wege versucht, den Einfluss der *Contributors* zu begrenzen, zuletzt um 2000. Damals wurden private Spenden, insbesondere durch Firmen, eingeschränkt und öffentliche komplementäre Zuschüsse erweitert. Jedoch nutzen Firmen häufig Gesetzeslücken aus, dies zu umgehen. Jedoch haben sich selbst Großspender wie der Developer Bruce Ratner für eine Reform der *Campaign Contributions* ausgesprochen.[117]

Auch die Unterstützung der Presse ist für Politiker im Wahlkampf wichtig, weil sich US-Zeitungen meist explizit einen Kandidaten unterstützen, das sogenannte *endorsement*. „In (...) elections, (...) the backing of prestige groups, such as the municipal league or the city-wide newspaper, is the surest path to electoral success"[118]. Gegen die *New York Times* eine Wahl in New York zu gewinnen, ist eher schwierig.

b) Real Estate

FIRE (*Finance, Insurance, Real Estate*) sind die wichtigsten Branchen in New York, sie gehören auch zu den Gebern von *Campaign Contributions*. Die *real-estate*-Industrie wird von Developern dominiert, Bauunternehmer, die unter Inanspruchnahme von Bankkapital und Immobilienfonds auf eigenes Risiko bauen. „Real estate industry (...) is to New York City what Big Oil is to Houston", schreibt Jim Sleeper.[119] Oder, wie Donald Trump es etwas positiver ausdrückt: „In terms of economics, real estate is the backbone of this country."[120]

In New York sind die Bindungen zwischen Developern und Politikern besonders eng, was auch einen gelegentlichen personellen Austausch einschließt. „....New York's lenders, developers, builders, brokers, and their lawyers and publicists remain a small world. Other industries (...) may come and go; the real estate fraternity is forever. This is why it makes special claims on the local government through its lawyers, campaign gifts, and civic savants".[121] Sleeper nennt die *Association for a Better New York*, gegründet vom Developer Jack Rudin, die auch Lobbyarbeit machte, um die Stadt zur Aufwertung des Times Square zu bewegen, und das *Real Estate Board of New York*, (REBNY) deren langjähriger *President* Steven Spinola war, zuvor *President* der städtischen *Public Development Corporation*.

Becker/Lütke-Daldrup beschreiben das REBNY als „gut organisierte Lobby, dem (...) alle Eigentümer von bedeutenden Bauten an[gehören]. Hinzu kommen Banken, etwa 3500 Makler sowie einige Architekten und Rechtsanwälte; insgesamt 5000 Mitglieder." REBNY-President Spinola fasst seine Aufgabe so zusammen: „Collect Information and

---

116 Brecher/Horton, 1993. S, 126
117 Onishi, in: NYT, 15. Mai 1998
118 Peterson, 1981, S. 135

119 Sleeper, in: Dissent, Herbst 1987, S. 449, 438
120 Trump, 1997, S. 10
121 Sleeper, in: Dissent, Herbst 1987, S. 449

explain real estate business to the public".¹²² Die meisten dieser Developer, auch die am Times Square — Milsteins, Zeckendorf, Silverstein, Speyer, Durst — seien „elderly Jews, (...), liberal Democrats who believe in big growth, big government (big federal subsidies, anyway)."¹²³ Sleeper nennt als Teil der *Developer-Community* auch das *Editorial Board* der *New York Times*, dem damals Roger Starr angehörte, Beames *Housing Administrator*, der bereits erwähnte Erfinder der *planned shrinkage*, und später Herbert Sturz, Kochs *Planning Commissioner*.

Einfluss wird vor allem bei der Finanzierung von Wahlkämpfen erkennbar. Neun Millionen Dollar hat etwa der Wahlkampf von 1985 Ed Koch und die Mitglieder des *Boards of Estimate* gekostet. Davon kam die Hälfte von nur 175 Spendern, zumeist Developer, Brokerhäuser und ihre Anwälte.¹²⁴ Bis heute hat sich daran wenig geändert. Developer, Versicherungen und Banken führten 1997 die Liste für Lobbying der Stadtverwaltung an.¹²⁵ Im letzten Jahrzehnt hat die Medien- und Unterhaltungsindustrie in New York an Einfluss gewonnen (vgl 6.2.3), seitdem treten auch Medienmagnaten als *Campaign Contributor* auf. Ein Sonderfall ist der Medienzar und Milliardär Michael Bloomberg, Besitzer von Bloomberg TV und Bloomberg.com, der 2001 nicht nur zum Bürgermeister gewählt wurde, sondern seinen Wahlkampf auch aus Eigenmitteln mit etwa 300.000 Dollar am Tag finanzierte, fast 70 Millionen Dollar insgesamt.¹²⁶ Bei einigen Unterhaltungskonzernen handelt es sich zudem um Mischunternehmen, zu denen ein *real-estate-branch* gehört, etwa die Walt Disney Company.

c) Planning and Zoning

Der wirtschaftliche Erfolg des Developers hängt vom Planungrecht, vom *Zoning* ab, davon, wie hoch und dicht und mit welcher Nutzung er bauen darf. *Zoning* ist: „Shaping the City's Future" heißt es in einer Broschüre der Stadt.¹²⁷ Hingegen bemerkt Sleeper: „The title of the Zoning Resolution, a book thick with dubios amendments negotiated with greedy developers, should be ‚Let's Make a Deal'".¹²⁸ „Form follows finance" formuliert die Leiterin des New Yorker Skyscraper Museum, Carol Willis: „The first blueprint for every speculative building is a balance sheet that figures the maximum return".¹²⁹ So sieht es auch der Fachjournalist Jerry Adler. „The physical building is merely the three-dimensional projection of a set of documents (...), the calculations that demonstrate how a given piece of real estate can make money".¹³⁰

Die erste Forderung, planungsrechtliche Vorschriften zu erlassen, kam um 1900 von der *Fifth Avenue Association*, wegen der Verkehrsbelastung, und weil sich Grundbesitzer in ihren Verwertungsinteressen beschränkt sahen, wenn das Nachbargrundstück zu hoch bebaut wurde. Anlass war der Bau des *Equitable Building*,¹³¹ das die Umgebung verschattete. Die erste *Zoning Resolution* von 1916 war auf eine Zielzahl von 55 Millionen Menschen abgestimmt. Sie schrieb *setbacks* für Hochhäuser vor, Rücksprünge an der Fassade für mehr Lichteinfall, welche die Architektur dieser Epoche prägten.

1961 wurde eine neue *Zoning Resolution* erlassen, deren Zielzahl nur noch zwölf Millionen Menschen war und die den Begriff *Floor Area Ratio* (FAR) einführte. Diese definiert die Ausnutzung, d.h. die Anzahl der Stockwerke im Verhältnis zur Grundstücks-

---

122 Becker/Lütke-Daldrup, in: Raumplanung, 1987, S. 65
123 Sleeper, in: Dissent, Herbst 1987, S. 446, 449
124 Sleeper, in: Dissent, Herbst 1978, S. 448
125 Onishi, in: NYT, 15. Mai 1998. Siehe auch: 1997 Lobbyist Annual Report, The City of New York
126 Filkins, in: NYT, 11. August 2001

127 New York City Planning Commission, 1993
128 Sleeper, in: Dissent, Herbst 1978, S. 444
129 Willis, in: Ward/Zunz, 1992, S. 162
130 Adler, 1993, S. 8
131 Jackson, 1995, S. 1288

größe.¹³² Intention der *Resolution* von 1961 war, dass statt reiner Bürogebäude mischgenutzte Gebäude entstehen sollten. Zudem wurden *Floor Area Bonusses* eingeführt, d.h. Developer dürfen bis zu 20 Prozent mehr FAR bauen, wenn sie Plazas anlegen, U-Bahnhöfe oder Bürgersteige renovieren oder ein Kontingent von *affordable housing* errichten.¹³³ Außerdem wurde der Kauf von Entwicklungsrechten von Grundstück zu Grundstück (auch *Air Rights* genannt) möglich. 1983 kam eine *Midtown Zoning Regulation* hinzu, die für den *Theatre District* um den Times Square wichtig war (mehr in 4.3)

Sprengt ein Projekt den Rahmen des planungsrechtlich Zulässigen, dann muss der ULURP (*Uniform Land Use Reform Process*) stattfinden, der in etwa dem deutschen Bebauungsplanverfahren entspricht. Dabei muss die *Planning Commission* das Votum der Anwohner, vertreten durch die *Community Boards* und den *Borough President* einholen. Dazu werden *Public Hearings* veranstaltet; dabei äußern sich in der Regel neben den Genannten auch *Civic Groups*. Die Voten sind jedoch nicht bindend. *Community Boards* gibt es seit 1961, sie werden teils vom *Borough President*, teils von den politischen *District Leaders* besetzt. Zu den einflussreichen, auch am Times Square wichtigen *Civic Groups* gehören die *Landmarks Conservancey*, der *Historic Districts Council*, die *Regional Plan Association* und die *Municipal Art Society*. Ist die *Planning Commission* mit dem Vorhaben einverstanden, müssen noch der *City Council* und der *Mayor* zustimmen. Sollte dieser sein Veto einlegen, kann der *City Council* dies mit einer Zweidrittel-Mehrheit überstimmen.¹³⁴

Ein ULURP ist aus Sicht des Developers etwas, bei dem sich jeder „neighborhood busybody whose cat was once run over by a cement truck"¹³⁵ einmischt. Ada Louise Huxtable, frühere Architekturkritikerin der *New York Times*, beschreibt das so: „Jedes dieser Bauvorhaben nimmt einen voraussehbaren, fast rituellen Verlauf. Zunächst wird ein derart übertriebener und grotesker Plan bekannt gegeben, dass sich sofort ein Proteststurm erhebt. Alsdann wird der Entwurf zurückgezogen und umgearbeitet (...). Was daraufhin vom Unternehmer als exzessiv zurückgenommen wird, war jedoch von Anfang an als Verhandlungsobjekt vorgesehen".¹³⁶

Der ULURP lässt sich umgehen, wenn sich der Developer an das *Board of Standard and Appeals* wendet, das Ausnahmen gewähren darf. Dabei kann es zu einem regelrechten Kuhhandel kommen. Jonathan Barnett, früherer Direktor für *Urban Design* des *City Planning Department*, schildert diese Taktiken, die in vergleichbarer Weise auch am Times Square praktiziert wurden. So können Developer zusätzliche Stockwerke errichten, wenn sie in ihrem Hochhaus eine öffentliche Lobby bauen. Es komme aber vor, dass die Lobby *nach* Fertigstellung mit Geschäften aufgefüllt wird, mit der Begründung, dies sei für das Publikum attraktiver. Oder: Ein Bauherr verzichtet auf *setbacks*, da das Grundstück gegenüber nicht bebaut sei und *setbacks* daher nicht nötig; baut dann der Eigentümer gegenüber, will der ebenfalls keine *setbacks*, da der Nachbar ja auch keine habe. Auch Besonderheiten der Architektur werden als Begründung für eine höhere Ausnutzung ins Feld geführt. Laut Barnett wäre die idealtypische *Zoning Regulation* der Stadt: „The Planning Commission will permit such development as, from time to time, it considers to be appropriate".¹³⁷

In einer Studie des State Comptrollers von New York von 1988 wurden 15 Projekte untersucht, die zwischen 1980 und 1987 in

---

132 Die FAR entspricht in etwa der deutschen Geschossflächenzahl (GFZ), allerdings wird in Deutschland nur der bebaute Teil des Grundstücks zur Berechnung herangezogen
133 Napiontek, in: Becker/Schoen, 1989, S. 183
134 Birch, in: Journal of the American Planning Association, Herbst 1996

135 Adler, 1993, S. 118
136 Huxtable, in: Süddeutsche Zeitung, Oktober 1987
137 Barnett, in: New York Affairs, Mai 1980

New York City gebaut wurden und bei denen eine *Special Permit* für einen *Floor Area Bonus* erteilt wurde.[138] Die Developer hatten dafür bestimmte Leistungen erbracht (Plazas ect.). Deren Wert veranschlagt die Studie auf etwa fünf Millionen Dollar, die daraufhin gewährte zusätzliche Baumasse habe jedoch einen Wert von 108 Millionen Dollar. Das hat für den Times Square insofern Bedeutung, als dass es auch hier Versprechungen der Developer im Gegenzug für eine höhere Ausnutzung gegeben hat, die nur in bescheidenem Umfang eingelöst wurden. (näheres in 4.4.2).

2.4.3) Stadt und Staat New York und die UDC/ESDC

Das Verhältnis von Staat und Stadt New York ist von Machtkämpfen und Streit um Geld gekennzeichnet. Der frühere *Governor* Rockefeller sprach von einem „built in conflict there because the Mayor has got a lot of problems and he's got a constant desire to get more support from Albany."[139] Dem Wunsch der Stadt nach Geld begegnet der Staat mit dem Wunsch nach Einfluss, was bei der Finanzkrise von 1975 extrem deutlich wurde. Spannungen resultieren auch aus kulturellen Gegensätzen: Im Staat leben mehrheitlich Protestanten, die Stadt ist katholisch-jüdisch dominiert. Der Staat war meist republikanisch, die Stadt demokratisch. Im Staat ist die Mehrheit der Bevölkerung weiß, in der Stadt schwarz und puertorikanisch. Die Beziehung des Staates zur Stadt ist von „pride and envy, of alternate fascination and revulsion"[140] gekennzeichnet, viele New Yorker sehen auf die Bevölkerung des Umlandes als „Bridge-and-Tunnel-People" herab.

Vor diesem Hintergrund ist die Tätigkeit der *Urban Development Corporation* (UDC) zu verstehen. Die UDC — heute *Empire State Development Corporation* (ESDC) — ist im Staat New York die Trägerin des Planungsprozesses bei Großvorhaben, die meist in *Public Private Partnership*s mit Developern entstehen. Die UDC wurde 1968 von Rockefeller gegründet, um Harlem nach den Aufständen und Bränden wieder aufzubauen. Sie sollte große Bauprojekte nach den Vorstellungen des Staates möglichst rasch sowohl gegen Bürgergruppen, aber auch gegen die ortsansässigen Grundbesitzer durchsetzen. Hintergrund war aber auch laut Fainstein, das Machtvakuum aufzufüllen, das der Rücktritt von Moses hinterlassen habe.[141] Damit ist die Gründung der UDC — wie auch die weitgehende Kontrolle der Stadtfinanzen durch den Staat als Folge der Finanzkrise von 1975 — Teil eines Machtkampfes zwischen Stadt und Staat, den letzterer in beiden Punkten für sich entschieden hat.

Die UDC ist als privatrechtliche Gesellschaft strukturiert. Ihr steht ein vom *Governor* berufener *Chairman* vor (in 2001 war das Charles Gargano), es gibt ein achtköpfiges *Board of Directors*, das ebenfalls vom *Governor* berufen wird. Dessen Vertreter kommen aus der Wirtschaft, von der Stadt und dem Staat. Auch der Aufsichtsrat der UDC unterliegt somit mehrheitlich nicht städtischer, sondern staatlicher Kontrolle. Die UDC verfügt über viele Vollmachten: Sie kann Grundstücke enteignen *(eminent domain)*, verkaufen oder verpachten, sich über das *Zoning* der Stadt hinwegsetzen, sowie über *Building Codes*, die das Äußere von Neubauten festlegen, und über den Denkmalschutz. Sie kann Baugenehmigungen erteilen und steuerfreie Anleihen herausgeben (in einer Gesamthöhe von zwei Milliarden Dollar). Bei Vorhaben der UDC ist kein ULURP nötig. Allerdings ist die UDC verpflichtet, für Projekte eine *Environmental*

---

138 New York State Comptroller, 1988
139 Benjamin/Brecher, 1988, S. 113
140 Benjamin/Brecher, 1988, S. 108

141 Fainstein, in: Mollenkopf, 1988, S. 178

Impact Study zu beauftragen.[142] UDC-Areale sind von der (städtischen) Grundsteuer befreit.[143] Kurz, die UDC ist ein Instrument „to override democracy"[144].

Zu Beginn konzentrierte sich die UDC auf *Public Housing*. Unter Chairman Ed Logue — in der Ära Lindsay — gingen mehr als 100 Projekte mit 32.000 Wohnungen im Staat New York in Bau. Das größte Projekt in New York City war *Roosevelt Island* mit mehr als 2000 Wohnungen. 1975, zeitgleich mit der New Yorker Finanzkrise, brach auch die UDC zusammen. Sie hatte 134 Millionen Dollar Schulden, die kurzfristig bezahlt werden mussten und brauchte weitere 370 Millionen Dollar, um halb fertige Projekte zu beenden.

Die UDC wurde von der *Savings Bank Association* und dem *Prosperity und Liability Insurance Fund* saniert, blieb aber noch lange verschuldet. Drei Viertel des Personals wurden entlassen, darunter Logue. Von nun an richtete die UDC ihre Bemühungen auf *Economic Development*. Das erste Projekt war das Hotel *Grand Hyatt* von Donald Trump an der East 42nd Street, das zweite das *Marriott* von John Portman am Times Square, dann folgte *South Street Seaport*. Die beiden größten Vorhaben — unter Richard Kahan — waren *Battery Park City* und das *New York City Convention Center* (Javits Center).[145] 1982 übernahm die UDC das Projekt am Times Square, das zuvor unter städtischer Regie gelaufen war, zunächst — 1983 — unter William Stern, ab 1985 unter Vincent Tese. Dafür wurde die UDC-Tochter *Times Square Developent Corporation* gegründet, die in *42nd Street Development Project* umbenannt wurde.

Die UDC ist der lange Arm des Staates in Angelegenheiten der Stadt. Von daher ist auch das Verhältnis zwischen Stadt und UDC gespalten. Einerseits braucht die Stadt die UDC für größere Vorhaben, da diese über Vollmachten wie das *eminent domain* verfügt, die die Stadt nicht hat, andererseits unterliegt die UDC nicht städtischer Kontrolle. Dies wird besonders dann zum Problem, wenn der *Mayor* und der *Governor* ein schlechtes Verhältnis haben, was sowohl bei Koch und Cuomo der Fall war, als auch bei Giuliani und Pataki der Fall ist.

2.4.4) Die Bedeutung der globalen Medienindustrie für New York City

In den letzten Jahrzehnten hat eine Branche in New York an Einfluss gewonnen, die zu den globalen Industrien gehört: Medien und Entertainment. Von den sechs größten Entertainmentkonzernen der Welt haben fünf — AOL Time Warner, Viacom, Vivandi Universal, Bertelsmann, News Corporation[146] — ihre Zentrale in New York, der sechste — Disney — in Los Angeles. Hingegen finden Produktion und Distribution ihrer Proukte weltweit statt. Die größten Medien- und Entertainmentunternehmen der Welt sind (nach Jahresumsatz 2000):[147]

---

142 Grundlage ist der State Environmental Quality Review Act.
143 Jackson, 1995. S, 1218
144 EDC-UDC-Chairman Richard Kahan in: Lindgren: The New Urban Renewal. In: Metropolis, November 1993, S. 16. Die Rechte der UDC in den zur Bebauung vorgesehenen Gebieten entsprechen in etwa dem, was in Deutschland in Entwicklungsgebieten gilt. Jedoch können Entwicklungsträger in Deutschland eine vorläufige Besitzeinweisung in Anspruch nehmen. Zudem gibt es in Deutschland einen Stichtag, zu dem der Wert der Immobilien festgelegt wird; den gibt es im US-Recht zwar auch, aber die Stichtagsfestsetzung erfolgt in den USA erst, wenn alle rechtlichen Vorbehalte gegen die Enteignung ausgeräumt sind.
145 Jackson, 1995, S. 1219

146 Die Bertelsmann-Zentrale ist de jure in Gütersloh, ein Gutteil der Geschäfte aber wird von New York aus geführt. Die Zentrale von Vivandi Universal verteilt sich auf New York und Paris.
147 Schiesel, in; NYT, 2. Juli 2001, S. C1, und: Hachmeister/Rager, 2000

Der Times Square heute funktioniert als globale Nachrichtenwand. Oben: Fox News am Broadway und W. 45th Street berichtet über die Wahl von 2012; unten: ABC an Seventh Avenue und W. 43rd Street meldet „Wipe-Out", der Bankencrash von 2008.

- AOL Time Warner: 36,2 Milliarden $ (Warner Bros, New Line Cinema, WB Network, HBO, Cartoon Network, Turner Broadcasting/CNN/TNT, Six Flaggs Amusement Parks, Warner Music Group, Time Inc, Little Brown, AOL)
- Disney: 25,8 Milliarden $ (Walt Disney Studios, Buena Vista, Touchstone, Miramax, ABC, Lifeline, ESPN, Disney Amusement Parks, Disney Cruise Line, Fairchild, Hyperion Books, Beteiligung an Infoseek, Kooperation mit CLT/UFA),
- Viacom: 20 Milliarden $ (Paramount, Paramount TV, CBS, UPN, MTV, Nickelodeon, Paramount Parks, Blockbuster Video, Simon&Schuster)
- Vivendi Universal: 17,7 Milliarden $ (Universal Pictures, UIP, Universal Studio Parks, SciFi Channel, Universal Music Group, MCA Music, Polygram, Beteiligung an USA Networks und Loews Cineplex)
- Bertelsmann: 15,7 Milliarden $ (CLT/UFA, Bertelsmann Music Group, RCA, Bantam Doubleday, Random House, Gruner&Jahr, Lycos)
- News Corporation: 14,2 Milliarden $ (20th Century Fox, Fox Network, Sky Channel, Fox Music, New York Post, London Times, Sun, HarperCollins)

Von den neun wichtigsten Nachrichtenmedien der USA — ABC, CBS, NBC, *Washington Post*, *Wall Street Journal*, *Los Angeles Times*, *Time*, *Newsweek* und die *New York Times* — haben sieben ihren Sitz in New York. Zwischen diesen und anderen Fortune-500-Konzernen haben Chomsky/Herman zahlreiche Querverbindungen nachgewiesen, inbesondere durch gemeinsame Aufsichtsräte, Töchter und Joint Ventures.[148] Außerdem sind große Teile des Buchverlagswesens, natürlich der Broadway, sowie viele Musiklabel in New York. Hingegen ist die Film- und größtenteils auch die Fernsehproduktion in Hollywood.

Da viele Medien- und Entertainmentkonzerne in den letzten Jahren entweder Zentralen in New York errichtet haben oder aber die in Abschnitt 2.2) erwähnten UECs bauen, haben sich Verbindungen zwischen Medien und *real estate* gebildet, wie Sassen/Roost beobachtet haben. „In the 1990s, large entertainment firms are among the leading investors and developers in major urban projects that emerge as destinations for tourists and suburbanites. This process brought with it a growing participation by the media industry in urban planning and development."[149] In New York haben Medienkonzerne in erheblichem Umfang Hochhäuser nachgefragt, inbesondere am Times Square, auch hier haben sie mit Developern kooperiert

Zu den Soziologen, die sich mit der Entertainmentindustrie beschäftigt haben, zählen Theodor Adorno und Max Horkheimer, die ihre Theorien im Kalifornien der 40er Jahre entwickelt haben. Sie führen aus, dass deren weltweiter Erfolg oft technologisch erklärt werde: „Die Teilnahme der Millionen an ihr erzwinge Reproduktionsverfahren, die es wiederum unabwendbar machten, daß an zahllosen Stellen gleiche Bedürfnisse mit Standardgütern beliefert werden. Der technische Gegensatz weniger Herstellungszentren zur zerstreuten Rezeption bedinge Organisation und Planung durch die Verfügenden."[150] Jedoch werde bei diesem Erklärungsmuster verschwiegen, dass der Boden, auf dem die Technik Macht über die Gesellschaft gewinne, die Macht des ökonomisch Stärksten über die Gesellschaft sei.

Im Umkehrschluss haben Medien in New York ihre Bedeutung auch als Wirtschaftsfaktor erlangt. 1998 stellte die *Citizen's Budget Commission*, ein businessfinanziertes Institut, fest, dass acht Prozent aller Jobs in New York „media related" seien, während es Broker und Anwälte auf knapp 14 Prozent bringen. Bis 2003 werde die Medien- und Kommunikationsbranche rund 30.000 neue Jobs zulegen.[151] Allein der Boom der neuen Medien habe 56.000 Arbeitsplätze geschaffen. Zukin zufolge belief sich das Volumen des Kulturbereichs in New York um 1980 auf 5,6 Milliarden Dol-

---

148 Chomsky/Herman, 1988, S. 8-9
149 Sassen/Roost, in: Judd/Fainstein, 1999, S. 132
150 Horkheimer/Adorno, 1981, S. 142
151 Eaton, in: NYT, 9. Dezember 1998

lar.[152] 1997 trug allein der Broadway einer Studie der League of American Theatres and Producers zufolge mit rund 2,7 Milliarden Dollar zur Ökonomie der Stadt bei.[153] Dies ist der eine Grund für den Einfluss der Medien- und Entertainmentkonzerne auf die Stadtpolitik (vgl 6.2.3). Der zweite Grund ist, dass die Politiker auf das Wohlwollen der Medien angewiesen sind. William Stern, früherer Chef der UDC, sagt: „If I would go in development, the first thing I would do is to buy a newspaper."[154]

Die wichtigste Zeitung in New York ist die *New York Times*. Elfenbein führt eine Studie der Soziologin Carol Weiss an, die die Lesegewohnheiten der Führungspersönlichkeiten in den USA untersucht hat und zu dem Ergebnis kam, dass die *Times* von allen Printmedien die meistbevorzugte sei.[155] Deren Ex-Chefredakteur Max Frankel bemerkt in seinen Memoiren: „[The Times] reaches the most influential, interesting and powerful people on earth. It is the „house organ" of the smartest, most talented, and most influential Americans at the height of American power."[156] Nicht nur die *Times*, zahlreiche andere Medienunternehmen befinden sich nun am Times Square. Wie sich deren Einfluss, und insbesondere der der *Times*, auf die Entwicklung ausgewirkt hat, wird ein Gegenstand dieser Arbeit sein.

Zusammenfassung

Die Stadtentwicklung in den USA ist von mehreren Phasen gekennzeichnet: Nach einer langen Periode des Wachstum von Städten setzte, beginnend mit der Erfindung des Autos, die Suburbanisierung ein, die Flucht des Mittelstandes in die *suburbs*. Industriearbeitsplätze in den Städten wurden abgebaut. Der verbliebene Teil der Großstadt-Bevölkerung war nun mehrheitlich arm, afro- oder lateinamerikanischer Herkunft. In New York, seit 1840 die größte Stadt Amerikas, betraf das etwa die Hälfte der Bevölkerung.

Sowohl die Bundesregierung als auch die Städte versuchten, gegenzusteuern. Washington legte Stadterneuerungsprogramme auf, beginnend in 1949. Gleichzeitig suchten die Stadtverwalter diese Probleme zusammen mit ihren *Business Elites* zu lösen, vor dem Hintergrund, dass die Stadtpolitik seit jeher wesentlich durch diese *Business Elites* bestimmt worden war. In der ersten Phase der Stadterneuerung nach dem Zweiten Weltkrieg wurde vor allem *Public Housing* errichtet. Dies führte vielerorts zu einer Kahlschlagsanierung von Quartieren, vor allem von solchen, wo arme und/oder afroamerikanische Familien wohnten.

In New York hat Robert Moses zahllose Highways und Siedlungen errichten lassen, ebenfalls mit verheerenden Auswirkungen auf alte Quartiere. Nach Protesten der Bevölkerung einerseits und einer nach Kürzungen von Bundesgeldern immer schwieriger werdenden Finanzsituation andererseits — in New York kam es fast zum Konkurs — schwenkten die Stadtregierungen in den 70er Jahren um und setzten auf die Erneuerung der kommerziellen *Downtown*. Dies geschah durch *Public Private Partnerships* mit dem *business* unter der Regie von staatlichen Agenturen. In New York ist dies die *Urban Development Corporation* (UDC).

Ein Effekt davon war, dass sich der Einfluss des Staates auf die Stadt vergrößerte, ein weiterer, dass sich der Einfluss des privaten Sektors verstärkte. Stadtentwicklungsplanung musste sich nun den finanziellen Interessen der Stadt unterordnen und wurde marktorientierter. Stadtentwicklung in New York wurde allerdings schon seit je her von der gut organisierter *Community* der Developer dominiert, die auch zum Gutteil die Wahlkämpfe finanziert.

In den 80er und 90er Jahren hat in New York mit der Globalisierung die Nachfrage nach Büroraum erheblich zugenommen, insbesondere durch Medien und Entertainment.

---

152 Zukin, in: Häußermann/Siebel, 1993, S. 265.
153 League of American Theatres and Producers, 1997
154 Im Gespräch mit der Autorin am 25. Juni 1998
155 Weiss, in: Public Opinion Quarterly, 1974
156 Frankel, 1999, S. 415

Neuerdings ist auch Kultur Element von Stadtplanung — Stichwort: *Urban Entertainment Center*. Auch damit hat die Kulturindustrie an politischen Einfluss gewonnen. Der Times Square in New York ist ein wichtiges Beispiel sowohl für ein UEC als auch für marktorientierte Stadtplanung.

All diese Bemühungen haben insofern Wirkung gezeigt, als dass oft das Leben in die Innenstadt zurückgekehrt ist. Jedoch werden nun vor allem Touristen und Besucher aus den *suburbs* angezogen werden, das Angebot entspricht aber oft nicht den Bedürfnissen der Anwohner. Kritisiert wird auch, dass viele dieser Projekte zu massiv subventioniert seien. Zudem gibt die Stadt durch die *Partnership* mit dem privaten Sektor sehr viel an Kontrolle ab.

Manhattan von der Südspitze aus gesehen, der Beginn des Grid

3) Die Geschichte des Times Square bis in die siebziger Jahre

Einleitung

Das Theater- und Medienviertel um den Times Square, der sich zwischen 42nd Street und 48th Street am Broadway und Seventh Avenue erstreckt, entstand um 1900. Schon wenige Jahre später war der Ort avanciert zum „great national showcase for popular music, vaudeville turns, plays, mass-market fashions, and consumer goods through the 1920s and, even as it was challenged by Hollywood, for many years thereafter".[157] Um den Times Square waren Broadway-Theater, deren Stücke in ganz Amerika tourten, Filme wie *Birth of a Nation* wurden hier uraufgeführt, weltbekannte Melodien komponiert, Zeitungen wie die *New York Times* und die *New York Herald Tribune* hatten hier ihre Häuser. Medien, Entertainment und *real estate* schufen gemeinsam den Mythos Times Square von seiner Gründung an.

Dieses Kapitel beleuchtet den Beginn der Entwicklung und die Blütezeit des Times Square unter besonderer Berücksichtigung des Kerns des späteren Projektgebietes, der beiden Blöcke an der West 42nd Street zwischen Seventh und Eighth Avenue, die damals die wichtigste Theaterstraße war. Das Kapitel endet mit dem Niedergang des Areals und den ersten Aufwertungsplänen von Stadt und Developern Mitte der 70er Jahre. Die ausführliche Darstellung der Geschichte soll zum einen die frühe Bedeutung des Ortes als Zentrum von Medien und Entertainment verständlich machen und erklären, warum die Stadt so intensive und kostenträchtige Versuche unternahm, ihn zu re-etablieren und zum anderen den frühen, damals schon prägenden Einfluss der *New York Times* verdeutlichen.

Im Abschnitt 3.1) geht es um Theater-Entrepreneure wie Oscar Hammerstein, das *Syndicate* um Abraham Erlanger und Marc Klaw und die Shuberts. Hier wird ausgeführt, dass das Theater schon damals mehr Zweig von *real estate* war als Kultur. Weiter geht es um die Rolle von Adolph Ochs, Besitzer der *New York Times*, der 1904 den *Times Tower* errichtete, in Kooperation mit dem U-Bahn-Finanzier August Belmont. Es wird dargestellt, wie Ochs und Belmont zusammenarbeiteten, den Platz Times Square zu nennen und so den Ort erst schufen.

Im Abschnitt 3.2) geht es um den Umzug der *Times* in die 43rd Street und die Installation des *Zipper* am *Times Tower* — eine neuerliche Inanspruchnahme des Platzes als Werbeträger für die *Times* — sowie den Zuzug anderer Medien. Die Bedeutung der *Bright Lights* des Broadway wird thematisiert. Weiter wird der Kampf der Shuberts gegen das *Syndicate* und ihr Verhältnis zur *Times* dargestellt. Es geht weiter um den Einfluss der Politik auf den Ort, vor allem die Auswirkungen der *Zoning Resolution* von 1916, die die Dominanz von Grundverwertung über der Kultur festschrieb. Das Aufkommen des Kinos und die Gründung von Paramount und Loews wird nachvollzogen, sowie der damit zusammenhängende Wechsel der *Key Players*. Die Geschichte der West 42nd Street wird bis zur Weltwirtschaftskrise 1929 verfolgt.

Im Abschnitt 3.3) geht es um den Niedergang vor dem Hintergrund der Konkurrenz von Hollywood, der einherging mit dem Abriss oder der Umnutzung von Theatern vor

---

157 Hammack, in: Taylor, 1996, S. 36

Die drei Männer, die den Times Square geplant und gebaut haben: Oscar Hammerstein I, der Großvater des Musicalkönigs (oben links), August Belmont, der Stadt- und U-Bahnplaner (oben rechts), und Adolph Ochs, der 1896 die New York Times erwarb und die Zeitung um 1904 zum Times Square brachte (unten links). Alle drei waren deutsch-jüdische Auswanderer, die vor der Jahrhundertwende nach Amerika kamen.

allem an der 42nd Street, um die Zunahme von Kriminalität, Prostitution und Sexshops, um die Sanierungspläne der 60er und 70er Jahre und die Rolle der Grundstückseigner. Hierbei soll klar werden, dass der Abstieg des Gebiets Teil deren Strategie war, eine wertsteigernde bauliche Erneuerung und Verdichtung zu erreichen. Der letzte Teil ist dem Aufstieg der *New York Times* und dem Umbau der Redaktion anlässlich der Finanzkrise gewidmet.

3.1) Beginn der Entwicklung am Times Square bis 1905

Drei Männer haben den Times Square um 1900 etabliert, schreibt William Laas in seinem — vergriffenen — Buch: *Crossroads of the World:* „Hammerstein, the plunger and impresario, brought the theater to Times Square, (...), Belmont, the financier, brought the subway to Times Square, Ochs, the publisher, brought the New York Times, adding the elements of newsmaking, prestige, a distinctive landmark, and a name".[158] Der Times Square — bis 1904 Longacre Square genannt — verdankt seine Entstehung dem in 2.4.1) erwähnten *Commissioners Plan*, der die Stadt in rechteckige Blöcke unterteilte, durchschnitten vom Broadway. Wo der Broadway auf eine Avenue trifft, liegen Plätze, und dort sammelte sich „commercial entertainment and nightlife"[159]. Dies zog im Lauf der Jahrzehnte immer weiter nördlich, wo das Land noch preiswert war: Erst an die Park Row, dann an den Union Square, dann an den Madison Square. Kurz vor 1900 zog der Theaterbezirk, der *Rialto*, an den heutigen Herald Square und zuletzt an den Times Square.

Nachdem der *City Council* um 1850 Dampfmaschinen südlich der 42nd Street verboten hatte, wurde 1868 an 42nd Street und Park Avenue die erste *Grand Central Station* errichtet, das erste wichtige Bauwerk der Straße.[160] John Jacob Astor — der 1803 für 25.000 Dollar eine Schaffarm mit 70 acres (28 Hektar) zwischen Times Square und Hudson erworben hatte, baute zwischen West 44th und West 47th Street allein von 1830 bis 1860 etwa 200 *brownstones*.[161] Der Wert des Grundes sollte bis 1930 auf 50 Millionen Dollar steigen.[162] Auch andere beteiligten sich an der Spekulation. So kaufte der Enkel des Eisenbahnkönigs Cornelius Vanderbilt, William Vanderbilt, um 1883 das Areal am Broadway, auf dem die *American Horse Exchange* stand, die die Shuberts später zum Theater *Winter Garden* umbauten.[163] Die Astors verpachteten auch Land an Theater-Entrepreneure, da sie die Downtown — wo sie ebenfalls Immobilienbesitz hatten — vom Verkehr entlasten wollten. Die Pachtpreise *Uptown*, zwischen Schaffarmen, Kutschenfabriken und Kohlelagern und weitab der teuren *Downtown*, waren damals niedrig. Das erlaubte es den Unternehmern dort, das Risiko einzugehen, auf das eher unsichere Theatergeschäft zu setzen.[164] Dabei war — und ist — üblich, dass der Grund und Boden von dem Theaterbauer nur gepachtet ist; das Land und das Haus darauf hatten oft zwei verschiedene Besitzer und konnten separat veräußert werden.

Nach 1880 wanderte der *Rialto* vom Herald Square nach Norden. Das erste neue Theater war das *Casino* an der 39th Street, 1882 finanziert von „Neuen Reichen", Familien wie die Morgans, Tiffanys, Vanderbilts und Roosevelts. 1883 eröffnete das erste Haus der Metropolitan Opera am Broadway zwischen 39th und 40th Street, finanziert von den gleichen Familien. Ihnen waren zuvor standesgemäße Logen in der *Academy of Mu-*

---

158 Laas, 1965, S. 41
159 Taylor, 1996, S. XV

160 Kornblum, 1978, S. 55
161 Gilfoyle, in Taylor, 1996, S. 297
162 Dunlap, 1990, S. 164
163 Dunlap, 1990, S. 174
164 Blackmar, in: Taylor, 1996, S. 61

sic am Union Square verweigert worden.[165] 1888 ließ James Bailey, Partner des Entertainmentkönigs P. T. Barnum, das *Broadway* an der 41st Street errichten. Charles Frohman baute 1893 das *Empire* an der 40th Street, im gleichen Jahr entstand das *Abbey's* an der 38th Street. Das erste Theater an der 42nd Street war das *American*, 1893 erbaut von T. Henry French, mit 2100 Plätzen das damals drittgrößte der Stadt. 1895 — das Jahr, in dem die 42nd Street elektrifiziert wurde[166] — überschritt Oscar Hammerstein die imaginäre Grenze: Er ließ am Broadway zwischen 44th und 45th Street das *Olympia* errichten.[167]

3.1.1) Erste Theater am Times Square und der 42nd Street

Oscar Hammerstein, 1846 in Stettin geboren, war ein kleiner dicker jüdischer Zigarrenfabrikant, der Ende des 19. Jahrhunderts Erfolge mit Theatern in Harlem und im östlichen Manhattan hatte. 1888 stand er an der Ecke von 42nd Street und Broadway, damals eine dunkle Gegend, die als „thieves' lair" berüchtigt war. Hammerstein sah vor seinem inneren Auge „the Rialto creeping up Broadway, a finger of light, pointing straight at the square".[168] Er investierte sein ganzes Geld (dazu zwei Millionen geliehene Dollar) in das *Olympia*. Das Theater war „the greatest amusement temple in the world".[169] Es hatte einen Theatersaal im Louis-XIV-Stil mit Spiegeln und Kristalllüstern, eine Music Hall, eine Concert Hall, einen Dachgarten mit Wasserkaskaden, ein orientalisches Café mit zahmen Affen und ein türkisches Bad. Im Keller waren Billardsäle und Bowlingbahnen, dazu ein *Rathskeller*. Es nahm den halben Block zwischen 44th und 45th Street östlich vom Broadway ein. Bei der Eröffnung am 25. November 1895 wurde das *Olympia* von einer festlich gekleideten Menge geradezu überrannt, unter anderem, weil Hammerstein 10.000 Karten für 6000 Plätze verkauft hatte.

Aber Hammerstein hatte sich übernommen. 1898 wurde das *Olympia* zwangsversteigert (Frenchs *American* war bereits 1897 in Konkurs gegangen). Hammerstein ließ 1899, diesmal nur mit geliehenem Geld, an der Seventh Avenue und 42nd Street das *Victoria* errichten, das vollkommen aus recyceltem Material bestand, mit Sesseln aus zweiter Hand und Teppichen von einem leckgeschlagenen Ozeandampfer, die Bühne war ein ehemaliger Heuboden.[170] Das Haus kostete nur 50.000 Dollar, ein Zehntel des Preises für das *Olympia*. In dem — so auch genehmigten — Bauantrag war von einer Konzerthalle die Rede, weil dies von der Stadt schneller bearbeitet wurde.[171] Noch im Eröffnungsjahr erklärte Hammerstein den Bankrott, um seine Gläubiger loszuwerden. Juristisch gehörte das Haus nicht ihm, sondern seiner *Amusement Company*, deren Angestellter er war.[172] Nun leitete sein Sohn Willie das *Victoria*. Nach Hammerstein kamen andere Entrepreneure. In ersten fünf Jahren des Jahrhunderts entstanden zehn Theater nördlich der gesamten 42nd Street.[173] Grundstückseigner, Theatermogule und die Stadt hatten das gemeinsame Interesse, *Midtown* Manhattan als Standort kommerziellen Developments zu etablieren, dessen Motor die Theater waren. Theaterbau in New York hatte damals mehr mit Spekulation zu tun als mit Kultur. „Because New York lacked the subsidized state theaters of the great cities of Europe, these buildings were designed to the specifications of entrepreneurs driven by the market".[174] Der Theaterbau in unterentwickelten Arealen ging oft einer Verdichtung voraus.

---

165 Laas, 1965, S. 39
166 Henderson, 1973, S. 185
167 Hoogstraten, 1997, S. 15-41
168 Laas, 1965, S. 45
169 Laas, 1965, S. 48

170 Auf dem Grundstück wurde inzwischen die US-Zentrale der Nachrichtenagentur Reuters errichtet.
171 Knapp, 1982, S. 47-49
172 Knapp, 1982, S. 59
173 Hoogstraten, 1997, S. 11
174 Hammack, in: Taylor, 1996, S. 45

Die Geschichte des Times Square

Oben: Das Victoria, Oscar Hammersteins erstes Theater an der Seventh Avenue und West 42nd Street, dort, wo heute das Hochhaus vom Reuters steht.
Rechts: Das New Amsterdam, nicht älteste, aber das größte und schönste Theater an der 42nd Street.

Im November 1900 begrüßte die Zeitschrift *Real Estate Record and Building News* drei neue Developments an der 42nd Street: Die Theater am Times Square, die neue *Grand Central Station* an der Park Avenue und die *New York Public Library* an den Fifth Avenue. Dies und die avisierte U-Bahn würden die Straße „much more valuable for purposes of retail trade and amusement" machen.[175] Broker, allen voran Goldman, Sachs und Lehman Bros. entdeckten Entertainment als kreditwürdiges Gewerbe. Knapp fasst die Bedingungen, die zur Entstehung des Times Square geführt haben, so zusammen: „The extent (...) of new forms of mass transit; the lure of huge real estate profits; the focal role of the new brokering figures in American commercial life; (...) the growth of tourism; (...) and a new tolerance for mass entertainment."[176] Dies seien jedoch nur die Voraussetzungen, letztlich hätten die Entertainmentindustrie und ihre visionären Unternehmerpersönlichkeiten den *Theatre District* geschaffen. Beherschend war damals das *Theatre Syndicate,* Hammerstein war einer der wenigen, die unabhängig blieben. Im *Syndicate* hatten sich 1896 sechs Produzenten unter Marc Klaw und Abraham Erlanger zusammengeschlossen um ein Buchungsmonopol für Theater zu schaffen.[177] Dem *Syndicate* erwuchs bald Konkurrenz durch die Brüder Sam, J. J. und Lee Shubert, die aus Syracuse im Staat New York nach New York City gekommen waren. 1901 kauften sie als erstes Theater das *Casino*. 15 Jahren sollten sie die Vormacht über das *Syndicate* erringen.

An der 42nd Street entstanden nach dem *American* und dem *Victoria* bald weitere Theater: Das *Republic* (Hammerstein, 1899), das 1902 von David Belasco gepachtet und *Belasco* genannt wurde, das *New Amsterdam* (Klaw/Erlanger, 1903), das *Lyric* (Shuberts, 1903), das *Fields* (Hammerstein, 1904) und das *Liberty* (Klaw/Erlanger, 1904). Die 42nd Street war das Herz des Theaterbezirks und das prächtige, 1,5 Millionen Dollar teure *New Amsterdam*, im Jugendstil errichtet, war das Flaggschiff des *Syndicate*. „The opening of the New Amsterdam Theater last night was as much of an art as a dramatic event, (...), and on every side were heard expressions of delighted surprise", begeisterte sich die *New York Times* zur Eröffnung am 26. Oktober 1903.[178] Klaw und Erlanger hatten ihre Büros über dem *New Amsterdam*, Hammerstein seines über dem *Victoria* und die Shuberts die ihren über dem *Lyric*, alle an der West 42nd Street. So konnten sie einander fast in die Fenster starren.[179]

3.1.2) Der Bau der U-Bahn und des Times Tower

Am 18. Januar 1904 stand Adolph Ochs an der Baugrube des *Times Tower*, an der Ecke von Broadway und 42nd Street und stupste seine elfjährige Tochter Iphigene nach vorne. Iphigene sollte den *Cornerstone* für das künftige Hauptquartier der *New York Times* mauern. Neben Ochs standen der Bischof von New York, Henry C. Potter und *Times*-Chefredakteur Charles Miller. Ochs hatte die „New-York Times", wie sie damals geschrieben wurde, 1896 für 75.000 geliehene Dollar gekauft. Die *Times* war zu Tweeds Zeiten eine *Tammany*-kritische Zeitung gewesen, 1891 hatte sie nur noch eine Auflage von 9000 Stück und stand vor dem Konkurs. Sie residierte *Downtown*, an der Park Row.[180] Ochs — der auch Besitzer der *Chattanooga Times* aus Knoxville, Tennessee war — hatte sie gerettet, als er die Mehrheitsanteile von der Hauptgesellschafterin *Equitable Life Insurance Society* erwarb. Einer der *Equitable*-

---

175 Zitiert nach: Blackmar, in: Taylor, 1996, S. 51
176 Knapp, in: Taylor, 1996, S. 120
177 Neben Klaw und Erlanger Al Hayman und Charles Frohman, Samuel Nixon und Frederick Zimmerman

178 Davis, in: Showmusic, Sommer 1997
179 Knapp, 1982, S. 135. In dem Büro des *New Amsterdam* sitzen heute die Disney-Imagineers
180 NYT, 1999, S. 8

Direktoren war August Belmont. Auch J. P. Morgan und das Bankhaus Kuhn, Loeb hielten Anteile an der *Times*, die sie in neue Aktien tauschten, die Ochs zeichnete.[181]

Die Auflage der *Times* sollte in wenigen Jahren auf 75.000 steigen (in denen Ochs den Preis von drei auf einen Cent senkte). Von Anfang an suchte Ochs die Marktlücke, sich von der schreiend-bunten „Penny Press" von William Randolph Hearst und Joseph Pulitzer abzusetzen und das seriöse, zahlungskräftige und einflussreiche Publikum zu gewinnen, die New Yorker Oberschicht.[182] Zunächst wollte Ochs sein Verlagshaus in der *Downtown* erweitern. Aber bald stellte er fest: „The trend was strongly nordward".[183] Deshalb erwarb er 1902 ein Grundstück an der 42nd Street und Broadway. Dort befand sich das *Pabst Hotel* mit dem Restaurant *Rathskeller*, dessen Eingang nach Süden wies und das bald abgerissen wurde. Ochs richtet den Eingang seines Hauses aus, „to face north and the future".[184] Gekauft hatte Ochs das Grundstück von August Belmonts Subway Company IRT. Es war letzlich „Belmonts subway", die den Times Square zum „market for commercial culture" machen sollte.[185]

Belmont, ein Wall-Street-Banker, hatte 1902 die *Interborough Rapid Transit Company* (IRT) gegründet, die erste von drei New Yorker U-Bahn-Companies.[186] Die IRT sollte nach einem Beschluss des *City Council* die *Uptown* erschließen Damals fuhr auf dem Broadway nur eine Pferdebahn, und selbst auf die hatten die Anwohner 30 Jahre lang gewartet (es war die Zeit des in 2.4.1. geschilderten Tweed und seinen *Fourty Thieves*). Die Ankündigung des U-Bahn-Baus „set in motion a tidal wave of speculation with a rise of from 30% to 35 % in the value of land at forty-second Street and Broadway occuring almost overnight."[187]

Die Gründung der IRT war ein „product of a protracted decision-making process in which — as so often in New York City — 'private' and 'public' interests and powers were thouroughly intertwined".[188] Eine öffentliche Kommission plante die *Subway* , aber jedes ihrer Mitglieder war Mitglied der *Chamber of Commerce* von New York. Die Corporation, die die Aufträge vergab, wurde von Bankern — wie Belmont — und Eisenbahnbauern gebildet, während die Stadt dafür die Konzessionen gab und für U-Bahn-Anleihen bürgte. Die Bauaufträge gingen an eine Firma, die Kontakte zu *Tammany Hall* hatte. Über die Route machte das *business* Vorgaben, Eigentümer an der Upper West Side lobbyten für eine Route von der Wall Street unter dem Broadway bis nördlich der 59th Street. Die Strecke der IRT wurde schließlich H-fömig festgelegt, der Querstrich des „H" das heutige Shuttle zwischen Grand Central und Times Square. Einige Jahre nach der IRT unter der Seventh Avenue (heute 1, 2, 3, 9) baute die zweite Company, die BRT, eine Strecke (heute N, R), die ebenfalls den Times Square kreuzt.

Der zeitgleiche Bau von *Times Tower* und U-Bahn war wiederum das Produkt einer Kooperation zwischen Ochs und Belmont. Ochs hatte das Grundstück von Belmont gekauft. Belmont wiederum kontrollierte Anteile der *Times* über seinen *business associate* E. Mora Davison, der außerdem Mitglied eines von Ochs ausgesuchten Reorganisations-Komitees für die Zeitung war. Zudem war Belmont der Direktor der Equitable Life Assurance Society. Diese hielt auch nach dem Verkauf der Aktienmehrheit der *Times* an Ochs einen Gutteil des *Times*-Grundkapitals als Sicherheit für einen 150.000-Dollar-Kre-

---

181 Tifft/Jones, 1999, S. 33-77
182 Elfenbein, 1996, S. 62-64
183 Berger, 1951, zitiert nach: Laas, 1965, S. 57
184 Laas, 1965, S. 58
185 Lampard, in: Taylor, 1996, S. 16
186 Die New Yorker U-Bahn entstand unter der Regie dreier Gesellschaften: Die IRT, 1913 kam die BRT (Brooklyn Rapid Transit Company) hinzu (seit 1923 BMT — Borough Mass Transit), 1925 die städtusche IND (Independent Subway System), die jeweils mehrere Linien betreiben.

187 Buder, in: Kornblum, 1978, S. 60
188 Hammack, in: Taylor 1996, S. 39

Das Titelblatt der New York Times vom 1. Januar 1905, nachdem das Blatt an den Times Square gezogen war. Wenig später erfand Times-Verleger Ochs den "Balldrop", um die damals noch kleine Zeitung bekannt zu machen.

dit an Ochs und hatte zunächst auch den Bau des *Times Tower* beliehen. Equitable wollte ursprünglich sogar einen Teil des Hauses mieten.[189] Jedoch löste Ochs seine Geschäftsbeziehung mit Equitable, als deren Besitzer James Hyde mit einer zu aufwendig inszenierten Party inmitten einer Wirtschaftskrise in die Schlagzeilen geriet. Der *Times Tower* wurde nun von Marcellus Dodge, Erbe einer Munitionsfabrik, finanziert, bis Ochs das Darlehen 1916 ablöste.[190]

Die Zusammenarbeit zwischen Ochs und Belmont jedoch ging noch weiter. 1904 schrieb Belmont einen Brief an den Vorsitzenden des städtischen *Board of Rapid Transit Commissioners,* Alexander Orr, mit folgendem Inhalt: „The Interborough Rapid Transit Company desires very much to characterize (...) its important distributing stations by name. (...) No other station is liable to be more active than that at 42nd Street and Broadway. (...) Owing to the conspicuous position which the Times holds, it being one of the leading New York journals, it would seem fitting that the Square on which its building stands should be known as Times Square and the Station named Times Station."[191]

Darauf gab es eine Resolution, den Platz nach der *Times* zu benennen, unterstützt von einem Repräsentanten des 22nd Ward, der vor das *Board of Alderman* gebracht wurde, dann von den *Commissioners of Streets, Highways and Sewers* genehmigt wurde, bis am 19. April *Mayor* George B. McClellan das Gesetz unterzeichnete, die Station „Times Square" zu nennen. Die *Times* erschien dazu mit der Zeile „Times Square is the Name of the City's New Centre." Schon während die Belmontsche Resolution in den Gremien diskutiert wurde, hatte die *Times* zu Gunsten des Namens kommentiert, „as the building which the Times has under construction, is the most conspicuous edifice in that part of the city (...) that fact is appropriately recognized in the adaption of the name Times Square".[192]

Ochs hatte somit mit dem Tower für Belmont die Nachfrage nach der U-Bahn verstärkt, während Belmont für Ochs die Infrastruktur für die Produktion am Times Square lieferte. Ochs prophezeite damals, die Kreuzung werde zu „international crossroads" werden. Der Vorgang zeigt aber auch, wie die Berichterstattung der *Times* derem geschäftlichen Interesse diente, wie es im Zusammenhang mit dem Times Square noch häufiger vorkommen sollte. Die konkurrierenden Zeitungen reagierten eher verschnupft. Der *New York Herald* schrieb zwar über das „spectacular construction project", vermied aber zu erwähnen, wer die Bauherrin war. Die *Tribune* bezeichnete die Kreuzung noch jahre als „Longacre Square".[193]

Ähnlich reagierte der — ebenfalls mit Ochs konkurrierende — Zeitungszar William Randolph Hearst. Belmont hatte jüdische Vorfahren, während Ochs der deutsch-jüdischen Oberschicht angehörte, die sich als „Our Crowd" bezeichnete. Hearst hatte am Tag vor der Umbenennung Gerüchte gehört, Belmont und andere „Wall Street Tycoons" kontrollierten die *Times.* Hearst veröffentlichte darüber noch am gleichen Tag einen Bericht in seinen beiden Zeitungen *American* und *New York Journal,* den er selbst unterzeichnete und wo er Ochs einen „uneducated ... oily little commercial gentleman with ... obsequiously curved shoulders", nannte, „who took orders from Belmont and passed them along to his editor".[194] Von dem antisemitischen Ausfall erschreckt, habe Ochs die Geschichte in der Zeitung über „The Birth of Times Square" nur noch auf Seite 2 laufen lassen statt, wie geplant, auf der Titelseite, so Tifft und Jones weiter. Bemerkenswert an dem Vorgang ist

---

189 Tifft/Jones, 1999, S. 71-72
190 Thomas, 1981, S. 96-98. Ochs musste den Kredit zurückzahlen, da die Dodges Remington Arms Company im Ersten Weltkrieg Munition an das zaristische Russland verkauft hatte, aber die Revolutionäre von 1917 nicht zahlten, was Remington in finanzielle Schwierigkeiten brachte.
191 Laas, 1965, S. 59-60

192 Laas, 1965, S. 60
193 Laas, 1965, S. 60
194 Tifft/Jones, 1999, S. 71

aber auch, dass Ochs Einfluss auf die Präsentation der Artikel in der *Times* nahm, soweit sie seinen Immobilienbesitz betrafen.

Am 27. Oktober 1904 eröffnete die U-Bahn. Damit wurde die Kreuzung an der 42nd Street zu einer der verkehrsreichsten der Stadt.[195] Ende 1904 wurde der *Times Tower* fertig, dessen Bau 2,5 Millionen Dollar gekostet hatte. Das 23-stöckige Haus hatte eine weiße Marmorfassade in Stil der Italienischen Renaissance, es war 375 Fuß hoch. Wenn man die vier Kellergeschosse mitrechnete, die 55 Fuß in die Tiefe gehen (was Ochs tat), war es das höchste Haus von New York.[196] Im Keller befand sich die Druckerei, dazwischen verliefen, mit Sand gegen die Erschütterungen abgesichert, die Gleise der U-Bahn. Die *Times* profitierte von der Bahn in ungeahntem Ausmaß: Vor dem Umzug hatten andere Verleger gemutmaßt, die Zeitung sei nun an ihrem neuen Standort von der *Downtown*, dem Zentrum der Ereignisse, abgeschnitten. Jedoch nutzten nicht nur die Reporter der *Times* die U-Bahn, um binnen Minuten die *City Hall* zu erreichen, auch die Zeitungsbündel wurde per U-Bahn verteilt.[197] Am Neujahrs-Wochenende zogen die Mitarbeiter mitsamt den Maschinen auf Pferdekarren von der Park Row zum Times Square. Am 1. Januar 1905 titelte die *Times*: „New Years fireworks, at the Times Building, Times Square".[198] „Mein Urgroßvater hatte ein unglaubliches Talent für Public Relations", sagt Arthur Ochs Sulzberger Jr., der heutige Verleger der *Times*. „Er hat den Times Square als Marktplatz der Welt etabliert".[199] Zum ersten Mal hatte sich an Silvester eine gewaltige Menschenmenge auf dem Platz versammelt. Das Feuerwerk, das 1000 Fuß hoch explodierte, war in der ganzen Stadt zu sehen, die Musik war kilometerweit zu hören. Die *New York Times* hatte, weithin sichtbar, den Times Square in Besitz genommen und dabei sollte es bleiben. „From the moment that Adolph Ochs celebrated the completion of Times Tower and the renaming of Longacre Square with a New Year's Eve Spectacular in 1905, Times Square has been New York City's great crowd-center."[200]

3.2) Die Blütezeit nach der Jahrhundertwende

3.2.1) Der Times Square als Standort der Presse

Ochs tat noch mehr, um Silvester am Times Square mit hunderttausenden von Besuchern zu etablieren: Um 1908 erfand er den *Ball Drop*. Eine riesige, mit brennenden Glühlampen bestückte Metallkugel gleitet zu Mitternacht an einer Stange nach unten. Das Event, das bis heute ohne Unterbrechung stattfindet, wird weltweit im Fernsehen übertragen. Zur Jahrtausendwende 2000 haben es nach Schätzungen des *Times Square Business Improvement District* 500 Millionen Menschen gesehen, zwei Millionen waren vor Ort.[201]

Ochs' Bestreben war, die *Times* im öffentlichen Leben der Stadt zu verankern, wobei er den Times Square, inzwischen einer der belebtesten Plätze, als Schaukasten nutzte. 1910 ließ Ochs zwei Nachrichtentafeln in den Fenstern des *Times Tower* installieren, auf denen Passanten über Wahlen oder Sportereignisse informiert wurden. Als am 4. Juli 1910 an einem Fenster fortlaufende Bulletins über einen Boxkampf plakatiert wurden, sammelte sich eine 30.000-köpfige Menge davor.[202] 1912 wurde an der Nordseite des *Tower* ein Kiosk errichtet, in dem es auswärtige Zeitungen gab, ein „beacon of journalistic metropolitanism".[203]

---

195 Knapp, 1982, S. 135
196 Laas, 1965, S. 66-68
197 Laas, 1965, S. 84
198 Laas, 1965, S. 72
199 Im Gespräch mit der Autorin am 10. März 1999

200 Hammack, in: Taylor, 1996, S. 42
201 www.Timessquarebid.org
202 Jeffries gegen Johnson in Reno, Nevada
203 Taylor, 1996, S. XV

Alte Postkarten vom Times Square: Oben ist der Times Tower um 1910, noch mit seiner originalen Fassade; unten ist eine Übersicht über den Platz von der West 48th Street; im Vordergrund das Hotel Bristol. Rechts: Das Victoria. Im Hintergrund: Der Met Life Tower.

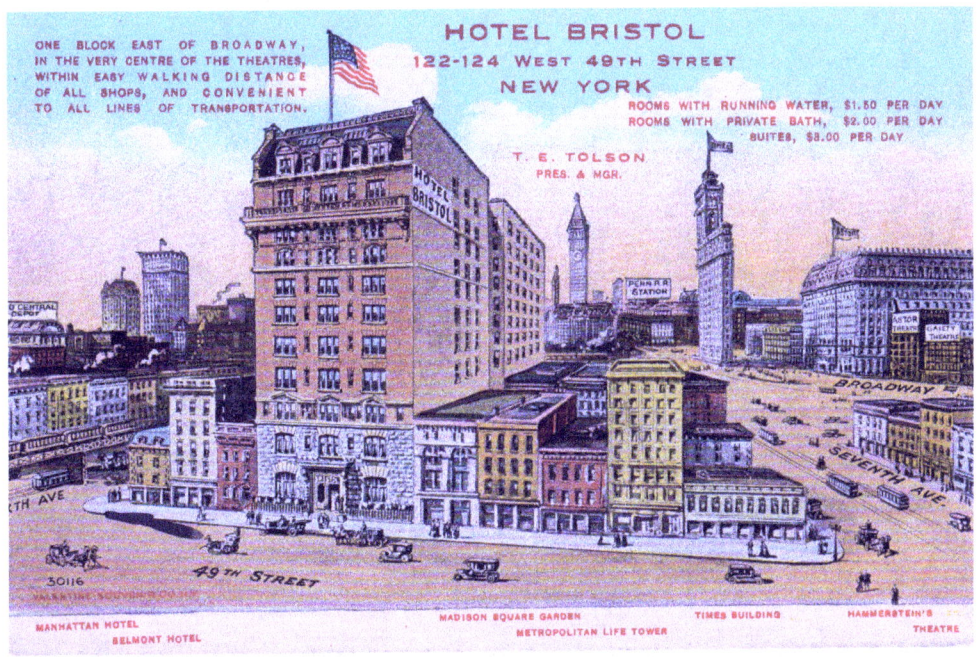

Die U-Bahn Station Times Square nach der Jahrhundertwende auf Postkarten.
Oben: Der Eingang; gleich neben dem Times Tower. Unten: Eine Innenaufnahme von der U-Bahn-Station Times Square, mit der verzierten Decke und den Messinggeländern.

Die Auflage der *Times* war nun auf 236.668 Stück gewachsen, mehr als die Auflage von fünf ihrer sieben Konkurrenzzeitungen zusammen.[204] Der *Tower* war nun viel zu klein. Ochs ließ ein Gebäude an der 43rd Street zwischen Seventh und Eighth Avenue errichten, den *Annex*, das heutige Haupthaus. Er wurde Februar 1913 eröffnet. Er war weniger auffällig als der *Tower*, bot aber mehr Platz. Im Keller standen zehn neue 110-Tonnen-Druckerpressen, schneller als die im *Tower*, zu dem es eine unterirdische Verbindung gab. Als der *Annex* mehr genutzt wurde als der *Tower*, ließ Ochs den Eingang repräsentativ umgestalten.

Der Erfolg der *Times* bewog auch andere Zeitungen und Zeitschriften, sich in *Midtown West* niederzulassen. 1924 fusionierte der *New York Herald* mit der *New York Tribune* zur *New York Herald Tribune*,[205] die Zeitung bezog ein Haus zwischen 40th und 41st Street und Seventh und Eighth Avenue. Beim *Herald* schrieben Autoren wie Tom Wolfe und Jimmy Breslin. Hearst's *Mirror*, wo Damon Runyon arbeitete — ein in den 20er Jahren berühmter Reporter, der über Sport und Nachtleben schrieb — zog an die östliche 45th Street, die *Daily News* verlegte ihr Hauptquartier an die östliche 42nd Street. *Vanity Fair*, *Smart Set* und der *New Yorker* saßen um die 43th bis 46th Street. Nahebei war die Bühnengewerkschaft *Actors Equity*. Das Fachblatt *Variety* residierte am Broadway und 46th Street im Theaterviertel.[206] Nahebei lagen auch die *Hangouts* von Journalisten und Künstler: Das *Algonquin-Hotel*, *Sardi's* oder *Murray's Restaurant*.[207]

Die Journalisten und die Presseagenten im Sold der Broadway-Produzenten waren es auch, die den Mythos Times Square etablierten: Leute wie Runyon, den William S. Taylor mit den Worten zitiert: „I took one little section of New York and made half a million dollars writing about it".[208] Oder Edward L. Bernays — ein Neffe von Sigmund Freud — der 1913 als Presseagent für Klaw und Erlanger begann, und *public events* produzierte, um seine Klienten in die Zeitungen zu bekommen. Die Arbeit von Bernay und anderen „helped create Times Square into an enticing entertainment spot of national significance. (...)". „Times Square", sagte Bernay, „was developed by the press agents of that era".[209]

Der öffentliche Stadtraum wurde nach wie vor von der *New York Times* dominiert. Am 6. November 1928, anlässlich der US-Präsidentschaftswahl, ließ Ochs um den *Times Tower* — in dem inzwischen nur noch die Anzeigenabteilung saß — ein bewegliches Leuchtband anbringen. Das war der *Zipper*, der, gespeist aus dem Nachrichtenraum der *Times*, die wichtigsten Nachrichten kundtat: Die Wahl von Herbert Hoover, der Angriff auf Pearl Harbor, das Ende des Zweiten Weltkriegs. Der *Zipper* war 360 Fuß lang und hatte 14.800 Glühbirnen, die 261.925.664-mal pro Stunde aufleuchteten und fünf Fuß hohe Buchstaben produzierten. Zu diesem Zeitpunkt war der Times Square von Theatermarkisen und Reklametafeln hell erleuchtet. „The news-bearing sign is the beginning or the end of a fabulous bulb-gilded gorge to everyone exploring Times Square ... the city's No. 1 promenade, both for out-of-towners and for natives", schrieb die *Times* in einem Rückblick zehn Jahre später.[210] Da war die große Zeit des Times Square vorerst vorbei.

---

204 Fisher, in: Metropolis, 1992
205 Nicht zu verwechseln mit der in Paris erscheinenden *International Herald Tribune*, die damals zu gleichen Teilen der *New York Times* und der *Washington Post* gehörte. (heute nur noch der *Times*)
206 Bis Ende der 80er Jahre, als der Developer Bruce Eichner das Grundstück abräumen ließ, um dort ein Hochhaus zu errichten, das einige Jahre später an Bertelsmann verkauft wurde.
207 Taylor, 1996, S. 215-216

208 Taylor, 1996, S. 212
209 Leach, in: Taylor, 1996, S. 104. Das Thema wird in dem Film *Sweet Smell of Success* aufgegriffen.
210 Zitiert nach: Laas, 1965, S. 96

3.2.2) Der Theatre District bis zur Depression von 1929

Der Times Square nach 1900 war eine Männerwelt. Wo sich Theater ansiedelten, gab es auch Saloons, Zigarrenläden, Wettbüros, Bars, Sportarenen, Hotels, Schwulenclubs und Bordelle. „Where the underworld meets the elite", heißt es im Musical *42nd Street*. Die Geschichte des Times Square ist auch eine des Sexgewerbes, das vom Nachtleben und den Theatern profitierte, von diesem aber, sobald es überhand nahm, als unerwünschte Nutzung gewertet wurde. Denn dann klagten die Theatergeher über Belästigungen auf der Straße. Andererseits traten auf den Bühnen oft genug halbbekleidete Frauen auf, was ebenfalls oft genug Gegenstand moralisierender Angriffe war. Eine scharfe Trennung zwischen der Subkultur des gewerblichen Sexes und der Hochkultur der Theater hat es am Times Square nie gegeben.

Um 1901 befanden sich zwischen Ninth und Sixth Avenue sowie 36th und 47th Street 132 Bordelle, mehr als Theater, meist in Seitenstraßen. Die 43rd Street war die *Soubrette Row*, eine Reihe französisch geführter Bordelle, sie wurde erst später durch den Bau des *Times-Annex* verdrängt. Bordelle saßen oft in *Brownstones*, aus denen die Oberschicht ausgezogen war. Viele Hauseigentümer zogen zahlungskräftige Prostituierte armen Wohnungsmietern vor. Nach einer Studie von 1907 erwirtschafteten Vermieter von Bordellen im Schnitt 800 Dollar pro Woche — 41.600 Dollar im Jahr.[211] Noch profitabler waren Stundenhotels. Die *Times* klagte am 7. Juni 1907 über die vielen Prostituierten: „The glittering splendor of the Great White Wasy does not symbolize the best spirit of the people of New York".[212] Dabei kamen Bordellbesucher aus allen Schichten. Auch der Banker J. P. Morgan soll sich Prostituierte gehalten haben. Und schon damals wurde über Kriminalität geklagt: Um 1899 gab es einmal 200 Anzeigen von Männern, die von Prostituierten beraubt worden waren.[213]

Die Bordelle am Times Square wurden schon früh bekämpft. Führend war zunächst das *Committee of Fourteen*, das Senelick als Zusammenschluss einflussreicher Bürger bschreibt. Das *Committee* setzte 1905 mittels Lobbyarbeit gegenüber der Stadt durch, dass die bauaufsichtlichen Auflagen für Hotels verschärft wurden. Daraufhin mussten viele der so genannten „Raines Law"-Hotels schließen, Stundenhotels mit unter zehn Zimmern, die sonntags Alkohol ausschenken durften und von denen es tausende gab.[214] Das *Committee* traute der mit *Tammany Hall* verfilzten Polizei nicht, statt dessen kooperierte es mit dem städtischen *Tenement House Department*, um festzustellen, welche Mietshäuser als Bordelle zweckentfremdet wurden, und trat dann selbst an die Eigentümer heran.

Schon damals schlossen sich die Grundstücksbesitzer zusammen, um die Vermietung an Sexgewerbe im Block zu unterbinden. Auch Theatereigner und Produzenten widersetzten sich nicht dem Kampf gegen kommerziellen Sex, da sie auf ein gemischtes Mittelklasse-Publikum hofften, mit Ausnahme von Oscar Hammerstein, der 1904 im *Victoria* das Rauchen erlaubte, mit dem (beabsichtigten) Effekt, dass das Publikum bald fast nur noch aus Männern bestand.[215] Gleichwohl wurden die Restaurants, Bars und Roof Gardens der Theater (auf deren Einnahmen die Betreiber angewiesen waren) von Prostituierten oder Schauspielerinnen genutzt — die Grenzen waren hier fließend —, um sich von Männern ansprechen zu lassen.

Um 1905 waren Bordelle auf dem Rückzug, statt dessen gab es am Broadway Restaurants wie *Rector's* oder *Churchill's*. William Waldorf Astor, der Großenkel von John Jacob Astor, hatte gerade das *Hotel Astor* an der

---

211 Gilfoyle, in: Taylor, 1996, S. 299, 305
212 Zitiert nach: Gilfoyle, in: Taylor, 1996, S. 300
213 Gilfoyle, in: Taylor, 1996, S. 304
214 Senelick, in: Taylor, 1996, S. 331. Nach dem Ersten Weltkrieg eröffneten sie wieder.
215 Knapp, 1982, S. 119

44th Sreet eröffnet, ein Jahr später folgte das *Knickerbocker*, wo Enrico Caruso eine Suite hatte. 1905 gab es im *Theatre District*, der bis zum Columbus Circle reichte, 18 Bühnen, davon sieben an der 42nd Street. Viele von ihnen waren prächtig ausgestattet und von bekannten Architekten wie Thomas W. Lamb, Herbert J. Krapp oder Joseph Urban entworfen worden. Am Broadway und 45th Street wurde das *Astor Theatre* eröffnet, das der Produzent George M. Cohan bespielen ließ, dessen Statue heute auf dem Times Square steht. Cohan betrieb auch das *Gaiety*, das 1908 einen Block weiter nördlich entstand, sowie das *Cohan*, das 1909 am Broadway und 43rd Street gebaut wurde.[216] 1911 bauten die Shuberts die *American Horse Exchange* zum *Winter Garden* um.[217] Neben *Legitimate Theatre*, also Dramen, wurde *Vaudeville* populär. Hierbei wechseln sich Standups, Musik, Zauberkunststücke und Sketche ab. Das berühmteste Vaudeville-Haus war das *Palace* am Broadway und 47th Street, wo Ethel Barrymore, Sarah Bernhardt, W. C. Fields, die Marx-Brothers, Harry Houdini, Will Rogers oder Fred Astaire auftraten.[218]

Der Mythos Times Square geht nicht nur auf Theater und Amusement zurück, sondern noch mehr auf die *Bright Lights* des Broadway, die Leuchtreklamen, die eine eigene „commercial aesthetic of color and light"[219] geschaffen hatten. Seit 1910 machten die Theatermarkisen, erleuchtet von tausenden bunter Glühbirnen, und die elektrischen Reklametafeln den Times Square zur Touristenattraktion. „Nothing represents the popular view so much as the giant signs that line the canyons of Broadway and Seventh Avenue."[220] Die Leuchtreklamen waren aber mehr als eine Mischung aus Kommerz und Ästhetik — sie waren das Symbol der neuen Zeit: „Electric lighting reconfigured the urban landscape into a fairyland of illuminated shapes, signs, and brightly colored, sometimes animated messages and images (...) a new landscape of modernity."[221] Zahlreiche der Lichttafeln erlangten echte Berühmtheit, wie der Pepsi-Cola-Wasserfall, der bereits erwähnte *Zipper* der *New York Times* oder der Camel-Mann, der echte Rauchringe blies. Die *Bright Lights* waren dabei aber immer mehr ein kommerzielles denn ein künstlerisches Feature. Die *Bright Lights* sollten auch bei der Debatte um den Umbau des Times Square in den 80ern eine wichtige Rolle spielen.

In der Zeit von 1905 bis 1912 schlossen viele Theater, um bald wieder mit neuem Konzept und neuem Betreiber zu eröffnen, vor allem an der West 42nd Street. Die große Zeit des *New Amsterdam* begann 1907, als dort Florenz Ziegfelds *Ziegfeld-Follies* auftraten. 1908 wurde das *American*, das nach dem zweiten Besitzerwechsel geschlossen hatte, in ein Vaudeville-Haus umgewandelt. 1909 eröffnete *Murray's Restaurant* im Block, dazu ein schwedisches Massage-Etablissement. 1911 kaufte der spätere Kinomogul Marcus Loew das *American* und wandelte es in eine *Music Hall* um.

Schon früh zeichnete sich ab, dass das Theater vom Kino verdrängt werden würde. 1912 eröffnete als erstes neues Theater im Block seit 1905 das *Eltinge*. Im gleichen Jahr ließ Asa Candler, der Erfinder von Coca Cola, das *Candler Building* errichten. Ihm fiel die *Central Baptist Church* zum Opfer. Das *Candler Building* sollte eine wichtige Rolle bei einem Korruptionsskandal von 1986 spielen (mehr in 4.2.1). Zwei Jahre später entstand daneben das Theater *Candler*, dieses schon unter Beteiligung eines Kinoproduzenten. 1917 wurde das *Victoria* zum Kino *Rialto* umgebaut und dabei de facto abgerissen. 1918 bauten die Selwyn-Brüder das *Selwyn*, 1920 das *Times Square* und das *Apollo*, die letzten Theater in den Blöcken.[222]

---

216 Von Cohan stammt das berühmte Lied *Give My Regards To Broadway*
217 Dort lief bis Ende 2000 *Cats*, das erfolgreichste Broadway-Musical aller Zeiten
218 Dunlap, 1990 , S.174
219 Taylor, in: Taylor, 1996, S. xxi
220 Bloom, 1992, S. 345

221 Nasaw, in: Ward/Zunz, 1992, S. 276-277
222 Knapp, 1982. Siehe auch Hoogstraten.

Alle drei sollten in wenigen Jahren leer stehen (Anhang 9.1.3)

Während dieser Zeit war der Wert der Theatergebäude erheblich gestiegen. So lag der *assessed value* des *Victoria* um 1900 bei 200.000 Dollar. Um 1905 waren es 650.000 Dollar, um 1910 schon 980.000 Dollar, 1915 sogar 1.175.000 Dollar.[223] Waren die Bühnen anfangs von Theaterleuten finanziert worden, bekamen nun, so Knapp, „real estate speculators (...) interested in acquiring the property rights to the plots of land on which the theatres were built." Und das waren in der Regel reine Geschäftsleute. „Real estate men discovered that owning a theatre or having a long-term lease in it was the safest and most profitable part of theatre finance, for the theatre's rental had to be paid before the producer could claim his profits".[224] Eine Erkenntnis, die 1993 auch Disney machen sollte. Knapp beschreibt, wie Spekulation mit Theaterbau funktionierte — bis 1925 waren um den Times Square fast 80 Theater entstanden, während danach nur wenige und diese weiter nördlich erbaut wurden.[225]

„First, a real estate speculator would option several lots on a side street near Broadway. (...) since the rental on these [old tenement] buildings could barely pay their property taxes and mortgages, the lots were relatively easy to obtain. Next, the real estate promoter would interest someone in building a theatre. (...) for about $300.000. (...) the as yet nonexistent theatre would be rented to an angel [ein unabhängiger Produzent, d. A.] for twenty years at $60.000 a year, provided that the angel pay the first and last years rent in advance. With that $120.000 in the bank, the real estate man could begin building the theatre. (...) The holder of the long-term lease would sublet the house (...) for around $4500 a week. (...) At the end of twenty years, the lessee would have taken in $3.600.000 in rent, and have paid the real estate operator $1.200.000, [who] would pay off the mortgages, would clear over $800.000, and would still own the theatre."[226]

Zu denen, für die das Immobiliengeschäft mindestens so wichtig war wie die Kunst, gehörten die Shuberts. Ihre Strategie war, Theater nicht nur zu bespielen, sondern auch, die Gebäude zu besitzen. Dies war auch der Hauptgrund, dass die Brüder zu den mächtigsten Theatermogulen nicht nur des Times Square, sondern den ganzen USA wurden. Die Brüder Shubert (deren einer, Sam, 1905 bei einem Zugunglück starb) waren bekannt für „their lack of humor and their secretiveness (...) their frugality and their abhorrence of refunding ticket money no matter what the circumstances.[227] Die Shuberts führten einen erbitterten Kampf gegen das *Syndicate*, das 1904 nach Schätzung von Belasco 500 Theater in den USA kontrollierte und für Buchungen hohe Prozentanteile kassierte.[228] Das *Syndicate* wurde angeführt von Marc Klaw und Abraham Erlanger, beschrieben als „the most pitiless production team in New York".[229]

Das *Syndicate* verlangte 1904 von den Shuberts, ihnen ihre bis dato 15 Bühnen zur exklusiven Buchung zu überlassen. Als diese sich weigerten, wurden sie vom *Syndicate* boykottiert. Daraufhin schlossen sich die Shuberts mit David Belasco, der drei Theater besaß, und dem Produzentenehepaar Fiske zusammen, denen der für Rezensionen wichtige New York Dramatic Mirror gehörte, und waren damit auf das *Syndicate* nicht mehr angewiesen. Dann gründeten die Shuberts eine eigene Theaterzeitung, The New York Review, die zwar finanzielle Verluste machte, aber Shubert-Stücke stets gut besprach und

---

223 Knapp, 1982, S. 141. Der assessed value ist der Wert, der von der Stadtverwaltung als Grundlage für die Berechnung der Grundsteuer angesetzt wird und der unserem Verkehrswert entspricht
224 Knapp, 1982, S. 221-222.
225 Henderson, 1973, S. 171

226 Page, 1927, S. 191-193, zitiert nach: Knapp, 1982, S. 332-333. Das funktionierte natürlich nur, wenn das Theaterbusiness die gesamte Zeit boomte.
227 Bloom, 1992, S. 339
228 Poggi, 1968, S. 13
229 Davis, in: Showmusic, Sommer 1997

Bright Lights, Big City. Oben: Die Nordseite des Times Square mit der Camel-Werbung in den Dreißigern. Unten: Die Südseite mit dem Times Tower in den dreißiger Jahren; rechts ist das Paramount Building, davor das Hotel Astor, links das Loews.

Syndicate-Aufführungen verriss — eine frühe Form von Synergie.[230] 1906 kontrollierten die Shuberts 50 Theater in den USA, von denen ihnen zwei Drittel gehörten, weitere bauten sie mit Unterstützung von Finanziers aus Cincinnati (darunter der Republikaner-Chef George B. Cox, Besitzer der größten Theaterkette der USA).[231] In New York errichteten sie das *New Theatre* an Central Park West und 62th Street, finanziert von Bankern wie Vanderbilt, Otto Kahn, J. P. Morgan, Belmont und John Jacob Astor III, die auch im *Board of Directors* der *Metropolitan Opera* waren. Das *New* floppte allerdings.

1907, angesichts einer Börsenkrise, formten die Shuberts eine kurzlebige Allianz mit dem *Syndicate*, um eine gemeinsame Vaudeville-Gesellschaft zu gründen, die aber bald an den Hauptwettbewerber Keith-Albee verkauft wurde. 1910 besaßen die Shuberts 70 Theater, davon 13 in New York, und warben dem *Syndicate* Stücke, Schauspieler und Produzenten ab. 1916 brach das *Syndicate* auseinander. Hauptgrund für den Sieg der Shuberts war — laut Poggi —, dass sie beim Bau ihrer Theater von mächtigen Finanziers unterstützt wurden, neben den Genannten auch Samuel Untermeyer und Andrew Freeman sowie Paul Bock, Miteigentümer der New York Evening Mai. Die *Shubert Advanced Vaudeville Company* bekam Geld von dem Millionär und Filmfinanzier F. J. Godsol.[232] Ein weiterer Grund für die Überlegenheit der Shuberts war nach Davis, dass diese schon 1905 über eine gut organisierte Firmenstruktur und dazu über ein Kapital von 1,4 Millionen Dollar verfügten, während das *Syndicate* weitaus schwerfälliger war.[233] 1917 kauften die Shuberts die Cox-Theater. 1927 besaßen oder betrieben sie 104 Theater in den USA und kontrollierten die Buchungen in fast 1000 Häusern.[234]

Zur Presse hatten die Shuberts ein gespanntes Verhältnis, auch zu ihren Nachbarn, der *New York Times* (seit 1913 saßen die Shuberts über dem *Shubert*-Theater an der 44th Street). *Times*-Kritiker Alexander Woollcott wurde 1915 nach einer unfreundlichen Rezension der Eintritt zu Premieren verweigert. Woollcott kaufte sich einfach ein Ticket, aber Lee Shubert postierte sich an den Eingang, um ihn abzufangen. Das wiederholte sich 22-mal. Schließlich verklagte die *Times* die Shuberts und weigerte sich zudem, Anzeigen von ihnen zu drucken. Beides gab der Zeitung übrigens eine „inestimable publicity" und vergrößerte die Leserschaft.[235] Schließlich gaben die Shuberts — ausnahmsweise — nach. Aber auch Woollcotts Nachfolger George Kaufman wurde 1919 nach einer kritischen Rezension für den Rest seiner Laufbahn aus Shubert-Theatern ausgesperrt. Ähnliches geschah auch anderen Rezensenten. Das Verhältnis der Shuberts zu den *Times*-Kritikern ist bis heute eher gespannt (siehe auch 4.3.1).

1916 erließ die Stadt die erste *Zoning Regulation*. Darin wurde das Areal um den Times Square als *Business District* festgesetzt. Eine spezielle Ausweisung für Entertainment gab es nicht, auch keine Höhenbeschränkungen, die die Theater vor dem wachsenden Spekulationsdruck geschützt hätten. Einer der Gründe dafür war, dass 1916 der relativ hohe *Times Tower* existierte, deshalb hätte es rechtliche Probleme mit anderen Eigentümern gegeben, hätte die Stadt versucht, spätere Bauten in der Höhe zu begrenzen. So mussten unter dem Druck der Grundstückspreise immer wieder ältere Theater aufgegeben werden, die sich in niedrigeren Gebäuden befanden. Sie wichen zunächst moderneren Kinosälen, auf die zumeist noch Büroraum aufgestockt war. Der *Garment District*, ein Industriegebiet, in dem Kleidung hergestellt wurde, wurde von der *Zoning Regulation* auf das Areal zwischen Broadway, Eighth Avenue, 35th und 40th Street

---

230 McNamara, 1991, S. 60
231 Poggi. 1968, S. 17
232 Poggi, 1968, S. 24
233 Davis, in: Taylor, 1996, S. 155
234 McNamara, 1991, S. XXIV

235 Bloom, 1992, S. 340

begrenzt, südlich des Times Square, da weder die Besitzer der vornehmen Geschäfte an der Fifth Avenue noch die Theatermogule am Times Square wollten, dass sich die Arbeiter mit ihren Kunden mischten. Das wiederum brachte die letzten Theater südlich der 40th Street dazu, weiter nördlich zu wandern.[236]

3.2.3) Aufkommen des Kinos und Konkurrenz zu Hollywood

Die Jahre zwischen 1912 und 1916 waren der Beginn einer neuen Ära: Das Kino erwuchs aus dem *Legitimate Theater* und wurde sein größter Konkurrent, was langfristig zum Niedergang des Theaters führen sollte. Der wirtschaftliche Erfolg des Kinos zeichnete sich bereits 1915 ab, als D. W. Griffiths *Birth of a Nation* im *Liberty* an der 42nd Street spielte und 14.000 Dollar pro Woche erlöste, so viel wie ein erfolgreiches Theaterstück.[237] Damit konnten auch einige *Key Players* des Broadway ihre Position nicht mehr behaupten. Das *Syndicate* löste sich 1916 auf, Klaw starb bald darauf. Frohman ertrank bereits 1915 beim Untergang der *Lusitania*. Die Shuberts konnten sich allerdings halten, andere Broadway-Größen schafften den Sprung zum Film. Und es kamen neue *Key Players* hinzu, Filmproduzenten zumeist, deren wichtigste Adolph Zukor, Marcus Loew und Samuel „Roxy" Rothafel waren. Auch hier zeigt sich, wie beim Theaterbau, dass Kultur in New York eng mit *real estate* zusammenhing und auf Dauer nur derjenige Erfolg hatte, der mit Immobilienbankern kooperierte.

Zukor personifiziert nachgerade die Transition des Broadways zum Film. Der russische Emigrant hatte 1905 begonnen, *Flicker Pictures* zu zeigen.[238] Diese kurzen, schwarzweiß Filmchen waren billige Unterhaltung für die Unterschicht. Es sollte noch Jahre dauern, bis der Film das Interesse der Wall Street weckte. Zukor war zunächst Buchhalter bei Marcus Loews Firma Loew's Enterprises, gründete aber bald mit Jesse Lasky die Firma Famous Players-Lasky, um Filme mit Broadway-Schauspielern zu produzieren. Ihr erster Streifen — und der erste Spielfilm am Broadway —, war *Queen Elizabeth* (mit Sarah Bernhardt), der am 12. Juni 1912 sehr erfolgreich im *Lyceum* aufgeführt wurde. Es war der Durchbruch, das seriösere Publikum mit Filmen zu erreichen. Das *Lyceum* gehörte dem *Syndicate*-Mitglied Charles Frohman, dessen Bruder Daniel, ebenfalls ein Broadway-Produzent, im *Board* von Famous Players-Lasky war.[239] 1915 schloss Zukor ein Abkommen mit Klaw und Erlanger, dass Famous Players-Lasky die Häuser des *Syndicates* nutzen durfte, wo sie keine eigenen Häuser hatten.[240] 1916 kaufte Zukor den Filmvertrieb Paramount für 25 Millionen Dollar und übernahm den Namen für sein Filmimperium, das bald zu den fünf großen der USA gehören sollte.[241] 1919 erwarb Zukor Frohmans Firma, die über mehrere Theater und einen großen Vorrat an Drehbüchern verfügte und auch eine Reihe von Broadway-Schauspielern unter Vertrag hatte.

Charles Frohman war der Erste, der ein Theater zum Kino umbauen ließ: 1913 machte er aus Hammersteins altem *Olympia* das Kino *Criterion*. 1914 wurde das erste Haus eröffnet, das exklusiv für Filme gebaut wurde: Das *Strand's* am Broadway und 47th Street. Das 3300-Sitze-Theater galt als „Cathedral of the motion picture" und verfügte zudem über Büroraum über dem Bühnensaal, war also weit konkurrenzfähiger als die älteren Häuser.[242] Sein Direktor war Samuel „Roxy" Rothafel, der danach noch mehr Kinos baute, darunter das *Rialto*.

---

236 Hammack, in: Taylor, 1996, S. 45-49
237 Hammack, in: Taylor, 1996, S. 48
238 http://www.paramount.com
239 McLaughlin, 1974, S. 8-9
240 McLaughlin, 1974, S. 16
241 Puttnam, 1998, S. 70. Neben Paramount waren das Fox, Warner Bros, RKO und MGM
242 Dunlap, 1990, S. 175

Das Roxy am Broadway und 50th Street, das größte Kino der Welt, erbaut 1927 von Samuel „Roxy" Rothafel. Es wurde 1960 abgerissen (unten). Die Sängerin ist Gloria Swanson.

Auch das *Rialto* symbolisierte einen personellen Wechsel am Times Square. Es entstand an der Stelle von Hammersteins *Victoria*. Rothafel hatte das *Victoria* 1915 von Hammerstein geleast, ließ es aber entgegen Absprachen bis auf die Fassade abreißen. Hammerstein wollte den Umbau besichtigen, aber Rothafel ließ ihn nicht hinein. Hammerstein verklagte Rothafel und wurde vor Gericht abgewiesen. Der alte Broadwaykönig war ohnehin angeschlagen — drei seiner Söhne waren gestorben, mit dem vierten hatte er sich überworfen. 1919 starb er.[243]

Das Kino hatte nun das Stigma des Billigen verloren und fand das Interesse von Investoren. Der erste Fall einer Zusammenarbeit von Kino und *real estate* war wiederum Paramount. Paramount gelang es, Grundbesitz am Times Square mit Unterstützung der Investmentbank Kuhn, Loeb zu akkumulieren, deren Partner Otto Kahn sich schon früh für Entertainment und Film interessierte[244] — Kahn hatte 1909, wie in 3.2.2) ausgeführt, bereits das *New Theatre* der Shuberts finanziert. Der erste Landkauf mit finanzieller Unterstützung von Kuhn, Loeb fand 1920 statt, als Paramount den Grund unter dem alten *Olympia* — das nun *Criterion* hieß — von Klaw/Erlanger erwarb. Kuhn, Loeb finanzierten zudem die Paramount-Zentrale, die 1926/27 entstand — zunächst hatte Zukor Büros im *Times Tower* gemietet.[245] Das *Paramount Building* liegt am Broadway und 43rd Street neben dem *Times-Annex*. Zu dem Hochhaus mit dem Leuchtglobus auf der Spitze gehörte damals auch das *Paramount*-Kino, das mehr als 5000 Sitze hatte. Es erwirtschaftete viermal so viel Umsatz wie ein durchschnittliches *Legit Theatre*. Später entsandten Kuhn, Loeb sogar einen Manager als *Chairman* zu Paramount.[246]

Schon damals bildeten Kino, Theater, Verlage und *real estate* rund um den Times Square ein enges Beziehungsgeflecht. So wurde das *Criterion*-Kino zu dem Zeitpunkt, als Paramount es erwarb, von Marcus Loew betrieben. Loew hatte 1911 die *Loew's Theatrical Enterprises* gegründet, die mehrere Vaudeville-Theater und Nickelodeons besaß und die zwischen 1915 und 1920 zahlreiche Kinos errichtete. 1921 baute Loew ein neues Haupthaus mit dem *State Theater* am Broadway und 45th Street. Das *Loew's State* zeigte sowohl *Vaudeville* als auch Filme, über dem Theater war Loews Büro. 1924 kaufte Loew Metro Pictures und vereinte sie mit Goldwyn Pictures und Louis B. Mayers Firma zu Metro-Goldwyn-Mayer (MGM). Zu den MGM-Teilhabern gehörte auch *Hearst's Cosmopolitan Productions*.[247] Hearst erwarb dafür einen Block an Broadway und 58th Street mit dem *Park Theater* sowie ein weiteres Grundstück am Broadway und 56th Street, wo das *Hearst Magazine Building* entstand. Hier war auch der Neubau der *Metropolitan Opera* geplant, die dann später aber im Rahmen des *Lincoln Center* errichtet wurde. Inzwischen will die Hearst Corporation hier mit dem britischen Architekten Norman Foster ein schon damals geplantes Hochhaus verwirklichen.[248] Auch andere Filmfirmen — Warner, Fox, United Artist — siedelten sich um den Times Square an.

In den 20er Jahren waren so viele Kinos um den Times Square entstanden, dass darin mehr als 25.000 Menschen Platz fanden.[249] Die Kinos standen den Theatern an barocker Pracht in nichts nach. Auch wurden Theater zu Filmhäusern umgebaut — so übernahmen Warner Bros 1926 das *Piccadilly* am Broadway und 52nd Street und bauten es zum Kino *Warner* um. 1927 eröffnete Rothafel das *Roxy*, das über 6250 Sitze verfügte. Auch andere Banker investierten in das *Movie Business* — so wurde Warner von der Security First National Bank, von Lehman Bros sowie von Goldman, Sachs finanziert, die auch schon früh in den

---

243 Knapp, 1982, S. 261
244 Zvonchenko, 1987, S. 21
245 Rose, in: Fortune, 24. Juni 1996, S. 97
246 Zvochenko, 1987, S. 26

247 Zvochenko, 1987, S. 34
248 Dunlap, in: NYT, 21. Februar 2001
249 Dunlap, 1990, S. 178

Theaterbau eingestiegen waren. 1926 hatte die Wall Street 1,5 Milliarden Dollar in die Filmindustrie investiert.[250] Hingegen kämpfte das *Legitimate Theatre* seit Mitte der 20er Jahre mit großen Problemen. Die Produktionskosten waren, verglichen mit denen des Kinos, hoch, und nur noch ausgewiesene Hits fanden ein Publikum. Die Krise wurzelte aber schon in den Vorjahren: Die Konkurrenz zwischen den Shuberts und dem *Syndicate* hatte dazu geführt, dass beide zu viele Bühnen gebaut hatten.[251] Auch die Prohibition, die von 1920 bis 1933 galt, trug zum Niedergang bei, da sie die Einnahmequelle der Bars in den Theatern versiegen ließ. Das Verhältnis zwischen Theater und Film war zwiespältig: Einerseits kauften Filmgesellschaften Theater auf, um sie in Kinos umzuwandeln, teils sogar welche, die sie gar nicht brauchten, nur, um die Konkurrenz zu eliminieren.[252] Andererseits suchten Filmproduzenten ständig nach Stoffen, und eine wichtige Quelle war bis in die Nachkriegszeit der Broadway. In vielen Premieren saßen Produzenten und boten gegeneinander um die Filmrechte.[253]

Einige Broadway-Produzenten machten nun ebenfalls Filme, meistens Bühnenstücke, über deren Rechte sie verfügten. David Belasco gehörte dazu, der 1914 eine Partnerschaft mit der Jesse J. Lasky Film Company gründete, George Cohan, Sam Harris und Oliver Morosco.[254] Die Shuberts, immer noch die größten Theaterbesitzer in New York, waren schon früh eine Kooperation mit Loew eingegangen und hatten Loew und Zukor erlaubt, in Shubert-Theatern am Sonntag Filme zu zeigen. 1914 baute Lee Shubert ein Filmstudio in New Jersey, um die Shubert-Bühnen für eigene Filme zu nutzen. 1915 gründete er mit Jules Brulatour und Lewis Selznick die Shubert Feature Film Corporation. Selznick und Brulatour verließen die Firma aber bald im Streit. 1919 gab auch Lee Shubert auf und wechselte zum *Board of Directors* von MGM, an denen er Anteile hielt. Davis führt das Scheitern der Shuberts als Filmmogule auf deren konservative ästhetische Vorstellungen zurück.[255] Schließlich zogen sich die Shuberts aus dem Filmbusiness zurück und wandelten das Filmstudio in ein Kaufhaus um.[256]

Warner und Paramount machten den gleichen Fehler wie zuvor die Shuberts und das *Syndicate*: Sie überboten sich gegenseitig, so viele Theater wie möglich aufzukaufen. Für viele Not leidende Theaterbesitzer, von denen einige, darunter auch Oscar Hammersteins Sohn Arthur, Konkurs anmelden mussten, war der Verkauf hingegen die letzte Möglichkeit, zu überleben. Nach und nach wurde die ganze alte Garde — Erlanger, Ziegfeld, Al Woods, Edgar Selwyn, Cohan und Sam Harris — aus dem Geschäft gedrängt. Spätestens 1927, als der erste Tonfilm im *Warner* lief, hatte das Kino gesiegt. 1931 zeigten fast 20 Prozent aller New Yorker Bühnen Tonfilme. Es war das Jahr, in dem die Shuberts Konkurs anmelden mussten. Die Zahl der neuen Broadway-Produktionen sank von 264 in der Saison von 1927/28 auf 149 in der Saison von 1934/35, dies auch bedingt durch die Depression.[257]

Der Times Square prosperierte noch eine Zeit, denn die Zentralen und die Flaggschiff-Kinos von Paramount, Loews oder Warner lagen immer noch hier. Aber 1913 war etwas geschehen, das einige Jahre später das wirtschaftliche Rückgrat des Theaterbezirks brechen sollte: Jesse Lasky und Sam Goldwyn fanden im Auftrag von Famous Players-Lasky einen Drehort, der ein besseres Klima und niedrigere Produktionskosten hatte als New York: Hollywood.[258] In den nächsten beiden Jahrzehnten wurden fast alle Produktionen nach Kalifornien verlagert, sogar die Fach-

---

250 Puttnam, 1998, S. 97, 101, 111
251 McLaughlin, 1974, S. 21
252 Bernheim, 1964, S. 89, zitiert nach: McLaughlin, 1974, S. 16
253 McLaughlin, 1974, S. 54
254 McLaughlin, 1974, S. 47

255 Davis, in: Taylor, 1996, S. 157
256 McNamara, 1991, S. 80, 180
257 McLaughlin, 1974, S. 94-99
258 Puttnam, 1998, S. 65. Ursprüngliche Wahl war allerdings die Stadt Flagstaff in Arizona.

Oben: Das Bond Building mit der berühmten Wasserfall-Reklame am Broadway und West 45th. Das Gebäude steht heute nicht mehr. Unten: Das Theater Winter Garden an der West 50th Street. Hier lief 2013 das Musical Mamma Mia, im zwölften Jahr.

zeitschrift *Variety*, die „Bibel des Broadway", zog nach Hollywood.

Baughman nennt dafür mehrere Gründe: Das Klima, das Außenaufnahmen im Winter erlaubte, preiswertes Land für den Bau von Studios, auch fühlten sich Autoren und Schauspieler dort zunehmend wohler. „A majority preferred the climate and lifestyle of Southern California to the challenges of daily existance in Gotham". Und: „In Hollywood, many Jewish entrepreneurs involved in movie-making could invent their own upper-class culture and escape the snobbery of the gentile aristocracies of the large eastern cities".[259] Das ist heute schwer vorstellbar. Aber Disney-Chairman Michael Eisner schreibt in seinen Memoiren, dass seiner Schwester Margot noch in den 50er Jahren die Aufnahme in einen New Yorker Eissportclub verwehrt wurde, weil der keine Juden aufnahm[260]. Ähnliche Erfahrungen machte der spätere Herausgeber der *New York Times*, Adolph Ochs' Schwiegersohn Arthur Hays Sulzberger, dem eine Hotelreservierung in den Hamptons verweigert wurde, weil er jüdisch war.[261]

Der Theaterbezirk hatte sich weit über die 50th Street hinaus vorgeschoben, die 42nd Street, das südliche Ende, trudelte in die Krise. Mitte der 20er Jahre wechselten das *Republic*, das *Lyric*, das *Eltinge*, das *Liberty*, das *Frazee* und das *Harris* den Besitzer. Das *Times Square* und das *Rooftop-Theatre* des *New Amsterdam* mussten schließen. In *Murray's Restaurant* zog 1924 *Hubert's Museum* mit einer Freakshows und einem Flohzirkus ein.[262] 1928 — das Jahr, in dem Walt Disneys erster Trickfilm *Steamboat Willie* im *Colony* uraufgeführt wurde — starb Abe Erlanger. Das Jahr darauf erlebte am 13. Oktober den „Schwarzen Freitag" der Wall Street. Inzwischen waren alle Theater an der 42nd Street außer dem *New Amsterdam* in Billigkinos, *Grind Houses* mit zumeist männlichem Publikum umgewandelt worden, oder sie standen leer.[263] 1930 wurde das *American* verkauft und sollte für ein Bürohochhaus abgerissen werden, wofür die Stadt die Genehmigung verweigerte. Eine Woche später brannte das *American*, das älteste Theater der 42nd Street, ab.[264]

Aber der Bau des Hochhauses zerschlug sich in der Weltwirtschaftkrise. In den 30ern wurden die Theater von der Burlesque — Striptease und einschlägige Sketche — erobert. Hauptbetreiber der Burlesque waren die Brüder Minsky, die 1931 unter anderem das *Republic* und das *Eltinge* an der 42nd Street kauften. Die *42nd Street Property Owners and Merchants Association* beschwerte sich bei Bürgermeister La Guardia; sie fürchtete, dass dadurch die Grundstückswerte sinken würden. Und die *New York Times* sekundierte ihnen. „The alleged obscenity of the burlesque shows is exceeded by their external frowsines. The neighborhood of such theatres takes on the character of a slum".[265] Zwar gelang es La Guardia, die Burlesque zu verbieten, aber die *Times* sollte noch lange gegen *Sex Business* am Times Square kämpfen müssen.

3.3) Niedergang bis zur Ära von Lindsay und Beame

3.3.1) Aufkommen des Fernsehens, Theater als TV-Studios

Mit der Depression mussten Bars, Nachtclubs und viele Theater am Times Square schließen, Kriminalität und Prostitution nahmen zu. Das Theaterviertel erholte sich aber noch einmal, als 1933 die Prohibition abgeschafft wurde und 1936 der New Deal ein-

---

259 Baughman, 1993, in: Sheffer, S. 121-122
260 Eisner, 1998, S. 25
261 Tifft/Jones, in: The New Yorker, 19. April 1999
262 Knapp, 1982, S. 326

263 Buder, in: Kornblum, 1978, S. 66
264 Knapp, 1982, S. 378
265 Zitiert nach: Buckley, in: Taylor, 1996, S. 295-296

setzte.[266] 1931 zog zudem die Musikerszene, die *Tin Pan Alley,* zu der Komponisten wie Irving Berlin und George Gershwin zählten, in das *Brill Building* am Broadway und 49th Street. 1943 verkündete die *Broadway Association*, eine 1911 gegründete Vereinigung von Kaufleuten, die Kreuzung von Broadway und 42nd Street sei „the most densely populated place in the world". Jede Woche kämen über sechs Millionen Menschen, um zwei Millionen Theater- oder Kinositze zu füllen, obwohl im Krieg die *Bright Lights* dunkel bleiben mussten. Am 15. August 1945 versammelten sich 750.000 Menschen auf dem Times Square, als der *Zipper* die Kapitulation Japans verkündete. Zwei Millionen feierten am Abend den V-Day.[267]

Aber das sollte das letzte Mal sein, dass der Times Square als zentraler *public space* der USA funktionierte. Denn derweil waren — ebenfalls in *Midtown* Manhattan — zwei neue Formen von Massen-Entertainment entstanden: Das Radio, aus dem sich in den 40er Jahren das Fernsehen entwickelte. 1926 wurde die *National Broadcasting Corporation* (NBC) gegründet, die in das *Rockefeller Center* zog,[268] ein von den Rockefellers errichteter Komplex zwischen Fifth und Sixth Avenue und 48th und 53nd Street. Hier war bereits die Muttergesellschaft von NBC, die *Radio Corporation of America* (RCA), die u.a. General Electric gehörte, sowie *Rothafels Radio City Music Hall,* mit 6000 Sitzen eines der größten Theatersäle der USA. Dies machte die Rockefellers zu *Key Players*, die auch die in den 80er Jahren geplante Sanierung des Times Square zumindest beeinflussen, wenn nicht initiieren würde (mehr in Abschnitt 4.1).

Das zweite Network, *Columbia Broadcasting System* (CBS), 1928 gegründet, saß zunächst im *Paramount Building* am Times Square und zog dann an die Madison Avenue. Das dritte Network, *American Broadcasting Company* (ABC), wurde als Tochter von NBC gegründet, musste aber später aus Kartellrechtsgründen verselbstständigt werden. In den 80er Jahren sollte ABC einen Bürokomplex in New York errichten, auf einem Grundstück der *New York Times* (vgl. 5.2.2).

In den 30er Jahren residierten nur noch die Geschäftsführer der „Colony Hollywood" in Manhattan. Aber Broadway und Hollywood blieben ökonomisch eng aneinander gebunden, weil Hollywood viele seiner Stoffe vom Broadway kaufte.[269] Zudem war der Film in der Depression von New Yorker Banken und Immobilienleuten abhängig geworden — so wurde etwa Loews 1946 von der Immobilienfirma Tisch gekauft[270] (die auch CBS erwarb), Paramount kam nach einem Konkurs in den Besitz von Gulf&Western.[271]

Seit 1947 strahlten NBC und CBS auch Fernsehen aus. Das neue Medium trat einen Siegeszug an. Schon 1958 hatten 83 Prozent aller US-Haushalte einen Empfänger.[272] Anfangs wurde die Mehrzahl der Shows life übertragen, viele aus dem Rockefeller Center oder einem Broadway-Theater — CBS und NBC hatten mehrere Bühnen gekauft oder gepachtet, vornehmlich um die 50th Street herum oder nördlich davon (das bekannteste das *Hammerstein's* am Broadway und 53rd Street, aus dem ab 1947 die Ed-Sullivan-Show gesendet wurde und heute die David-Letterman-Show kommt[273]). Damit wurde der alte Trend wieder aufgenommen, wonach das Entertainment immer weiter nach Norden den Broadway hinauf wanderte.

Fernsehen hatte auf das *Legit Theatre* einen weniger desaströsen Einfluss als auf das

---

266 Erenberg, in: Taylor, 1996, S. 169-170
267 Bitnar, 1994, S. 15
268 Baughman, in: Sheffer, 1993, S. 120
269 McLaughlin, 1974, S. 119
270 Jackson, 1995, S. 689
271 Bagdikian 1997. S. 28. Gulf&Western, dessen Zentrale am Columbus Circle war, verkaufte u.a Autoteile, Zigarren, Musikinstrumente, Raketentechnik, Versicherungen, Schuhe, Rennpferde, Minen, Unterwäsche und Atomkraftwerke und besaß acht Prozent des nutzbaren Landes der Dominikanischen Republik.
272 Baughman, in: Sheffer, 1993, S. 123
273 Keister, in: Historic Preservation, März-April 1994, S. 10

Das neogothische Hammerstein-Theater am Broadway und West 52nd Street, 1925-27 von Arthur Hammerstein erbaut, der Sohn von Oscar I. In der Großen Depression wurde ein Nachtclub daraus. 1936 wandelte CBS das Haus in ein Radiostudio um. In den fünfziger Jahren fungierte es als Fernsehstudio für CBS. Hier wurde erst die Show von Jackie Gleason, dann die Ed-Sullivan-Show vor Publikum ausgestrahlt. Heute talk hier Dave Letterman, ebenfalls für CBS. Die Dame im Vordergrund ist Gabriella Hammerstein, eine Angehörige der weitverzweigten Hammerstein-Familie.

Kino. „Television did to the movies, what the movies had already done to the stage", stellt Poggi fest.[274] Ähnlich sieht das Moore. „Television appears to have taken the audience from the cinema and put it in an armchair at home but left theatregoers completely unmoved".[275] Viele Broadway-Theater konnten sogar Stücke an das Fernsehen verkaufen oder es als Investor gewinnen. So finanzierte etwa CBS 1956 das Musical *My Fair Lady* mit über 400.000 Dollar und bekam dafür 40 Prozent der Erlöse. Ähnliche Deals schlossen auch NBC und ABC mit Broadway-Produzenten ab. Film und Fernsehen hingegen bekämpften sich zunächst. Aber ab Mitte der 50er Jahre begannen auch Warner Bros, für das Fernsehen zu produzieren. CBS besaß bereits Filmstudios an der Westküste, ABC vereinbarte 1954 eine Kooperation mit Disney, das im kalifornischen Burbank saß. 1965 wurden 86 von 96 Fernsehshows im Entertainmentbereich in Los Angeles hergestellt.[276] In New York blieben zwar die Verwaltungszentralen der TV-Konzerne, nicht aber die Produktionsstätten.

Von diesem Aderlass sollte sich der *Theatre District* so bald nicht erholen. Zunächst zeigten viele Theater noch Filme, oft billige *second-run movies*, andere wurden in *Penny Arcades* umgewandelt. Zwar setzte die Broadway Association 1954 gegenüber der *City Planning Commission* und dem *Board of Estimate* eine Änderung der *Zoning Codes* durch, so dass Etablissements, wo ein Türsteher Kunden hereinlockte, nicht mehr genehmigt wurden. Aber nun breiteten sich statt dessen Porno-Buchläden aus.[277] 1957 fand die letzte Vaudeville-Show im *Palace* statt, danach wurde auch dieses Theater zu einem *second-run movie house*.[278]

Noch entscheidender als der Umzug der TV-Business nach Hollywood war, dass mit dem Fernsehen und der Suburbanisierung auch das Publikum in der Innenstadt ausblieb. Die meisten Menschen verbrachten ihre Freizeit nun vor dem Fernseher und fuhren nicht abends mit dem Auto in die Stadt, schon gar nicht zum Nadelöhr Times Square. Die *New York Times* beklagte ab 1948 über mehrere Jahre, dass immer weniger Menschen zum Times Square kämen. 1956 verkündete sie schließlich, dass es mit einer Institution zu Ende gegangen sei.[279] Hollywood, die Kulissenstadt, hatte sich gegen die reale Stadt New York durchgesetzt.

Auch den Shuberts hatte diese Entwicklung geschadet, wenn auch weniger als kleineren Theaterbesitzern. Der *stock market crash* von 1929 hatte ihren Aktienwert von 72 Millionen Dollar auf 1,5 Millionen Dollar sacken lassen,[280] sie meldeten Konkurs an. Die Firma wurde 1933 zwangsversteigert, aber Lee Shubert gelang es, sie für nur 100.000 Dollar zurückzukaufen. Die Shuberts mussten zwar mehrere Theater veräußern, — ihre Häuser an der 42nd Street hatten sie schon lang zuvor verkauft —, und geleaste Bühnen aufgeben. Aber bereits 1939 konnten sie einige Theater zurückkaufen. 1948 erwarben sie das Land unter vier von ihnen gepachteten Bühnen und die *Shubert Alley*, den Platz vor ihrer Zentrale, von den Astor-Erben für vier Millionen Dollar.[281] Es war die zweitgrößte Landtransaktion in New York seit dem Vertrag für Rockefeller Center, und es stabilisierte die Position der Shuberts als *Key Players* am Times Square auf Jahrzehnte. Bald aber bekamen die Shuberts aus zwei Gründen Probleme: Die Bundesregierung ging gegen sie auf Grundlage des Anti-Trust-Gesetzes vor, und das sich ausbreitende Sexgewerbe schreckte das Publikum ab, was das Theater bedrohte.

---

274 Poggi, 1968, S. 86, zitiert nach: McLaughlin, 1974, S. 184
275 Moore, 1968, S. 16, zitiert nach McLaughlin, 1974, S. 201
276 Baughman, in: Sheffer, 1993, S. 125
277 Buder, in: Kornblum, 1978, S. 72
278 Dunlap. 1990, S. 192
279 Buder, in: Kornblum, 1978, S. 72
280 McNamara, 1991, S. 163
281 Bloom, 1992, S. 343

3.3.2) Sex-Business am Times Square und der West 42nd Street

In dem oben beschriebenen Prozess des „survival of the fittest" hatte es die 42nd Street am frühesten und härtesten getroffen. Sie lag weit südlich vom neuen Zentrum des Entertainment und verfügte über die ältesten Theater. Nach 1930 hatten alle ihre Häuser, oft mehrfach, den Besitzer gewechselt. Sie hatten der alten Garde — Erlanger, Belasco, Ziegfeld, Harris — gehört, die tot waren, oder nicht mehr im Geschäft. Die Grundstückspreise waren gestiegen, aber alle Versuche, Theater durch Bürogebäude zu ersetzen, waren in der Depression gescheitert. Einige Immobilien fielen an Banken: So übernahm die Franklin Savings Bank das Grundstück des *American*, die Dry Docks Savings Bank das *Selwyn* und das *New Amsterdam*.

1932 erschienen neue *Key Players* an der West 42nd Street: die Brandt-Familie. Die Brandts übernahmen das *Lyric* vom Bankhaus Oppenheimer und eröffneten es als *Movie-House* mit einem Mickey-Mouse-Cartoon, vor einem fast rein männlichen Publikum. Als Nächstes pachteten die Brandts das *Apollo* und das *Times Square*. Es war die Zeit, als die Minskys im *Republic* und im *Eltinge* Burlesque zeigten. La Guardia bekämpfte die Burlesque, bis die Minskys schließlich aufgaben und beide Bühnen ebenfalls an die Brandts weitergaben. Als nächstes erwarben die Brandts die *leases* des *Selwyn* und des *Liberty*, dann die des *Rialto II*, der Nachfolgebau von 1935 von Rothafels *Rialto* auf dem gleichen Grundstück.

Der zweite Theatereigner an der West 42nd Street war Max Cohen, der das *Harris* und das *Wallocks* erwarb, das er *Anco* nannte, und das *New Amsterdam*, das 1937 die letzte Theatervorstellung im ganzen Block für die nächsten 40 Jahre gab.[282] Cohen verkaufte seine Theater an Mark Finkelstein. Finkelstein und die Brandts nutzten die Häuser als Porno- oder Kung-Fu-Kinos. An der 42nd Street mieteten sich Sexshops ein (Anhang 9.2).

Bürgerkomitees und *Business Associations* beschwerten sich schon früh und regelmäßig über Bordelle und Straßenkriminalität um den Times Square (vlg 3.2.2). So forderte die *Broadway Association* 1934 die Polizei auf, gegen Kriminalität, Drogen und Prostitution vorzugehen.[283] Eine weitere einflussreiche Stimme gegen das Sex-Business war für viele Jahrzehnte Pater McCaffrey aus dem westlich vom Times Square gelegenen Viertel Hell's Kitchen, erst recht, als sich das Areal in den 40er Jahren zum Treffpunkt der Homosexuellen entwickelte. Bis in die 60er Jahre nahmen diese Beschwerden zusammen mit dem Sex-Business zu.

In den frühen 70er Jahren war die Hälfte der rund 100 Theater, die zwischen 1895 und 1929 erbaut worden waren, abgerissen oder in Pornokinos umgewandelt worden.[284] Das bekannteste war das *Big Apple*, das auf dem Grundstück von George M. Cohans *Cohan's* erbaut worden war. Die *Bright Lights* buchstabierten nun „Girls — Girls — Girls" oder „Live Nude — XXX Movies". Neben der fehlenden Nachfrage für *Legit Theatre* trug zum Niedergang auch bei, dass konkurrierende Standorte wie das in den 60er Jahren von Robert Moses erbaute *Lincoln Center*, aber auch neue Kinos an der East Side Publikum abzogen. Eine liberale Gesetzgebung in den 60er Jahren, was den Verkauf von *adult books* betraf, tat ein Übriges. Die West 42nd Street, die nun „The Deuce" genannt wurde, entwickelte sich, wie die *New York Times* 1960 schrieb, zum „worst block in town".[285] Als *Hubert's Museum and Flea Circus* 1924 eröffnete, wurde das als „sign of the area's decay" begriffen. Als *Hubert's* aber in den 60ern einer *Pinball Arcade* weichen musste,

---

282 Knapp, 1982, S. 389-416

283 McNamara, in: Taylor, 1996, S. 181
284 Gratz, 1989, S. 341-342
285 Zitiert nach: Reichl, 1995, S. 25

galt das als weiterer Abstieg.[286] Filme wie John Schlesingers *Midnight Cowboy* (1968) oder Martin Scorseses *Taxi Driver* (1976) zeigten die Subkultur der Deuce. Als Bürgermeister Lindsay in den 60er Jahren die Straße besuchte, versprach Louis Brandt, das *Apollo* oder das *Lyric* in *Legit* zurück verwandeln, was aber nie geschah.

Auch das Publikum hatte sich geändert. Nun hielten sich vornehmlich schwarze und puerto-ricanische junge Männer am Times Square auf, die mit Drogen handelten oder der Zuhälterei nachgingen. „The fact that the criminal element was now perceived to be young Blacks and Hispanics added considerably to the insecurity and fear of the white middle class"[287] heißt es in einer Studie der CUNY (City University of New York), die das Gebiet um 1978 beschreibt (vgl. 4.1.2) Hingegen bestand die Kundschaft des Sex-Business einer deutschen Autorin zufolge, die in einer Peepshow am Times Square arbeitete, vornehmlich aus Weißen und Asiaten der Mittelklasse mit „Anzug und New York Times unter dem Arm", zwischen 30 und 40 Jahre.[288]

Die Stadt versuchte immer wieder, das Sex-Business zu vertreiben. „When I was a young reporter starting in the 1960s at The New York Post, „Mayor Promises Cleanup of 42nd Street" could have been a headline left in permanent type", erinnert sich Roberta Brandes Gratz.[289] Der erste Versuch war 1967: Damals änderte die *Planning Commission* den *Zoning Code* und schuf einen *Theatre District* zwischen 40th und 57th Street sowie Sixth und Eighth Avenue, wo es Bonusse gab, wenn Theater in Hochhäuser integriert wurden. Das wurde u.a. von den Developern des *Uris Building* und des *Astor Plaza* in Anspruch genommen.[290] Schon damals zeichnete sich ab, dass die Strategie der Stadt war, unerwünschte Nutzungen durch Hochhausbau zu ersetzen: So wollte Lindsay 1968 sechs Wolkenkratzer bauen lassen, denen mehrere Theater zum Opfer gefallen wären.[291] 1971 gründete Lindsay den *Times Square Development Council* und zwei *Police Precincts*, *Midtown South* und *Midtown North*. Sie machten durch Razzien und Massenverhaftungen Schlagzeilen, aber ohne anhaltenden Effekt. Lindsays Nachfolger Beame gründete 1976 das *Office of Midtown Enforcement*. Gleichwohl gab es ein Jahr später immer noch 96 Betriebe am Times Square, die *sex-related* waren.[292]

Die Grundbesitzer reagierten schon früh auf die sich abzeichnende Verdichtungspolitik der Stadt. Seit den 60er Jahren hatten Spekulanten Immobilien um den Times Square aufgekauft, ohne jedoch in diese zu investieren. Vielmehr vermieteten sie oft genug an Pornoläden, „in anticipation of a series of master plans sponsored by the city for the area".[293] Sagalyn hat festgestellt, dass Vermietung an Porno bei gleichzeitiger Vernachlässigung der Bausubstanz vergleichsweise profitabel ist, was sich auch im Geflecht der Mietverhältnisse niederschlage.

„Legitimate owners of the buildings housing massage parlors (...), adult bookstores and peep shows commonly net leased (leased without loss) the properties for ten years or more to others (often organized crime interests (...)) who might operate the sex-related business directly but who, in turn, were just as likely to sublease the premises on a short-term basis, even month-to-month, to small-time, generally fly-by-night operators. (...) The short-term leases made it easy to vacate tenants quickly while the sex-

---

286 Senelick, in: Taylor, 1996, S. 332
287 Buder, in: Kornblum, 1978, S. 75
288 B., Elisabeth:, 1983, zitiert nach: Senelick, in: Taylor, 1996, S. 343. Das (vergriffene) Buch musste aus rechtlichen Gründen unter einem Pseudonym erscheinen und ist in den USA verboten.
289 Gratz, 1998, S. 69

290 Das *Astor Plaza* ist die heutige Zentrale von Viacom
291 Knapp, 1982, S. 420-424
292 Senelick, in: Taylor, 1996, S. 347
293 Gratz, 1989, S. 339-340

related business generated a lucrative source of short-term income pending demolition. „An ugly cow gives a lot of milk", remarked one broker. In 1969, he noted, the street's ten grinder movie houses drew nine million customers while highly profitable sex bookstores could pay as much as $32,000 a year for a small sliver of street frontage."[294]

Was nicht an Porno vermietet wurde, stand leer, oft jahrelang. Die Folgen hat der Autor Tony Hiss beobachtet: „Deliberate neglect, as a number of unscrupulous developers have discovered over the years, has a powerful perceptual effect: Dirty, broken, or boarded-up windows, peeling paint, and a sagging cornice are painful to look at".[295] So setzte der Verfall die Stadt unter Druck, Sanierungspläne zu verabschieden, die — wie in New York üblich — mit höherer Ausnutzung der Grundstücke und Subventionen verbunden waren. „Desinvestition — der absolute oder relative Entzug von Kapital — ist ein notwendiger Vorläufer der Reinvestition, die Gentrification ankündigt",[296] so Neil Smith. Vor diesem Hintergrund erscheint die Verteidigung der Desinvestitionsphase — wie es Reichl (1995) tut — naiv: Sowohl der damalige bauliche Zustand als auch die Nutzung des Areals sind nicht die letzte Phase einer Zeit, in der der Times Square nicht *gentrified* war, sondern die erste Phase der Umstrukturierung.

Bei den Profiteuren der Desinvestitionsphase handelt es sich ebenfalls nicht um Angehörige der Unterschicht. Die Autorin Gail Sheehy hat 1972 die Besitzverhältnisse der einschlägigen Etablissements im *Theatre District* untersucht.[297] Demzufolge gehörten viele Immobilien Großgrundbesitzern, die politisch *well connected* waren. Darunter waren sogar Mitglieder der von dem Developer Jack Rudin gegründeten *Association for a Better New York* und von Lindsays *Times Square Development Council*, die beide öffentlich für eine Aufwertung des Times Square eintraten. Zu denen, die am Times Square an Pornoläden vermieteten, zählt etwa Sol Goldman von der Firma Goldman-Di Lorenzo.[298] Nach Friedman stand Goldman 1984 auf einer Forbes-Liste von 400 Halb-Milliardären, ihm gehörten Gebäude mit mehr als ein Dutzend Peepshows, *massage parlors* und *apartment houses*, in denen Prostituierte und Zuhälter lebten, dazu ein Parkhaus an der 43rd Street neben dem *Annex* der *New York Times*.[299] Sogar Edward R. Finch II, der Onkel des Schwiegersohns von Richard Nixon, verwaltete oder besaß durch das Sex-Business genutzte Immobilien an der 42nd Street. Ein weiterer bekannter *Slumlord* war Irving Maidman, dessen Familie bis noch bis 2001 das *Remington Building* an der 42nd Street besaß, in dem sich *Fun City* befand, der letzte Pornoshop der Straße. In der bereits erwähnten CUNY-Studie wird Maidman mit den Worten zitiert, die 42nd Street sei die „highest rent area in New York for stores of this size."[300]

Der Grund unter den Brandt-Theatern an der 42nd Street sowie die Gebäude gehörten seit 1966 Joseph Lubin, der 1984 an die Goldsteins verkaufte (Al Goldstein gibt die Zeitschrift *Screw* heraus). Im späteren Projektgebiet hatten zumindest zwei bekannte Developer Grundbesitz, Elghanayan/Rockrose und, in weit größerem Umfang, Seymour Durst (siehe Anhang 9.2.3), der Chairman der *Broadway Association*, der aber nur in Einzelfällen an *sex-related businesses* vermietete, allerdings viele Immobilien mit bereits bestehender entsprechender Nutzung aufkaufte. Stone nennt als Eigentümerin eines ausgebrannten Theaters eine Bank, die einen Fonds verwaltet, der Leuten gehöre, die „didn't really care".[301] „Pornokönig" in den 80er Jahren

---

294 Sagalyn, 2001, S. 47
295 Hiss, 1990, S. 83
296 Smith, in: Häußermann/Siebel, 1993, S. 191
297 Sheehy, in: New York Magazine, 20. November 1972

298 Newfield, in: Alcaly/Mermelstein, 1976, S. 311
299 Friedman, 1986, S. 145, und: Guttenplan, in: Village Voice, 7. Mai. 1985
300 Buder, in: Kornblum, 1978, S. 76
301 Stone, 1982, S. 156

Sex-Business an der W. 42nd Street (oben) und der Eighth Avenue (unten). Während das Peep-O-Rama abgerissen wurde, gab es Playpen zumindest Anfang 2013 noch.

war Richard Basciano, der 1977 den Immobilienbesitz von Martin Hodas erwarb. Hodas soll um 1966 die 25-Cent-Maschinen für Peepshows erfunden haben und landete später (wegen seiner Verstrickung mit dem organisierten Verbrechen) hinter Gittern.[302] 1978 eröffnete Basciano das Sex-Imperium *Show World* an der Eighth Avenue, das bis Ende der 90er Jahre bestehen sollte, er besaß auch weitere derartige Läden. Maidman veräußerte 1984 ein Flurstück an Basciano, das im Projektgebiet an der 42nd Street lag, andere Etablissements kaufte Basciano einem gewissen Chester Ferrari ab.

Aber auch die *Real Estate Community* legte eigene Verdichtungspläne für die 42nd Street vor. 1964 schlug die *Broadway Association* unter Chairman Durst vor, die Blöcke an der 42nd Street mit einer *Convention Hall* zu überbauen.[303] Mit der Krise der 70er Jahre wurde dieser Plan gegenstandslos. Der nächste Anlauf folgte 1976, als unter Beame die *42nd Street Development Corporation* gegründet wurde, die von Fred Papert geleitet und von einflussreichen Institutionen gesponsert wurde. Papert legte einen Plan mit dem Titel *The City at 42nd Street* vor, der eine Bebauung der beiden Blöcke mit Bürohochhäusern, Hotels, Restaurants und Läden vorsah, dazu ein überdachter Freizeitpark samt Riesenrad (vgl. 4.1.1). Auch die *New York Times* hatte die Planung für *The City at 42nd Street* finanziell unterstützt.[304] Jedoch waren innerhalb der Redaktion die Meinungen darüber geteilt. Während das *Editorial Board*, das die Meinung der Verlegerseite wiedergibt, für Paperts Plan plädierte,[305] schrieb die *Times*-Architekturkritikerin Ada Louise Huxtable von „unnessecary nonsense" und einem „brutal scheme", das zu „more theatre destruction on 42nd street" führen würde.[306]

3.3.3) Die New York Times am Times Square der Nachkriegszeit

Während der Times Square herunterkam, stieg seine Namensgeberin, die *New York Times*, auf. Und die Stadt, die das Film- und zum Teil auch das Fernsehbusiness verlor, behielt allein ihre Funktion als wichtigster Zeitungsstandort der USA. "New York's more prestigious newspapers initially suffered no (...) loss of cultural leadership", schreibt Baughman. Und: "In the 1940s and 1950s, the New York Times remained the nation's most respected daily".[307]

Insbesondere am Times Square prosperierte nach 1930 nur noch die Presse. Die *New York Herald Tribune* war 1923 an die 41st Street gezogen, *Newsweek* bezog 1940 das *Knickerbocker*-Building an der 42nd Street. McGraw-Hill, ein Fachverlag, ließ 1929-31 ein Hochhaus an der 42nd Street und Ninth Avenue errichten. Bei der *Times* überstieg die Auflage eine halbe Million. Aber spätestens mit dem Tod von Ochs im Jahr 1935 begann der Rückzug der *Times* vom sichtbaren, öffentlichen Raum des Times Square. Der *Times Tower* auf dem Times Square wurde kaum noch genutzt, dafür wurde der in einer Nebenstraße liegende *Annex*, der von 1923 bis 1949 drei Mal erweitert wurde, zum Hauptgebäude

1923 wurde der *Annex* ausgebaut: Drei Stockwerke und ein Türmchen mit Kupferdach kamen hinzu. Ein zweiter westlicher Anbau, die *Yandis Court Addition*, wurde um 1930 errichtet, ihm fielen die *Yandis Court Apartments* zum Opfer. Der dritte und größte Anbau für eine neue Druckerei begann 1944 unter der Leitung von Ochs' Schwiegersohn Arthur Hays Sulzberger, der inzwischen Verleger der *Times* war.[308] Der Druckerei musste die *Weber & Field Music Hall* weichen, wo u.a. die Marx-Brothers aufgetreten waren.[309]

---

302 Friedman, 1986, S. 74
303 Laas, 1965, S. 151
304 Lopez et al, 1979-1986, zitiert nach: Reichl, 1995, S. 236
305 NYT, 15. Januar 1980
306 Huxtable, in NYT, 23. Dezember 1979

307 Baughman, in: Sheffer, 1993, S. 127
308 Fisher, in: Metropolis, 1992
309 Hoogstraten, 1997, S. 151-154

Die Shuberts hatten das Theater 1912 auf einem Astor-Grundstück erbaut und 1943 an die *Times* verkauft.

Der Abriss der *Music Hall* musste sehr rasch vonstatten gehen, weil die Stadt gerade dabei war, ihre *Zoning Laws* dahingehend zu ändern, dass ein Drittel eines jeden Blocks nur noch einstöckig bebaut werden durfte. Nur Projekte, die "substantially under way" waren, durften noch fertig gestellt werden (das Gesetz wurde später als verfassungswidrig befunden). Der Abriss begann, noch bevor die Baupläne gezeichnet waren und bevor die letzten Mieter, die *Stage Door Canteen*, das Gebäude verlassen hatten. Die Druckerei wurde 1949 fertig gestellt, sie kostete 100 Prozent über dem Budget.[310] 1957-59 entstand eine weitere Druckerei auf dem *West Side Property* der *Times*, die später abgerissen wurde (mehr in 5.2.2). Zwei weitere Druckereien wurden 1975 und 1978 in New Jersey errichtet.[311]

1961 verkaufte Arthur Hays Sulzberger den *Times Tower* auf Drängen seines Sohnes Arthur "Punch" Sulzberger — der 1963 die Geschäftsführung der *Times* übernehmen sollte — für nur 4,6 Millionen Dollar an die *Allied Chemical Corporation*.[312] Allied Chemical ersetzte 1966 die neoklassizistische Fassade durch eine glatte Marmorfassade (wobei der *Zipper* blieb) und verkaufte den Turm 1974 für 6,25 Millionen Dollar an Alex Parker. Parker wollte das Haus zunächst in eine Art "Vertical Disneyland"[313] verwandeln, gab es aber dann doch 1981 für zwölf Millionen Dollar an Lawrence Linksman weiter. Das war kurz nachdem Koch die Ausweisung des Projektgebietes an der 42nd Street verkündet hatte, zu dem auch der *Times Tower* zählte. Dieser wechselte daraufhin noch mehrmals den Besitzer: 1984 erwarb ihn Alex Riley für 16,5 Millionen Dollar, 1985 Stephen Israel für 18,1 Millionen Dollar. Die Stadt wollte seit 1984 den Tower abreißen lassen, was erst um 1990 aufgegeben wurde. 1995 wurde das Haus für 27,5 Millionen Dollar an die Lehman Bros. verkauft, 1997 endlich für die fantastische Summe von 110 Millionen Dollar an die Company Jamestown One Times Square mit Warner Bros. als Generalpächter, die es bis Ende 2001 nutzten (Anhang 9.2).[314] Seitdem steht er leer.

Die *Times* hat ihr Gebäude veräußert, lange bevor die spekulativen Wertsteigerungen einsetzten, die in der von der Stadt geplanten Sanierung des Areals resultierten. Das zeigt, dass die *Times* damals keine sehr glückliche Hand in Bezug auf Immobilien hatte. Das ist insofern bemerkenswert, da der *Times* der Vorwurf — unter anderem von Fitch (1993) und Reichl (1995) — gemacht wird, sie habe die Stadt unter Druck gesetzt, den Times Square aufzuwerten, um den Wert ihrer Immobilien zu steigern. Auch ein zweites Beispiel — der Verkauf eines *Times*-Grundstück an der *West Side* — bestätigt diese Thesen nur sehr bedingt (vgl.5.2.2). Dass die *Times* einen immensen Einfluss auf die Aufwertung des Times Square hatte, ist allerdings auch meine These, jedoch ist es der Zeitung nur begrenzt gelungen, die daraus resultierenden Immobilienwertsteigerungen abzuschöpfen.

Die *Times* sollte in diesen Jahren erheblich an politischem Einfluss gewinnen. 1971 trug die Veröffentlichung der *Pentagon Papers* die Auflage der *Times* über die Millionengrenze. Ihren Einfluss in New York zeigte beispielsweise die Wahl von 1976, als Daniel Patrick Moynihan gegen Bella Abzug als Senator für die Demokraten kandidierte und von der *Times*, insbesondere von Punch Sulzberger, unterstützt wurde. Moynihan gewann mit weniger als 10.000 Stimmen Mehrheit, schreibt der frühere *Times*-Chefredakteur Max Frankel in seinen Memoiren. "All [candidates] agreed, that Abzug would have won with The Times support".[315]

Mitte der 70er Jahre, als New York in die Finanzkrise geriet, kriselte es auch bei der

---

310 Fisher, in: Metropolis, 1992
311 Tifft/Jones, 1999. S. 509
312 Tifft/Jones, 1999. S. 343
313 Stone, 1982, S. 149

314 Siehe auch Sanborn Manhattan Land Book
315 Frankel, 1999, S. 379

Times, dies aus ähnlichen Ursachen: Mit der Suburbanisierung zogen besser gestellte Haushalte in die Vororte und bestellten die Zeitung ab zugunsten lokaler Blätter. "Die *New York Times* verlor damit einen beträchtlichen Teil ihrer Leserschaft. Gleichzeitig gingen die Werbeeinnahmen drastisch zurück, da (...) Werbekunden (...) aufgrund eigener finanzieller Schwierigkeiten ihre Ausgaben kürzten oder in den mehr versprechenden TV-Markt investierten", so Elfenbein.[316] 1975 habe die *Times* kurz vor dem Bankrott gestanden. Punch Sulzberger reagierte auf die Krise, indem er auf Rat des Chefredakteurs A.M. Rosenthal mehrere anzeigenträchtige *Life Style Sections* einführte. Weiter entzog er das beim New Yorker Business als linkslastig verschriene *Editorial Board* der Kontrolle seines liberalen Cousins John Oakes und übertrug es dem damaligen Washington-Korrespondenten Max Frankel. Auslöser sei ein Artikel in der Business Week gewesen, der Sulzberger vorhielt, die Aktien der *Times* seien von 53 Dollar auf 15 Dollar gefallen, die Zeitung sei "stridently antibusiness in tone".[317] Zudem wurde die Konkurrenz des wirtschaftsfreundlicheren *Wall Street Journal* spürbar, das 1957 die Auflage von 500.000 überschritten hatte.[318]

Unter Rosenthal "gelang es der Lokalberichterstattung, Steuerhinterziehungen, Grundstücksspekulationen, Bauskandale und Korruption (...) zu ignorieren", so Elfenbein, wenn auch die Mehrheit der Redakteure dies nicht habe mittragen wollen.[319] Frankel baute 1976 das *Editorial Board* völlig um, in der Zeit, in der Papert, unterstützt von der Ford Foundation, der *Times* und Repräsentanten des *real estate* seine Pläne für den Times Square vorstellte. Die — recht kritische — Ada Louise Huxtable musste das *Editorial Board* verlassen, sie schrieb nun auf Teilzeitbasis Architekturkritiken für die Sonntagsausgabe. Statt ihrer engagierte Frankel Roger Starr, der *Executive Director of the Citizens Housing and Planning Council* unter Beame gewesen war und der — wie in 2.4.1) ausgeführt — die *planned shrinkage* entwickelt hatte, die systematische Vernachlässigung von Stadtteilen, um sie sanierungsreif zu machen (übrigens genau das, was die Grundeigentümer am Times Square praktizierten, dies jedoch zum Missfallen der *Times*).[320] Das *Editorial Board* unterstützte nicht nur Paperts *City at 42nd Street*, sondern auch die späteren Hochhauspläne von Klein und Johnson (vgl 5.2.2).

Die *Times* war in dieser Zeit nicht gerade glücklich am Times Square, aber ihr eigener Beitrag zum *Cleaning Up* blieb bescheiden. So habe Punch Sulzberger, schreibt Frankel, "as a good citizen of Times Square" die Anzeigen der Pornokinos aus dem Blatt verbannen wollen, aber auf Anraten der Redaktion — die nicht als Zensoren auftreten wollten — davon Abstand genommen. Statt dessen habe man den Anzeigenkunden so hohe Auflagen in der Gestaltung gemacht, dass diese freiwillig verzichtet hätten.[321] Gleichwohl war die von Pornokinos und Sexshops geprägte Umgebung nicht nur für die Executives der *Times*, sondern auch für die Angestellten ein stetes Ärgernis. Dies wird in der Studie der CUNY thematisiert:

"Few sights are more inconsistent, although not comic, than to watch the reporters, editors, and other workers at The New York Times as they hurry each morning through a gauntlet of street hustlers and drunks who frequently congregate along 43rd Street and make the face block of the nation's most influential newspaper into a temporary backwater of 42nd Street and 8th Avenue. (...) That early morning scene in front of The New York Times suggests that there are se-

---

316 Elfenbein, 1996, S. 123
317 Business Week, 30. August 1976
318 Frankel, 1999, S. 369
319 Elfenbein, 1996, S. 99

320 Starr hatte zurücktreten müssen, da er zur Lösung der Krise vorgeschlagen hatte, Schwarze und Puertoricaner davon abzuhalten, in die Stadt zu ziehen (Fitch, 1993, S. VIII)
321 Frankel, 1999, S. 413

Der New York Times-Annex an der West 43rd Street mit dem bekannten Kupferdach, lange Zeit das Haupthaus der Zeitung. Inzwischen wurde das Gebäude verkauft.

rious limitations on even the society's most powerful institutions when it comes to altering the human ecological processes that create the street life of West 42nd Street."[322]

Zusammenfassung

Der Times Square wurde um 1900 quasi aus dem Nichts, von nur wenigen Unternehmern erschaffen, darunter Oscar Hammerstein, der die ersten Theater nördlich der 42nd Street errichtete. Theaterbau wurde als Teil von *real estate* begriffen und privat finanziert. Die Theater standen unter hohem spekulativen Druck, weshalb viele eine kurze Lebenszeit hatten. Diesen Druck verstärkte die Stadt noch durch ihre *Zoning Regulations*, die Hochhausbau erlaubten.

Etabliert wurde der Times Square jedoch erst durch eine Kooperation zwischen dem Verleger der *New York Times*, Adolph Ochs und August Belmont, dem Vorsitzenden der U-Bahn-Gesellschaft IRT. Ochs' *Times Tower* und Belmonts U-Bahn entstanden gemeinsam um 1904. Die Kooperation zwischen Belmont und Ochs gipfelte darin, dass die Stadt New York auf Betreiben von Belmont den Platz in "Times Square" umbenannte. Der Mythos Times Square als das *Heart of the World*, mit seinen *Bright Lights* und den Broadway-Theatern wurde dann in den 20er Jahren ebenso artifiziell erschaffen wie der Platz selbst, und ebenfalls durch Medien, in dem Fall durch die in dem Areal arbeitenden Journalisten und PR-Agenten.

Seit der Frühzeit des Times Square gab es Beschwerden über Bordelle und Prostitution, aber meistens waren diese Nutzungen nachrangig gegenüber dem Entertainment. Aber ab den 20er Jahren begann das Theater unter der Konkurrenz des Kinos zu leiden. Der Times Square wurde nun der Standort vieler großer Kinos. Es gab aber einem Wechsel der *Key Players*, mit der Ausnahme von *Times*-Verleger Ochs, dem es sogar gelang, die Präsenz der Zeitung am Platz noch zu verstärken, u. a. durch den *Zipper*. Auch die Shuberts als die größten Theaterbesitzer New Yorks konnten sich halten, da sie sich durch Kooperation mit der Wall Street und Akkumulierung eines umfangreichen Immobilienbesitzes hatten absichern können.

Solange das Kino Publikum anzog, blieb der Times Square das Zentrum der New Yorker Unterhaltungsindustrie. Auch die Zentralen des Film- und später des Fernsehbusiness siedelten sich dort oder nahebei an. Dies sollte sich in den 30er und 40er Jahren ändern, als zum einen die Filmproduktion nach Hollywood abwanderte, und zweitens das Fernsehen aufkam, was zusammen mit der damals beginnenden Suburbanisierung dazu führte, dass die Besucher ausblieben. Damit wurden viele Theater in Pornokinos umgewandelt, insbesondere die veralteten Häuser an der 42nd Street. Seit den 50er Jahren gab es spekulative Landaufkäufe in dem Areal, in der Hoffnung auf eine durch die Stadt veranlasste Sanierung — sprich: Verdichtung — und eine entsprechende Rendite-Erwartung. Auch die ortsansässigen Grund-eigentümer, in der *Broadway Association* zusammengeschlossen, legten Umbaupläne vor.

Die *New York Times* war die einzige Institution am Times Square, die inmitten des Niedergangs nicht nur geblieben war, sondern sogar einen rasanten Aufstieg genommen hatte. Jedoch hatte sich die Zeitung seit den 40er Jahren aus dem öffentlichen Raum des Times Square zurückgezogen. Sie unterstützte die Aufwertungspläne der Stadt und der Developer, vor allem deswegen, weil sich ihre Angestellten auf der Straße belästigt fühlten.

---

322 Kornblum, 1978, S. 19

4) Die Public Private Partnership von UDC, Stadt und den Developern

Einleitung

Dieses Kapitel handelt von dem eigentlichen staatlichen Projekt am Times Square, das von der Stadt und der staatlichen *Urban Development Corporation* (UDC, später: ESDC) initiiert wurde, um das Gebiet mittels baulicher Erneuerung und Verdichtung von Kriminalität und *sex-related use* zu befreien. Das Kapitel umreißt den Zeitraum von 1976 — in diesem Jahr stellte die *42nd Street Development Corporation* die ersten Hochhauspläne vor — bis 1989, als das Projekt nach dem Rückzug des potenziellen Mieters, der Chemical Bank, de facto gescheitert war, wenngleich die offizielle Zurückstellung erst drei Jahre später — 1992 — erfolgte.

In dem Kapitel wird die Frage beantwortet, welche politischen Gruppierungen für oder gegen das Projekt waren, wer es beeinflusst oder behindert hat und wer in welchem Umfang davon profitiert hat oder profitieren wird. Hierbei wird insbesondere auf die Doppelrolle der *New York Times* eingegangen, aber auch auf die Interessen der Developer. Es geht weiter um das Spannungsverhältnis zwischen der Restaurierung von Theatern für die weiße Mittelschicht und der Nutzung des Areals durch schwarze Männer der Unterschicht, also den Nutzerwechsel.

Abschnitt 4.1) behandelt den Vorlauf, als Developer und Mitglieder der *Art Community*, insbesondere die *Municipal Art Society*, versuchten, mit Hilfe des Plans *City at 42nd Street* das Gebiet aufzuwerten. Eine in dem Zusammenhang entstandene Studie der *City University of New York* (CUNY) liefert eine Bestandsaufnahme des Areals in den 70ern.

Im Abschnitt 4.2) geht es um das Staatsprojekt selbst. Hier wird nachgewiesen, dass Stadt und UDC die Developer aus politischen und nicht aus sachlichen Gründen ausgesucht haben, insbesondere, was die Vergabe der Theater an Michael Lazar betraf. Die Erwartungen der Stadt, in der *Environmental Impact Study* (EIS) von 1984 festgehalten, werden dargestellt, sowie der Architekturentwurf von Johnson/Burgee, die Grundlage für das Projekt.

Abschnitt 4.3) befasst sich mit der Debatte vor dem Hintergrund des Abrisses von fünf Theatern und einer Änderung des *Midtown Zoning. Key Players*, Befürworter und Kritiker werden vorgestellt, es wird nachgezeichnet, wieweit sich welche Positionen im Verlauf der Debatte geändert haben. Der Vorwurf wird geprüft, das Projekt habe zur *Gentrification* des Times Square geführt, der u. a. von Reichl (1995) und Zukin (1995) erhoben wird.

Im Abschnitt 4.4) geht es um die Probleme, die das Projekt vorerst scheitern ließen: Die Protestaktionen der *Art Community* sowie die zahlreichen Gerichtsverfahren. Insbesondere werden die finanziellen Konditionen erläutert, auch deren Veränderungen nach Umplanungen um 1988, nachdem sowohl der Hauptmieter als auch der Finanzier abgesprungen waren, und um 1992. Die finanziellen Konditionen sollten zum Gegenstand von Kritik werden, vor allem von Anwohnern aus Hells Kitchen. Deren „original demands for neighborhood improvement are cynically used to justify a tax giveaway to real estate developers",[323] so Fainstein.

---

[323] Fainstein, in. Fisher/Forester, 1987, S. 243

4.1) Vorlauf und öffentlicher Diskurs vor Beginn des Projekts

Der politische Diskurs, vor dessen Hintergrund die Planungen für den Times Square entwickelt wurden, ist vielschichtig. Zunächst einmal hatte sich seit den 60er Jahren — wie in 2.4.1) dargestellt —, nach den Erfahrungen mit dem *Master Planner* Robert Moses und angestoßen durch Jane Jacobs in New York eine kritische Öffentlichkeit gegen Großprojekte und Kahlschlagsanierung gebildet. Eines der auslösenden Momente war der Bau des *Lincoln Center for the Performing Arts* von 1959 bis 1966, geplant von Moses und finanziert von den Rockefellers, dem die Wohnungen von 1647 Familien zum Opfer gefallen waren, und das Kritikern als monofunktionaler, abweisender Fremdkörper im Stadtgewebe galt.[324] Ein weiteres Trauma war der Abriss des Bahnhofs *Pennsylvania Station* in 1963, ein Granitpalast aus der Jahrhundertwende, gegen den Architektenverbände — vergebens — Sturm gelaufen waren. Als Reaktion erließ die Stadt unter dem Druck der Kritik erstmals ein *Preservation Law*.[325]

Die Broadway-Theater standen bis Anfang der 80er Jahre — von zwei Ausnahmen abgesehen — nicht unter Denkmalschutz. Einen Vorgeschmack auf den von der UDC geplanten Umbau des Times Square gab der Bau von *One Astor Plaza* 1971-73, dem 1969 das denkmalgeschützte *Hotel Astor* zum Opfer fiel, und der des *Uris-Building*, beides Stahlbetonkisten.[326] (*One Astor Plaza* ist heute die US-Zentrale des Medienkonzerns Viacom). Einen weiteren Schock erlitten Denkmalschützer und Theaterleute 1982, als fünf historische Theater — zwar nicht im Projektgebiet, aber in UDC-Eigentum — für das *Hotel Mariott* abgerissen wurden. Deshalb wurden die Pläne für das Times-Square-Projekt besonders kritisch betrachtet. Die Verdichtung war darüber hinaus ein Element innerhalb der Bemühungen der Stadt, die Verdichtung in *Midtown* Manhattan mittels *Zoning* von der *East Side* zur *West Side* zu verlagern. Dies ging — wie Fitch ausführt — auf den politischen Einfluss von *real-estate*-Familien wie die Dursts, die Tischs (die auch CBS besaßen) und die Rockefellers zurück. Der Besitz dieser Familien befand sich zumeist an der *West Side*. Dies gilt auch für den (allerdings weit geringeren) Immobilienbesitz der *New York Times*.

Wichtig für die Debatte war außerdem, dass der Times Square — wie in 3.3) dargestellt — nach jahrzehntelanger gezielter Desinvestition von Prostitution und Kriminalität geprägt war. Zwar war die Zahl der Schwerverbrechen — Mord, Vergewaltigung — im Verhältnis zur Anzahl der Besucher nicht sehr hoch. Jedoch beschwerten sich Anwohner, vor allem Frauen aus dem Wohnbezirk Hell's Kitchen/Clinton — von denen viele im *Theatre District* arbeiteten — über Betrunkene, Zuhälter und Taschendiebe. Herbert Sturz, in den 80er Jahren *Planning Commissioner*, sagte, dieser Abschnitt der 42nd Street sei „the one street where the city has lost control."[327] Phillip Paneth bemerkt dazu, dass am Times Square durchaus Polizei anwesend sei. Jedoch sei sie damit beschäftigt, Tickets für Falschparker auszustellen, während Taschendiebe frei herumliefen. Auch könne man in den schmuddeligen, dunklen Kinos leicht beraubt werden, ohne dass Hilfe komme, aber wehe, man zünde eine Zigarette an.[328]

Zusätzlicher Grund für die Aufwertungspläne war aus Sicht der Stadt, dass am Times Square zu wenig Steuern anfielen. Dies wurde vor allem nach der Finanzkrise, die in dem Beinahe-Bankrott von 1975 kulminierte, als extrem problematisch empfunden. Dazu kam

---

324 Gratz, 1989, S. 308-312
325 Reichl, 1995, S. 15
326 Gratz, 1989, S. 341

327 Wiseman, in: New York Magazine, 2. April 1984, S. 31
328 Paneth, 1965, S. 88

der mit dem Niedergang des Times Square einhergegangene Bedeutungsverlust von New York als Zentrum der Unterhaltungsindustrie. Film und TV-Unterhaltung waren bereits abgewandert. Auch die Nachrichtensender der Fernsehstationen hatten ihre Büros in Washington zu Ungunsten der in New York verstärkt.[329] Am Broadway stand im Schnitt rund die Hälfte der Theater leer, an der 42nd Street gab es kein einziges *Legit Theatre* mehr. Die Bühnen wurden von den Brandts als *Second-Run*-Kinos für Kung-Fu und Pornofilme genutzt. Einer der Gründe für die Intensivität der Bemühungen von Stadt, Staat und der Theater- und Art Community um den Times Square lag in der großen Vergangenheit, symbolisiert durch die *Bright Lights* des Broadway.

Es war jedoch nicht die Stadt, sondern die Grundeigentümer, von denen die erste Initiative zur Aufwertung durch Neubau ausging. 1964 schlug die *Broadway Association* vor, die 42nd Street zu überbauen. 1976 legte die *42nd Street Development Corporation*, die ebenfalls von den Grundeigentümern, darunter der *New York Times*, unterstützt wurde, weitergehende Pläne vor. Die *Times* unter der Leitung von Adolph Ochs' Enkel Arthur „Punch" Sulzberger war eine von zwei Institutionen, die aus der Gründerzeit geblieben waren. Die andere war die Shubert Organisation, seit dem Tod der Brüder unter Leitung des Anwalts Gerald Schoenfeld. Auch die Shuberts plädierten für *Cleaning Up*, ohne sich aber am Projekt zu beteiligen.

Das Kapitel geht auf die Thesen von Alexander Reichl ein, der sich Anfang der 90er Jahre — vor Disney — mit dem Thema befasst hat. Reichl behandelt den Umbau des Times Square methodologisch und mit den Begrifflichkeiten der Siedlungssanierung — so schreibt er von „urban renewal" und vergleicht die Restaurierung mit der des Wohnbezirks SoHo. Er sieht den Umbau als Beispiel einer Stadtpolitik, die auf „preservation and restoration of architecturally significant historic buildings" setze, welche die „large-scale projects of clean-sweep destruction and rebuilding, that characterized the urban renewal approach of the 1950s and 1960s" abgelöst habe. Neues Ziel sei, eine „marketable theme park atmosphere" zu schaffen.[330] Damit würden gleichzeitig „minority populations" durch Angehörige der weißen Mittelklasse ersetzt. Die gleiche Ansicht vertritt auch Samuel Delany.[331] Die Verdrängung geschehe bereits dadurch, so Reichl, weil „historically accurate restaurations are generally prohibitive for those with limited means". Und: „Because of the costs preservation has translated into gentrification."[332] Gleichwohl habe *Historic Preservation*, anders als Flächensanierung, Unterstützung der kritischen Öffentlichkeit. So sei es einer „progrowth coalition" aus der *Art Community*, allen voran der *Municipal Art Society* und der *Business Community* gelungen, die Entwicklung am Times Square voranzutreiben.

Ich halte diese These für fragwürdig, nicht nur, weil die Rolle der *Art Community* nicht auf eine Befürwortung des Projekt zu reduzieren ist, sondern vor allem, weil am Times Square — weder, was die damaligen Pläne noch, was die tatsächliche Ausführung angeht — im Entferntesten die Rede von *Historic Preservation* sein kann. Vielmehr handelt es sich, um mit Ada Louise Huxtable zu sprechen, um ein „back-from-the-dead-example of the thoroughly discredited bulldozer urban renewal of the 1960's".[333] Die einzige Ausnahme ist das von Disney betriebene *New Amsterdam*, welches aber erst nach Reichls Untersuchung renoviert wurde.

---

329 Baughman, in: Sheffer, 1993, S. 128

330 Reichl, 1995, S. 1-3
331 Delany, 1999, S. 153-161
332 Reichl, 1995, S. 8
333 Huxtable, in: Taylor, 1996, S. 364

4.1.1) Die City at 42nd Street

Die ersten Pläne zur Aufwertung des Times Square — die jedoch nicht verwirklicht wurden — stammten aus Kreisen von *Art* und *Business*, sie wurden von der *42nd Street Development Corporation* 1976 vorgelegt. Die *Corporation* wurde Frederick Papert, dem Präsidenten der *Municipal Art Society* (MAS) gegründet, der noch heute Geschäftsführer der *Corporation* ist. Sie entstand in einer Zeit, in der Beame *Mayor* war, Chef der *Housing Administration* war Roger Starr, Protagonist der *planned shrinkage*. Die *Corporation* ist eine gemeinnützige Organisation, der die Stadt ein Vorzugsrecht beim Erwerb von Immobilien an der 42nd Street eingeräumt hatte.[334] Sie wurde von der Stadt, dem Staat und der *Port Authority von New York und New Jersey* finanziell unterstützt, sowie von Sponsoren, allen voran die *Ford Foundation*, die größte Stiftung der USA, die aus der Ford Motor Company hervorgegangen war und für die Herbert Sturz an leitender Stelle arbeitete.[335] Weiter wurde sie von der Rockefeller Foundation, der *New York Times* und Developern wie Solomon Bros, Equitable Life sowie Banken unterstützt, von denen einige auch im *Board* saßen.[336] Die *42nd Street Development Corporation* ist ein klassisches Beispiel für *Public Private Partnership*.

Die MAS ist eine über hundert Jahre alte *Civic Organisation*, die sich für Architektur, Stadtplanung und Denkmalschutz engagiert. Ihrem *Board* gehörten Architekten wie Alexander Cooper, David Childs und Hugh Hardy an, dazu Prominente wie Jacky Kennedy Onassis, Brendan Gill — der *Chairman* der *Landmarks Conservancy* war — und Cyrus Vance, der auch im Aufsichtsrat der *New York Times* saß. Die *New York Times Company* ist einer der *Civic Partners* der MAS.[337] Die MAS wird von Developern wie Durst, Solomon, Elghanayan und Rockefeller finanziell unterstützt. Hardy, Kennedy und Shubert-*Chairman* Schoenfeld waren sowohl im *Board* der MAS als auch im *Board* der *Corporation*. Der Times Square war trotz aller Probleme immer noch der wichtigste Entertainment-Bezirk von New York. Nach einer Studie der Stadt vom Ende der 70er Jahre gab es 35 Theater, 25 *Legit Movie Houses* und 173 Restaurants und Fast Food-Läden. 1976/77 wurden acht Millionen Theatertickets verkauft, davon 73 Prozent an New Yorker und 27 Prozent an die rund 16,5 Millionen Touristen. Jedoch lagen alle großen Broadway-Häuser nun nördlich der 44th Street, während sich das Sex-Business — es gab 24 *Adult Movie Houses* und 64 *Adult Book Stores*, *Massage Parlors* und Bars — an der 42nd Street konzentrierte.[338]

Das erste Projekt der *42nd Street Development Corporation* war die *Theater Row*, sechs Off-Off-Broadway-Theater an der 42nd Street zwischen Ninth und Tenth Avenue,[339] die mit Geldern von Sponsoren, der Stadt, dem Staat und dem föderalen *Urban Development Action Grant* errichtet wurde und an deren Konzeption der Architekt Hardy beteiligt war. Als nächstes ließ Papert das *McGraw-Hill Building* an der 42nd Street und Ninth Avenue renovieren — in dem die *Corporation* auch sitzt —, errichtete Polizeipferdeställe an der 42nd Street und ließ das *West Side Airlines Terminal* zum Fernsehstudio umbauen. Im *Crossroads Building* wich ein Laden für Kinderpornographie einer Polizeistation. Außerdem zeichnet die *Corporation* für das — ebenfalls subventionierte — *Manhattan Plaza*

---

334 Reichl, 1999, S. 79
335 Fitch, 1993, S. 167
336 Im Gespräch mit der Autorin am 15. Oktober 1998, und: Lopez, 1979-1986, zitiert nach Reichl, S. 236

337 Livable City, Juni 1988
338 New York City Planning Commission et. al., 1978, S. 29-40
339 Broadway-Theater sind Häuser mit über 499 Plätzen, Off-Broadway-Theater haben über 199 Plätze und Off-Off-Broadway über 99 Plätze. Nach der Platzzahl richten sich die Löhne für Schauspieler und Bühnenarbeiter.

verantwortlich, 1700 Wohnungen für Schauspieler mit niedrigem Einkommen.[340] Diese Subventionierung war umstritten — Mieter mit schwankendem Einkommen waren eigentlich nicht berechtigt, Sozialwohnungen zu beziehen. Für die Developer hatte das den Vorteil, dass sie geförderten Wohnungsbau errichten, aber gleichwohl an eine Klientel vermieten konnten, die die erste Stufe der *Gentrification* darstellte.

1977 finanzierte die *Ford Foundation* mit 500.000 Dollar eine Studie, die William Kornblum, Professor an der *City University of New York* (CUNY) in Paperts Auftrag anfertigen ließ (die CUNY befindet sich ebenfalls an der West 42nd Street). Die Studie mit dem Titel *West 42nd Street: The Bright Light Zone* sollte Vorschläge für die Entwicklung des Gebiets liefern (ausführlich in 4.1.2). Unterstützt wurde die CUNY vom *Mayor's Office of Midtown Enforcement,* dem damals Carl Weisbrod vorstand. Kornblum schlug vor, die Theater als *Art Center* zu nutzen, insbesondere das noch gut erhaltene *New Amsterdam.* 1978 gab Papert für 110.000 Dollar eine weitere Studie in Auftrag, das Erneuerungspotenzial des Areals zu prüfen. Sie wurde von zwölf Unternehmen aus dem Gebiet finanziert: ABC, CBS, Loew's, die Shuberts, die *League of American Theaters and Producers,* American Express, Hilton Hotels, Touche-Ross, Morgan Trust, die *Daily News* und die *Times*.[341]

1978 legte Papert den Plan einer *Mini World Fair* vor, für den die *Times* ebenfalls finanzielle Unterstützung anbot.[342] Im Vorjahr war Ed Koch *Mayor* geworden, und sein damaliger, erster *Planning Commissioner* Robert Wagner Jr. hielt diesen Plan für ein „very amorphous thing". Auch klagten potenzielle Sponsoren über ein „lack of specific financial data"[343]. Papert ließ den Plan überarbeiten und legte einen neuen Entwurf mit dem Titel *The City at 42nd Street* vor, eine flächendeckende Überbauung des Areals mit drei Bürohochhäusern, Hotels, Restaurants, Läden und einer *fashion mart* an der Eighth Avenue, dazu ein überdachter Freizeitpark mit einem IMAX-Kino, einem Museum und einem Riesenrad, ebenfalls überdacht.

Die Grundidee war damals schon, durch eine höhere Ausnutzung der Bürogrundstücke die Renovierung der Theater zu bezuschussen. Ein *walkway* sollte den *Annex* an der 43rd Street erschließen, auch dies wollte die *Times* finanziell unterstützen.[344] Fünf der zehn Theater sollten renoviert werden, darunter das *New Amsterdam,* das Papert mit finanzieller Hilfe der *Ford Foundation* mieten wollte. Die *Corporation* wollte das Theater provisorisch renovieren und es Theatergruppen überlassen. Das scheiterte daran, dass der Eigentümer, Mark Finkelstein, nur verkaufen wollte, und dies für sechs Millionen Dollar, was Papert für überhöht hielt. Denn der *assessed value*, der von der Stadt geschätzte Verkehrswert, der Grundlage der *real estate tax* ist, betrug damals nur 1,5 Millionen Dollar.[345] Der Bau der gesamten *City at 42nd Street* sollte 600 Millionen Dollar kosten, sie sollte sechs Millionen *squarefeet* haben.

Die Planung für die *City at 42nd Street* wurde von den *real estate consultants* der *Equitable Life Assurance Society* fachlich begleitet, Sponsoren — darunter die *Ford Foundation* mit 600.000 Dollar — gaben 1,5 Millionen Dollar.[346] Drei Developer wollten die Pläne verwirklichen: Olympia&York, Helmsley-Spear und Rockefeller Center Inc.. Equitable Life war einer der potenziel-

---

340 Hier wohnen (bzw. wohnten) u. a. Kenny Kramer und Larry David, bekannt aus der Fernsehserie *Seinfeld*
341 NYT, 16. Juni 1978
342 Reichl, 1999, S. 84

343 Carberry/Hertzberg, in: Wall Street Journal, 20. August 1980
344 Reichl, 1999, S. 84-86
345 Parallel dazu hatte Finkelstein einen Rechtsstreit mit der Stadt angefangen, weil ihm der assessed value von 1,5 Millionen Dollar, die Grundlage seiner Steuerzahlungen, zu hoch war.
346 Carberry/Hertzberg, in: Wall Street Journal, 20. August 1980

len Finanziers. Auch Durst unterstützte den Plan, hingegen sprachen die Brandts, die Theatereigner von einem „thinly disguised land grab for developers and large real estate interests".[347] Friedman schreibt: „The most inherently corrupt and immoral power group since Tammany Hall — real estate speculators — circle like bussards above the dying Forty Deuce".[348]

Die Developer waren auf die Stadt angewiesen, weil sie auf öffentliche Gelder aus dem *Urban Development Action Grant* hofften, weil das Gebiet hätte *rezoned* werden müssen, und auch, weil die Developer wollten, dass es als *urban renewal area* festgesetzt würde, um den Zugriff auf die Grundstücke zu erleichtern.[349] Koch zögerte zunächst, obwohl das *Editorial Board* der *Times* für den Plan trommelte.[350] Schließlich lehnten Koch und Sturz, Kochs *Planning Commissioner*, die *City at 42nd Street* ab. Sturz fand den Plan überdimensioniert, auch kritisierte er, dass zu viel abgerissen würde.[351] Koch sprach von „Disneyland", das nicht zu New York. Und er wolle es den Developern nicht erlauben, „to get an inside track".[352]

Es gab aber noch andere Gründe, weshalb Koch gegen den Plan war. Zum einen wollte er sich die Gelegenheit nicht entgehen lassen, einen solchen Großauftrag selbst zu vergeben. Zudem war ihm das Papert-Projekt zu nahe an seinem Vor-Vorgänger Lindsay angesiedelt, den er nicht mochte. Auch die Planer — Don Elliott und Richard Weinstein — waren Lindsay-Leute. Weinstein sagte selbst: „There had been bad blood between Lindsay and Ed Koch that lasted a long time after Lindsay left office." Denn Lindsay hatte Kochs politische Gegner, allen voran Mario Cuomo unterstützt. Kent Barwick von der MAS beschreibt Elliott und Weinstein als „supersmart college hippies" mit „careless arrogance of the very young", die dachten, sie wüssten, wer wichtig sei, und „at the time, Ed Koch was most definitely not on that list, and they treated him accordingly."[353] Auch Senator Franz Leichter zufolge — ein Gegner des späteren UDC-Projekts — lehnte Koch die *City at 42nd Street* ab, weil Elliot an dem Plan mitgearbeitet habe.[354] Darüberhinaus — so Papert — lehnte Koch den ganzen Plan ab, weil die Unterstützerin, die *Ford Foundation*, ihm zu „WASP" (White Anglo Saxon Protestant) war. „We showed it [d.h. den Plan] to Koch at the Ford Foundation's headquarters on 42nd Street, which, in retrospect, was probably one of our biggest mistakes. The place was way to ‚wasp' for him. he (...) made no secret of the fact he hated being there."[355] So beschloss Koch, das Areal auszuschreiben und außerdem die UDC einzuschalten. Stadt und UDC unterzeichneten im Juni 1980 ein entsprechendes *Memorandum of Understanding*.[356]

Wie bisher erkennbar ist, hat die *New York Times* bei der Aufwertung des Times Square eine unterstützende Rolle gespielt, insbesondere bei Paperts *City at 42nd Street*. Sie hat viele Neubaupläne — man hat fast den Eindruck: wahllos — unterstützt, auch finanziell. Dies war die Zeit, in der — wie in 3.3) ausgeführt — das *Editorial Board* mit development-freundlichen Leuten besetzt worden war. Die *Times* befürwortete zudem die Verlagerung des Entwicklungspotenzials auf die *West Side*, wo sie Grundbesitz hatte. Die *Times* sollte später auch die Hochhaus-Pläne des von der Stadt ausgesuchten Developers George Klein unterstützen.

---

347 Stone, 1982, S. 153
348 Friedman, 1986, S. 196
349 Reichl, 1995, S. 202
350 NYT, 15. Januar 1980, und 27. Juni 1980
351 Reichl, 1999, S. 8
352 Reichl, 1999, S. 8. Koch stieß sich Papert zufolge insbesondere an dem Riesenrad — es ist ironisch, dass 2001 der Spielzeugladen Toys ‚R' Us am Times Square eröffnete, mit einen 20 Meter hohen Riesenrad.

353 Eliot, 2001, S. 192-194
354 Im Gespräch mit der Autorin am 29. Mai 1998
355 Eliot, 2001, S. 191
356 NYT, 5. Juni 1980

Die Public Private Partnership

Oben: Das Anco-Theater an der West 42nd Street, an der Südost-Ecke der Eighth Avenue. Unten: Howard Johnson's am Broadway und West 47th Street; beide in den sechziger Jahren. Beide Gebäude wurden inzwischen abgerissen.

Fun City an der Nordseite der West 42nd Street zwischen Sixth und Seventh Avenue.

4.1.2) Zustand des Areals um 1978, Studie der CUNY

1978 haben CUNY-Studenten unter Leitung von William Kornblum in einer zweimonatigen Feldforschung eine Bestandsaufnahme der West 42nd Street verfasst. Diese untersucht die damalige Nutzerstruktur, woraus ableitbar ist, welche Änderung der Nutzer sich ergeben hat.[357] Außerdem kann die CUNY-Studie — im Gegensatz zu den von der UDC beauftragten Untersuchungen — als unabhängig betrachtet werden. Die Studenten haben im Laufe der Zeit sogar eine erhebliche Sympathie für das Gebiet entwickelt, was beim Lesen allerdings schwer nachzuvollziehen ist. Die CUNY-Studie wird im folgenden durch eine UDC-Studie, die in der *Environmental Impact Study* (EIS) von 1984 wiedergegeben ist, ergänzt.

Am Times Square hielten sich der CUNY zufolge abends zur *peak entertainment hour* sehr viele Menschen auf, meist Schwarze, Latinos und Weiße aus der Arbeiterklasse,[358] und fast nur Männer. „It is safe to say that the street is largely male territory",[359] und: „At most times of the day or evening, men outnumber women along West 42nd Street by at least 3:1. At night the ratio exceeds 7:1. (...) results show that women are particularly insecure when walking along West 42nd Street or when using mass transit (...)."[360]

Diese „male world" spiegelte sich in der Ladenstruktur wider. Es gab an der 42nd Street zwischen Sixth und Eighth Avenue 17 Theater (davon zeigten 7 Pornos und 9 Action-Filme), 18 Restaurants/Bars, 17 Pornoläden, 10 Läden für Männerkleidung, 18 Elektronikgeschäfte,[361] fünf Peepshows, vier *massage parlors*, drei Zigarrenladen, einen Schnapsladen, zwei Sportgeschäfte, eine Blutbank, ein Wettbüro und mehrere Boxclubs. Auf einen Besucher eines Pornofilmes kamen sechs, die einen Horrorfilm sahen. „The theaters on the street are (...) relatively unesthetic in terms of cleanless and atmosphere. (...). Some customers may be sleeping, drinking, or smoking marijuana".[362] Das Gros der Besucher waren junge schwarze oder lateinamerikanische Männer, die von Mittelklasse-Weißen als bedrohlich empfunden würden, auch wenn sie es nicht seien.[363] Die Besucherzahl der Action-Kinos wurde auf 64.000 bis 98.000 pro Woche geschätzt, die Gesamteinnahmen der 17 Theater an der 42nd Street auf 192.000 bis 320.000 Dollar pro Woche, die der Peepshows auf 74.000 bis 106.000 Dollar.

Auch die EIS stellt fest, die 42nd Street West werde von einem fast nur männlichen und jüngerem Publikum (45 Prozent weiß, 34 Prozent schwarz, 19 Prozent Latinos, 2 Prozent asiatisch) geprägt. Die Hälfte der Passanten komme aus New York, ein Viertel aus umliegenden Staaten, ein Viertel von woanders her. 41 Prozent arbeiteten am Times Square, 15 Prozent durchquerten ihn auf dem Weg nach Hause oder zur Arbeit. 1,5 Prozent (am Wochenende 5,8 Prozent) waren Theatergänger, der Rest besuchte Kinos, Geschäfte, Bars, *adult entertainment* oder war *hanging out*.[364] Es gab 7000 Kinositze, der Eintritt der *second-run*-Kinos kostete 2 bis 2,50 Dollar (abends 4 oder 5 Dollar), bei *first-run*-Kinos waren es 5 Dollar. Pornofilme kosteten zwischen 1.99 Dollar und 6.50 Dollar.[365]

Die Sex-Kinos — so die CUNY-Studie — fielen mehr im Stadtbild auf als die Action-Kinos, weil ihre Werbung außen angebracht war. Dies, aber auch die Verteilung von Flugblättern, die für Sexshops warben, wurde von Passanten als störend empfunden. Die Zahl der (illegalen) *massage parlors* gehe zurück

---

357 Siehe auch Anhang 9.1
358 Kornblum, 1978, S. 7
359 Kornblum, 1978, S. 22
360 Kornblum, 1978, S. 3
361 Über die Läden für Unterhaltungselektronik heißt es, sie verkaufen minderwertige Ware (mit Recht).

362 Kornblum, 1978, S. 10
363 Kornblum, 1978, S. 111
364 Parsons, August 1984, S. 2-59 bis 2-69
365 Parsons, August 1984, S. 2-57

(um 80 Prozent seit 1975), was die Studie auf Maßnahmen der Polizei zurückführt. Von der Polizei geschlossene *massage parlors* stünden nun meist leer, da andere Gewerbetreibende die Mieten nicht aufbringen könnten. Hingegen wachse die Zahl der *Sex Emporiums*, Kombinationen aus *peepshow*, *adult books*, Stripbühne und Videoverkauf.

Eine Woche lang beobachtete einer der Studenten Sexshops und Kinos. Dabei stellte er (durch Augenschein) fest, dass das Kinopublikum mit zwei Dritteln der Besucher unter 27 Jahren das jüngste war, gefolgt von dem etwas älteren Publikum der *Sex Emporiums*, während *life shows* und *massage parlors* mehrheitlich 28 bis 60-Jährige als Kunden hatten. Filme wurden zu 69 Prozent von Schwarzen und Latinos besucht, die *Sex Emporiums* hatten ein gemischtes, allerdings fast rein männliches Publikum.[366] *Life shows* wurden zu 51 und *massage parlors* zu 79 Prozent von männlichen Weißen besucht. Nur in den Kinos gab es Frauen, und auch hier nur 18 Prozent. Die Besucher der Kinos kamen zumeist aus der Unter- und der Mittelschicht, wobei der Autor einräumt, dass es schwierig ist, dies per Augenschein festzustellen.

Besitzer von (legalen) *sex shops* seien darauf bedacht, sich von (illegaler) Prostitution fernzuhalten, um Konflikte mit der Polizei zu vermeiden. Sie fühlten sich als Opfer, da sie nichts Verbotenes täten und durch beleuchtete Ladenfronten sogar für mehr Sicherheit sorgten. Da ihre Mieten um bis zu 1000 Prozent über normalen Mieten lägen, zahlten diese Etablissements auch hohe *real estate taxes*. Dies steht im Widerspruch zu UDC-Zahlen, wonach der Ertrag am Times Square durch *real estate taxes* gering sei.[367] Der Grundstückswert im Projektgebiet — die Grundlage für die *real estate tax* — betrug laut UDC damals 45 Millionen Dollar,100 Dollar pro *squarefoot*, ein Viertel des Normalwertes in *Midtown*. Die Büromieten lägen zwischen 15 und 30 Dollar pro *squarefoot* und Jahr, in vergleichbaren Gegenden würden bis zu 55 Dollar erzielt. Die Diskrepanz zwischen der Einschätzung der Sexshop-Besitzer und der UDC erklärt sich zum einen daraus, dass die niedrige Bebauung an der 42nd Street in absoluten Zahlen keine hohe Rendite erbrachte, zum anderen wohl auch dadurch, dass einzelne Eigentümer die Mieteinnahmen nicht vollständig versteuert haben.

An der 42nd Street trafen sich der CUNY-Studie zufolge auch *Hustler*, die — oft illegal — Geld verdienen, etwa durch das Three-Monte-Card-Spiel,[368] den Verkauf unechter Rolex-Uhren, Handel mit Drogen und Diebesgut, sowie Taschendiebstählen. 60 Prozent der *Hustler* waren Lateinamerikaner, 40 Prozent schwarz.[369] Der typische *Hustler* war zwischen 19 und 24 Jahre alt und männlich, wenn er älter wurde, wechselte er oft in die Zuhälterei. In zwei Monaten beobachteten die Studenten 12.000 Fälle von Drogenhandel zwischen Seventh und Eighth Avenue, neben Marihuana auch Speed, Heroin und Kokain. Die Dealer arbeiteten von 11 Uhr bis 1 Uhr nachts, am Wochenende bis 3 Uhr. Der Polizei zufolge repräsentierten die wegen Drogenkaufs Verhafteten alle ethnischen Gruppen und Altersklassen. Die Verkäufer waren meist schwarz und männlich, Frauen wurden als Kuriere oder „Vorratslager" benutzt.

Bei den Prostituierten gab es drei Gruppen: Am Busbahnhof trafen sich Jungen aus der Unterschicht zwischen 14 und 20 Jahren, die von zu Hause weggelaufen waren.[370] An der 42nd Street sammelten sich männliche, erwachsene Prostituierte, ein hoher Anteil davon schwarz, außerdem Transvestiten. Frau-

---

366 Dies war per Augenschein allerdings schwer zu beurteilen, weil sich unter den Kunden Transvestiten befanden.
367 New York State UDC: 42nd Street Development Project: General Project Plan, 1984

368 Entspricht dem in Deutschland bekannten Hütchenspiel
369 Kornblum, 1978, S. 145
370 Vergleiche auch: McNamara, 1994 und 1995. McNamara zufolge gab es auch jüngere Kinder, die sich prostituierten

en standen an der Eighth Avenue in Höhe der 43rd Street, dem *Minnesota Strip*, nach den angeblich so vielen Prostituierten aus Minnesota. Wie Frauen in die Prostitution geraten, schilderte Gail Sheehy:[371] Meist seien es weiße, arme Mädchen aus puritanischen Midwest-Staaten, die von schwarzen Jungen geschwängert würden und denen keine Wahl bliebe, als in eine ferne Großstadt zu ziehen. Oft würden sie von „Kolleginnen" rekrutiert.

Friedman zufolge waren die Prostituierten gezwungen, pro Nacht mindestens 200 Dollar zu machen. „There was no coming home until this minimum was reached, and if she spent overnight in the police bullpen, out she rolled without sleep till that $ 200 was pocketed".[372] Die Prostituierten würden von den Zuhältern meist mit Schlägen unter Kontrolle gehalten, es gab aber auch einen Zuhälter, „King George", genannt, der ungehorsame Huren zwang, in einer Badewanne mit kochendem Wasser zu sitzen.[373] Von den Drogenhändlern, *Hustlern* und Zuhältern ging der CUNY-Studie zufolge wenig Gewalt aus (ausgenommen natürlich gegenüber den Prostituierten, die aber nicht Gegenstand dieser oder irgendeiner anderen Untersuchung war).[374] Hauptquelle der Gewalt seien vielmehr Streitigkeiten zwischen Betrunkenen und Anwohnern. Gleichwohl wurde die Massierung von *Hustlern* von Touristen und Anwohnern als Problem gesehen. Friedman hat Anfang der 80er Jahre den Ex-Boxer Izzy Grove, der an Broadway und 46th Street lebte, gefragt, wie er es finde, dass sich seine geliebte Nachbarschaft in ein „Porno-Wasteland" verwandelt habe. „It's disgraceful, it's distastable, it is not polite society", sagte Grove.[375]

Der UDC zufolge, die sich auf die Polizei beruft, gab es 1978 fast 73.000 Beschwerden von Bürgern über Kriminalität im *Midtown South Precinct* (der allerdings ein größeres Gebiet als den Times Square umfasst), während es in anderen *Precincts* nur ein Drittel davon waren. An der 42nd Street zwischen Seventh und Eighth Avenue gab es von 1974 bis 1980 jedes Jahr etwa 500 Raubüberfälle, 200 Drogenverkäufe, 50 Körperverletzungen, fünf Vergewaltigungen und ein bis zwei Morde.[376] Schwerpunkt der Kriminalität war der Busbahnhof mit seinem hohen Menschenaufkommen. Das wird — von Reichl (1995) und Kornblum (1986) — dahingehend interpretiert, dass die Kriminalitätsrate am Times Square umgerechnet auf den einzelnen Passanten nicht sehr hoch gewesen sei. Dem ist entgegenzuhalten, dass es normalerweise gerade in belebten Stadtteilen eine soziale Kontrolle gibt, die Kriminalität verhindert und die hier offenbar fehlte.[377] Der CUNY-Studie zufolge ist vieles von dem, was an der 42nd Street geschehe, ein „victimless crime", beispielsweise die Prostitution.[378]

Die Polizei hatte im März 1978 die in 4.1.1 erwähnte *Station* im *Crossroads Building* eröffnet, zunächst nur mit dem Effekt, dass sich der Drogenhandel nunmehr im Verborgenen abspielte. Nach Ansicht eines von der CUNY zitierten Polizisten liegt die gesamte Misere an zu liberalen Gesetzen und Richtern. „If we could go back to the old style of police work, when men on the beat could enforce standards of decency and order", one officer said, „we

---

371 Sheehy, in: New York Magazine, 13. November 1972
372 Friedman, 1986, S. 143. Vor diesem Hintergrund möchte man die Zuhälter vielleicht zur Unterschicht, aber doch nicht zu den Schlechterverdienenden rechnen.
373 Friedman, 1986, S. 162
374 Vor kurzem sei zwar ein Polizist auf der Straße erschossen worden, aber die Straßenmeinung war, er habe es verdient, weil er dauernd die Drogenhändler belästigt habe (Kornblum, 1978, S. 162)

375 Friedman, 1986, S.4. Nach Adler, 1995, S. 31, fiel Groves Apartment dem Bertelsmann-Bau zum Opfer.
376 City of New York Police Department Analysis Report, May 1981
377 Vergleiche auch Jacobs: The Death and Life of Great American Cities, 1961
378 Kornblum, 1978, S. 169. Es sei denn, man betrachtet die Prostituierten als „victims" ihrer Zuhälter.

could clean up West 42nd Street in no time".³⁷⁹ Stone berichtet Ähnliches: „(...) frustrated police officers report tales of humiliation at the hand of judges, as the drug peddlers, pimps, prostitutes, and operators of porn parlors walk freely away from city courtrooms. Merchants speak of a „policy of containment" — the assumption being that an unspoken „hands off" agreement on illegal traffic in Times Square prevents its spread onto the side streets where middle-class theatergoers patronize the areas legitimate playhouses. More sinister yet is the theory of some property owners that the area is being allowed to detoriate in order to ease the urban renewal condemnation process."³⁸⁰ Laut CUNY würde mehr Polizei alleine nicht ausreichen, die Sicherheit wieder herzustellen. „All authorities agree that only the economic redevelopment of the area can significantly alter the present patterns of street traffic and vice".³⁸¹ Jedoch waren die Autoren nicht sicher, ob es überhaupt wünschenswert sei, Porno vom Times Square vertreiben. Denn dies werde nicht dazu führen, dass *Sex Emporiums* auch in angrenzenden Gegenden wie an der Eighth Avenue verschwänden, da die Nachfrage weiter bestünde.³⁸²

Die *City Planning Commission* hatte schon 1977 versucht, durch entsprechendes *Zoning* eine zu hohe Konzentration von *sex business* in bestimmten Gebieten zu unterbinden. Das scheiterte jedoch am Einspruch des *Board of Estimate*.³⁸³ Ein Jahr später wurden Anwohner aus Hell's Kitchen/Clinton im Auftrag der *Clinton District Democratic Party* in Zusammenarbeit mit den *Community Boards* zum *sex business* am Times Square befragt.³⁸⁴ Befragt wurden 901 Anwohner, davon haben 155 geantwortet. Davon waren 88 Prozent weiß, fünf Prozent schwarz und sieben Prozent asiatisch oder lateinamerikanisch. Das jährliche Einkommen betrug im Schnitt 7485 Dollar. Zwischen 75 bis 95 Prozent der Befragten meinten, Pornoläden brächten Schmutz, Verbrechen, Krankheiten und Autoverkehr in die Gegend und seien Feuerfallen. Auf die Frage, was gegen das Sexgewerbe unternommen werden solle, waren die häufigsten Antworten: Gesetzlich verbieten oder von der Straße fernhalten, *Citizen Actions* dagegen veranstalten, mehr Polizei, und: moralischen Druck auf die Vermieter. Kaum jemand plädierte für Flächenabriss. Manche Hausbesitzer — so diese Studie weiter — vermieteten gerne an Sex-Business, weil dieses hohe Mieten zahlte und die Gebäude rasch abrissreif seien.

Bald darauf gab es tatsächlich *Citizen Actions*. Senelick berichtet von einer — und nicht der einzigen — Demonstration von über 6000 Frauen (darunter Gloria Steinem, Susan Brownmiller und Bella Abzug) gegen Porno am 20. Oktober 1979 am Times Square, unter dem Motto „Porn is Rape on Paper". Der Autor zitiert einen „old black man outside a peep show", der sich angesichts der Demo fragt: „how else my gonna get my joint hard?" Senelick bemerkt weiter, „twenty-five-cent peepshows put fantasy sex within the reach of even the poor, and antipornography movements (...) have the (...) effect of denying recreational releases to those of low income"³⁸⁵. Er ist also nicht nur der Meinung, Männer haben ein Recht darauf, Frauen zu kaufen, er meint sogar, sie haben das Recht, Frauen so billig wie möglich zu kaufen.³⁸⁶

---

379 Kornblum, 1978, S. 174
380 Stone, 1982, S. 159
381 Kornblum, 1978, S. 4
382 Kornblum, 1978, S. 5. In 2001 gab es *Show World* noch mit eingeschränktem Betrieb, der Eigentümer Richard Basciano will jedoch die stark im Wert gestiegene Immobilie für den Neubau einer Bank veräußern.
383 Times Square BID, 1994, S. 9
384 Shaughnessy/Trebbi, 1980

385 Senelick, in: Taylor, 1996, S. 346
386 Mit dieser Argumentation könnte man natürlich auch die Sklaverei rechtfertigen. Wie sonst sollte sich ein mittelloser Farmer eine Arbeitskraft leisten können?

4.2) Der Investorenwettbewerb und die Einsetzung der UDC

Der eigentliche Beginn des Staatsprojektes war im Juni 1981, als die Stadt einen *General Project Plan* vorlegte.[387] Der Plan, dem ein *Discussion Document* vorausgegangen war, war Grundlage für die Ausschreibung im gleichen Monat. Federführend war die städtische *Public Development Corporation* (PDC), eine *Agency,* deren *Board* mit Business-Leuten besetzt ist. Sie betreut für das *Department of City Planning* Bauvorhaben, meist mit der UDC.[388] Die UDC kann Grundstücke enteignen und sich über das *Zoning* hinwegsetzen (vgl. 2.4.3). Deshalb bat Koch Hugh Carey, den *Governor* des Staates, die UDC einzusetzen. Koch hatte zu Carey eine relativ gute Beziehung, denn Carey hatte Koch in der Wahl 1977 gegen dessen Rivalen Mario Cuomo unterstützt.[389] Damit hatte Koch zwar Einfluss an den Staat abgegeben, denn dieser hatte drei Mitglieder im *Board* der UDC, inklusive den *Chairman*, die Stadt nur zwei.[390] Probleme gab es deshalb jedoch erst ab 1983, als Cuomo Carey als *Governor* ablöste.

Das Projektgebiet umfasst die beiden Blöcke an der 42nd Street zwischen Seventh und Eighth Avenue mit zehn Theatern, dazu das Kino *Rialto* und der Bauplatz des *American Theatre*.[391] Nur zwei Gebäude — das *Hotel Carter* und das *Candler Building* — sollten nicht enteignet werden. Weiter gehört der Westteil des Blocks zwischen 40th und 41st Street an der Eighth Avenue dazu, der *Times Tower,* der Block südlich davon mit dem *Crossroads Building* und der Westteil des Blocks zwischen 42nd und 43rd Street mit dem *Longacre Building* und dem *Big Apple-Theatre*. Es war das alte Herz des Theaterbezirks.

Das 13 acres (fünf Hektar) große Gebiet wurde in verschiedene Sites aufgeteilt: Vier Hochhäuser am Times Square (Site 1, 3, 4, 12), ein Hotel an der Eighth Avenue zwischen 42nd und 43rd Street (Site 7), die Mart an der Eighth Avenue über die 41st Street hinweg (Site 8N, 8S), die Theater nördlich der 42nd Street (Site 5), die Theater südlich der 42nd Street (Site 8 E, 10, 6W) und das *New Amsterdam* (Site 6E). (vlg. Anhang 9.1)

Dem *General Project Plan* von 1981 zufolge war das gesamte Areal „blighted", also verslumt, was die rechtliche Voraussetzung war, nach der Stadt und UDC eine flächendeckende Erneuerung in Angriff nehmen konnten. Seit 1920 habe es nur einen Neubau im Gebiet gegeben.[392] Das Gebiet habe 2,4 Millionen *squarefeet* Nutzfläche, nur 32 Prozent von dem, was planungsrechtlich zulässig sei. Der Leerstand liege bei 35 Prozent. Es gebe 24 *sex-related businesses*, davon 19 an der 42nd Street. Der gesamte Grundstückswert wurde auf 45 Millionen Dollar geschätzt. 4300 Menschen arbeiteten im Gebiet, was zu wenig sei.

Laut Plan sollten am Times Square Hochhäuser gebaut werden. Deren „working daytime population"[393] sollte das Gebiet sicherer machen, mit den Erträgen aus dem Hochhausbau, der das *Zoning* weit überschreiten würde, sollten die U-Bahn und die Theater renoviert werden. Vorgabe waren die *design guidelines* der Architekten Cooper-Eckstut, die unterschiedlich gestaltete Hochhäuser mit *Setbacks*, glänzenden Oberflächen und Neonwerbung vorsahen.[394]

---

387 New York State UDC, General Project Plan, 1981.
388 Fainstein, 1995, S. 116
389 Benjamin/Brecher, 1988, S. 113
390 Benjamin/Brecher, 1988, S. 121
391 Siehe Anhang 9.1.2. Das Anco, das frühere Frazee wurde im Discussion Document im Gegensatz zu der im Abschnitt 4.1 erwähnten Studie der Stadt von 1978 gar nicht mehr erwähnt.
392 Das Rialto, das, ausgerechnet, im Rahmen des Projektes abgerissen wurde.
393 Gargan: City and State Offer Plan to Rebuild Times Sq Area. In: NYT, 11. Februar 1981
394 Cooper Eckstut Ass: 42nd Street Development Project: Design Guidelines.1981

4.2.1) Ausschreibung und Vergabe der Grundstücke

Die Ausschreibung war am 4. Juni 1981. Bis September 1981 hatten sich 26 Interessenten beworben.[395] Eine Gruppe bildeten Eigentümer oder Pächter aus dem Projektgebiet: Anmark und Anfour Enterprises, d. h. Mark Finkelstein, dem das *Harris* und das *New Amsterdam* gehörte, die Brandts, die acht Theater als Kinos betrieben (das *Rialto*, das *Liberty*, das *Empire*, das *Victory*, das *Times Square,* das *Selwyn*, das *Lyric* und das *Apollo*), Cadillac Fairview, denen vier kleine Flurstücke an der Sixth Avenue gehörten, Cine Forty Second Theater, denen ein Pornotheater an der 42nd Street gehörte, Henry Modell, der ein Gewerbegrundstück an der 42nd Street besaß, die Times Square Garage, die dem Restaurantbetreiber Samuel Brach gehörte, sowie Newmark, die das *Candler Building* verwalteten.[396] Die zweite Gruppe waren Developer, die keinen Besitz am Times Square hatten, wie *Housing Innovations-Planning Innovations* aus Boston, Olympia&York aus Kanada, die Milsteins, Rockrose — die Firma der Elghanayan-Brüder —, Harry Helmsley mit John Portman, Larry Silverstein und Park Tower Realty, d.h. George Klein aus New York. Auch die Shuberts, die im Projektgebiet kein Theater mehr besaßen, hatten sich beworben.[397]

Im April 1982 wählten Koch, Carey und Larry Graham, der Vize-Präsident der UDC drei Developer aus (Präsident Richard Kahan hatte die UDC gerade verlassen): Klein sollte die vier Hochhäuser bauen, Housing Innovations-Planning Innovations das Hotel an der Eighth Avenue errichten, die Mart sollte von der kalifornischen New York Mart Association gebaut werden. Der Mart wurden das *Liberty* das *Empire* und das *Anco* zugeschlagen. Das *New Amsterdam* und das *Harris* sollten an die Nederlander gehen. Für die übrigen fünf Theater wurde kein Betreiber gefunden, sie wurden einen Monat später erneut ausgeschrieben. Es meldeten sich 13 Bewerber. Stadt und UDC entschieden sich im Herbst 1984 für Michael Lazars Cambridge Investment Group, die das *Lyric*, das *Apollo*, das *Selwyn* und das *Times Square* sanieren sollte. Als Betreiberin war die Theater-Organisation Jujamcyn vorgesehen. Das *Victory* sollte als *non-for-profit* bei der UDC bleiben.

a) Die Hochhäuser

Die Vergabeentscheidungen waren allesamt umstritten und — wie man sehen wird — politisch motiviert. Für die Hochhäuser, die zusammen 4,1 Millionen *squarefeet* haben sollten, waren vier Developer in die engere Auswahl gelangt: Klein, Larry Silverstein, Rockrose/Elghanayan, sowie Paul und Seymour Milstein. Die Milsteins hatten raue Manieren und einen Bronx-Akzent, gehörten aber laut Forbes zu den 400 reichsten Männern der USA.[398] Sie hatten u. a. das Hotel *Milford Plaza* an der Eighth Avenue errichtet und sprachen von Klein — der Erbe einer Bonbonfabrik war — als „Candy Man".[399] Klein hatte zu diesem Zeitpunkt erst ein einziges Gebäude an der Park Avenue errichtet, und selbst dazu hatte er die Hilfe zweier anderer Developer gebraucht.[400] Jedoch hatte Klein dafür den berühmten Architekten I. M. Pei engagiert. So schuf er ein Image als kultivierter, an Architektur interessierter Bauherr. Klein pflegte auch Beziehungen zur *Municipal Art Society* und zur *Landmarks Commission*, während sich die Milsteins die Antipathie von Stadt und *New York Times* zugezogen hatten, als sie eine denkmalgeschützte Standuhr am *Biltmore-Hotel* abreißen ließen.[401]

---

395 Purnick, in: NYT, 9. September 1981
396 Siehe auch Anhang 9.2.
397 Purnick, in: NYT, 9. September 1981
398 Greenberg, in: Forbes, Oktober 1984
399 William Stern im Gespräch mit der Autorin am 25. Juni 1998. Später steigerten sie sich zu „Nazi Klein".
400 Greenberg, in: Forbes, Oktober 1984
401 Guttenplan, in: Village Voice, 7. Mai 1985

Das von der UDC/ESDC ausgewiesene Projektgebiet

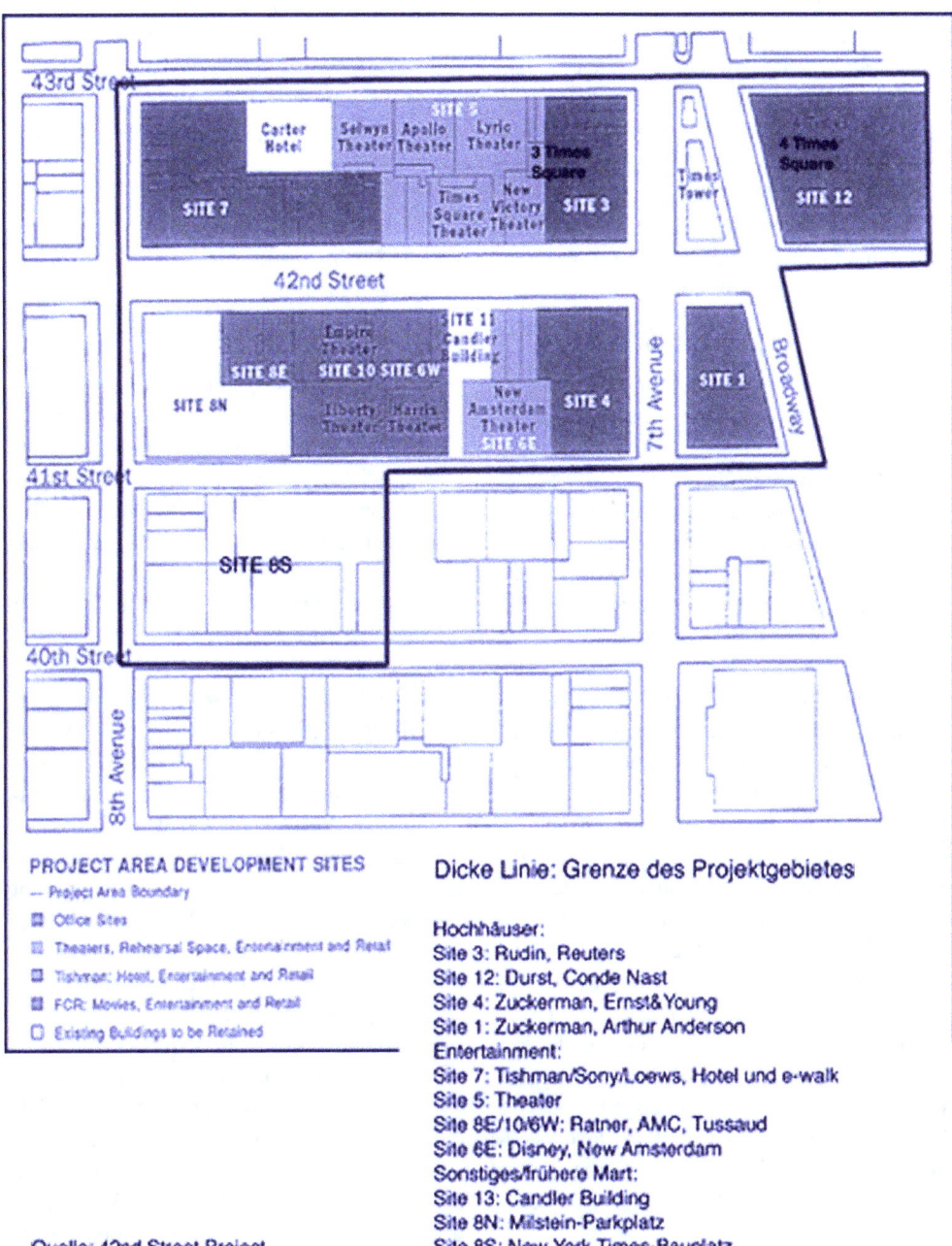

Das staatliche Entwicklungsgebiet um die West 42nd Street.

UDC und PDC ließen nach der ersten Runde durchblicken, dass ein Konsortium, an dem Rockrose/Elghanayan beteiligt war, den Zuschlag erhalten würde. Anfang März 1982 trafen sich Paul Elghanayan, Paul Milstein und Larry Silverstein, um darüber zu beraten. Am 17. März teilten UDC und PDC plötzlich telefonisch mit, es gebe eine *deadline* für die detaillierte Bewerbung, die bis zum 22. März erfolgen müsse. Nun konstituierten die drei hastig dieses Konsortium, an dem sich Klein, obgleich gebeten, nicht beteiligen wollte, und versicherten UDC und PDC, man werde in jedem Fall den Preis von Klein unterbieten. Jedoch war es Klein, der den Zuschlag bekam. Den Milsteins zufolge war dies „obviously a fix".[402] So sieht das auch Robert Brandt, der einige Jahre später zur New York Post sagte, er habe sich 1979 wegen der Sanierung der Straße an Koch gewandt, dessen Assistentin habe ihnen damals schon geraten, mit Klein zu reden, den damals noch niemand gekannt habe.[403]

Dass die Vergabe an Klein — die nicht nur von Koch, sondern auch von Carey getragen wurde — politisch motiviert war, liegt nach diesem Vorlauf nahe. Jedoch sind die Gründe umstritten. Es wird vermutet — etwa von Reichl (1995) — dass Wahlkampfspenden der Hintergrund waren. Klein stand — sagt Koch — an der Spitze seiner Spenderliste, als er 1981 zum zweiten Mal als Bürgermeister kandidierte, und auch, als Koch 1982 als *Governor* gegen Cuomo kandidierte.[404] Das war der Zeitpunkt, an dem über den Times Square entschieden wurde. Die Spenderliste von 1981 ist nicht mehr verfügbar, da aber Klein auf jüngeren Listen als Spender für Koch verzeichnet ist, darf man davon ausgehen, dass er auch damals zu den Spendern gehörte. Aber es ist für Developer ohnehin üblich, dem *Mayor* zu spenden. Die Listen für die Jahre 1983 ff etwa verzeichnen neben Klein auch Olympia&York, Silverstein, Jack Rudin, John Tishman, Peter Kalikov (New York Post), Mortimer Zuckerman, Jerry Speyer, Irving Schneider (Helmsley), Gerald Hines, die Rose Family, Bruce Eichner, Zeckendorf und das *Real Estate Board for New York* — um nur Developer zu nennen, die mehr als 10.000 Dollar an Koch gegeben haben. 1988 sind auch die Milsteins mit 81.000 Dollar vertreten.[405]

Die *Village Voice* weist darauf hin, dass Klein nicht nur die viel diskutierte Verbindung zu Koch hatte, sondern auch eine weniger bekannte zu Carey bzw. Careys Anwalt Charles Goldstein, der *Consultant* der UDC war. Goldstein habe 1982 nicht nur die Rekordsumme von 1,5 Millionen Dollar für Beratungstätigkeiten von der UDC erhalten und „was reportedly practically running the UDC from his office at Weil, Gotsdal".[406] Auch Kleins Park Tower Realty sei eine seiner Klienten gewesen, wie auch Carey als Privatperson. Ob Klein für Carey gespendet hat, ist nicht bekannt. Auf den entsprechenden Listen im Staatsarchiv von Albany sind nur Namen wie „Committee for Carey, „Families for Carey", „New Yorkers for Carey" verzeichnet. Bekannt ist aber, dass Goldstein all seine Aufträge verlor, als Mario Cuomo 1983 das Amt übernahm, ausgenommen den für Park Tower Realty. Auch Klein blies nun unter Cuomo der Wind ins Gesicht, wohl auch deshalb, weil er an Koch gespendet hatte.

Koch und Cuomo hatten ein schlechtes Verhältnis. Koch hatte bei den *Primaries* von 1982 gegen Cuomo als *Governor* kandidiert und verloren. 1977 war Cuomo gegen Koch als *Mayor* angetreten und war unterlegen. Beide hatten einen erbitterten Wahlkampf gegeneinander geführt, bei dem Koch klagte, Cuomo diffamiere ihn als Homosexuellen, während Cuomo behauptete, Koch unter-

---

402 Greenberg, in: Forbes, Oktober 1984
403 Kerrison, in: New York Post, 28. April 1986. Allerdings sind weder die Brandts noch die Post eine seriöse Quelle.
404 Koch, 1984, S. 289. Klein selbst bestreitet das. Es gibt — außer dieser einen Bemerkung Kochs — auch keine weitere Quelle für diese Behauptung.

405 State of New York, Board of Elections, 1983-1989
406 Guttenplan, in: Village Voice, 7. Mai 1985

stelle ihm Nähe zur Mafia.[407] Jedenfalls war es Cuomo, der „did his utmost to personally plant the idea with reporters that Koch was in the pocket of George Klein, (...) selected by the city to build a major portion of the Times Square redevelopment project".[408] Cuomo habe sogar einen Reporter telefonisch gedrängt, Klein zu überprüfen.

Es mag eine Rolle gespielt haben, dass Klein für Koch gespendet hat. Hauptgrund für Kochs Nähe zu Klein war aber m. E., dass Klein einflussreich bei den Republikanern als „spokesman for Jewish and Israel-American causes" war. Diese Funktion habe Klein genutzt, „to cultivate important politicians on the local and state levels".[409] „There's a continual stream of dignitaries moving through George's office", sagt ein Broker aus Manhattan. „You'll be sitting with him, talking about market conditions, and all of a sudden it's the assistant secretary of state on the phone."[410] So traf sich Klein oft mit Nelson D. Rockefeller, während dieser *Governor* in Albany war. Zudem half Klein, Spenden für Ronald Reagan, ebenfalls Republikaner, zu sammeln, als dieser als Präsident kandidierte. Forbes zitiert eine anonyme Quelle: „There is no question that he [Klein] is one of America's most influential Jews in the Republican Party".[411]

Seit Mitte der 70er Jahre machte Klein auch Lobbyarbeit im Kongress in Washington für New York. Dass der Demokrat Koch die Republikaner brauchte — wobei Klein hilfreich war —, lag nicht nur daran, dass die Stadt dringend föderale Gelder benötigte. Koch war 1979, als er den Wahlkampf für seine zweite Legislaturperiode plante, nicht nur auf dem Ticket der Demokraten, sondern auch auf dem der Republikaner angetreten.[412] Für die Republikaner machte eine Unterstüt-

zung von Koch ebenfalls Sinn, denn ein eigener Kandidat hätte ohnehin keine Chance gehabt. Jedoch konnte Koch Reagan unterstützen, indem er das Signal gab, dass „Reagan was OK for Jews".[413] Koch wurde 1981 *Mayor* mit Unterstützung der Republikaner.

Eine weitere Verbindung zwischen Koch und Klein zeigt Rochelle Saidel.[414] Koch hatte — auch 1981 — Klein als *Chairman* für die *Mayor's task force on the Holocaust* berufen, die sich um den Bau des New Yorker *Holocaust Museum* kümmern sollte. Klein war Vizepräsident des *New York Jewish Community Relations Council* (JCRC),[415] eine Dachorganisation von fast 2000 religiösen, zivilen und kommunalen jüdischen Gruppen. Saidel schreibt weiter:

„One of the unofficial, unstated purposes of JCRC was to serve as a power base for (...) real estate developers. (...) These developers (...) became more powerful in the city after Ed Koch won the mayoral election in 1977 (...) After Koch took office, (...), he made deals and formed alliances with developers that caused them to become one of the most influential groups of „movers and shakers" (...). Most of these developers were Jewish and were appointed by Mayor Koch to the New York City Holocaust Memorial Commission when he created in 1982."[416]

Saidel zufolge nutzte Klein den Einfluss auf Koch, den er durch seine Arbeit für das Holocaust-Museum erlangt hatte, um an Immobilienprojekte zu kommen, was ihm beim Times Square schließlich gelang. „Klein was later to get, with Kochs backing, millions of urban-renewal dollars for his Times Square redevelopment project. Klein thus had the opportunity to use slack resources with high efficiency, gaining influence with the mayor and

---

407 Browne, et.al., 1985, S. 263. Soweit ich das überblicke, ist beides nicht völlig falsch.
408 Browne, et.al., 1985, S. 264
409 Greenberg, in: Forbes, Oktober 1984
410 Meyers, in: Institutional Investor, November 1987, S. 147
411 Greenberg, in: Forbes, Oktober 1984
412 Browne, et. al.,1985, S. 229

413 Browne, et. al., 1985, S. 232
414 Saidel, 1996. Saidel argumentiert nicht gegen das Museum an sich, sondern aus einer kritischen, linken jüdischen Perspektive dagegen, dieses Museum kapitalistischen Marktkräften zu überlassen
415 Saidel, 1996, S. 8
416 Saidel, 1996, S. 84

the Jewish Community.(:...)".[417] Interessant an dem Vorgang ist auch, dass Kochs Assistent Herb Rickman — von Saidel befragt, ob es richtig sei, das Holocaust Memorial einem kommerziellen Developer zu überlassen, sagte: „At that time [1981] (...) Klein was not the developer that he is now. He was only a beginner. It was because Klein was a survivor."[418] Zum gleichen Zeitpunkt stellte Koch Klein als erfahrenen Developer für den Times Square dar. Koch selbst sagt heute dazu, nicht er habe Klein ausgesucht, sondern ein dafür zuständiges Gremium. Er habe darauf keinen Einfluss gehabt und könne sich an Details nicht erinnern.[419] Sturz sagt heute, die Wahl von Klein sei seine Idee gewesen, Koch habe das nur abgenickt.[420] Stern — der erst nach der Entscheidung UCD-Chef wurde — sagt, diese sei politisch motiviert gewesen, da Klein bei den Republikanern wichtig war und gute Verbindungen zu Reagan hatte. Koch habe gehofft, so Einfluss auf Reagan nehmen zu können, damit der die Stadt unterstütze. Außerdem sei Klein charmant, könne über Architektur plaudern und sei ein wichtiges Mitglied der jüdischen Gemeinde. Aus den gleichen Gründen habe die *New York Times* Klein gemocht.[421]

b) Die Mart

Zwar hatten Koch und Carey nun durchgesetzt, die Hochhäuser an Klein zu vergeben. Jedoch begann mit dem Wechsel von Carey zu Cuomo im Januar 1983 ein Streit um die Vergabe des Mart-Grundstücks an der Eighth Avenue. Die Mart sollte ein 400 Millionen Dollar teures Shopping-Center mit 2,4 Millionen *squarefeet* werden. Die ausgewählten kalifornischen Developer Housing Innovations — Planning Innovations hatten keine Anzahlung geleistet und waren im November 1982 wieder ausgeladen worden.[422] Im April 1983 setzte Cuomo Stern als UDC-Chairman ein. Federführung für das Projekt war die UDC-Tochter *Times Square Redevelopment Corporation*, deren Präsident UDC-Vize Larry Graham wurde.[423] An deren *Board* waren Staat und Stadt mit je zwei Leuten vertreten. Dies gefiel Stern nicht, und nach einer Auseinandersetzung erlaubte Koch dem Staat, drei Leute im *Board* zu installieren.

Kurz darauf — so Gottlieb weiter — rief Paul Milstein bei Stern an: Er interessiere sich für die Mart (die Milsteins hatten für Cuomos Wahlkampf gespendet). Stern einigte sich mit ihnen im Juni. Nun bewarb sich auch Klein für die Mart, mit Trammel Crow als Partner, ebenfalls einer der 400 reichsten Männer der USA, der bereits mehrere Marts betrieb. Klein wollte verhindern, dass die Milsteins — weil sie bei der Hochhausvergabe übergangen worden waren — Büros auf dem Mart-Grundstück bauen, was seinen Hochhäusern Konkurrenz gemacht hätte.

Während Koch nun Klein und Crow wollte (mit Equitable als Finanzier), hatte sich Cuomo auf die Milsteins festgelegt, die ihrerseits mit dem Mart-Betreiber Alfred Taubman kooperierten. Im August 1983 setzten sich Cuomo und Stern in einer Kampfabstimmung mit ihrer Drei-Stimmen-Mehrheit im Aufsichtsrat der UDC durch. Daraufhin verließen Koch und Sturz empört das *Board*, und kündigten an, das Projekt von nun an alleine durchführen zu wollen. In den nächsten Tagen drängten alle Zeitungen — die New York Post, die Daily News und natürlich die *New York Times* — sowohl Cuomo als auch Koch, das Vorhaben am Times Square nicht zu gefährden. Die *Times* wies in einem *Editorial* darauf hin, dass Klein ein „experienced developer" sei,

---

417 Saidel, 1996, S.123
418 Saidel, 1996, S. 123
419 Im Gespräch mit der Autorin am 23. November 1998. Einer der staatsanwaltschaftlichen Ermittler, der später tätig werden sollte, sagte mir: „Wenn Sie das glauben, verkaufe ich Ihnen die Brooklyn Bridge".
420 Im Gespräch mit der Autorin am 6. November 1998
421 Im Gespräch mit der Autorin am 25. Juni 1998

422 Gottlieb, in: NYT, 9. März 1984 .
423 Die später in 42nd Street Redevelopment Project und dann in 42nd Street Project umbenannt wurde.

dessen Wort Gewicht habe, auch habe er sich mit Trammel Crow zusammengetan, „one of the nation's busiest downtown developers".[424] Die Times plädierte also nicht nur für eine rasche Entscheidung überhaupt, sondern auch für Klein und Crow.

Unter diesem Druck einigten sich Koch und Cuomo, die Mart von einer Gruppe bauen zu lassen, der zwar Klein nicht angehören würde, aber Crow, Equitable, Taubman und die Milsteins. Aber nun stellte sich Klein quer. Er wollte Crow und Benjamin Holloway, den Chef von Equitable überzeugen, nicht mitzumachen. Als Kompromiss schlug Holloway vor, Tishman Speyer ins Boot zu holen (die sich gar nicht beworben hatten), und den Milsteins eine Minderheitsbeteiligung einzuräumen. Diese willigten ein, jedoch entschied sich das *Board of Estimate* Ende 1984 wieder gegen die Milsteins, ohne dafür irgendeine Erklärung zu geben.[425]

Inzwischen jedoch hatten die Milsteins den Nordteil des Mart-Grundstücks (das alte Flurstück des *American Theatre*) für fünf Millionen Dollar erworben — die Stadt hatte eine Option, es für eine Million zu kaufen, verstreichen lassen.[426] Damit, aber auch durch zahlreiche Klagen, sollten sie alle Pläne der Stadt scheitern lassen, die ihrerseits die Milstein-Pläne blockierte. Es gab noch eine weitere Änderung bei den Developern, die aus der BoE-Resolution von 1984 hervorgeht: Bei dem ebenfalls geplanten Hotel an der Eighth Avenue und 43rd Street war nun Larry Silverstein, der sich ebenfalls um die vier Hochhäuser beworben hatte, als Co-Developer eingebunden worden. Damit war auch diese Front begradigt.

c) Die Theater

Zuletzt wurden die Theater vergeben. Das *New Amsterdam* und das *Harris* gingen an die Nederlander — die zweitgrößte Theaterorganisation am Broadway —, die erstmal in New York in Erscheinung getreten waren, als sie das *National Theatre* an der 41st Street erwarben und es 1980 in *Nederlander* umbenannten. Die Nederlander werden zwar in der BoE-Resolution als die von der UDC ausgewählten Betreiber für das *New Amsterdam* und das *Harris* genannt, tatsächlich hatten sie selbst die Häuser vom Vorbesitzer Finkelstein übernommen, jedoch mit Billigung von Stadt und UDC. Eigentliche Käuferin des *New Amsterdam* war die *Industrial Development Agency* (IDA), eine städtische Agentur unter Aufsicht der PDC. Die IDA erwarb das Theater 1983 für fünf Millionen Dollar (bei einem *assessed value* von 1,2 Millionen Dollar) und verpachtete das Haus an die Nederlander weiter. Diese Konstruktion wurde gewählt, weil die IDA steuerbegünstigte Finanzierungen vergeben konnte.[427] Damit war das *New Amsterdam*, das damals noch in gutem Zustand war, allerdings nicht mehr Teil des UDC-Projekts.[428] Der Erwerb des *Harris* sollte von Park Tower Realty bezahlt werden, dies geschah aber erst, nachdem die Nederlander wieder ausgestiegen waren.

Papert hatte schon zuvor das *New Amsterdam* kaufen wollen, war jedoch an den Preisvorstellungen von Finkelstein gescheitert (vgl 4. 1.1). Nachdem die Nederlander das Haus übernommen hatten, schloss Papert mit ihnen eine Vereinbarung: Seine *42nd Street Development Corporation* wollte das *Rooftop*-Theater des *New Amsterdam* für fünf Millionen Dollar sanieren, womit auch das Dach renoviert gewesen wäre. Nun war jedoch Shubert-Geschäftsführer Schoenfeld — der im *Board* der *42nd Street Development Corporation* war — verärgert, dass die Nederlander ein großes Musical-Haus bespielen könnten. Daraufhin habe Schoenfeld die Stadt überredet, einen verbilligten Kredit

---

424 NYT, 13. August 1983
425 Board of Estimate, November 1984.
426 Gespräch mit Sturz am 6. November 1998

427 Papert im Gespräch mit der Autorin am 15. Oktober 1998
428 Kornblum, in: Social Policy, Sommer 1986

von zwei Millionen Dollar für das Rooftop-Theater wieder zu streichen, so Papert.[429] Damit brach die gesamte Finanzierung zusammen. In das *New Amsterdam* wurde vorerst nichts investiert (mehr in 5.4.2).

Vier weitere Theater — das *Lyric*, das *Apollo*, das *Selwyn* und das *Times Square* — sollte Michael Lazar übernehmen, dazu die Bauplätze zwischen den Häusern.[430] Diese Entscheidung gehört zu den größten Merkwürdigkeiten, mit denen das Projekt behaftet ist. Zunächst hatte Lazar keinerlei Erfahrung mit Theaterbau. Er kam vielmehr aus der Politik. Er begann seine Karriere 1965 im *City Council* als Vertreter von Queens für die Demokraten, zusammen mit Donald Manes, dem späteren Chef der Demokratischen Partei von Queens. 1971 wurde er unter Lindsay *Taxi and Limousine Commissioner*, danach Berater von Lindsays Nachfolger Beame, 1974 *Transportation Administrator* (ein Posten, der nach seinem Weggang abgeschafft wurde). 1976 verließ er die Verwaltung, um Developer zu werden. Dabei war er „establishing a reputation for taking creative risks".[431] Der Politik blieb er als Mitglied des *Finance Committee* für das *Democratic National Comittee* verbunden, und er würde, sagte er 1984 zur *New York Times*, eine Position in Washington später nicht ausschlagen. Auch Lazar spendete reichlich an alle: Die *Village Voice* listet 8500 Dollar für Cuomo, 8600 Dollar für Koch und 8500 Dollar für andere Politiker der Stadt auf.[432] Für Kochs *Governor*-Wahlkampf spendete Lazar 5300 Dollar.[433] Zudem war Lazar „well known for his support of charitable causes, particularly among Jewish organisations".[434]

1980 kaufte Lazar das *Candler Building* an der 42nd Street für 1,3 Millionen Dollar (die Übertragung war 1981). Es war nach einem Konkurs an die Empire Savings Bank gefallen und wurde von Newmark verwaltet. Das denkmalgeschützte Hochhaus war von Coca-Cola-Gründer Asa Candler erbaut worden. Es verfügte über 220.000 *squarefeet*, war aber in schlechtem Zustand und stand leer. Gleichwohl war es als eines von nur zwei Gebäuden nicht zur Enteignung vorgesehen, obwohl es definitiv *blighted* war. Lazar kaufte das Haus, nachdem bekannt war, dass Koch den Times Square als Projektgebiet ausweisen wollte. Die Entscheidung, das Gebäude nicht zu enteignen, wurde aber erst nach dem Kauf getroffen.

Am *Candler Building* hielt Lester Shafran eine Beteiligung von 1 Prozent. Shafran war Chef des städtischen *Parking Violations Büro* (PVB) und, wie Lazar, Demokrat in Queens. Er war Lazars *Assistant General Counsel* bei der *Taxi Commission* gewesen und mit Lazar mitgegangen, als dieser *Transportation Administrator* wurde.[435] Kurz, er war Lazars politischer Ziehsohn und Lazar auch privat verbunden: So erwarb er 1979 dessen Wohnhaus in Queens.[436] Lazar war nach seinem Fortgang aus der Politik unter anderem Berater der Firma Datacom. In dieser Funktion verhandelte er mit Shafran in dessen Funktion als PVB-Chef. Datacom wollte im Auftrag des PVB Strafgebühren eintreiben, was ein Millionenauftrag gewesen wäre.

Lazar investierte nach seinen Angaben vier Millionen Dollar in das *Candler Building* und vermietete 16 von 23 Stockwerken, zumeist an städtische Behörden.[437] Vier Geschosse hatte seine alte Behörde, die *Taxi Commission* gemietet, als „long-term-lease" für 2,1 Millionen Dollar.[438] In einem Stockwerk saß das *Vera Institute of Justice*, eine den Demokraten nahe stehende *Non-for-Profit*-Organisation, an deren *Board* Herb Sturz war, bevor er *Planning Commissioner*

---

429 Im Gespräch mit der Autorin am 15. Oktober 1998.
430 Siehe Anhang 9.1.2
431 Purdum, in: NYT, 29. Juli 1984
432 Guttenplan, in: Village Voice, 7. Mai 1985
433 State of New York, Board of Elections, 1983-1989
434 Farber/Oreskes, in: NYT, 26. März 1986.

435 Newfield/Barrett, 1988, S. 44
436 Farber, in: NYT, 2. März 1986
437 Purdum, in: NYT, 29. Juli 1984
438 NY Post, 26. Februar 1986, S. 8

wurde.[439] Auch eine Film-Gewerkschaft, bei der Shafrans Vater Schatzmeister war, hatte Räume in dem Haus. Im Mietvertrag zwischen Lazar und der Stadt heißt es:

„Landlord warrants (...) that no officer, agent, employee or representative of The City of New York has received any payment of other consideration for the making of this Lease and that no officer, agent, employee or representative of the City of New York has any interest, directly or indirectly, in this Lease or the proceeds thereof."[440]

Dies unterschrieb Lazar, nachdem PVB-Chef Shafran bereits einen Anteil an dem Haus erworben hatte. Etwa gleichzeitig zogen mehrere staatliche Agenturen aus dem *World Trade Center* (ebenfalls ein UDC-Projekt) aus und in ein Bürohaus in Queens ein, an dem Lazar auch beteiligt war. Dieser Prozess begann unter Carey und wurde unter Cuomo fortgesetzt.[441]

Im Februar 1982 begann das städtische *Department of Investigation* (DOI) 1982 eine Untersuchung über die Geschäfte des *Parking Violations Bureau* (PVB) mit Lazar. Der *Comptroller* des PVB, James Rose, hatte dem DOI von Zahlungen von Datacom an das PVB berichtet, in einer Zeit, in der das Geschäft mit Datacom vorbereitet wurde, außerdem, dass sowohl Shafran darin verwickelt war als auch, dass Lazar ein Freund von Shafran war und gleichzeitig für Datacom arbeitete. Rose berichtete dem DOI auch von dem Hauskauf, sowie, dass Shafran regelmäßig Lazars Strafzettel vernichtete. Die gleichen Informationen erhielt das DOI noch aus einer anderen Quelle. Das Amt begann zu ermitteln. Die betreffende Mitarbeiterin übergab die Akten aber kurz darauf an eine föderale Ermittlungsbehörde, die U.S.-Marshalls. Diese behaupteten später, die Akten seien nie angekommen. Die Mitarbeiterin kündigte im Juli 1982. Im März 1983 wurden die Ermittlungen wieder aufgenommen, aber bald darauf wieder eingestellt. Dies alles sei, stellte das DOI selbst in einem Prüfbericht von 1986 fest, ein „system failure" gewesen und „attributable to mismanagement [and] poor judgment".[442] Shafran seinerseits berichtete der Stadt von seiner Partnerschaft mit Lazar, das *Candler Building* betreffend, erst 1983, obwohl er dies sofort hätte tun müssen.

Ab 1983 sollte das *Candler Building* wieder ins Fadenkreuz der Ermittler geraten. Die demokratischen Parteichefs von Brooklyn, der Bronx und Queen, Meade Esposito, Stanley Friedman und Donald Manes (Lazars wichtigster politischer Freund) hatten Koch bei seiner Kanditur als Bürgermeister unterstützt, dafür — so Newfield/Barrett — vergab Koch zahlreiche Positionen in der Stadtverwaltung an deren Schützlinge.[443] Einer davon war Alex Liberman, der zuvor für Espositos Wahl in Canarsie/Brooklyn Geld gesammelt hatte. Vier Monate nach Kochs Amtsantritt im Januar 1978 wurde Liberman Chef der Behörde, die Büroraum für städtische Verwaltungen anmietete, er hatte dafür 80 Millionen Dollar zur Verfügung. Von 1979 begann Liberman, von den betreffenden Vermietern Teilbeträge, *kickbacks*, zurückzufordern, was über eine Synagoge in Brooklyn lief, die als Geldwaschanlage benutzt wurde.

1983 begann das DOI auch in dieser Angelegenheit zu ermitteln, bald darauf auch das FBI. Ende 1983 wurde Liberman verhaftet. Eine Durchsuchung erbrachte, dass er eine Reihe von Developern veranlasst hatte, insgesamt 2,5 Millionen Dollar an ihn zurückfließen zu lassen. Einer davon war George Klein. Klein hatte 5000 Dollar an Libermans Synagoge gespendet, Liberman wiederum hatte für eine Behörde drei Stockwerke eines Gebäudes in Brooklyn gemietet, das Klein gehörte. Weitere 100.000 Dollar hatte Liberman für einen Makler verlangt, aber Klein hatte nicht bezahlt. Klein — der damals bereits als Deve-

---

439 Guttenplan, in: Village Voice, 7. Mai 1985
440 City of New York, Department of General Services, 31. Juli 1981, S. 12
441 Farber/Oreskes, in: NYT, 26. März 1986.

442 City of New York, Special Commission to Investigate City Contracs, September 1986, S. 55
443 Newfield/Barrett, 1988

loper für den Times Square ausgewählt worden war — sagte unter Eid aus, die Spende und der Mietvertrag hätten nichts miteinander zu tun gehabt und er habe nicht gewusst, dass die Synagoge Geld an Liberman weiterleite. Das DOI begann 1984 zu ermitteln, wobei Klein zunächst als Zeuge betrachtet wurde.[444] Jedoch führten auch diese Ermittlungen zu keinem Ergebnis. 1984 wurde Klein vom *Board of Estimate* als Developer für den Times Square bestätigt. Weder Koch noch die UDC noch die *New York Times* interessierten sich für seine Zahlungen an Liberman.

Die *Village Voice* führte einen Quasi-Kreuzzug gegen Klein auf Grundlage dieser Spendengeschichte. Jedoch stellen diese 5000 Dollar (ohnehin keine hohe Summe) Kleins Tätigkeit als Developer nicht grundsätzlich in Frage. Anders verhält es sich mit Lazar, der sich offenbar nur als Developer gerierte, um *kickbacks* zu kassieren. Auch Lazar hatte Liberman Geld gegeben, Liberman wiederum hatte die *Taxi Commission* im *Candler Building* einquartiert. Lazar beeidete, die Spenden hätten nichts mit dem Mietvertrag zu tun. Liberman hingegen sagte vor Gericht, Lazar habe dreimal versucht, ihn zu bestechen, „to get the city to grant him lucrative leases for the Candler Building on W. 42d St.". So habe Lazar eine Spende an die Synagoge gemacht, 5000 Dollar in einer Papiertüte überreicht und ihm zehn Prozent an einem Gebäude in Queens angeboten. Schließlich schickte Lazar noch zwei Schecks an die Synagoge. Auf Libermans Veranlassung habe die *Taxi Commission* dann drei Stockwerke im *Candler Building* gemietet, und Lazar habe ihn gedrängt — so Liberman weiter — noch mehr anzumieten.[445] Tatsächlich sollte später ein neuer Mietvertrag über mehr Fläche abgeschlossen werden.

Im Juni 1984 wurde Liberman zu zwanzig Jahren Gefängnis verurteilt.[446] Im August 1984 entschieden Stadt und UDC, trotz der DOI-Ermittlungen und der Aussage von Liberman, dass Lazar die Theater an der West 42nd Street bekommen sollte. Im Oktober 1984 schrieben die Brandts — die sich in Konkurrenz zu Lazar um die damals von ihnen bewirtschafteten Theater beworben hatten — an das *Board of Estimate* und wiesen auf mehrere Ungereimtheiten hin: Sie hätten angeboten, die Theater auf ihre Kosten zu sanieren, während Lazar dafür elf Millionen Dollar bekommen sollte. Sie zahlten jährlich 800.000 Dollar an *real estate taxes*, Lazar wäre davon freigestellt worden.[447] Gleichwohl bestätigte das BoE die Wahl von Lazar. Lazar hatte — so die New York Post weiter — an BoE-Mitglieder 1985 mehr als 31.000 Dollar gespendet.

1985 sollte klar werden, warum sich Lazar solche Mühe gegeben hatte, das *Candler Building* zu füllen: Er verkaufte es für 14,75 Millionen Dollar. Die Wertsteigerung von 13,5 Millionen Dollar war zum einen der Tatsache zuzuschreiben, dass die 42nd Street als Projektgebiet ausgewiesen war, wovon wesentlicher Bestandteil war, dass Lazar die Theater sanieren wollte (was er nie tat), und zum zweiten, dass er das Haus fast vollständig vermietet hatte. Der volle Umfang von Lazars Betrügereien sollte jedoch erst 1986 bekannt werden, als der Skandal um das *Parking Violations Bureau* aufflog. Lazar hatte als Berater von Datacom Kontakte zum PVB geknüpft, das von Lester Shafran geleitet wurde, zu dem Lazar — wie oben ausgeführt — langjährige geschäftliche und persönliche Kontakte hatte. Nun fanden das FBI und die Staatsanwaltschaft heraus, dass Datacom mehrere PVB-Bedienstete bestochen hatte, darunter Shafran selbst, dessen Stellvertreter Geoffrey Lindenauer sowie den verantwortlichen *Transportation Commissioner*, Tony Ameruso. Allein Lazar hatte 20.000 Dollar im Auftrag von Datacom an mehrere PVB-Leute weitergereicht.[448] Der

---

444 Barrett/Bastone, in: Village Voice, 15. Dezember 1987
445 Kates, in: Daily News, 30. Oktober 1986
446 Newfield/Barrett, 1988, S. 215-231

447 Kerrison, in: NY Post, 24. April 1986.
448 Lubasch, in: NYT, 27. März 1986

ermittelnde Staatsanwalt Rudolph Giuliani (der spätere Bürgermeister) fand heraus, dass Shafran zudem mit seinem 1-Prozent-Anteil an Lazars *Candler Building* 57.500 Dollar investiert und 100.000 Dollar erzielt hatte. In der Klageschrift hieß es weiter: „The value of Shafran's interest [und das von Lazar natürlich ebenfalls. d. A.] increased so dramatically partly because another city agency, the Taxi and Limousine Commission, rented three floors of the building".[449]

Giuliani kündigte am 25. März an, er werde nun auch wegen der Vergabe der Theater an Lazar ermitteln.[450] Einen Tag später erklärte Koch, er werde Lazar die Theater wieder entziehen.[451] Dies geschah dann am 4. April 1986, mit Einverständnis der UDC. UDC-Chef Vincent Tese erklärte, man erwarte, dass das Projekt nun weitergehe und werde sich ab kommender Woche um einen Ersatz bemühen.[452] In Presseberichten findet sich oft der Hinweis, der Ausschluss von Lazar als Developer habe nichts mit dem Times Square zu tun — das ist definitiv falsch. Giulianis Ermittlungen, was die Vergabe der Theater an Lazar betraf, führten allerdings niemals zu einem Ergebnis. In der *Village Voice* findet sich der Hinweis, dass Giuliani 1986 versucht hatte, einen Deal mit Lazar zu schließen.[453] Vermutlich bot Lazar ein Schuldeingeständnis im PVB-Fall an, woraufhin andere Fälle nicht mehr untersucht wurden. Leichter, Messinger und Richard Gottfried, ein *Assemblyman*, forderten, nun müsse untersucht werden, ob auch Kleins Park Tower Realty die Hochhaus-Grundstücke am Times Square als Belohnung für *Campaign Contributions* bekommen habe.[454] Das geschah ebenfalls nicht.

Shafran und Lazar wurden im Sommer 1986 angeklagt. Der Staatsanwaltschaft zufolge war Shafrans Beteiligung am *Candler Building* eine verdeckte Bestechung durch Lazar gewesen. Lazar wurde außerdem noch angeklagt, weil er Liberman bestochen hatte. Sowohl Lazar wie auch Shafran wurde Ende 1986 zu drei Jahren Haft verurteilt, saßen aber nur einen Teil ab. Der eigentliche Drahtzieher, Donald Manes, hatte sich Anfang 1986 umgebracht.[455]

Die eigentliche, bis heute noch nicht geklärte Frage ist aber: Warum ist Lazar überhaupt als Developer ausgewählt worden, und vor allem: durch wen? Weder das DOI noch das FBI noch die Staatsanwaltschaft verfügen über diesbezügliche Informationen, zumindest über keine, die öffentlich zugänglich wären.[456] Koch sagt, er habe das nicht entschieden, aber soweit er sich entsinne, habe es eine Rolle gespielt, dass Lazar ein Haus an der 42nd Street — eben das *Candler Building* — besessen habe.[457] Sturz kann sich nur daran erinnern, dass dies Phil Aarons, der Chef der PDC entschieden habe, weiß aber nicht mehr, warum.[458] Stern sagt, Lazar sei mit Cuomo und anderen hochrangigen Demokraten aus Queens befreundet gewesen (Cuomo kommt, wie Lazar, aus der demokratischen Partei von Queens), und ich sei Journalist und kein Detektiv und solle aufhören, solche Fragen zu stellen.[459]

Nachdem allerdings Koch zuvor seinen Kandidaten George Klein am Times Square hatte durchsetzen können, ist es nicht unwahrscheinlich, dass nun Cuomo mit Lazar am Zuge war. Im Juli 1986 kam noch ein weiteres

---

449 O'Shaugnessy, in: Daily News, 8. Mai 1986
450 Farber/Oreskes, in: NYT, 26. März 1986
451 Gottlieb, in: NYT, 27. März 1986
452 Gottlieb, in: NYT, 5. April 1986
453 Village Voice, 21. Oktober 1986
454 Wiseman, in: New York Magazine, 20. Oktober 1986

455 NYT, 26. November 1986. Eine zweite Firma, die in den Skandal um das PVB verwickelt war, war Citisource, an ihr hielt der frühere Governor Hugh Carey, Anteile. (Meislin, in NYT, 22. Mai 1986)
456 Das FBI gab mir den „Geheimtip", ich solle das Buch *City for Sale* von Wayne Barrett lesen
457 Im Gespräch mit der Autorin am 23. November 1998. Einen Sinn ergibt das nicht. Warum sollte jemand vier Theater bekommen, nur weil er das Hochhaus nebenan besitzt?
458 Im Gespräch mit der Autorin am 6. November 1998. Aarons war nicht mehr auffindbar.
459 Im Gespräch mit der Autorin am 25. Juni 1998

pikantes Detail heraus: Der Schwiegersohn von Cuomo, Peter Perpignano, hatte seit 1983 eine Geschäftsbeziehung mit Lazar. Lazar und Perpignano planten zusammen zwei Projekte, das eine ein Studentenwohnheim auf einem staatseigenen Campus-Gelände in Queen, das zweite ein 13-stöckiges Apartmenthaus am Prospect Park — dieses Vorhaben wurde später fallen gelassen.[460] UDC-Chef Stern sagte laut *Village Voice*, er sei enttäuscht, dass Lazar dies nicht offen gelegt habe, als er für den Times Square ausgewählt worden sei. Cuomo sagte der Daily News, die Geschäfte seiner angeheirateten Verwandten seien nicht von öffentlichem Interesse. Später sagte Cuomo der *New York Times*, er habe sich, was die Auswahl von Lazar angehe, auf das Urteil von Stern verlassen.[461]

Die Auswirkung des Lazar-Skandals auf die West 42nd Street spielt in der heutigen Debatte kaum noch eine Rolle. Jedoch hat sowohl die Vergabe an Lazar als auch sein Hinauswurf einen lang anhaltenden Blockadeeffekt gehabt. Wie man später sehen wird, war die Initialzündung für das Projekt die Restaurierung der ersten zwei Theater, dies hätte auch weit eher geschehen können. Hier ist zum einen zu erkennen, dass die ausschließlich politisch motivierte Auswahl eines Developers problematische Folgen für das gesamte Projekt hatte. Man erkennt aber auch, wie achtlos Stadt und UDC damals mit den historischen Theatern umgegangen sind: Es wurde nur über Verwertung, niemals über Nutzung nachgedacht.

Welche Alternativen es zu Lazar gegeben hätte, ist heute nicht mehr festzustellen. Den Brandts wollten Stadt und UDC die Theater nicht lassen, da diese sie jahrzehntelang für Gewalt- und Sexfilme genutzt hatten. Zudem — sagt Sturz — konnten die Brandts nicht nachweisen, dass sie die Renovierung hätten finanzieren können.[462] Die Brandts hatten damals angeführt, angesichts des Niedergangs des Gebiets hätten sie nur solche Filme zeigen können und die Verleiher hätten ihnen auch keine anderen gegeben. Um 2000 gab es an der ganzen West 42nd Street noch genau ein einschlägig genutztes Haus, das *Pix Theatre*, in dem *Peep-O-Rama* saß; auch das einzige Haus, das den Brandts gehörte, was ihre Glaubwürdigkeit ein klein wenig in Zweifel zieht.[463] Robert Brandt sagt heute, die Stadt habe ihnen damals signalisiert, dass sie den Enteignungswert sehr niedrig ansetzen würde, falls die Brandts mitbieten würden. Deshalb hätten sie ihr Angebot zurückgezogen.[464] Sie hätten damals mit UDC-Vize Larry Graham verhandelt. Graham gab damals laut *Village Voice* keine Auskunft zu dem Fall, da gegen ihn ein Ermittlungsverfahren laufe, und ist heute nicht mehr aufzufinden.[465]

Laut *Times* hatten sich auch die Shuberts — immer noch die größte Theaterorganisation am Broadway — , um die Theater an der 42nd Street beworben.[466] Die Shuberts führten damals einen langanhaltenden Rechtsstreit mit der Stadt, weil sie dagegen kämpften, dass ihre Theater unter Denkmalschutz gestellt wurden. Die Shuberts hatten deshalb eigentlich gar kein Interesse an der Renovierung der Theater an der 42nd Street, sie wollten vielmehr nachweisen, dass diese Häuser — das *New Amsterdam* eingeschlossen, nicht erhaltungswürdig waren. Schoenfeld sagt heute dazu, er habe diese Häuser gar nicht haben wollen, weil sie klein und veraltet gewesen seien und er nicht geglaubt habe, dass sie sich wirtschaftlich betreiben ließen.[467] Sturz sagte auf Nachfrage, es habe ein Angebot der Shuberts gegeben, aber das sei nicht ernst ge-

---

460 Daily News, 7. Mai 1986. Die News bezieht sich auf einen Bericht der Village Voice vom gleichen Tag
461 Purnick, in: NYT, 12. Mai 1986

462 Im Gespräch mit der Autorin am 6. November 1998
463 Die New York Times hat inzwischen angeregt, dies unter Denkmalschutz zu stellen
464 Im Gespräch mit der Autorin am 10. Juli 1998
465 Guttenplan, in: Village Voice, 7. Mai 1985
466 Purnick, in: NYT, 9. September 1981
467 Im Gespräch mit der Autorin am 14. Dezember 1998

meint gewesen. Mit dieser Aussage konfrontiert, unterbrach Schoenfeld das Gespräch mit mir, um bei Sturz anzurufen, und verlangte in entschiedenem Ton, diesen zu sprechen. Sturz war aber gerade nicht in New York, so dass sich dies nicht aufklärte.

Das zweite nicht zur Enteignung vorgesehene Gebäude war das *Hotel Carter*, das dem Vietnamesen Tran Dingh Truong gehörte, der dort 250 obdachlose Familien zu einem vom *Department of Public Services* bezahlten Tagessatz von 23 Dollar beherbergte. Dieses Haus stand niemals derart im öffentlichen Interesse wie das *Candler Building*. Die *Village Voice* erklärt den Verzicht auf die Enteignung so: Damit spare die UDC Umsetzkosten für die Obdachlosen und hoffe darauf, dass das Hotel nach Abschluss der Entwicklung ohne weiteren Einsatz der öffentlichen Hand wieder dazu genutzt werde, Touristen einzuquartieren.[468]

Eines haben all diese Entscheidungen für die diversen Developer des Staatsprojektes gemeinsam: Sie waren allesamt nicht fachlich oder stadtplanerisch motiviert, sondern sie wurzelten in einem Gemisch aus politischen und persönlichen Beziehungen und Gefälligkeiten, sie sind Reaktionen auf Parteispenden, Einfluss oder direkte Bestechung oder sie haben andere sachfremde Erwägungen zur Ursache. Das war, wie man noch sehen wird, einer der wesentlichen Gründe, weshalb das Projekt so lange nicht vorankam.

4.2.2) Die Rahmenbedingungen für das Projekt

Ende 1983 stellten Stadt und UDC den Architekturentwurf für die Hochhäuser vor, für den Klein die Architekten Philip Johnson und John Burgee beauftragt hatte. Im Januar 1984 wurden die Rahmenbedingungen für das Projekt in einem (gesetzlich vorgeschriebenen) *Draft Environmental Impact Statement* (DEIS) veröffentlicht. Auf dieser Grundlage fand im Frühjahr 1984 ein erstes *Public Hearing* statt. Dessen Ergebnisse wurden der endgültigen *Environmental Impact Study* (EIS) vom August 1984 hinzugefügt.[469] Im September gab es ein zweites *Public Hearing*. Im November 1984 befürwortete das *Board of Estimate* den zwischen UDC, Stadt und Developern ausgehandelten Plan, womit er Rechtskraft erlangte.

Der Architekturentwurf von Johnson/Burgee war umstritten, auch unter den Befürwortern des Vorhabens.[470] Denn Klein wollte ein zweites *Rockefeller Center* errichten. „What Rockefeller Center did for New York in the 1930s, this has the potential for doing in the 1980s and 90s. You cannot build these buildings one at a time, because you cannot displace the garbage that way", sagte Klein.[471] Der Johnson/Burgee-Entwurf missachtete die vorgegebenen Guidelines von Cooper-Eckstut, die Lichter an den Fassaden und *setbacks* vorgesehen hatten (und die 370.000 Dollar gekostet hatten).[472] Zwar waren die vorgesehenen Höhen (29, 37, 49 und 56 Stockwerke) für *Midtown* Manhattan nicht ungewöhnlich, jedoch waren die Bauten sehr massig — sie sollten zusammen 4,1 Millionen *squarefeet* Fläche haben. Das würde „dramatically change the present conditions of open space and sunlight in the Times Square area".[473]

Alle Hochhäuser sollten vierstöckige Sockelgeschosse aus rotem Granit mit bogenförmigen Eingängen haben. Darüber war eine Fassade aus hellerem Kalkstein mit Glaseinlassungen vorgesehen, dazu Mansardendächer (die dem grünen Mansardendach des *Times-Annex* nachempfunden waren) mit

---

468 Guttenplan, in: Village Voice, 7. Mai 1985. Dies ist inzwischen auch der Fall.
469 Ein DEIS bzw. eine EIS entspricht in etwa der deutschen Umweltverträglichkeitsprüfung
470 Seymour Durst sprach in einem Brief an die Times vom 25. Juli 1984 von „mausoleum architecture"
471 Wiseman, in: New York Magazine, 2. April 1984
472 Wiseman, in: New York Magazine, 2. April 1984
473 Goldberger, in: NYT, 21. Dezember 1983. Siehe auch: Sorkin, 1991, S. 101-108

eisernen Ornamenten. *Times*-Architekturkritiker Paul Goldberger schwankt zwischen Zustimmung und sehr vorsichtiger Kritik, ohne sich richtig festzulegen. Er mag die Mansardendächer nicht, findet das Design aber besser als die „glass boxes" der Sixth Avenue aus den 70er Jahre. Jedoch hält er die Häuser für zu „bulky" und vermisst *setbacks*. Deren Fehlen sei auch der Grund, warum die Gebäude so viel Masse hätten. Das größte Gebäude werde eine *Floor Area Ratio* (FAR) von 46 haben, normal in *Midtown* sei 18.[474] Klein sage — so Goldberger —, dies sei wegen der Vermietbarkeit notwendig, jedoch habe Klein, als er seine Bewerbung abgegeben habe, die *Guidelines* gekannt. Der *Times Tower*, der sich zwischen den Hochhäusern befinden würde, sollte abgerissen werden. Goldberger meint, es habe wenig Sinn, diesen zu erhalten, ungeachtet seiner Bedeutung, da er praktisch zerstört worden sei, als in den 60er Jahren die Fassade entfernt wurde. Ein freier Platz sei sinnvoller. Mit dieser Auffassung sollte er jedoch bald alleine stehen.

Laut EIS war neben den vier Hochhäusern ein Hotel mit 550 Räumen vorgesehen, dazu 38.500 *squarefeet* für *retail* an der 42nd Street, zwei Kinos sowie 200 Stellplätze. Die Mart sollte 2,4 Millionen *squarefeet* haben (1,7 Millionen für Computer, 560.000 für Kleidung). Neben der Erneuerung von Gehsteigen war eine Fußgängerbrücke über die Eighth Avenue zwischen 41st und 42nd Street geplant. Die marode U-Bahn-Station Times Square, die von fünf Linien berührt und rund 500.000 Passagieren täglich benutzt wird, sollte renoviert werden.[475] Alles zusammen war ein 1,6-Milliarden-Dollar-Projekt. Die UDC sollte das Land in ihren Besitz übernehmen und es auf 99 Jahre verpachten. Der Developer sollte sowohl für die Grunderwerbskosten aufkommen als auch Pachtzahlungen leisten, die während der Bauphase 1982/83 der *real estate tax* entsprechen würden. Da bei staatlichen Grundstücken keine *real estate tax* anfällt, sollte es für die Zeit danach ein *Payment in Lieu of Taxes* (PILOT) geben. Der Bau der Gebäude selbst wurde vom Developer finanziert, sie waren in seinem Eigentum.

1986 sollte mit dem Bau begonnen werden, das Gros der Häuser sollte 1988 fertig sein, die Renovierung der U-Bahn bis 1989, das gesamte Projekt sollte 1991 fertiggestellt sein. Der *assessed value* des Gebietes wurde 1984 auf 58 Millionen Dollar geschätzt — das war eher wenig. Die Steuern lagen bei nur 5,4 Millionen Dollar im Jahr.[476] Nach der Fertigstellung sollte das gesamte Projektgebiet der Stadt zwischen den Jahren 1983 und 2005 insgesamt um die 800 Millionen Dollar an *real estate taxes* bringen[477] (ohne Projekt sollten es nur 123 Millionen sein). Zudem sollte das Projekt dem Times Square 21.000 Jobs hinzufügen.[478] Aber zunächst einmal geschah nichts. Anfang der 80er Jahre gab es nur eine Welle von spekulativen Aufkäufen von Grundstücken, so dass der *assessed value* des Gebiets erheblich stieg, bevor die UDC auch nur mit dem Versuch der Enteignung begonnen hatte.

Nach dem *Discussion Document* von 1981 sollten neun Theater wieder für Aufführungen genutzt werden, davon sieben als *Legit*. Das nimmt Reichl als Beleg dafür, dass eine Wende in der Planung gegenüber der *City at 42nd Street* stattgefunden habe: Weg von der Kahlschlagsanierung, hin zur *Historic Preservation*.[479] Dies ist jedoch m. E. nicht stichhaltig: Maßgeblich für die Planung war niemals dieses *Diskussion Document*, sondern die EIS bzw. die *Board-of-Estimate-Resolution* von 1984.[480] Dieser zufolge sollten von den elf Theatern nur fünf als *Legit* reno-

---

474 Zum Vergleich: An der relativ hoch verdichteten Friedrichstraße in Berlin-Mitte liegt die GFZ (Geschossflächenzahl) zwischen 8 und 9.
475 MTA. Times Square Station Complex Reconstruction, März 1993
476 Parsons et al, August 1984, S. S-8
477 Parsons et al, August 1984, S. S.13
478 Parsons et al, August 1984, S. 2-187, 2-189
479 Reichl, 1995, S. 28, 211
480 Board of Estimate, November 1984

viert werden (das *New Amsterdam,* das *Harris,* das *Selwyn,* das *Apollo* und das *Lyric*), eines als non-for-profit (das *Victory*), drei sollten zu *retail* oder Restaurant umgebaut werden (das *Empire,* das *Liberty* und das *Times Square*) und zwei sollten abgerissen werden (das *Anco* und das *Rialto*). Das entspricht ziemlich genau dem, was Papert mit der *City at 42nd Street* wollte.

Man hat beim Lesen der EIS sogar im Gegenteil den Eindruck, dass mit den Theater völlig beliebig verfahren wird, ein Eindruck, der sich im Lauf der Projektgeschichte noch deutlich verfestigen wird. Ähnlich sieht das auch Sagalyn: „Despite evidence of studies completed, theater planning was minimal, one knowing participant recalled. City and state officials were making decisions for the theaters on the basis of generalized ideas. (...) As summarized in a 1984 report on the „Status and Summary" of the Theater Preservation/Renovation Programm, the 13-page ‚outline' fell far short of the type of overall vision and concrete economic strategy needed to energize the implementation of such a high-profile goal and historic theme for the street's revitalization. (...) Missing were the detailed economics of how this ‚plan' would work."[481]

Zu dem Eindruck, die Stadt habe sich kaum um die Theater gekümmert, trägt auch bei, dass ihr langjähriger Eigentümer Joseph Lubin sechs Bühnen für nur etwa 6 Millionen Dollar an die Goldsteins verkaufte, ohne dass Stadt oder UDC versucht hätten, mitzubieten.[482] Die Theater wurden — in Broadway-Tradition — als Immobilien behandelt, die trotz dieser Lippenbekenntnisse nur eine Existenzberechtigung haben, wenn sie profitabel sind. Später boten sogar die Brandts ihre *Leases* der Stadt für 2 Millionen Dollar an. Der Vertrag kam aber nicht zustande, weil — so Sagalyn — der zuständige Mitarbeiter der städtischen *Public Development Corporation* (PDC), James Stuckey, den geplanten Kauf vor Vertragsabschluss versehentlich öffentlich machte, woraufhin die Stadt von Durst mit 2,5 Millionen Dollar überboten wurde.[483]

Die Theater unterschieden sich stark in baulichem Zustand und denkmalhistorischem Wert. Am wertvollsten waren das *New Amsterdam* und das *Victory*, gefolgt vom *Liberty* und vom *Empire*. Die Innenausstattung des *Selwyn, Apollo* und des *Times Square* war hingegen vergleichsweise nüchtern. Beim *Lyric* fehlten die Boxen und die Markisen, wie auch beim *Harris*, vom Innenleben des *Anco* war fast nichts übrig.[484] Ob bei den Theatern — soweit sie überhaupt erhalten wurden — echte *Historic Preservation* betrieben werden würde, war damals schon fraglich. Nach den *Guidelines* der UDC sollten allenfalls die Fassaden restauriert werden.[485]

Die Theater standen (und stehen) mit Ausnahme des *New Amsterdam* nicht unter Denkmalschutz. Ob ein Umbau denkmalgerecht ist, beurteilt ein von der UDC installiertes Gremium, in dem neben einem Vertreter der *Landmarks Commission* die PDC und die UDC-Tochter *Times Square Redevelopment Corporation* sitzen, die beide nicht an Erhaltung, sondern an Entwicklung interessiert sind. Vor diesem Hintergrund ist es nicht verwunderlich, dass im Gegensatz zu Reichls Annahme kaum *Historic Preservation* der Theater stattfinden sollte, sonden allenfalls Fassadenkosmetik. Neben den Theatern galten auch das *Long Acre Building* am Broadway und 42nd Street, *Nathan's Restaurant*, das *Rialto* mit seiner Glasblock-Fassade und das *Strand Hotel* an der 43rd Street als erhaltenswert.[486] Jedoch wurden alle diese Häuser inzwischen abgerissen.

Die EIS listet auch die Nachteile des Projekts auf. So werde die Rolle der West 42nd Street als „movie and entertainment center for many low-income patrons" reduziert.[487]

---

481 Sagalyn, 2001, S. 129
482 Sanborn Land Book, 1989/90 (siehe auch Anhang 9.2.5 und 9.2.6)
483 Sagalyn, 2001, S. 404
484 Hoogstraten, 1997
485 Parsons et al, August 1984, S. 5-11
486 Moffett, 1996, S. 150-151
487 Parsons et al, August 1984, S. S-11

21 *sex-related uses* würden vertrieben, dazu die *Loiterers*, vermutlich an den oberen Times Square, wo sie eher mehr störten als an der 42nd Street. Um die Verdichtung auszugleichen, sollten laut EIS nicht nur die Theater erhalten werden, die Blockmitten, wo sich die Theater befinden, sollten zudem niedrig bebaut bleiben. Die EIS merkt weiter an, dass 410 Geschäfte mit 3300 Angestellten vertrieben würden, dazu 24 Wohnungsmieter und 260 obdachlose Familien im *Hotel Carter*.[488] Das Projekt würde wohl auch Gewerbemieten in Clinton und im *Garment District* hochtreiben, und SRO (*Single Room Occupancy*)-Hotels, Pensionen für Dauergäste eliminieren.[489] Alternativ prüfte die EIS, das *sex-business* durch *Zoning* zu vertreiben. Jedoch habe das *Board of Estimate* einen solchen Versuch bereits 1977 unterbunden (vgl 4.1.2).[490]

4.3) Der politische Diskurs über das Projekt

Zwei Themen beherrschten die *Public Hearings*, zu denen die UDC 1984 eingeladen hatte. Erstens: Würde der Umbau die Theater bedrohen, und das sterile Johnson-Design die *Bright Lights* des Broadway verdunkeln, und zweitens: Würde das Publikum am Times Square verdrängt werden, und wenn ja, womöglich in das angrenzende Hell's Kitchen/Clinton? Die Subventionen für das Projekt sollten erst später in der Debatte eine Rolle spielen. Die Stimmung war ohnehin aufgeheizt, weil 1982 das *Hotel Piccadilly* und fünf alte Theater — das *Morosco*, das *Bijou*, das *Astor*, das *Helen Hayes* und das *Victoria* — für ein Hotel am Broadway zwischen 45th und 46th Street abgerissen worden waren. Das Hotel — ein subventioniertes UDC-Projekt, das der Developer Portman baute[491] — war im Rahmen des *Special Theater Districts* entstanden, wie das *Uris Building* und *One Astor Plaza*. Von den fünf Bühnen wurde keine für Porno genutzt: Drei waren *Legit*, zwei standen leer.

Dem Abriss war ein neunjähriger Kampf, auch vor Gericht, vorausgegangen. Die Verteidiger — darunter der *National Resources Defense Council* und die Bühnengewerkschaft *Actors Equity* — hatten angeführt, dass die Reagan-Regierung den städtischen *Advisory Council on Historic Preservation* unter Druck gesetzt habe, den Abriss zu genehmigen.[492] Zeitgleich hatte der Developer Portman den Hotel-Betreiber gewechsel hatte: Zunächst sollte dies Trust House Forte sein, aber nach Reagans Amtsantritt wählte Portman statt dessen Marriot. Dessen Eigner J. W. Marriott war 1980 der *Chairman* von Reagans *Finance Committee* gewesen.[493] Ed Koch — der, wie in 4.2.1 dargestellt — an guten Beziehungen zu Reagan interessiert war, hatte den Abriss ebenfalls unterstützt. Dazu kam, dass das *Morosco* und das *Helen Hayes* unabhängigen Eigentümern gehörten, was hieß, der Abriss eliminierte Konkurrenz für die Shuberts. Wohl deshalb unterstützten die Shuberts den *Marriott*-Neubau.

Gegen den Abriss der Theater formierte sich eine breite Front von Broadway-Leuten, Architekten und Anwohnern, angeführt von Joe Papp, dem „Vater des Off-Broadway", der etwa Richard Gere, Susan Sarandon und Christopher Reeve angehörten. *Actors Equity* gründete das *Committee Save the Theaters* und 200.000 Unterschriften wurden gesammelt. Als das *Morosco* am 22. März 1982 fallen sollte, wurde es von tausenden Demonstranten, darunter vielen Schauspieler, belagert, die sangen: „Give My Regards to

---

[488] Parsons et al, August 1984, S. S-12, S-13
[489] Parsons et al, August 1984, S. S-29. SROs sind in New York eine Wohnform für Menschen, die sich kein eigenes Appartement leisten können bzw. aufgrund ihres Status keinen Hauptmietvertrag erhalten.
[490] Parsons et al, August 1984, S. 5-11

[491] Laut Gilmartin, 1994, S. 449, waren es 100 Millionen Dollar
[492] Franklin, in: NYT, 28. Dezember 1981
[493] Gratz, 1989, S. 355

Broadway". Schließlich wurden sie von der Polizei weggeschafft. Dann kamen die Bagger. Die *New York Times* berichtete erst drei Tage *nach* dem Abriss über den Denkmalwert des *Helen Hayes*.[494]

Das Portman-Hotel war Teil einer langfristigen Strategie der Stadt: Das Development sollte von der *East Side* von *Midtown* Manhattan, die als überbaut galt, auf die *West Side* verlagert werden. Zwischen 1960 und 1973 waren in *Midtown* Manhattan rund 35 Millionen *Squarefeet* an Bürofläche entstanden,[495] das Gros davon jedoch an der *East Side*. Dies sollte sich unter Robert Wagner Jr., der erste *Planning Commissioner* von Koch, ändern und der Times Square sollte dabei die „new frontier for development" werden.[496] Die Stadt hatte Anfang der 80er Jahre ein *Midtown Zoning* auf den Weg gebracht, das 1983 verabschiedet wurde. Nach diesem Gesetz wurde die FAR auf der *East Side* von 18 auf 12 bis 16 verringert, im Westen wurde sie von 15 auf 18 erhöht.[497] Dies zeigte Wirkung: Waren 1982 neun Bürogebäude mit zusammen 5,6 Millionen *squarefeet* an der *East Side* in Bau und keines an der *West Side*, so gab es 1989 sechs Hochhäuser im Bau mit 4,5 Millionen *squarefeet*, alle an der *West Side*.[498]

Die Planänderung ging — wie Fitch (1993) ausführt — auf den Einfluss von *real-estate*-Familien wie die Dursts, die Tischs (die den CBS besaßen) und die Rockefellers zurück. Auch das *Editorial Board* der *Times* habe das *Midtown Zoning* unterstützt. Der Immobilienbesitz dieser Familien befand sich zumeist an der *West Side*, wie auch der der *Times*. Um das *Midtown Zoning* in Anspruch nehmen zu können, musste mit dem Bau bis zum 13. Mai 1988 begonnen werden, diese Bestimmung sollte die Entwicklung beschleunigen.[499] Das Projektgebiet am Times Square selbst unterlag nicht dem *Midtown Zoning*, da sich die UDC über das Planungsrecht hinwegsetzen konnte. Aber das hatte zwei Auswirkungen: Nach Beobachtungen von MAS-Präsident Barwick waren nun die Grundbesitzer überhaupt nicht mehr am Erhalt der Bausubstanz interessiert und vermieteten um so mehr an Porno.[500] Zweitens sollte es zu einer Überbauung im gesamten Areal führen und damit das eigentliche Staatsprojekt stoppen.

4.3.1) Die Key Players

Die *Key Players* am Times Square lassen sich in vier Gruppen einteilen: Die erste ist öffentliche Hand, also die Stadt, vertreten durch die *Public Development Corporation* (PDC) und das Department of City Planning (DCP) sowie der Staat, vertreten durch die UDC bzw. deren Tochter *Times Square Development Corporation*. Die zweite waren die von UDC und PDC ausgesuchten Developer. Beide waren Projektbefürworter. Die dritte Gruppe war die eher unentschiedene *Art- and Theatre Community* und die vierte die Projektgegner, die sich aus Betroffenen und Anwohnern rekrutierte, dazu aus konkurrierenden Developern und linksliberalen Politikern. Die *New York Times* ist zwischen der zweiten und der dritten Gruppe anzusiedeln: Ihre Businessseite unterstützte das Projekt, ihre Kulturkritiker lehnten es ab.

Bürgermeister war bis zum vorläufigen Scheitern des Projekts um 1989 Edward I. Koch, ein volksnaher, redseliger Demokrat, „who had made vindictiveness his public trademark".[501] Koch hatte seine Karriere als Reformkandidat gegen *Tammany Hall* begonnen (die allerdings nur noch in Rudimenten existierte), hatte sich aber dann in die Abhängigkeit von Developern begeben, die — wie in 4.2.1) ausgeführt — seinen Wahlkampf finanzierten, und sich von korrupten

---

494 Gratz, 1989, S. 363
495 Fainstein, in: Mollenkopf, 1988, S. 178
496 Gratz, 1989, S. 339
497 New York City Planning Commission, 1982, S. 9-11
498 Fitch, 1993, S. 149
499 Fitch, 1993, S. 150

500 Im Gespräch mit der Autorin am 2. April 2001
501 Adler, 1993, S. 21

Times Square

Die ursprüngliche Planung des Times Square von Philip Johnson und John Burgee, die von George Klein beauftragten Architekten. Sie wurde nicht verwirklicht.

Parteiführern von Queens und der Bronx unterstützen lassen, denen er im Gegenzug diverse Gefälligkeiten gewährte — im Grunde eine Politik, die sich von *Tammany* nicht allzusehr unterschied. Dies sollte später das Times-Square-Projekt beeinträchtigen. Kochs *Planning Commissioner* war bis 1986 Herbert Sturz, der zuvor schon als Mitarbeiter der *Ford Foundation* Paperts *City at 42nd Street* unterstützt hatte, und ab 1987 als Meinungsredakteur der *New York Times* das Projekt weiter propagieren sollte. Der PDC stand damals Stephen Spinola vor, späterer Präsident des *Real Estate Board of New York*.

Die UDC wurde von William Stern geleitet, die UDC-Tochter *Times Square Redevelopment Corporation* von Larry Graham. *Governor* Cuomo hatte Stern berufen, denn Stern hatte zuvor Cuomos die Finanzen für Cuomos Wahlkampf gemanagt. Stern überwarf sich jedoch Ende 1984 mit Cuomo und wurde entlassen, wie Cuomo sagte (oder kündigte, wie Stern sagte).[502] Nach einer führerlosen Interimszeit übernahm Vincent Tese 1985 die UDC. Eine wichtige Rolle für das Projekt spielte auch Carl Weisbrod, der das *Mayors Office of Midtown Enforcement* leitete, dann der Nachfolger von Herbert Sturz beim *Department of City Planning* wurde und 1987 als Präsident der *Times Square Redevelopment Corporation* berufen wirde, die nunmehr *42nd Street Development Project* hieß. Weisbrod ist ein politischer Zögling von Sturz.[503] 1990 ging Weisbrod zur PDC, später zur *Lower Manhattan Downtown Association.* Seit 1999 sitzt er im *Board* der *Ford Foundation*, wo Sturz zuvor gewesen war.

Die Developer waren Michael Lazar und George Klein (vgl. 4.2.1). Klein, ein orthodoxer Jude, hasste das *sex business* am Times Square. Zunächst wollten Manufacturers Hanover Kleins Hochhäuser mit 1,1 Milliarden Dollar finanzieren.[504] Die Bank sprang jedoch 1986 ab, daraufhin gewann Klein die Versicherung Prudential als Finanzier. Kleins Architekt Johnson gilt als „Pate und gleichzeitig der Teufel der amerikanischen Architekten".[505] Johnson, der 1984 bereits 78 Jahre alt war, hatte in den 30er Jahren in Berlin als Korrespondent für die antisemitische faschistische US-Zeitschrift Social Justice gearbeitet und gründete später mit Alan Blackburn die faschistische National Party.[506] Dass Klein, der Mentor des Holocaust Museums, ausgerechnet Johnson als Architekten auswählte, ist bemerkenswert.

Während die ersten beiden Gruppen selbstredend prodevelopment waren, war es bei den Theaterleuten und Denkmalschützern differenzierter. Die Shuberts („The arch enemy", wie Kent Barwick sagt) unterstützten die Aufwertung des Times Square, weil sie ein besseres Umfeld für ihre Theater erhofften, waren aber nicht bereit, selbst zu investieren. Bei den einstigen Königen des Broadway, die nun als Shubert Organisation firmierten, hatte sich viel verändert. 1955 hatte die US-Regierung ein Anti-Trust-Verfahren gegen die Shuberts eingeleitet, das 1958 damit endete, dass sie zwölf Theater verkaufen mussten und nicht mehr US-weit buchen durften. Gleichwohl waren die Shuberts mit 16 Häusern immer noch die größten Theatereigner am Broadway. Seit 1972 leiteten Schoenfeld und Bernard Jacobs — die Anwälte, die die Shuberts gegen die Regierung vertreten hatten — sowohl die Firma als auch die gemeinnützige Shubert Foundation, die im Rahmen des Anti-Trust-Verfahrens abgespalten worden war. Schoenfeld und Jacob „seemed to approach the theater as a subspecialty of the real estate business in which you happened to rent space one seat at a time."[507]

Am Broadway hatte sich in 70er und 80er Jahren eine „blockbuster-mentality" durch-

---

502 McElvaine,1988, S. 321
503 Sagalyn, 2001, S. 113
504 Fainstein, in: City Almanac, Sommer 1985, S.3
505 Pepchinski, in: die tageszeitung, 24. Oktober 1992. In der taz heißt es zwar „Großvater" und nicht „Pate", aber das ist ein Übersetzungsfehler („godfather").
506 Sorkin, 1991, 307-311
507 Adler, 1993, S. 53

gesetzt, bei der „more and more ressources went into fewer and fewer shows"[508]. In Shubert-Theatern wurden vornehmlich aus London importierte Blockbuster für Touristen wie *Cats* oder *Phantom of the Opera* von Andrew Lloyd Webber gezeigt[509]. Die Shuberts vermieteten aber nicht an Porno, lieber ließen sie ihre Theater leer stehen. Frankel zufolge hatte sich das Verhältnis zwischen ihnen und der *New York Times* nicht wesentlich verbessert:

> „No businessmen wept as profusely as show-businessmen, most notably our neighbors, the moguls of the Shubert Organization. (...) they lobbied tirelessly for compensating favor — better placement of their ads, more publicity for their stars, less attention to their ticket prices, more appreciation for their good work in the Times Square neighborhood. When they encountered Punch and Carol Sulzberger at dinner parties, however, Broadway's angels let really fly, trashing our critics and baiting the publisher to condemn his employees."[510]

Auch andere Theaterorganisationen unterstützten das Projekt, hatten aber Bedenken im Detail, auch vor dem Hintergrund, dass Koch die Theater für das *Marriott* hatte abreißen lassen und sie Ähnliches an der 42nd Street befürchteten. Die *League of New York Theatres and Producers* befürwortete das Projekt, die *League of Off-Broadway-Theater* ebenfalls, diese warnte aber davor, dass unerwünschte Nutzer womöglich nur verdrängt würden. Einige Organisationen aus dem Stadtplanerbereich unterstützten zwar den Umbau des Times Square an sich, mochten jedoch den Johnson/Burgee-Entwurf nicht; wegen des Abrisses des *Times Tower* und weil das monumentale, sterile Design den *Bright Lights* nicht gerecht würde. Elf dieser Gruppen schlossen sich im *Presidents Council* unter Federführung der *Municipal Art Society* zusammen: Die New Yorker Architektenkammer, die *American Planning Association*, die *American Society of Landscape Architects*, die *League of New York Theaters and Producers*, das *Cultural Assistance Center*, der *Parks Council*, der *Women's City Club*, der *Public Art Found*, die *Regional Plan Association* (RPA) und die *Landmarks Conservancy*.[511]

Auf den *Public Hearings* von 1984 bezogen die einzelnen Mitglieder des *Presidents Council* unterschiedliche Positionen: So unterstützte die RPA das Projekt. Bei der MAS hegte man Skepsis wegen der Dichte und des Designs und war gegen den Abriss des *Times Tower*. Die MAS schrieb im März 1984 sogar einen Wettbewerb aus, um Alternativvorschläge einzuholen (was in der EIS auch nicht ausgeschlossen wurde). Aus dem gleichen Grund sprach sich auch die Architektenkammer dagegen aus. Schärfster Gegner aus dieser Gruppe war Brendan Gill, Chairman der *Landmarks Conservancy* und Theaterkritiker des *New Yorker*. Gill hatte schon 1981 das *Committee to Reclaim Times Square* gegründet, dem sich bald die Brandts und Seymour Durst anschlossen.[512] Durst, *Chairman* der *Broadway Association* und größter Grundeigentümer am Times Square sollte sich später an die Spitze des Kampfes gegen die UDC stellen. Durst wollte selbst bauen, aber ohne staatlichen Einfluss. Er war damals dabei, den ganzen Block zwischen Sixth und Seventh Avenue sowie 42nd und 43rd Street zusammenzukaufen. Zwar war die *Broadway Association* selbst (die bald ihre Bedeutung verlieren sollte) zu Beginn für das Projekt, sprach sich jedoch gegen die Größe und das Design der geplanten Gebäude aus. Auch die Rosenthals, die ein Bürogebäude südlich des *Crossroad Building* an der 41st Street besaßen und Kredite im *Garment District* vergaben, soll-

---

508 Baughman, in: Sheffer, 1993, S. 131
509 Bloom, 1992, S. 343-344
510 Frankel, 1999, S. 488

511 Fainstein, in: Fisher/Forester, 1987, S. 237
512 Crain's, 16. Oktober 1989

ten bald zu Opponenten werden, wie auch die Milsteins, die sich übergangen fühlten.

Zu den Gegnern gehörten auch liberale Demokraten wie Ruth Messinger, Carol Greitzer und Franz Leichter, Senator für *Midtown West* im Staat New York. Ebenfalls dagegen waren viele Anwohner aus Hell's Kitchen/Clinton, organisiert in der *Clinton Coalition of Concern* und im *Clinton Planning Council*, sowie — eingeschränkt — die *Community Boards*. Zwar hatte es zuvor gerade von Anwohnern Beschwerden über die Zustände am Times Square gegeben, nun aber hatten sie das Gefühl, der Teufel werde mit dem Beelzebub ausgetrieben. Jedoch plädierten die Kirchen — Father Rappleya/Holy Cross, Father Moore/St. Malachy, Pastor Hansen/St. Luke's und Father Bruce Ritter, der ein Haus für weggelaufene Jungen betrieb — für das Projekt, da es die Gegend von Sex und Crime befreie.[513] Nur Father Farrilly/Sacred Heart warnte vor den Effekten, die die Pläne auf Hell's Kitchen haben könnten. Auch die Bewohner des *Manhattan Plaza* sprachen sich für ein *Cleaning Up* der 42nd Street aus. Das *Manhattan Plaza* war nun allerdings selbst das erste *Cleaning Up*-Projekt.[514]

4.3.2) Die Public Hearings und die Debatte

Die UDC lud zum ersten *Public Hearing* am 26. März 1984 ein, am 9. April 1984 wurde es fortgesetzt. Hierbei äußerten sich alle *Key Players*, die *New York Times* ausgenommen. Koch kündigte an, das Projekt werde der Stadt jährlich 49 Millionen Dollar an *real estate taxes* bringen und mehr als 99 Prozent des dafür nötigen Budgets würden privat aufgebracht.[515] CUNY-Professor Kornblum — der später vor Verdrängung am Times Square warnen sollte — befürwortete auf dem *Public Hearing* das Projekt noch.[516] Papert fand den Plan „perfekt".[517] Auch Dan Biederman, der für die *Public Library* und die *Bryant Park Restauration Corporation* sprach, plädierte dafür, auch im Namen seines Chairmans, Andrew Heiskell.[518]

Richard Anderson, Sprecher des *Presidents Council* (und Mitglied der RPA) sprach von einem „important step in the overall plan for midtown development",[519] fand die Planung jedoch zu wenig detailliert, insbesondere, was die Renovierung der Theater betraf. Die RPA, die den Plan ebenfalls unterstützte, fand ihn nicht durchdacht genug, was die infrastrukturellen Verbesserungen anging. MAS-Präsident Kent Barwick sagte, die Absichten des Projekts seien gut, jedoch fehlten Informationen über die Mart, das Hotel und die Theater-Renovierung. *Save the Theaters* sprach sich — moderat — gegen das Projekt aus, da es die Theater nicht unter Denkmalschutz stelle. Actors Equity wandte sich dagegen, da mit den *office towers* die Landpreise steigen würden, was die Theater bedrohe. Die Architektenkammer war für Development, wandte sich aber dagegen, dass die Guidelines ignoriert und der *Times Tower* abgerissen würden und schickte einen offenen Brief an Stern, Graham, Sturz und Spinola.[520]

Joyce Matz vom *Community Board 5* (*Theatre District*) sprach sich zwar für eine Revitalisierung der 42nd Street aus, jedoch habe man gegen diesen Plan Einwände. Die *office buildings* seien zu hoch, Auswir-

---

513 Father Ritter sollte allerdings später Ärger mit dem Staatsanwalt bekommen, weil er sich um seine entlaufenen Jungen etwas intensiver kümmerte, als das Gesetz es zuließ.
514 Ich hatte am 26. März 1999 Gelegenheit mit Kenny Kramer, einem langjährigen Mieter des Manhattan Plaza zu sprechen, der dezidiert die Auffassung vertrat, die West 42nd Street damals sei dreckig und gefährlich gewesen.

515 Parsons et al, August 1984, S. 10-12
516 Kornblum/Boggs, in: City Almanac, Sommer 1985
517 Parsons et al, August 1984, S. 10-21
518 Heiskell war der Ehemann der Schwester des Times-Verlegers „Punch" Sulzberger, Marian Heiskell
519 Parsons et al, August 1984, S. 10-18
520 Oculus, Januar 1984

kungen auf den Verkehr nicht hinreichend geprüft, die Wohnungsmieten könnten steigen, zudem könnte das Sexgewerbe in die Wohngebiete abwandern. Barbara Handman, ebenfalls CB5, verglich Johnsons Architektur gar mit „Albert Speer's tribute to Third Reich".[521] Das CB5 verlangte, wie auch das CB4 (Hell's Kitchen) eine viermonatige Überarbeitungszeit. Beide *Boards* sprachen sich damals noch — mit Bedenken — dafür aus, sollten aber im November 1984 ins Lager der Gegner überlaufen.

Die spätere *Borough*-Präsidentin Messinger, damals im *City Council*, sagte, es sei zwar nötig, am Times Square aufzuräumen, jedoch müsse das design beachtet und der *Times Tower* erhalten werden. Auch drohe dem Gewerbe Verdrängung. Zudem könnten „undesirable uses" andere Gebiete beeinträchtigen.[522] Ähnlich äußerte sich Leichter, der sich später noch schärfer dagegen wenden sollte. „The project will destroy the character of Times Square", die dunklen Bürotürme würden „breeding crime" und den *Garment District* sowie die Theater bedrohen. „What is termed blight is mainly lower-income people seeking entertainment".[523] Ihm sekundierte Gill, der von „dreary office space", sprach, der „[will] affect the Times Square area by destroying its character as a lively entrance to the theatre district."[524]

Eine Reihe von Einzeleigentümern im Gebiet verlangte, selbst beteiligt zu werden. Rosenthal & Rosenthal, die südlich des *Crossroads Building* saßen, befürworteten die Pläne, sagten aber (übrigens mit Recht), ihr eigenes Gebäude sei nicht *blighted*, es solle nicht zum Projektgebiet gehören. Auch viele Mieter und Gewerbetreibende, die an der 42nd Street ansässig waren, sprachen sich dagegen aus und verwiesen darauf, dass bis zu 5000 Jobs vernichtet würden. Der *Clinton Planning Council* wandte sich ebenfalls klar gegen das Projekt — wegen der steigenden Mieten, aber auch, weil „pornography, x-rated movies, prostitution, and drugs" in das angrenzende Wohnviertel verdrängt würden.[525] Auch Vertreter des *Garment District* äußerten sich skeptisch, weil sie die Konkurrenz der geplanten Mart sowie steigende Mieten fürchteten. Dick Falk, ein Presseagent, der seit Jahrzehnten im *Longacre Building* am Broadway und 42nd Street saß, sagte: „There is nothing wrong with 42nd Street now; it provides inexpensive entertainment, it's colorful, it's part of America."[526]

Hauptgegner waren aber zunächst die Brandts, die mehrere Anwälte aufboten, Einwendungen gegen die DEIS einzureichen. Diese habe die Auswirkungen nicht hinreichend geprüft und sei voreingenommen gegenüber den Nutzern, „low and middle-income patrons", sagten sie. Die Brandt-Anwälte sprachen von „inaccurate assumptions, insufficient data, errors of fact and inappropriate and misleading methodologies". Tatsächlich sei das Gebiet „unblighted, highly accessible entertainment".[527] Herbert Gans, der ein *Statement* für die Brandts einreichte, schlägt vor, die Zustände am Times Square mittels „crime prevention, law enforcement and welfare (...) for alcoholics, the homeless and others who are now part of the 42nd Street population" zu verbessern. Ob die von der UDC so genannten „Loiterers" tatsächlich so erschreckend für Passanten seien, sei nicht erwiesen.[528] „The de-facto goal of the project is to displace the mainly low and moderate-income young male adults who are attracted to the area in favour of more aff-

---

521 Wiseman, in: New York Magazine, 2. April 1984, S. 34. Wohl kein Wunder, wenn man die NS-Vergangenheit von Johnson bedenkt.
522 Parsons et al, August 1984, S. 10-15
523 Parsons et al, August 1984, S. 10-58 bis 10-60
524 Parsons et al, August 1984, S. 10-18

525 Parsons et al, August 1984, S. 10-22
526 Parsons et al, August 1984, S. 10-26. Nach Falk soll die Figur des Sidney Falco in dem Film *Sweet Smell of Success* von 1957 modelliert worden sein, aus dem 2002 ein Broadway-Musical wurde.
527 Parsons et al, August 1984, S. 10-36, 10-38
528 Diese Argumentation erinnert an die von Leuten, die einem versichern, dass ihr Kampfhund nicht gefährlich ist.

luent New Yorkers of all ages and sexes". Der Times Square werde aussehen wie eine „1980's version of Park or Sixth Avenue, destroying the vitality of 42nd Street".[529]

Generell gab es mehr Kritik am Projekt als Zustimmung, selbst unter denen, die ein *Cleaning Up* am Times Square befürworteten. Jedoch waren die Brandts die Einzigen, die die Interessen der damaligen Nutzer vertraten (und damit die ihrer eigenen Kunden). Die Mieter aus Hell's Kitchen, die gegen das Projekt waren, hatten keine Sympathie für die Nutzer, sie befürchteten vielmehr, dass sie diese samt dem einschlägigen Gewerbe vor ihrer Haustür wiederfinden könnten. Die Bedenken der MAS und der Denkmalschützer galten nur den Theatern, dem *Times Tower* und dem Johnson-Design. Klein verteidigte das Design mit dem Argument, man wolle seriöse Mieter, am besten Anwaltsfirmen, die ein „Honky-Tonk-Ambiente" nicht akzeptieren würden. Die Größe des Projektes sei aus wirtschaftlichen Gründen notwendig.[530]

Zu der Kritik der Brandts bzw. ihres Beauftragten Gans muss angemerkt werden, dass sie in sich widersprüchlich ist: Entweder war der Times Square ein blühendes Entertainmentviertel — mit gemischter Nutzerschaft oder aber es gab dort vornehmlich Alkoholiker, Obdachlose und Drogensüchtige, die der von Gans empfohlenen Behandlung bedurften. Auch Reichls Argumentation — der sich die von Gans zu eigen macht — ist widersprüchlich. So argumentiert er im Fall der Schwarzen und Latinos der Unterschicht, die die Kinos besuchen, diese seien (aus Gründen von Rasse und Klasse) eine Minderheit und daher schützenswert. Hingegen gehörten die Männer, die die Bordelle besuchten, allen Klassen und Hautfarben an und seien daher — als idealtypisch gemischte Bevölkerung — ebenfalls schützenswert. Reichls Beleg für letzteres ist allerdings einzig die in 4.1.2) dargestellte Kornblum-Untersuchung, bei der ein Student eine Woche lang den Ausgang eines einzelnen Bordells beobachtet hat und nach Augenschein Schätzungen abgegeben hat, welcher Schicht die Besucher angehören. Natürlich entspricht es der allgemeinen Lebenserfahrung, dass Bordellbesucher allen Klassen angehören, daraus jedoch eine besondere Schutzbedürftigkeit abzuleiten, ist hanebüchen. Die weitgehende Abwesenheit von Frauen ist Reichl und auch Gans kaum eine Zeile wert. Dass es eines der wesentlichen Ziele des Projektes war, junge farbige Unterschichtsmänner gegen ein gemischteres Publikum auszutauschen, ist nun allerdings richtig und auch unbestritten. Reichl hat auch insofern Recht, als dass die MAS und andere *Civic Groups* den Times Square als den zentralen *Entertainment District* nicht nur von New York, sondern den USA wiederherstellen wollten. Dass dies auf Kosten der damaligen Nutzer geschehen würde, denen ihr Entertainment genommen würde, war eine zwangsläufige Folge.

Aber ist das wirklich eine Verschlechterung? Kornblum hat das damalige Publikum in der CUNY-Studie beschrieben. M. E. ist es nicht gerechtfertigt, diese Besucher als ein zu schützendes Bevölkerungssegment (etwa analog zur Wohnbevölkerung einer Sozialsiedlung) einzustufen, zumal die konkreten Personen, die die 42nd Street in den 80er Jahren bevölkerten, sich dort heute mit oder ohne Umbau nicht mehr aufhalten. Vielmehr stellte das Publikum am Times Square seinerseits eine Belästigung, wenn nicht sogar eine Bedrohung für die Sozialstruktur in Hell's Kitchen dar. Angesicht der dargestellten spekulativen Aufkäufe von Land und der Interimsnutzungen durch Porno ist sogar der Schluss zulässig, dieses Publikum sei von den Immobilieneignern bewusst angezogen worden, um um so schneller auf Abriss und Verdichtung spekulieren zu können — analog zu einem auf Abriss spekulierenden Hauseigentümer, der Obdachlose einquartiert, um die letzten Mieter zu vertreiben.

Eliot weist darauf hin, dass Schwarze an der 42nd Street überproportional zu den Opfer zählten — er zitiert Richard Weinstein,

---

[529] Parsons et al, August 1984, S. 10-43, 10-44
[530] Jubak, in: Sierra, November/Dezember 1984

einen der städtischen Planer für das Projekt noch unter Lindsay. „... black children [who] were among the street's biggest victims. These ‚chickens', as they were called, were hung out in the arcade game rooms until they were picked up by older men, taken back to hotels, and molested. Also, it turned out that more black adults were being robbed and stabbed and in some cases raped on 42nd Street than any other group."[531]

Betrachtet man das Gebiet unter *Gender*-Gesichtspunkten, hieße die Frage, zugespitzt: Ist es ein Zeichen einer idealtypischen Bevölkerungsmischung, dass Frauen verprügelt und ins kochende Wasser gesetzt werden, damit auch Männer ohne viel Geld Spaß haben können? Die Gleichung, die Reichl aufmacht — dass das Entertainment geringverdienender Besucher dem der wohlhabenderen weichen musste — trifft ohnehin nicht den Punkt. Die Nachfrage nach Entertainment und damit die Nutzerstruktur ist weniger eine Geldfrage, sondern vielmehr eine der Lebensart: Ein junger Mann, der sich damals einen Kung-Fu-Film ansah und Marihuana rauchte, gab genauso viel Geld aus wie eine Mutter mit Kind, die heute im *New Victory* ein pädagogisch wertvolles Theaterstück besuchen. Die Änderung der Nutzerstruktur war nicht eine nach Geldbeutel, sondern eine nach Geschlecht. Aus *largely male territory* wurde *family entertainment*, was einen hohen Anteil von Frauen (und Mädchen) nach sich zog (vgl. 6.2.2.). Wie der Times Square dieser Jahre beurteilt wird, hängt im Übrigen auch von der Perspektive ab: Aus Sicht eines Touristen aus Berlin oder Brooklyn war er auch in den schlimmsten Zeiten besichtigenswert. Aus Sicht desjenigen, der dort morgens zur Arbeit ging (und spätabends nach Hause, wie die Mitarbeiter der *New York Times*), war er intolerabel. Gleichwohl bleibt die Frage, ob durch das Projekt nicht auch Erhaltenswertes beseitigt werden wurde. Denn neben den Kung-Fu- und Pornokinos gab es Bars, Restaurants, Musikclubs und anderes Entertainment, weniger an der 42nd Street selbst, aber an der Eighth Avenue um die Ecke, das auf die billigen Mieten in den alten Gebäuden angewiesen war. Es gab zwar eine Lobby für die „white middleclass crowd pouring out of the Winter Garden" aber nicht für die „people of color who lined up to see Steven Spielberg movies", entdeckte die MAS, etwas später.[532] Jedoch gibt es im Jahr 2001 an der West 42nd Street 20-mal so viele Kinosäle wie renovierte Theater, so dass das Angebot an „Steven Spielberg movies" mehr als hinreichend ist. Nur sind es von Ketten kontrollierte Kinos mit höheren Eintrittspreisen als früher. Reichl kritisiert insbesondere die *Municipal Art Society,* die MAS als die wichtigste Stimme der *Art Community*, die er für den Motor der Umstrukturierung hält.

Die Rolle der MAS hat sich im Lauf der Projektes verändert. Eingangs war die MAS zwar zustimmend, intern aber eher unentschieden gewesen. Hintergrund war, dass MAS bereits gegen das Portman-Hotel gewesen war. Schon hierbei hatte sie jedoch nicht offen Stellung bezogen, da Fred Papert, der im *Board* der MAS war, Portman seine Unterstützung versprochen hatte. Zudem hatte die MAS nicht nur die *42nd Street Development Corporation* gegründet, die die ersten Aufwertungspläne für die 42nd Street vorgelegt hatte, sondern auch das *Midtown Zoning*, die Verdichtung der *West Side*, unterstützt. Es wäre inkonsequent gewesen, sich nun gegen die Entwicklung am Times Square zu artikulieren. Darüberhinaus wollte man den alten Freund Philip Johnson nicht brüskieren. Und letzlich habe die MAS — so Papert — sowieso die „Holy Trinity" gegen sich gehabt: Die *Times*, den *Mayor* und den *Governor*. MAS-Geschäftsführer war damals Kent Barwick, der zuvor die *Landmarks Commission* geleitet hatte. Barwick sagt heute, es habe eben gedauert, bis man gemerkt habe, was man sich eingehandelt habe. „Damals dachte man nicht,

---

531 Eliot, 2001, S. 189

532 Gilmartin, 1994, S. 456

dass Entertainment Teil der Economy ist, man dachte, Junk Bonds und FIRE sei wichtig."[533]

Barwick vertraute zu Anfang der Debatte noch seinem früherem Kollegen, *Planning Commissioner* Sturz, der ihm versprochen hatte, das Johnson-Design am Times Square überarbeiten zu lassen. Dieses Versprechen jedoch löste Sturz nicht ein. Das Projekt wurde so, wie Klein es Anfang 1984 vorgestellt hatten, im November 1984 vom *Board of Estimate* bestätigt. Damit sollte die MAS ins Lager der Gegner überlaufen.[534]

Die *New York Times* hatte die gesamte Zeit über das Bauprojekt am Times Square unterstützt, sowohl in den *Editorials* wie auch hinter den Kulissen (vgl. 5.2). Hingegen gab es in der Zeitung anfangs nur wenig Kritik an dem Architekturentwurf und praktisch keine Kritik an der Auswahl der Developer oder an den finanziellen Konditionen. Immerhin war die *Times* am *Cleaning Up* des Areals sehr interessiert, wie sich die ganze Projektgeschichte hindurch zeigt.

4.4) Probleme und Blockaden führen zum Stillstand

4.4.1) Proteste und Prozesse gegen das Projekt

Das Projekt war anfangs vor allem wegen seiner Architektur umstritten. Aber nach November 1984 — als das Projekt vom *Board of Estimate* beschlossen worden war — sollte noch ein weiterer Kritikpunkt dazukommen: Die finanziellen Konditionen. Die Developer bekamen nicht nur umfangreiche *tax breaks*, die Stadt muss auch für die Grunderwerbskosten oberhalb von 88 Millionen Dollar aufkommen, die *Excess Site Acquisition Costs*

(ESAC).[535] Die Zuschüsse sollten sich nach Berechnungen von Kritikern in den nächsten 20 Jahren auf 1,5 bis 2 Milliarden Dollar aufsummieren. 1986 wurde zudem der in 4.2.1 beschriebene Finanzskandal bekannt, der dazu führte, dass Michael Lazar die Theater wieder verlor, ohne dass Ersatz gefunden wurde. Vor allem aber sollten zahlreiche Gerichtsverfahren über mehrere Jahre hinweg das Projekt so lange aufhalten, bis der Immobilienmarkt zusammengebrochen war.

a) Die Aktionen der Municipal Art Society

Die *Municipal Art Society* hielt sich trotz Bedenken gegen das Projekt zunächst bedeckt. Aber zwei ihrer *Board*-Mitglieder sollten im Lauf des Jahres 1984 ein Umdenken bewirken: Hugh Hardy und Brendan Gill. Gill, Architekturkritiker des *New Yorker* und bis zu seinem Tod 1997 mit 83 Jahren unversöhnlicher Gegner, sollte in vielen Veröffentlichungen gegen das Projekt kämpfen. Er führte den „call to arms" mit diesen Worten an:

> „Where is the army of New Yorkers who should be standing shoulder to shoulder in Times Square, saying, ‚No! Our beloved city is not to be given away to a band of greedy profit-seekers. It belongs to us and our children and grandchildren, and we mean to hold it in trust for them'? Let that army gather now!"[536]

Hardy, ein Architekt, war Mitte der 70er Jahre zur MAS gekommen, als diese den Kampf gegen den Abriss von *Grand Central Station* geführt hatte.[537] Er wollte, dass die Stadt die Theater unter Denkmalschutz stellte und den Times Square als *Entertainment District* auswies. Auf seine Initiative hin hatte die MAS im März 1984 einen Ideenwettbewerb für den

---

533 Im Gespräch mit der Autorin am 2. April 2001
534 Gilmartin, 1994, S. 449-453

535 Der Begriff ist wertend — es handelt sich nicht um übermäßige Kosten, sondern schlicht um Kosten
536 Russell, in: Architectural Record, Oktober 1984
537 Gilmartin, 1994, S. 457

Times Tower ausgeschrieben. Bis July 1984 schickten 1400 Büros aus 47 Bundesstaaten der USA und 19 anderen Ländern Vorschläge ein, eine Rekordbeteiligung.[538] Am auffälligsten war der Entwurf von Venturi, Rauch & Scott-Brown, die einen riesengroßen Apfel an Stelle des *Times Tower* setzen wollten. Auch Johnson selbst beteiligte sich mit der Idee, den *Tower* bis auf das Stahlskelett abzutragen und daran Leuchtreklamen zu befestigen.[539] Sturz reagierte auf die Kritik, indem er das *Times Tower Committee* gründete, dem u. a. er selbst und Klein angehörten. Damit jedoch waren weder MAS noch der *President's Council* damit zufrieden, die ein unabhängiges Komitee gewollt hatten. 1984 wurde zudem der *Times Square Advisory Council* gegründet, dem neben den im *President's Council* zusammengeschlossenen *Civic Groups* Developer, Architekten und ein Vertreter der *New York Times* angehörten.[540] Auch der sollte vermittelnd auftreten. Die Tätigkeit beider Komitees verlief im Sande. Die MAS verlangte nun von Sturz, den *Zoning Code* im Theaterviertel dahingehend zu ändern, dass Leuchtreklamen vorgeschrieben seien. Sie wurde von Tama Starr unterstützt, deren Familie seit Generationen diese Neonwerbung betrieb. Im März 1984 organisierten MAS und Artkraft Strauss ein „half-hour blackout" am Times Square: Nach und nach wurden alle Lichter ausgeschaltet, bis auf ein einziges, das eine Nachricht in die Nacht blinkte: „Hey, Mr. Mayor! It's dark out here. Help keep the bright lights in Times Square."[541] (Die *Times* berichtete nicht über diese Aktion, trotz der Bitten der MAS, erzählt Barwick.)

1986 verließ Sturz das *Department of City Planning*. Seine Nachfolgerin Sylvia Deutsch legte 1987 tatsächlich einen *Zoning Code* vor, der einen *Special Midtown District* vorsah.[542]

Die Neubauten im *Theatre District* sollten Geschäfte haben, die Lobbys sollten für Fußgänger durchlässig sein, auch sollten U-Bahn-Eingänge in die Gebäude verlegt werden. Die Baudichte wurde gesenkt, um mehr Licht und Luft zuzulassen. Vor allem aber sollten die Häuser am Times Square über *signage*, Leuchtreklame verfügen, in der Tradition der *Bright Lights*. Allein die fünf Gebäude, die zu diesem Zeitpunkt im Bau waren, würden zusammen 60.000 *squarefeet* an *signage* haben.[543] Das sollte die MAS, die Architekten und die Theaterleute besänftigen — der *Theater Advisory Council* nannte den *Zoning Code* einen „step in the right direction".[544] Später sollte es sogar helfen, das ganze Projekt wieder aufleben zu lassen. Des weiteren sollten die Hochhäuser am Times Square ein anderes Design erhalten. Im August 1989 legte John Burgee (mit Johnson als Berater) einen neuen Entwurf vor, im Geist des *Special Midtown District*, der eine „neon atmosphere" vermitteln sollte.[545] Freilich hatten die Häuser noch immer keine Setbacks. Und auch der *Times Tower* durfte nun bleiben. Ohnehin war das Gebäude 1985 für 18 Millionen Dollar verkauft worden, dies hätte eine Enteignung zu teuer gemacht.[546] Parallel dazu war dem *Community Board 4* — Hell's Kitchen/Clinton — der Widerstand praktisch abgekauft worden, indem Stadt und Staat versprachen, 25 Millionen Dollar in einen Fonds für *low income housing* einzuzahlen.[547]

Auch das neue Design fand nicht die Gnade der MAS. *Times*-Kritiker Goldberger war ebenfalls kritischer: Er hatte Johnsons Architektur zuletzt als „weak exercise in romantic historicism" bezeichnet und von einem „terrible mistake" gesprochen. „Restoring the theaters, essentially the reason-for-being when the whole effort was announced, has

---

538 Livable City, Oktober 1986, S. 3
539 Lütke-Daldrup, in: Becker/Schoen, 1989. S. 224. Letzteres geschah praktisch ja auch.
540 McCloud, in: City Almanac, Sommer 1985
541 Gilmartin, 1994, S. 457
542 City of New York: Midtown Development Review, 1987

543 Bitnar, 1994, S. 28
544 Segal, in: Oculus, Mai 1988
545 Jacobs, in: Metropolis, 9. Mai 1988
546 Sanborn Land Book, 1999, Plate 72 (Anhang 9.2.3)
547 Lütke-Daldrup, in: Becker/Schoen. 1989, S. 226. Ob das wirklich geschah, ist nicht festzustellen

now become very much a secondary aspect of the project."[548] Der neue Entwurf habe zwar „brash, colorful buildings full of signs and lights and mirrors and jarring angels". Jedoch sei das zentrale Problem nicht gelöst: Die Häuser seien immer noch „too big and too bulky, threatened to put what little is left of Times Square and the theater district into shadow". Die Veränderungen seien „plastic surgery".[549] Huxtable, die die Hochhäuser als „behemoths" mit „outragous size and square footage" bezeichnete, deren neues Design lediglich „cosmetic window dressing" darstellte, war noch kritischer: „Fantasy mistaken for reality becomes farce", schrieb sie. „The abuses of zoning and urban design, the default of planning and policy issues, have been subsumed into a ludicrous debate about a ‚suitable' style."[550]

b) Klagen der Grundstückseigner, Anwohner und Politiker

Die Architekturkritiker und die Aktionen der *Civic Groups* alleine hätten das Projekt nicht ernsthaft behindern können. Was es aber zumindest bis 1987, wenn nicht bis 1989 aufgehalten hat, waren über 40 vor Gericht eingereichte Klagen meist von Eigentümer und Pächtern, allen voran Durst, die Brandts, Milsteins und Rosenthals, aber auch von Gill und Leichter, sowie von Anwohnern aus Hell's Kitchen. Dies ist auch die Einschätzung von Douglas Durst, Sohn des verstorbenen Seymour Durst.[551] Wohlhabende Kläger wie die Milsteins oder Durst, der alleine das Projekt rund drei Jahre lang aufgehalten hat, scheuten keine Kosten, Prozesse bis in die letzte Instanz zu treiben.[552] Dies sollte nicht nur den Baubeginn verschieben; da sich die Kläger auch gegen die Festsetzung des Projektgebiets

überhaupt wandten, wurde auch der Stichtag für die Wertbestimmung der Grundstücke verschoben. Das trieb die Enteignungskosten erheblich in die Höhe. Zudem steuerte die Stadt der Steigerung der Grunderwerbskosten dadurch entgegen, dass den Developern immer neue Steuerbefreiungen und ähnliches versprochen wurden, so dass von den Anfangs so gepriesenen *benefits* wenig blieb.

Ein Teil der Prozesse richtete sich gegen die Enteignung als solche, ein Teil gegen Formalien. Es gab Klagen wegen des Rechts auf freie Meinungsäußerung, die „First Amendment Cases", diese wurden von Eigentümern der Porno-Buchläden vorgebracht. Zudem gab es Prozesse wegen Diskriminierung, weil das Projekt ärmere Nutzer verdrängen würde. Eine Klage richtete sich dagegen, dass die UDC die Rechte älterer Anwohner nicht beachte. Durst klagte dagegen, dass überhaupt Developer von der Stadt ausgewählt und ihnen *subsidies* gegeben würden. Durst wollte selbst bauen und wandte ein, die Subventionen seien unfair, da man um die gleichen Mieter konkurriere.[553] Weitere Klagen zielten darauf ab, dass Umweltgesetze wie der *Federal Clean Air Act* oder der *State Environmental Quality Review Act* nicht beachtet worden seien, dies wurde u. a. von Gill vorgebracht.

Schon 1954 hatte der *Supreme Court*, das höchste Gericht der USA entschieden, dass die öffentliche Hand „blighted areas" grundsätzlich enteignen dürfe.[554] Darauf bezogen sich viele der angerufenen Gerichte, die die von der UDC beabsichtigte Mischung von privatem Profit und öffentlichem Nutzen im Prinzip für rechtens erklärten. Selbst wenn der spezielle Plan verbesserungsbedürftig sei, habe der Staat doch generell das Recht, zu enteignen. Später erkannten die Gerichte sogar, dass viele Prozesse nur darauf abzielten, Zeit zu gewinnen, und verwarfen Klagen deshalb. Die UDC sollte alle Prozesse gewinnen. Die erste Runde mit 27 Prozessen sollte jedoch bis 1987 dauern, wobei Koch zufolge Gerichte in

---

548 Goldberger, in: NYT, 19. Februar 1989
549 Goldberger, in: NYT, 1. September 1989,
550 Huxtable, in: NYT, 14. Oktober 1989
551 Im Gespräch mit der Autorin am 30. Juni 1998
552 Pulley, in: NYT, 12. Januar 1996

553 Donham, 1993, S. 60
554 Donham, 1993, S. 61

New York sehr langsam arbeiten.⁵⁵⁵ Danach wurden noch mehrere Klagen eingereicht, darunter 1989 eine von Leichter, weil die UDC die Planung für die Mart geändert habe, aber kein neues *Public Hearing* abgehalten hatte. Leichter, ein Linksliberaler, räumt ein, er habe im Kampf um den Times Square mit Durst und Brandts zusammengearbeitet.⁵⁵⁶ Der *New York State Supreme Court* wies im Oktober 1989 die letzten fünf Klagen — darunter zwei von Durst — ab.⁵⁵⁷ Zu diesem Zeitpunkt waren jedoch die Immobilienpreise auf ein vorläufiges Hoch gestiegen.

Von der Stadt und der UDC sind diese Prozesse stets wie Naturgewalten behandelt worden, die man abzuwarten habe. Jedoch hätte es gerade hier m. E. Möglichkeiten gegeben, durch eine — zumindest teilweise — Einbindung von Prozessgegnern wie Brandts, Rosenthals und insbesondere Durst die Verfahren zu verkürzen und die Enteignung zu beschleunigen. Letztlich bauten ja ohnehin nicht die von der UDC ausgesuchten Developer, sondern Rudin und Durst.

4.4.2) Kosten und Subsidies im Lauf der Verhandlungen

Zu den am meisten kritisierten Punkten bei dem Projekt zählen die *subsidies*, die staatlichen Subventionen, die die Developer erhalten sollten und die sich im Laufe der Jahre deutlich nach oben entwickelt haben. Damit wurde aus einem Projekt, das der Stadt Geld bringen sollte, ein Milliardengrab. Massa formuliert es so: „This large giveaway of sunlight and tax dollars for so little return has been compared to Peter Minuit's purchase of Manhattan for $24".⁵⁵⁸

Das Hauptproblem war, dass Stadt und UDC den Developern zugestanden haben, dass eine Obergrenze definiert wurde, bis zu der diese die Kosten für die Enteignung der Grundstücke finanzieren mussten. Was darüber lag, zahlte die Stadt, war also das Risiko der öffentlichen Hand. Diese Obergrenze lag bei 140 Millionen Dollar.⁵⁵⁹ Und selbst davon wurden nur 88 Millionen Dollar wirklich gezahlt, nämlich der Anteil von Kleins Park Tower Realty (bzw. Prudential). Diese Bestimmung wurde aber erst Ende 1984 bekannt, nachdem das *Board of Estimate* das Projekt gebilligt hatte. Wie hoch die Vergünstigungen tatsächlich wann waren, ist schwer feststellbar, da es 1988 und 1992 Nachverhandlungen gab, bei denen die Developer bessere Konditionen bekamen, und die UDC außerdem die Zahlen geheimzuhalten versuchte.

Die Konstruktion sah folgendermaßen aus: Alle Grundstücke wurden vom Staat bzw. der UDC enteignet und an die Developer auf 99 Jahre verpachtet. Diese bezahlten die Enteignung und errichteten die Gebäude auf ihre Kosten, zahlten aber keine *real estate tax* an die Stadt — eine solche fiel bei staatseigenem Grund auch nicht an — sondern ein niedrigeres *Payment in Lieu of Taxes* (PILOT), das individuell ausgehandelt und immer wieder verändert wurde.⁵⁶⁰ Zu Gunsten der Developer kam noch hinzu, dass das *Zoning* für die *office towers* verdoppelt wurde. Fainstein spricht von „routine use of zoning code limits as bargaining chips. (...) The city has traded away limits in order to attract investments (...) and to obtain contributions to subway improvements."⁵⁶¹ Zum Ausgleich sollten die Developer 40 bis 60 Millionen Dollar für die Renovierung von Theatern und U-Bahn zahlen — auch diese Zahlen änderten sich ständig.

---

555 Im Gespräch mit der Autorin am 23. November 1998
556 Im Gespräch mit der Autorin am 29. Mai 1998
557 Hays, in: NYT, 18. Oktober 1989
558 Massa, in: Village Voice, 15. November 1988
559 Laut BoE-Resolution von 1984.
560 Board of Estimate, November 1984, S. 2
561 Fainstein, in: City Almanac, Sommer 1985, S. 8

a) Die ursprüngliche Kalkulation

Ursprünglich — nach der EIS von 1984 — sollte der PILOT für alle vier *office towers* zusammen im ersten Jahr 13,2 Millionen Dollar betragen und bis zum 15. Jahr auf 27,9 Millionen Dollar steigen, zusammen also etwa 300 Millionen Dollar. Zwischen dem 16. und dem 99. Jahr sollte der PILOT der *real estate tax* entsprechen. Dazu kam eine *percentage rent*, die erst fünf, später zehn Prozent der erzielten Nettomiete betragen sollte.[562] Alternativ sollten die Developer die Grundstücke ab dem 16. Jahr kaufen können, zu einem Preis, der dem Neunfachen der *percentage rent* der letzten drei Jahre entsprach (also etwa dem dreifachen der Jahresmiete). Was die *benefits* betraf, sollten die Developer insgesamt 40 Millionen Dollar zahlen, was durch den Inflationsausgleich auf zunächst 60 Millionen Dollar steigen sollte. Im Einzelnen sollte Park Tower 9,45 Millionen Dollar für den Kauf und die Renovierung der vier Lazar-Theater und die Akquisition des *Harris* aufbringen, außerdem die Kosten für die Enteignung und den Abriss des *Times Tower* sowie 21,5 Millionen Dollar für die Renovierung der U-Bahn.[563]

Lazar sollte 5,45 Millionen Dollar für den Kauf seiner vier Theater zahlen und den Rest der Renovierung tragen.[564] Die Developer für die Mart sollten ebenfalls die Akquisitionskosten für ihr Land zahlen — wozu neben dem *Anco* auch das *Empire* und das *Liberty* gehörten —, und einen PILOT, angelehnt an die *real estate tax*. Außerdem sollten sie 7 Millionen Dollar zur U-Bahn-Renovierung beisteuern, sowie 4 Millionen Dollar für Straßenbauarbeiten. Auch die Hotel-Developer sollten für den Kauf ihres Landes aufkommen, den PILOT zahlen und sich an der Theater-Renovierung in einem noch auszuhandelndem Umfang beteiligen. Das klang solide, der Pferdefuß wurde jedoch in der Resolution des *Board of Estimate* vom Oktober 1984 sichtbar, also erst nach dem *Public Hearing* vom August 1984: In der BoE-Resolution ist erstmals der *offset amount*, die Obergrenze für die Akquisitionskosten ausgewiesen, die die Developer maximal zu tragen hätten. Diese lag für die *office towers* bei 88 Millionen Dollar; bei der Mart um 30 Millionen Dollar, beim Hotel um 5 Millionen Dollar und bei den Theatern um 5,5 Millionen Dollar. Damit lag der Maximalbetrag, für den alle Developer zusammen aufkommen würden, bei rund 140 Millionen Dollar. Was darüber lag — eben die *Excessive Site Aquisition Costs* (ESAC) —, sollte die Stadt tragen. Veronika Hackett, Klein Projektleiterin wies im Gespräch mit Sagalyn darauf hin, dass es nicht üblich sei, dass der Developer das Risiko steigender Landpreise trage. „A developer typically works with fixed land costs; the risk is in the construction phase."[565] Das ist zwar richtig, andererseits wäre es Klein ja unbenommen gewesen, die benötigten Grundstücke mit seinem eigenen Geld zu kaufen, ebenfalls nicht ganz unüblich für einen Developer. Mit dieser Bestimmung jedenfalls ging das Spekulationsrisiko auf die öffentliche Hand über. „If the site acquisition costs greatly surpass the offset amount, they could wipe out a substantial proportion (perhaps a quarter) of the anticipated net revenues", schätzte Fainstein damals.[566]

Eine der Konstanten, die sich bis heute durch das Projekt ziehen, ist, dass es unglaublich schwierig ist, den tatsächlichen finanziellen Vorteil für die Developer auszurechnen. Fainstein zufolge betrug nach der Planung von 1984 allein der Steuervorteil, der dadurch zustande kam, dass die Developer nicht die volle *real estate tax*, sondern nur den PILOT bezahlten, 650 Millionen Dollar über die nächsten 15 Jahre: Der PILOT für alle Grundstücke zusammen sollte rund 500 Millionen Dollar betragen, würde hingegen das Projekt ohne staatliche Beteiligung gebaut,

---

562 Parsons et al, S. 1-11 bis 1-18
563 Parsons et al, S. 1-11
564 Da allein das New Amsterdam für fünf Millionen Dollar verkauft wurde, ist das recht wenig.

565 Sagalyn, 2001, S. 126
566 Fainstein, in: City Almanac, Sommer 1985, S. 3

würden 1,15 Milliarden Dollar an *real estate taxes* fällig. Fainstein geht also davon aus, dass auch ohne Steuersubvention das Gleiche entstanden wäre. Geht man hingegen von der Annahme aus, ohne das Staatsprojekt würde in den nächsten 15 Jahren im gesamten Gebiet überhaupt nichts gebaut — was die Stadt tat — dann würde das Projekt knapp 400 Millionen Dollar über die nächsten 15 Jahre *einbringen*. Denn damals brachte das Gebiet nur 5,4 Millionen Dollar jährliche *real estate tax*, also 80 Millionen Dollar in 15 Jahren. Da der PILOT 480 Million Dollar betrug, wäre das also ein Plus von 400 Millionen Dollar.

Jedoch hatte in den 80er Jahren im Gebiet um den Times Square ohnehin eine rege Bautätigkeit eingesetzt, was von allem dem 1982 beschlossenen *Midtown Zoning* lag. Deshalb fragt Mollenkopf, ob diese Steuervorteile überhaupt nötig seien.[567] Nur im Projektgebiet war nichts geschehen: Dort hielten die Prozesse die Enteignung auf, zugleich stiegen — ebenfalls dem *Midtown Zoning* und der daraus folgenden Bautätigkeit geschuldet — die Grundstückspreise steil an. Da für die Enteignung aktuelle Marktpreise gezahlt werden mussten, stiegen damit auch die ESAC, die die Stadt tragen musste. Zudem hatte die Stadt ja eine Erhöhung der FAR beschlossen, dies führte ebenfalls zu einer Baulandpreissteigerung und zu einer Erhöhung der ESAC. Die Stadt verdiente also nicht nur nichts an der Verdichtung, sie musste dafür zahlen.

Erstes Anzeichen für die Preisexplosion war der bereits erwähnte Verkauf des *Candler Building*. Zweites Anzeichen war der Milstein-Parkplatz: Die Milsteins hatten 1983 den Nordteil des Mart-Grundstücks für fünf Millionen Dollar gekauft, bereits 1985 hatte das *Federal Department of Housing and Urban Development* das Grundstück mit 41,6 Millionen Dollar eingestuft.[568] Zwei Jahre später schätzte Guttenplan den Wert allein von Kleins Hochhaus-Grundstücken im Projektgebiet auf 300 Millionen Dollar. Die vom BoE veranschlagten 88 Millionen seien schon 1984 ein lächerlich geringer Preis gewesen.[569] Grund für die Festsetzung auf diesem geringen Niveau war wiederum gewesen, dass Stadt und UDC beweisen wollten, wie *blighted*, heruntergekommen und unterentwickelt das Gebiet war, ein möglichst niedrig gegriffener Grundstückswert diente ihnen als Beleg.

1986 waren die Immobilienpreise auf dem Höhepunkt angelangt. Bei dem Projekt hingegen hatte sich nichts bewegt. Lazar war hinausgeworfen worden, bald darauf gab auch das Mart-Consortium auf; dass das Hotel gebaut würde, wurde immer unwahrscheinlicher. Nun war nur noch Kleins Park Tower Realty im Boot, die lediglich für 88 Millionen Dollar garantierte. Die — erhofften Akquisitionskosten von 140 Millionen Dollar waren also eine Luftbuchung. Im gleichen Jahr sprang die potenzielle Mieterin für Kleins Bürotürme — eine Anwaltskanzlei — ab. Auch die Finanziers, Manufacturers Hanover, zogen sich zurück. Jedoch gelang es Klein noch einmal, das Ruder herumzureißen: Für Manufacturers Hanover kam die Versicherung Prudential Insurances als Finanzier an Bord, als neue Hauptmieterin wurde Chemical Bank gewonnen (die gerade Manufacturers Hanover aufgekauft hatten). Bei Chemical Bank hatte bis 1983 Veronika Hackett gearbeitet, Kleins Projektmanagerin. Hackett hatte ihre Karriere als *economic analyst* für die CIA während des Vietnamkrieges begonnen, wo sie Truppenbewegungen in Kambodscha beobachtet hatte, ging dann zu Citibank und später zur Chemical Bank, deren Immobiliengeschäfte in New York sie betreute.[570] Nachdem sie zu Park Tower gewechselt hatte, begann sie mit ihrem früheren Arbeitgeber zu verhandeln,

---

567 Mollenkopf, in: City Almanac, Sommer 1985, S. 12-13
568 Gottlieb, in: NYT, 26. April 1985. Anfang 2001 wurde die Immobilie für 111 Millionen Dollar verkauft (Bagli, NYT, 17.Januar 2001).

569 Guttenplan, in: Village Voice. 15. Dezember 1987
570 Lazere, in: Institutional Investor, November 1989

der als Ergebnis am Times Square zwischen 800.000 und 1,8 Millionen *squarefeet* mieten wollte.[571] Prudential wiederum, deren Hauptquartier in New Jersey war, war einer der größten Finanziers von Immobilien in den USA mit Projekten in Boston, Los Angeles, Detroit, Denver und Houston, aber noch keinem Gebäude in New York.[572] Prudential und Kleins Park Tower Realty gründeten die gemeinsame Tochter Times Square Center Associates (TSCA). Stadt und UDC handelten 1988 mit TSCA einen neuen Vertrag für die Hochhaus-Grundstücke aus.

b) Der Vertrag von 1988

Nach dem neuen Vertrag von 1988 sollte TSCA nun die Enteignung sämtlicher Grundstücke vorfinanzieren. Der Maximalbetrag wurde auf 88 Millionen Dollar festgelegt (die Differenz zu 140 Millionen Dollar fiel unter den Tisch), was darüber lag — die ESAC — , würde TSCA allerdings vorfinanzieren, als verzinstes Darlehen an die Stadt. Die Stadt sollte nicht nur das Darlehen als Abschlag vom (ohnehin ermäßigten) PILOT über die nächsten 99 Jahre zurückzahlen, sondern auch noch die Zinsen auf die ESAC zu einem Satz, der um ein Prozent über *Prime* lag.[573] Das hieß, TSCA konnte Zinsen in beträchtlicher Höhe für den Kauf des eigenen Grundstücks von der *real estate tax* abziehen. Das ist für TSCA eine Verbesserung gegenüber der vorherigen Vereinbarung. Nun stellte Prudential 1989 einen *Letter of Credit* über 155 Millionen Dollar in *escrow*, auf ein Notarkonto, zur Verfügung.

Leichter kritisierte nun, dass diese Konditionen noch ungünstiger für die Stadt seien. Die Stadt subventioniere damit TSCA allein in den nächsten 20 Jahren mit rund 1,5 Milliarden Dollar: Einerseits durch den gegenüber der *real estate tax* verringerten PILOT, den Leichter mit 450 Millionen Dollar beziffert, zweitens durch die Differenz zwischen dem *offset amount* von 88 Millionen und dem Marktwert für die Grundstücke, den Leichter auf weitere 450 Millionen Dollar schätzt und drittens durch die Zinsen, die die Stadt für die ESAC zahlen muss, was sich auf 650 Millionen Dollar aufsummieren werde. Im übrigen borge die Stadt sonst Geld zu einem Satz, der um zwei Prozentpunkte unter *Prime* liege. Dazu komme die Überschreitung der FAR, die einen geldwerten Vorteil von 200 Millionen Dollar darstelle.[574] Die Rechnung Leichters beruht auf der Annahme, dass die Gebäude 1998 fertig würden — sonst werde es noch teurer. Leichter reichte 1988 eine weitere Klage gegen das Projekt ein, diesmal wegen der *subsidies*, die weit über dem lägen, was das *Board of Estimate* 1984 beschlossen habe.[575]

1990 machte Emanuel Tobier, Professor an der *New York University,* eine neue Rechnung auf: Tobier zufolge sollten die *subsidies* insgesamt sogar vier Milliarden Dollar betragen. Tobier berechnete die Subventionen allerdings über 99 Jahre.[576] Die Stadt — bzw die UDC — weigerte sich stets, zu der Höhe der *subsidies* Stellung zu nehmen. PDC-Direktor James Stuckey wies in einerm Leserbrief an New York Newsday darauf hin, dass die TSCA nach der Vereinbarung von 1988 die gesamten Grunderwerbskosten vorfinanzieren und über 80 Millionen Dollar für die U-Bahn und andere Infrastruktur-Verbesserungen zahlen würden.[577]

---

571 Bitnar, 1994, S. 25
572 Grant, in: Crain's, 4. September 1989
573 Hoff, in: Barron's, 25. September 1989. Prime ist der vergleichsweise niedrige Zinssatz, zu dem sich Banken gegenseitig Geld leihen.

574 Leichter: A Public Subsidy Exceeding One Billion Dollars, 1988. Die Rechnung ist nicht ganz legitim, denn die Differenz zwischen der Obergrenze, dem *offset amount* von 88 Millionen Dollar und dem Marktwert der Grundstücke ist im Grunde das gleiche wie der Abschlag vom PILOT wegen der ESAC, denn die ESAC sind ja bereits die Differenz zwischen den 88 Millionen Dollar und dem Marktwert, so dass man dies nur einmal rechnen dürfte. Es bliebe aber immer noch eine Milliarde an Subventionen.
575 Massa, in: Village Voice, 15. November 1988
576 Neuwirth, in: Village Voice, 12. Februar 1991
577 Stuckey, in: Newsday, 7. Dezember 1988

c) Die endgültige Vereinbarung von 1992

Von 1990 bis 1992 begaben sich Stadt und UDC in eine dritte Verhandlungsrunde mit TSCA. Inzwischen war auf Seiten der UDC Rebecca Robertson zuständig, die nur noch Prudential als Verhandlungspartner betrachtete. Klein war zwar formal noch Teilhaber, aber Prudential waren die alleinigen Geldgeber, und das Verhältnis zwischen Robertson und Klein was restlos zerrüttet. Klein hatte sogar mehrfach — vergebens — versucht, ihre Entlassung zu bewirken.

Zu diesem Zeitpunkt hatte sich die Siuation geändert: Die UDC war mittlerweile im Besitz der Hochhaus-Grundstücke und fast aller Theater. Und TSCA — also Prudential — hatte nicht nur 88 Millionen Dollar für den Grunderwerb ausgegeben, sondern auch mit dem *letter of credit* von über 241 Millionen Dollar ein Darlehen über die darüber hinausgehenden Grunderwerbskosten gewährt, eben die ESAC, welches die Stadt in Form von Abschlägen auf den PILOT zurückzahlen musste. Dabei hatten TSCA nicht nur für die Grundstücke der Hochhäuser bezahlt, sondern auch für die Theater, deren *leases* und die Luftrechte über den Theatern (wobei sie diese Luftrechte allerdings auch selbst in Anspruch nehmen wollten). Allein die *leases* für die Theater, die Durst 1989 von den Brandts für 2,5 Millionen Dollar gekauft hatte, wurden mit schätzungsweise 20 Millionen Dollar entschädigt. Außerdem mussten TSCA für Abrisse, Umsetz- und Anwaltskosten aufkommen. TSCA waren zudem verpflichtet, innerhalb eines Jahres nach der Enteignung mit dem Bau des ersten Hochhauses zu beginnen, mit den anderen drei in zwei-Jahres-Abständen; und sie hätten die erste Immobilie erst verkaufen dürfen, nachdem alle vier fertig gestellt waren. Außerdem sollte TSCA 91 Millionen Dollar Zuschuss für die Renovierung der U-Bahn zahlen sowie 18,2 Millionen Dollar für die Renovierung der Theater. Im Gegenzug konnten sie den reduzierten PILOT über 15 Jahre in Anspruch nehmen.

Jedoch wollten TSCA nun gar nicht mehr sofort bauen, da der Büroflächenmarkt Ende der achtziger Jahre zusammengebrochen war (vgl. 5.1). Es bestand also Verhandlungsbedarf. Wer die Grunderwerbskosten hätte aufkommen müssen, falls TSCA — was heißt, Prudential — damals aufgegeben hätte, ist heute schwer festzustellen. Robertson zufolge hätte die UDC von TSCA die Kosten für die Enteignung verlangen können und trotzdem die Grundstücke behalten dürfen, auch wenn TSCA nicht gebaut hätten.[578] Aber in der Praxis hätte man sich wohl lange Zeit vor Gericht um jeden Dollar gestritten. Weder wollte die UDC riskieren, einen seriösen Bauträger, mit dem sie seit Jahren in Verhandlungen war, in einer Rezessionsphase zu verprellen und womöglich auch noch für einen Teil der Grunderwerbskosten aufkommen zu müssen, erst recht nicht wollte TSCA dieses Risiko tragen. „We were stuck with each other" beschreibt es Elisabeth Mounihan, die Projektleiterin von Park Tower Realty.[579]

Dazu kam, dass Prudential Securities, die Schwestergesellschaft von Prudential Insurance, im August 1992 Büros für 5000 Mitarbeiter gesucht hatte, und gedroht hatte, New York zu verlassen, falls man nichts Preiswertes fände. Obwohl sie gedrängt wurden, in eines der künftigen Hochhäuser am Times Square zu ziehen, entschieden sich Prudential Securities im August 1992 für einen Standort in der *Downtown*.. Sie bekamen dafür 106 Millionen Dollar Steuernachlässe und Energiekostenzuschüsse. Gleichzeitig wurde TSCA die Bauverpflichtung am Times Square erlassen. Barry Sullivan, *Deputy Mayor* von Dinkins erklärte, zwischen diesen Entscheidungen — dass Prudential Insurance die Verpflichtungen erlassen wurde und dass Prudential Securities in New York blieb —, bestünde kein Zusammenhang. Jedoch habe „the good will from

---

578 Im Gespräch mit der Autorin am 27. Mai 1998
579 Im Gespräch mit der Autorin am 1. Februar 1999

one negotiation washed over the other and vice versa".[580]

Die neue, 1992 unterzeichnete Vereinbarung zwischen TSCA und UDC sah noch weitere Verbesserungen für TSCA vor: Zunächst wurden die 91 Millionen Dollar für die U-Bahn-Renovierung erlassen. Außerdem fiel die Bauverpflichtung für TSCA weg, auch durften sie Development-Rechte für jedes einzelne der Grundstücke verkaufen, bevor die anderen bebaut waren. Im Gegenzug durfte die Stadt die Zinszahlungen für die ESAC aussetzen, und zwar bis zu dem Zeitpunkt, an dem die Developer tatsächlich bauten. Erst dann muss die Stadt Zinsen zahlen bzw. TSCA einen Abschlag vom PILOT einräumen.[581] Dies hatte für die Stadt den Vorteil, dass niemals tatsächlich städtisches Geld an die TSCA fließen würde, sondern dass die Stadt lediglich Steuerausfälle zu verzeichnen haben wird, wenn auch in erheblichem Ausmaß — Ausfälle auf Steuern allerdings, die ohnehin erst nach Baufertigstellung anfallen würden, die es zu Vertragsabschluss noch gar nicht gab. Zudem wurde damit das Risiko an TSCA weitergereicht: Solange nicht gebaut wird, wird der Kredit auch nicht zurückgezahlt.

Nach eigenen Angaben hat Prudential 433 Millionen Dollar für das Projekt aufgewandt, davon ein Drittel für Entschädigungen an Mieter, Abräumarbeiten, Prozesse und Gutachten, und zwei Drittel — knapp 300 Millionen Dollar — für die Akquisition der Grundstücke.[582] Da Prudential nur für einen Anteil von 88 Millionen Dollar an den Grunderwerbskosten aufkam, betrugen die ESAC damit etwas mehr als 200 Millionen Dollar. Der Zinssatz für die ESAC betrug nach der alten Vereinbarung von 1988 ein Prozent über *Prime*, was 1993 genau 7 Prozent entsprach. Nach der neuen Vereinbarung lag der Satz um 1,1 Prozent über dem Satz für Staatsanleihen, was 1993 schon 7,06 Prozent entsprach.[583] Dies stellt eine weitere Schlechterstellung für die Stadt dar. Weitere Veränderung war, dass der — gegenüber der *real estate tax* ohnehin reduzierte — PILOT von einer 15-jährigen Laufzeit auf eine 20-jährige gestreckt wurde.

Prudential sollte in den Jahren darauf sowohl die Developmentrechte an den vier *sites* als auch den der Stadt für die ESAC gewährten Kredit verkaufen. Erst damit wurde sichtbar, wie hoch die Subventionen tatsächlich sind. Es gibt einen internen Prospekt der Investmentbank Lazard Frères (siehe nächste Seite); Lazard Frères sollte im Auftrag von Prudential die *Site 1* und die *Site 4* vermarkten. Danach sollte der PILOT im Jahr 2001 mit 3,50 Dollar bzw 3,34 Dollar pro *squarefoot* und Jahr beginnen (ungefähr 3,5 Millionen Dollar pro Gebäude und Jahr), und 2020 bei 8,96 Dollar bzw 8,54 Dollar enden (9 Millionen Dollar pro Gebäude/Jahr). Die normale *real estate tax* für ein Class-A-Office-Building werde hingegen im Jahr 2001 bereits 11,70 Dollar pro *squarefoot* betragen, im Jahr 2020 genau 24,65 Dollar. Lazard Frères geben die gesamte Ersparnis für die *Site 1* mit 262,6 Millionen Dollar, für die *Site 4* mit 236,4 Millionen Dollar an, zusammen fast 500 Millionen Dollar.[584] Die Subvention dürfte für die anderen beiden *sites* noch um einiges höher sein, da diese über mehr Bürofläche verfügen. Für alle vier *sites* zusammen dürften die *tax breaks* aufgrund des gegenüber der *real estate tax* verringerten PILOT in den ersten 20 Jahren mehr als eine Milliarde Dollar erreichen. Weitere *tax breaks* in Millionenhöhe werden hinzukommen, wenn das Hochhaus der *New York Times* beziehungsweise ein Gebäude auf dem Milstein-Parkplatz errichtet wird.

---

580 Dunlap, in: NYT, 6. August 1992
581 Dunlap, in: NYT, 9. August 1992
582 Siehe auch: Bagli, in: NYT, 1. Januar 1998
583 Dunlap, in: NYT, 27. Juni 1993
584 Lazard Frères et al: Times Square. Crossroads of the World. (undatiert), S. 27-28. Die Darstellung ist stark vereinfacht. Es wurden noch andere Steuern gegen schwer zu berechnende Anstatt-Zahlungen ausgesetzt, zudem floss ein Teil der Developerzuschüsse für Theater und Infrastruktur als ESAC an die TSCA zurück.

Dazu kommt noch ein weiterer Abschlag vom PILOT für die ESAC. Da die ESAC Teil der Grunderwerbskosten sind, die üblicherweise vom Developer getragen werden, muss auch dies als Subvention bewertet werden. Aber wie hoch ist diese? Alle vier Hochhäuser haben zusammen vier Millionen *squarefeet* Nutzfläche. Das heißt, der gesamte PILOT für alle vier Hochhäuser beträgt im ersten Jahr bei dem erwähnten Einstiegssatz von etwa 3,50 Dollar rund 14 Millionen Dollar, im Jahr 2020 und bei einem Satz von knapp neun Dollar sind es rund 36 Millionen Dollar. Über die gesamten 20 Jahre Laufzeit würde die Stadt also ungefähr 500 Millionen Dollar für alle vier Hochhäuser einnehmen. Laut Lazard Frères reduziert sich dieser PILOT von 500 Millionen Dollar noch einmal um die Hälfte, da die Developer davon Zins und Tilgung für den Kredit, also für die ESAC, abziehen dürfen. Das heißt, den Developern werden von den 500 Millionen Dollar eigentlich fälliger PILOT in den ersten 20 Jahren rund 250 Millionen Dollar erlassen. D.h. die Subvention allein für die vier Hochhäuser wird in den ersten 20 Jahren bei ungefähr 1,5 Milliarden Dollar liegen, für das Gesamtprojekt sind bis zu zwei Milliarden Dollar möglich.

Als der Vertrag abgeschlossen wurde, begann sich das Immobiliengeschäft allerdings gerade wieder zu verbessern. Das Mietniveau für Büros war bereits wieder auf 45 bis 55 Dollar pro *squarefoot* und Jahr gestiegen, für *retail* sogar auf bis 250 Dollar pro *squarefoot*. Zudem könnten die Käufer rund 15 Millionen Dollar Miete für die Leuchtreklamen einnehmen. Die Lazard-Frères-Studie sprach von einer „extremely attractive ground rent structure combine to provide an Investor a unique opportunity to create value". Und: „There is no other opportunity in New York City that can offer (...) [more] development benefits, and financial incentives".[585]

Die *Municipal Art Society* kritisierte auch diese neue Vereinbarung, vor allem wegen der finanziellen Konditionen. Die Rückzahlung der ESAC könne über 99 Jahre dauern. Dann könne der Steuervorteil sogar 4,2 Milliarden Dollar erreichen. Nun sind Prognosen über 99 Jahre hinweg von zu vielen Unwägbarkeiten belastet, um verwendbar zu sein, zudem müsste in die Berechnung noch einfließen, wie die Developer den Kredit refinanzieren. Aber in jedem Fall war die Subvention für TSCA nun höher als nach der letzten Vereinbarung von 1988, und weitaus höher, als 1984 in der DEIS/EIS prognostiziert worden war.

Einzig Sagalyn — eine Wirtschaftswissenschaftlerin — ist nicht der Ansicht, TSCA hätten vergleichsweise gut abgeschnitten. Sagalyn liefert allerdings nur Schätzungen, was Kosten angeht (sie verfügt beispielsweise nicht über das Lazard-Frères-Gutachten). Sie schätzt die ESAC — also den Anteil der Grunderwerbskosten, der 88 Millionen Dollar überschreitet — richtigerweise auf 206 Millionen Dollar[586]; allerdings hat sie hierbei die Zinsen für die ESAC nicht mitberechnet, die einen wesentlichen Teil der Kosten ausmachen. Zudem thematisiert sie nicht die Größenordnung, in der der PILOT gegenüber der *real estate tax* verringert wurde.

Immerhin räumt Sagalyn ein, dass die Attraktivität für die Developer darin bestanden habe, dass die Stadt das Risiko für die steigenden Grundstückskosten übernommen habe. „New York put the excess on it open tab".[587] Jedoch hätten die Developer das Risiko getragen, auf den Grundstücken sitzen zu bleiben, und das müsse finanziell belohnt werden. Darüberhinaus gebe es ja keine direkten Zahlungen der Stadt, sondern nur indirekte Steuerausfälle. Hierbei folgt Sagalyn der Argumentation der UDC-Tochter *42nd Street Development Project* — d.h. Weisbrod und seiner Nachfolgerin Robertson — , dass ohne die *public private partnership* gar nichts gebaut worden wäre, so dass es müßig sei, Steuerausfälle zu berechnen, wenn die Alternative sei, dass gar keine Steuern gezahlt würden.

---

585 Lazard Frères et al, (undatiert), S. 1

586 Sagalyn, 2001, S. 144
587 Sagalyn, 2001, S. 149

Rechts: Der Prospekt von Lazar Frères listet die an die ESDC gezahlte Grundmiete ("Base Rent"), also den PILOT auf, die an die Stelle der Real Estate Tax, der Grundsteuer tritt, plus die Miete, die sich nach der Nutzung richtet ("Alternate/Percentage Rent"). Dazu kommen die Zahlungen für Theater und Infrastruktur. In den letzten beiden Spalten stehen die Gebühren.

GROUND RENT AND CREDITS

Ground Rent

The leasehold owner at each site will make Ground Rent payments in lieu of real estate and other taxes. These payments represent a substantial savings compared to both full ad valorem real estate taxes and taxes under the ICIP deferral tax incentive program in Manhattan. The six components of Ground Rent are summarized below and are further described in Appendix B.

SUMMARY OF GROUND RENT COMPONENTS

Component	Comment
I. Base Rent	Paid annually
II. Alternate Rent/Percentage Rent	Paid annually
III. Theater Surcharge	Paid annually
IV. Public Purpose Trust Fund - Initial	Paid in lieu of sales tax that would otherwise be due on construction costs
V. Public Purpose Trust Fund - Ongoing	Paid in lieu of sales tax that would otherwise be due on capital improvement costs
VI. Transaction Payment	Paid only upon a capital event
VII. Payment in lieu of Mortgage Recording Taxes	Paid upon mortgage financing

Base Rent amounts, stipulated in the Ground Leases, are fixed upon completion of the buildings (based on a market adjustment) and increase for the next 20 years based on fixed percentages. Percentage Rent is paid based on the cash flow of the building, while Alternate Rent, which is paid if the building is owner occupied, is adjusted annually based on an inflation index. Furthermore, the ground rent structure ensures the savings even if there is a building sale or any tax policy changes by the City to assessments or tax rates. While the City during the downward real estate cycle generally lowered real estate assessments, it is reasonable to anticipate that as rents rise and property sales prices increase, higher tax assessments will follow, further enhancing the value of the below-market Ground Rent structure.

- 26 -

LAZARD FRÈRES & CO. LLC
CUSHMAN & WAKEFIELD, INC.

GROUND RENT AND CREDITS
(continued)

The following chart contains a 20-year projection for Ground Rent at the Sites (including both Base Rent and Alternate Rent), and a comparison of these payments to projected ad valorem taxes at comparable Class A midtown buildings. Appendix B details the assumptions for the calculation of Ground Rent.

PROJECTION OF AD VALOREM TAXES AND GROUND RENT (BASE + ALTERNATE)

Lease Year[1]	Ad Valorem Tax[2] / RSF (1997 = $10/RSF)	Ground Rent[3] / RSF Site 1	Ground Rent[3] / RSF Site 4
2001	$11.70	$3.50	$3.34
2002	12.17	3.75	3.58
2003	12.65	4.00	3.82
2004	13.16	4.26	4.06
2005	13.69	4.51	4.31
2006	14.23	4.77	4.55
2007	14.80	5.02	4.79
2008	15.39	5.28	5.04
2009	16.01	5.54	5.28
2010	16.65	5.79	5.53
2011	17.32	6.05	5.77
2012	18.01	6.31	6.02
2013	18.73	6.57	6.26
2014	19.48	6.83	6.51
2015	20.26	7.09	6.76
2016	21.07	7.43	7.08
2017	21.91	7.78	7.42
2018	22.79	8.16	7.78
2019	23.70	8.55	8.15
2020	24.65	8.96	8.54

[1] Assumes completion by 7/1/2001; taxes prior to completion are not listed.
[2] 1997 estimate of $10 for comparable Ad Valorem tax calculated based on a 1997 gross rent of $45.00, $7.50 in operating expenses, and adjusted capitalization rate of 32% to determine assessed value, grown by 4.0% annually. This estimate is consistent with a review of Class A properties on major avenues in the city.
[3] Includes Base Rent and Alternate Rent; see "Ground Rent Projection" schedule in Appendix B for Ground Rent calculation.

- 27 -

LAZARD FRÈRES & CO. LLC
CUSHMAN & WAKEFIELD, INC.

Links: Hier wird die — von der ESDC reduzierte — Base Rent/PILOT mit der Real Estate Tax verglichen, die ansonsten anfiele; von 2001 bis 2020. In 2020 würde die reguläre Real Estate Tax 24,65 Dollar (pro Quadratfuß und Jahr) betragen, die Base Rent der ESDC hingegen nur 8,96 Dollar für Grundstück 1 („Site 1"), beziehungsweise 8,54 Dollar für Grundstück 4 („Site 4").

Rechts: Diese Tabelle listet zwei Modellrechnungen für die Steuerersparnisse zugunsten der Developer; für die nächsten 20 Jahre für Grundstück 1 („Site 1") und Grundstück 4 („Site 4"). Die Ersparnisse summieren sich auf 228,2 Millionen bis 262,6 Millionen Dollar („Site 1") bzw. auf 233,77 Millionen bis 236,4 Millionen Dollar („Site 4")

GROUND RENT AND CREDITS
(continued)

The following chart summarizes the savings that flow from the annual Ground Rent at the Sites.

SUMMARY OF GROUND RENT SAVINGS COMPARED TO REAL ESTATE TAXES

	20 Year Total	
	Per Rentable Sq. Ft.	Total
Site 1		
Ad Valorem (market)	$348.36	$399.1MM
Base and Alternate Rent	$120.17	$136.6MM
Savings (Undiscounted)	$228.20	$262.6MM
Savings (PV@8.0%)	$81.45	$93.7MM
Annual Savings	$8.30	$9.5MM
Site 4		
Ad Valorem (market)	$348.36	$352.2MM
Base and Alternate Rent	$114.59	$115.9MM
Savings (Undiscounted)	$233.77	$236.4MM
Savings (PV@8.0%)	$83.37	$84.3MM
Annual Savings	$8.49	$8.6MM

Credits

The Credits for the Sites were created in order to allow Prudential to recover the portion of the $433 million in condemnation and other public costs that Prudential bore in the Times Square redevelopment. These Credits, which are defined in the Amended and Restated Land Acquisition and Development Agreement ("LADA"), are a long term receivable. The Credits provide the right to share in a portion of the payments owed under the respective Ground Leases for the four development Sites (two of which are offered herein). Ownership of the Credits effectively provides a 40-45% reduction in annual Ground Rent payments at the Sites until the Credits are fully used which can be an estimated time period of 30 years or longer. The Credits also offset certain Ground Rent payments to be made during development and after completion.

LAZARD FRÈRES & CO. LLC
CUSHMAN & WAKEFIELD, INC.

GROUND RENT AND CREDITS
(continued)

The Credits for each Site will be a specified amount representing that Site's allocation of the total Credits for the Sites. The amount of Credits in connection with the sale of the Sites will be allocated as follows: $65.0 million for Site 1 and $55.0 million for Site 4.

The following chart summarizes key information about the Credits for the Sites

OVERVIEW OF CREDITS

Category	Comment
Amount Specified for Sale	Site 1 $65.0 MM Site 4 $55.0 MM
Anticipated Term	Anticipated to be 30 years or longer; will vary based on pace of reimbursement and total accruals.
Accrual Rate	10-year U.S. Treasuries plus 1.10% beginning with the start of construction on each Site, reset each year
Source of Repayment	Portions of Ground Rent (see below), through a sharing arrangement with the ESDC

Sharing in Each Type of Ground Rent Payment:
  PPTF (Initial and Ongoing)
  Base Rent (all years)
  Transaction Payment
	
	100%
	50%
	100%

A summary of the cash flow and value for the Credits at each site is shown below based on projections of Ground Rent at the Sites and the resulting reimbursement of the Credits. The amounts in the chart are summarized by the type of Ground Rent. Refer to Appendix C for a detailed explanation of reimbursement of the Credits per the LADA as well as a projection of the payments available for this reimbursement.

SUMMARY OF CREDITS[1] PROJECTION

	Site 1		Site 4	
	Total $	PV@8.0% at 1/1/98	Total $	PV@8.0% at 1/1/98
PPTF - Initial	$5.8MM	$4.8MM	$4.7MM	$3.9MM
PPTF - Ongoing	21.7	5.0	19.3	4.5
Base Rent (2001-2020)	60.8	20.1	51.3	17.0
Base Rent (2021-until repayment)	200.3	20.7	168.3	17.7
Transaction Payment	16.5	2.6	14.5	2.3
Total	$305.1MM	$53.2MM	$258.1MM	$45.4MM

[1] Based on an initial (1/1/98) Credits balance of $65MM at Site 1 and $55MM at Site 4. Projection through estimated ESAC reimbursement at each Site.

LAZARD FRÈRES & CO. LLC
CUSHMAN & WAKEFIELD, INC.

Links: Eine etwas spezifischere Rechnung, die mehr Details und mehr Gebühren berücksichtigt. Demnach belaufen sich die Ersparnisse für Site 1 auf 305,1 Millionen Dollar plus 53,2 Millionen Dollar. Für Site 4 liegen sie bei 258,1 Millionen Dollar plus 45,4 Millionen Dollar.

Diese Argumentation leitet sich daraus ab, dass es in den Jahrzehnten zuvor keine Bautätigkeit am Times Square gegeben habe. Dagegen könnte man anführen, dass nördlich des Projektgebietes mit dem *Midtown Zoning* durchaus gebaut worden sei.

Die MAS kritisierte auch, dass die auf 91 Millionen potenzielle Dollar angewachsenen *subway contributions* der TSCA nun ebenfalls wegfallen sollte (wobei die Gesamtkosten der Renovierung der U-Bahn-Station auf 165 Millionen Dollar gestiegen waren). Hierbei war Prudential nach eigener Darstellung in einer günstigen Ausgangslage: Die *Metropolitan Transit Authority* (MTA) bekam für die Renovierung neben den 91 Millionen Dollar von TSCA auch Gelder von der Stadt, dem Staat und aus einem Topf für behindertengerechtes Bauen. Jedoch hätte die MTA Pläne vorlegen müssen, aus denen hervorgegangen wäre, wer im Detail welche Teile der Renovierung bezahlen würde. Dies habe die MTA nicht getan. Prudential habe daraufhin den gesamten MTA-Plan angefochten und von einem eingeschalteten Vermittler Recht bekommen. Inzwischen aber hatte die MTA zehn Millionen Dollar für die Planung ausgegeben, für neue Pläne hatte sie kein Geld mehr. Deshalb handelte Robertson aus, TSCA die 91 Millionen Dollar zu erlassen, wenn TSCA dafür im Gegenzug die *ground lease* an die UDC für die noch unentwickelten Grundstücke von einer Million Dollar auf 3,3 Millionen Dollar im Jahr erhöhen würde. Der Vergleich erlaubte Prudential, Kosten in die Zukunft zu schieben und stärkte Robertsons Position gegenüber dem Staat, da dadurch die Einnahmen für die staatliche UDC erhöht wurden, wenn auch auf Kosten der (städtischen) MTA. Jedoch war damit die Renovierung der U-Bahn-Station auf unabsehbare Zeit zurückgestellt.

TSCA stellte allerdings weiterhin die erwähnten 18,2 Millionen Dollar für die Theater zur Verfügung, was bereits 1984 vereinbart worden war. Darüber hinaus zahlte TSCA 25 Millionen Dollar für die provisorische Renovierung der nunmehr leeren Gebäude (inklusive Planungskosten). Robertson stellte dies als großen Erfolg dar. Jedoch wurden die Häuser nach der Enteignung durch die UDC von TSCA gepachtet, so dass diese ihrerseits Interesse daran hatte, Mieter zu finden, was nur mit einem Mindestmaß an Sanierung möglich war. Die *Times* schätzte die Mieteinnahmen für alle Gebäude zusammen auf 8,64 bis 9,94 Millionen Dollar im Jahr,[588] dies bei der oben erwähnten *ground lease* von 3,3 Millionen Dollar für alle Gebäude. Das heißt, die 25 Millionen Dollar für die Renovierung kommen letztlich TSCA selbst zugute.

Gerade die Vereinbarung für die Theaterrenovierung hatte rasch sichtbare Erfolge produziert. Insgesamt aber wird die öffentliche Hand in fernerer Zukunft stärker belastet. Dass es so gekommen ist, hatte m. E. im Wesentlichen zwei Gründe: Robertson, die als neue Präsidentin auf einem politisch exponierten Posten saß, wollte den optisch unschönen Zustand des Areals beenden; zudem waren beide Parteien durch ein kompliziertes Vertragswerk derart aneinander gebunden, dass keiner ohne finanziellen Verlust — oder Gesichtsverlust — aussteigen konnte.

Das Wichtigste aber ist, dass TSCA durch die Zurverfügungstellung der Renovierungsgelder und mehr noch durch die Ausstellung des 241-Millionen-Dollar *letter of credit* den wesentlichen Schritt in Richtung Realisierung getan hatte. Denn von nun an musste TSCA diese Investition wieder hereinholen und das war nur durch den Bau der Hochhäuser oder den Verkauf der Grundstücke mit einem entsprechenden Baurecht möglich. Die im August 1992 erfolgte Zurückstellung des Projekts wurde von Gegnern als Erfolg gefeiert, tatsächlich war durch diese neue Vereinbarung der virtuelle Grundstein für den Hochhausbau gelegt worden.

Was letztlich die genaue Summe an Steuernachlässen betrifft, ist anzumerken, dass TSCA fraglos hohe Subventionen erhält —

---

588 Dunlap, in: NYT, 27. Juni 1993. Prudential bestreitet die Zahl.

was Klein auch nicht bestreitet[589] — , dass aber alle diese Rechnungen damit stehen und fallen, wie sich die *real estate tax* in den nächsten 20 bis 99 Jahren entwickeln wird und wie viel ein Dollar dann wert ist — und natürlich, was sonst im Gebiet passiert wäre, ebenfalls eine müßige Spekulation. Was den Gewinn für Klein bzw. Prudential betrifft, sollte der spätere Verkauf der Grundstücke diese Schätzungen gegenstandslos machen — die Gewinn- und Verlustrechnung ging damit auf die Käufer über.

Das eigentliche Problem ist jedoch, dass Stadt und UDC bei den Nachverhandlungen stets bemüht waren, das Projekt so aussehen zu lassen, als trügen die Developer das Gros der Kosten. Um dies zu erreichen, wurde der städtische Beitrag als schwer zu überprüfende Steuerbefreiung gestaltet und dann möglichst weit in die Zukunft geschoben — alles in allem ein sehr intransparentes Verfahren. Klar ist in jedem Fall, dass die Steuerausfälle für die öffentliche Hand ein weit größeres Ausmaß annehmen würden, als 1984 prognostiziert wurde.

Zunächst einmal blieben all diese Prognosen Geisterrechnungen. Im Oktober 1987 erlebte die Wall Street einen neuerlichen schwarzen Tag. Es kam zu zahlreichen Konkursen von Firmen, was die Nachfrage nach Büroraum erheblich verringerte.[590] Gleichwohl wurde in Manhattan, wo im Mai 1988 die Bonusse des *Midtown Zoning* auslaufen würden, mit Hochdruck weitergebaut, obwohl bereits 8,2 Millionen *squarefeet* Bürofläche genehmigt worden waren.[591] Im April 1989 zog die Chemical Bank ihr Angebot, die Hochhäuser am Times Square zu mieten, zurück.[592] Ein halbes Jahr später wurde Koch abgewählt. Eine Ära war vorbei.

---

589 Im Gespräch mit der Autorin am 1. Februar 1999
590 Adler, 1993, S. 312-313
591 City of New York: Midtown Development Review. 1987, S. 5
592 Chira, in: NYT, 21. April 1989

Zusammenfassung

Das staatliche Projekt am Times Square blickt auf eine lange Planungsgeschichte zurück, ähnliche Vorhaben waren schon vor der Einsetzung der UDC durch *Mayor* Koch debattiert worden. Denn das Areal war nach einer langen Phase von gezielter Desinvestition der ortsansässigen Haus- und Grundbesitzer von Kriminalität und *sex uses* geprägt. Die ersten Aufwertungspläne gingen allerdings nicht auf Stadt und Staat zurück, sondern auf Developer, ortsansässige *Corporations*, allen voran die *New York Times*, die *Ford Foundation* und *Civic Groups*, insbesondere die *Municipal Art Society*. Diese Organisationen waren auch personell oft miteinander verflochten. Sie wurden von Stadt und Staat unterstützt und bildeten somit schon früh eine *Public Private Partnership*, um die West 42nd Street aufzuwerten.

Hintergrund für die lang anhaltenden und kostenträchtigen Bemühungen um ein *Cleaning Up* war einerseits die Vergangenheit des Areals als zentraler *Entertainment District* von New York — Stichwort *Bright Lights* —, andererseits trug auch die Gegenwart als Standort der *New York Times*, der einflussreichsten Zeitung der Stadt, erheblich dazu bei, dass Stadt und UDC in ihren Bemühungen um Aufwertung niemals nachließen. Unter Berufung auf die Tradition der *Bright Lights* wurde allerdings auch den damaligen Nutzern des Times Square das Unterhaltungsangebot genommen. Auch dies rief Kritiker — wenn auch vereinzelt — auf den Plan. Von Anwohnern aus Hell's Kitchen wurde befürchtet, die vertriebenen Nutzer, die bereits am Times Square eine erhebliche Belästigung darstellten, könnten in das nahe Wohngebiet ausweichen. Dies, aber mehr noch die Furcht vor steigenden Mieten, die mit der baulichen Verdichtung des Times Square einhergehen würden, sollten die Anwohner und die *Community Boards* in das Lager der Gegner treiben. Darüber hinaus hatten UDC und Stadt auch mit hausgemachten Problemem zu kämpfen. So wurden die Developer — das galt insbesondere für Lazar, aber auch für Klein — nicht nach fachlichen, sondern nach politischen Gründen ausgesucht. Lazar musste später, als er untragbar geworden war, sogar aus dem Projekt entfernt werden, und bis zum vorläufigen Scheitern 1989 wurde kein Ersatz gefunden. Ein weiteres hausgemachtes Problem war der Architektenentwurf von Johnson/Burgee, der gegen die *Guidelines* der Stadt verstieß und der zahlreiche Kritiker auch solcher Organisationen — etwa der MAS — auf den Plan rief, die zuvor einen Umbau grundsätzlich befürwortet hatten. Die MAS sollte durch öffentliche Aktionen gegen das Projekt ein teilweises Umdenken bei der Stadt bewirken.

Ein weiterer Fehler von Stadt und UDC war, dass diese mehrere Gelegenheiten hatten verstreichen lassen, diverse Grundstücke noch vor den einsetzenden Preissteigerungen zu erwerben; dazu zählt auch der unterlassene Kauf der Theater bzw. der Leases. Auch die Preissteigerung selbst war im übrigen von der Stadt mitverursacht worden, und zwar durch das 1983 erlassene *Midtown Zoning* wie auch durch die den Developern gewährte Überschreitung der FAR, die auf den Grundstückspreis durchschlug. Ein weiteres Problem waren die zahlreichen Gerichtsverfahren von Gegnern, die das Projekt jahrelang aufgehalten haben. Zwar hat die UDC alle Prozesse gewonnen, jedoch hatte dies Zeit und damit Geld gekostet. Die durch die Verfahren verlängerte Vorlaufzeit hat zum einen potenzielle Mieter abgeschreckt, zum anderen auch die Kosten, insbesondere die Grunderwerbskosten gegenüber den in der DEIS/EIS von 1984 festgehaltenen Prognosen hochgetrieben.

Stadt und UDC handelten 1988 mit den Developern — Klein und Prudential — einen neuen Vertrag aus, der die Kosten zwar zunächst bei den Developern beließ, die dafür jedoch später eine umso höhere Rechnung präsentieren würden. Zudem wurden damit die wahren Kosten verschleiert. Dieses Entgegenkommen ist deswegen um so problematischer, weil mit dem von der Stadt beschlossenen *Midtown Zoning* ohnehin eine rege Bautätigkeit um den Times Square eingesetzt hatte, auch ohne dass Milliarden an Subventionen eingesetzt werden mussten. Diese Bautätigkeit sollte das UDC-Projekt schließlich sogar stoppen.

In einer zweiten Runde um 1992 wurde noch günstigere Konditionen für die Developer ausgehandelt, die die Gesamtsubventionen auf bis zu zwei Milliarden Dollar anwachsen lassen sollten. Zudem wurden TSCA die Verpflichtungen weitgehend erlassen. Das Gesamtpaket der Subventionen blieb gleichbleibend intransparent. Ingesamt zeigt sich, dass die Zusammenarbeit von privaten und öffentlichem Sektor zu weniger Transparenz führte. Außerdem zeigt sich, dass auch die historischen Theater — wie schon zu Beginn der Entwicklung am Times Square — als Immobilien betrachtet wurden und nicht als Kulturgut.

5) Die Rolle der New York Times und das neue, an Entertainment orientierte Konzept der UDC

Einleitung

Das Kapitel 5) behandelt die Rolle der *New York Times* bei der Entwicklung des Times Square, insbesondere im Zusammenhang mit dem staatlichen Projekt sowie nach dem vorläufigen Scheitern desselben. Weiter geht es um das Interims-Konzept des von der UDC beauftragen Disney-Architekten Robert Stern, das auf eine Entertainment-Nutzung bei gleichzeitiger Zurückstellung der geplanten Hochhäuser abzielte, sowie die diesbezügliche Kooperation zwischen der *Times*, der UDC und Disney. Diese hat dazu geführt, dass das seit 1981 vorgesehene Projekt nun tatsächlich verwirklicht wird: die Hochhäuser bis Ende 2002, alles andere bis voraussichtlich 2005, wenn auch in modifizierter Form. Auch die *Times* selbst wird davon durch den Bau eines neuen Hauptquartiers im Projektgebiet profitieren.

Der Times Square war über die gesamte Laufzeit des Projektes hinweg oft Gegenstand sowohl der Berichterstattung der *Times*, als auch von deren Kommentaren gewesen. „Ein Grund, dass die Stadt mit ihren Bemühungen, den Times Square aufzuwerten, niemals aufhörte, war, dass die *New York Times* dort sitzt und permanent Druck machte. Deswegen wurden von der Stadt und der UDC fortwährend hochkarätige Leute für das Projekt engagiert", sagt die frühere *Borough*-Präsidentin von Manhattan, Ruth Messinger.[593] Mit der vorläufigen Zurückstellung, die sich 1989 andeutete und 1992 formal beschlossen wurde, kam jedoch ein Element der Einflussnahme hinzu, das über Berichte und Kommentare hinausging: Die direkte Involvierung der *Times* in die Aufwertung des Gebiets, die sich mit dem neuen Herausgeber Arthur Ochs Sulzberger Jr. personifizierte und die sich — wie das Projekt auch — als *Public Private Partnership* manifestierte, und zwar in dreifacher Hinsicht. Sulzberger gründete — mit den Shuberts und anderen Grundeigentümern vor Ort — den *Times Square Business Improvement District* (*Times Square BID*), der allseits als wesentlich für das *Cleaning Up* gilt.[594] Zweitens förderte die *Times* den *Midtown Community Court*, ein Schnellgericht für Kleinkriminelle. Drittens unterstützte die *Times* publizistisch, personell und finanziell eine Trägergesellschaft für die historischen Theater, die *New 42nd Street Inc.*

Parallel dazu entwickelte die für den Times Square zuständige UDC-Tochter, die nun *42nd Street Project* hieß und die — seit 1990 — unter der Führung von Rebecca Robertson war, nach dem vorläufigen Scheitern des Hochhausprojekts ein neues, an Entertainment orientiertes Interims-Konzept, das auch umgesetzt wurde. All dies, dazu eine USA-weite Rückbesinnung auf die Innenstadt sowie die Ansiedlung mehrerer hochklassiger Büromieter im Gebiet führten zu der Investitionsentscheidung der Walt Disney Company, die als Initialzündung für den Aufschwung gilt und letztlich das lang geplante Projekt doch noch möglich machen sollte.

Abschnitt 5.1) beschreibt den Zustand des Areals nach dem vorläufigen Rückzug der Developer, der *Times Square Center Associates* (TSCA), insbesondere die Kriminalität und das Sexgewerbe und stellt die neuen *Key Players* vor; Arthur Sulzberger Jr., Rebecca Robertson und Douglas Durst. Die Situati-

---

593 Im Gespräch mit der Autorin am 20. August 1998

594 Gabriel, in: Crain's, 1. September 1997

on am Times Square wird aus Sicht sowohl der Geschäftsführung als auch der Mitarbeiter der *New York Times* dargestellt. Hierbei wird klar, dass es — ungeachtet einzelner kritischer Stimmen in der *Times*-Redaktion gegenüber dem Projekt — ein gemeinsames Interesse gab, für einen saubereren und sichereren Straßenraum im Areal einzutreten.

Abschnitt 5.2) befasst sich mit der Doppelrolle der *New York Times* sowohl als Berichterstatterin als auch als größte Grundeigentümerin am Projektgebiet. Es werden die *Editorials* und die Berichte der Zeitung betrachtet, es geht aber auch um das Immobilieninteresse der *Times*. In Abschnitt 5.3) geht es um die Maßnahmen der *Times* zum *Cleaning Up*: Der BID, der *Midtown Community Court* und die *New 42nd Street Inc*. Der Kampf des BID gegen Porno wird dargestellt und der Einfluss auf die Stadt, insbesondere seit Ende 1993, als der über die Stadt hinaus bekannt gewordene Law-and-Order Bürgermeister Rudolph Giuliani ins Amt kam. Es wird debattiert, wieweit der BID und wieweit Giuliani für das *Cleaning Up* verantwortlich war. Weiter geht es um die Beziehung zwischen der Sulzberger-Familie und der des Disney-Chairmans Michael Eisner und die Auswirkung auf den Times Square

Abschnitt 5.4) beschreibt das Entertainment-Konzept der UDC vor dem Hintergrund der Ansiedlung von Firmen wie The GAP, Bertelsmann und Morgan Stanley. Der Interimsplan von Robert Stern wird vorgestellt und es wird ausgeführt, dass sowohl dieser wie auch die Maßnahmen der *Times* dazu führten, dass sich Disney im Gebiet ansiedelte. Weiter geht es um die Renovierung des *New Amsterdam* durch Disney. Abschnitt 5.5) befasst sich wieder mit den Interessen der *Times*, die von dem durch sie initiierten *Cleaning Up* profitiert, und zwar durch ein steuerbegünstigtes Hochhaus im Projektgebiet, wobei die *Times* dabei auf das Wohlwollen der politisch Verantwortlichen, insbesondere Giuliani, angewiesen ist.

5.1) Der Times Square nach dem Immobiliencrash von 1987

Der Beginn der 90er Jahre markierte in zweifacher Hinsicht eine Wende am Times Square: Zum einen traten neue *Key Players* an: Rebecca Robertson, die Weisbrod als Geschäftsführerin der UDC-Tochter *42nd Street Project* ablöste, Arthur Sulzberger Jr, der Verleger der *New York Times* wurde und Douglas Durst, der neue Vizepräsident der Durst Organisation. Zum anderen hätte das Staatsprojekt, da nun alle Probleme aus dem Weg geräumt waren, beginnen können, aber das geschah nicht. „For five years, the state-sponsored 42nd Street Development Project had pressed ruthlessly forward (...); suddenly, mysteriously, the project stalled on a minor legal glitch just as construction was supposed to start".[595] Robertson wurde 1990 Präsidentin der UDC-Tochter *42nd Street Project*, nachdem ihr Vorgänger Carl Weisbrod zur *Public Development Corporation* (PDC, die spätere EDC) gewechselt war.[596]

Dem Projekt blieb Weisbrod jedoch damit verbunden, was es dem — mit den Bauplänen weniger vertrauten — Bürgermeister David Dinkins erleichterte, dieses fortzusetzen. Robertson hatte bis 1987 im *Department of City Planning* gearbeitet und war Vizepräsidentin der *42nd Street Project* gewesen. Bei der *Times* ging die Geschäftsführung von „Punch" Sulzberger auf dessen Sohn Arthur O. Sulzberger Jr. über, der zwar formell erst 1992 Herausgeber der Zeitung (und 1997 Vorstandsvorsitzender der *New York Times* Company) wurde, jedoch schon seit 1988 *Deputy Publisher* war.[597] Auch Douglas Durst, Sohn des 1995 verstorbenen Developers Seymour Durst sollte bald zu einem *Key Player* werden, als er Anfang der 90er Jahre *Vice President* der Durst Organisation wurde.

---

595 Adler, 1993, S. 356
596 Crain's, 23. April 1990
597 Tifft/Jones, 1999, S. 609

Ursache für die Stagnation bei dem Projekt war der Crash des Immobilienmarktes von 1987, dem 1989 — wie in 4.4.2) ausgeführt — der Rückzug der Chemical Bank als potenzielle Mieterin gefolgt war. In Manhattan war ein Überhang an Büros entstanden, zugleich war die Nachfrage zurückgegangen, denn es waren 100.000 Büroarbeitsplätze verloren gegangen.[598] Zudem waren in New Jersey und Connecticut neue Bürozentren entstanden: Lagen 1980 noch 85 Prozent aller Büroflächen der gesamten Region in Manhattan, waren es 1990 nur noch 56 Prozent.[599] In diesem Jahrzehnt waren nicht nur die *back offices*, sondern die Konzernzentralen abgewandert. Das setzte die Stadt New York unter Druck, Firmen mit Steuervorteilen entgegenzukommen. Was den Times Square betraf, gab es 1990 bei Büroflächen Adler zufolge 27 Prozent Leerstand, drei neue Hochhäuser — 1540 Broadway (Eichner), 1585 Broadway und 750 Seventh Avenue (Solomon Bros.) — standen vollkommen leer.

Zu diesem Zeitpunkt war die Verbrechensrate an der 42nd Street auf einem Höchststand angelangt, wie aus Statistiken des *Mayor's Office of Midtown Enforcement* zwischen 1980 und 1992 hervorgeht (wobei für 1984-85 keine Daten verfügbar waren).[600] 1986 gab es ingesamt 2415 Straftaten, davon 865-mal Drogenhandel und 1105 Diebstähle oder Raubtaten, 1989 waren es vergleichbar viele, nämlich 2309 Straftaten, davon 990-mal Drogenhandel und 1047 Diebstähle oder Raubtaten. 1980 waren es nur 1459 Straftaten gewesen (323-mal Drogen, 775-mal Diebstahl oder Raub, allerdings 26 Vergewaltigungen). Die Verbrechensrate ging 1990 auf 1505 Taten zurück und sank 1991 noch einmal auf 1073, 1992 sogar auf 1021 Taten. Gretchen Dykstra, Präsidentin des *Times Square BID*, beschreibt die damalige Lage so: „Es gab zwar nicht viele gewalttätige Verbrechen, aber einen ständigen Level von Crime, Taschendiebstähle, Prostitution. Wenn man hier entlanglief, musste man immer damit rechnen, dass etwas passierte, man wurde von Zuhältern angesprochen und hatte dauernd ein Gefühl von Unsicherheit und Angst".[601] Die Zahl der *sex related businesses* im *Theatre District* war in den 80er Jahren auf 36 gesunken, aber Anfang der 90er Jahre wieder auf 43 gestiegen.[602]

Auch äußerlich sah die 42nd Street vernachlässigter aus denn je. Die Theater waren dunkel, die Läden standen leer, die Fronten waren vernagelt und die Straße war dreckig. „[42nd Street] is scarier than ever, junkies and crackheads scuttling crabwise from dealer to storefront to curb", schrieb die *Village Voice*, die „the fragile moment of stasis before the wreckers arrive" ausmachte.[603] Auch Messinger zufolge habe es am Times Square erst dann wirklich schlimm ausgesehen, als alles enteignet war und sich Drogenhändler und Prostituierte in den leeren Läden gesammelt hätten.[604] Gleich, nachdem der letzte Prozess gewonnen war, hatte die UDC mit der Kündigung der Gewerbemieter begonnen, obwohl TSCA noch lange nicht bereit war, zu bauen. Im Juni 1990 wurden die ersten 164 Gewerbemieter aufgefordert, das Gebiet bis Oktober zu verlassen.[605] Sie saßen auf den Grundstücken des Condé-Nast- und Reuters-*Building*. Insgesamt sollten laut UDC 280 Geschäfte allein auf den vier Hochhaus-*sites* umgesetzt werden.[606] Viele davon waren keine Pornoläden, sondern alteingesessene Läden wie *Bill's Deli* oder *Nathan's Restaurant*, Geschäfte für Bekleidung und mehrere SRO-Hotels. Zwar wurden viele (nicht alle) Gewerbetreibenden entschädigt, aber das Geld floss teils zögerlich, auch gab es keine Entschädigung für eine Verschlechterung der Lage.

---

598 Shane, in: Bauwelt, 31/1997
599 Sassen, 1995, S. 177
600 Bitnar, 1994, Figure 20
601 Im Gespräch mit der Autorin am 12. Mai 1998
602 Redburn, in: NYT, 12. September 1994
603 Trebay, in: Village Voice, 12. September 1989
604 Im Gespräch mit der Autorin am 20. August 1998
605 Grant, in: Crain's, 22. Oktober 1990
606 New York State Urban Development Corporation, 15. September 1993, S. 2

Zu den Opfer der Umsiedlung zählt Jimmy's *Times Square Gym*, die dem gleichen Jimmy Glen gehörte, der die Bar *Jimmy's Corner* an der 44th Street betreibt, sowie Joe Franklin, ein „world-class memorabilia collector, host to the longest-running [television] talk show, and one of 42nd Street's most enduring personalities", der an die 43rd Street weichen musste.[607] Auch der in 4.3.3) erwähnte, 78-jährige Presseagent Dick Falk, der 50 Jahre lang Broadway-Shows und Komponisten vertreten hatte, wurde aus seinem Büro im *Longacre Building* vertrieben.[608] Dem langjährigen Kritiker des Projekts, Senator Franz Leichter zufolge waren selbst in der schlimmsten Zeit 80 Prozent des Gewerbes „perfectly legitimate".[609] Dazu gehörten die bereits erwähnten Kreditvermittler Rosenthal & Rosenthal am Broadway und 41st Street, die sogar genau die Sorte *business* betrieben, die das Projekt zum Times Square bringen sollte. Vertrieben wurden später noch 26 Künstler in zwei Studios an der 42nd Street, die nach langer Auseinandersetzung 1995 geräumt wurden.[610] Aus der Straße drohte nun endgültig eine *Ghost Town* zu werden, was die UDC unter erheblichen Rechtfertigungsdruck setzte. Denn nun wurde debattiert, ob die UDC durch die Kündigungen für den sich dramatisch verschlechternden Zustand des Areals mitverantwortlich sei. Dieser Vorwurf wurde u.a. von Douglas Durst erhoben, der die UDC beschuldigte, den Zustand verursacht zu haben und sogar die Polizei zu veranlassen, dass diese absichtlich Kräfte abziehe — er sprach gegenüber der *Village Voice* von einer „UDC conspiracy to make the block as bad as possible".[611]

Durst hatte, bevor er das Geschäft seines Vaters übernahm, im kalifornischen Berkeley *Economics* und *Civil Disobedience* studiert, in seiner Studentenzeit trug er auch lange Haare. Danach lebte er drei Jahre in einer Holzhütte in Neufundland. Aus dieser Zeit behielt er ein Engagement für die Umwelt bei.[612] Durst engagiert sich auch für Theater – so ist er im *Board* des *Roundabout Theater*, der *Primary Stages* und der *Town Hall*, außerdem im *Board* der *Landmarks Conservancy*, der *New School for Social Research* — die intellektuelle Heimat linker Sozialwissenschaftler — und der Umweltorganisation *Earth Day New York*. Er hat das erste Hochhaus, das die Durst Organisation unter seiner Leitung baute — Four Times Square —, nach eigenen Angaben unter ökologischen Maßgaben errichten lassen.[613]

Durst setzte den Kampf seines Vaters gegen das Projekt fort, wobei er offenbar die in Berkeley erlernten Fähigkeiten des zivilen Ungehorsam einsetzte. Er trat dem von Brendan Gill gegründeten *Committee to Reclaim Times Square* bei. Mitte 1989 kaufte er den Brandts die *leases* ihrer sieben Theater für 2,5 Millionen Dollar ab, um — wie er sagte — zu beweisen, dass die West 42nd Street auch ohne Staat renoviert werden könne.[614] Durst investierte nach eigenen Angaben zwei Millionen Dollar in die Häuser und ließ im *Apollo* (das in *Academy* umbenannt worden war) das erste Theaterstück seit 30 Jahren aufführen, *The Crowbar* (nach Jean Paul Sartre). Im August 1990 versammelte sich Durst mit Schauspielern zu einer Anti-UDC-Demonstration vor dem *New Victory*, um auf dessen schlechten Zustand aufmerksam zu machen.[615] Zudem nutzte er die — mit Ausnahme der *Times* mittlerweile gegenüber dem Projekt kritisch eingestellten — Medien, seine Position zu verbreiten, auch Stadtteilzeitungen oder die *Village Voice*. 1992

---

607 Conrad,1993. S. 10. Inzwischen hat Joe Franklin ein Restaurant an der Eighth Avenue eröffnet.
608 Dubner, in: New York Magazine, 28. Januar 1991
609 Conrad,1993. S. 103
610 Rubinstein, in: Art in America, Mai 1995
611 Trebay, in: Village Voice, 12. September 1989, S. 24. Die UDC wies den Vorwurf selbstredend zurück.

612 Feldman, in: Crain's, 14. April 1997, S. 19
613 Earth Day New York, 1997, S 7
614 Collins, in: Newsday, 2. Mai 1989 und: Newsday, 26. Oktober 1989
615 Real Estate Weekly, 1. August 1990

sagte Durst im Wirtschaftsmagazin *Crain's*, dass das Gebiet nun drei Millionen Dollar weniger an Steuern einnehme als vor der Enteignung.[616] Weisbrod beschimpfte daraufhin das *Committee to Reclaim Times Square* als „well-heeled property owners", die mit „breathtaking arrogance [...] for several decades have turned a blind eye to the squalor and crime concentrated on 42d Street", und die an einer „litigating conspiracy" beteiligt seien.[617] Durst und die Brandts gäben zwar Sorge um die Umwelt und die Theater vor, behinderten aber tatsächlich aus Eigennutz die Sanierung, so Weisbrod. Auch Sulzberger Jr. zählt Durst zu seinen Erzfeinden.

Seit Anfang 1990 behaupteten sowohl die UDC als auch TSCA zwei Jahre lang, mit dem Bau der Hochhäuser werde es jeden Moment losgehen, obwohl die Zurückstellung, die offiziell erst Mitte 1992 erfolgte, lange vorher absehbar war.[618] Jedoch wurden seit 1990 hinter den Kulissen der UDC bzw ihrer Tochter *42nd Street Project*, bei TSCA, aber auch bei der *New York Times* Pläne geschmiedet, wie das Gebiet ohne das Hochhausprojekt zu retten sei.

5.2) Die Doppelrolle der Times bei der Planung für das Staatsprojekt

In den 80er Jahren hatte sogar die Reputation von New York als Standort der Medien gelitten. Einige Zeitungen und Zeitschriften — der New York Herald oder Life —, hatten ganz aufgegeben. „Well-to-do periodical readers [did not] have to look to New York publications for guidance on the culture of consumption".[619] ABC, CBS und NBC verlagerten immer mehr ihrer Produktion nach Los Angeles. Als Mitte der 80er Jahre ein vierter Sender gegründet wurde (Fox), geschah dies in Hollywood. Zugleich hatte US-weit eine Konzentration von Medienkonzernen eingesetzt.[620] Die *New York Times* war zwar noch eine der einflussreichsten Zeitungen der USA mit einer Auflage von 1,2 Millionen, war jedoch von dem *Wall Street Journal* überholt worden, das 1981 die zwei-Millionen-Grenze überschritten hatte. In der journalistische Bedeutung begann die *Washington Post*, die 1972 den Watergate-Skandal aufgedeckt hatte, die *Times* zu überholen. In den 80er Jahren arbeiteten die wichtigsten TV-Kritiker der USA nicht mehr für die *Times*, sondern für die *Washington Post*. Auch die *Los Angeles Times* und der *Boston Globe* holten an Renommé auf. 1982 wurde die heute auflagenstärkste Zeitung *USA Today* in Washington gegründet. „Ambitious journalists no longer had to look exclusively to West 43rd Street as the last step on the career ladder."[621]

Die West 43rd Street dieser Jahre beschreibt Friedman so: Gegenüber der *Times* lag das *Hotel Carter*, dessen Bewohner wöchentlich Brände legten. „The Hotel Carter cashes in on city welfare contracts, while whinos and junkies linger outside the Times Square Motor Hotel". Das *Selwyn*, das *Apollo* und das *Lyric*, wo Kung-Fu-Filme oder Pornos liefen, lagen ebenfalls an der 43rd Street, dazu das *Strand Hotel*, eine Pennerabsteige, das *Blue's* — eine „black gay bar" —, dann ein asiatischer Nachtclub und das *Happy Place*, ein „bustling $12 fuck parlor". Betrunkene Bettler schliefen nachts auf dem Bürgersteig vor dem *Annex*, denn sie „preferred sidewalks with high-intensity lamps and a flow of relatively trustworthy pedestrians".[622] Jack Rosenthal, damals Redakteur und ab 1986 leitender Redakteur des *Editorial Board* der *Times* und heute Leiter der *New York Times Foundation* mit Büro im

---

616 Crain's, 29. Juni 1992
617 Weisbrod, in: NYT, 17. Juni 1989
618 Trebay, in: The Village Voice, 12. September 1989
619 Baughman, in: Sheffer, 1993, S. 129

620 Chomsky/Herman, 1988, S. 7-11
621 Baughman, in: Sheffer, 1993, S. 128
622 Friedman, 1986, S. 136, 173, 174

Annex an der 43rd Street, erinnert sich an ein „kleines Hotel um die Ecke, wo es fast jede Woche einen Mord gab". Der Laden an der 43rd Street und Eighth Avenue — heute ein *Ben&Jerry's* — habe Vibratoren verkauft. Wer mit dem Auto gekommen sei, habe sorgfältig überlegen müssen, wo er parken könne. Allerdings sei auch die *Times*-Druckerei mit ihrem Lastwagenverkehr eine Belästigung für die Umwelt gewesen.[623]

Bei der *Times* — die immer noch die größte Arbeitgeberin im Gebiet war — hatte die Stimmung auch unter Angestellten einen Tiefpunkt erreicht, was den Standort 43rd Street betraf. Der heutige Herausgeber Sulzberger Jr. war in den 80er Jahren *Night Production Manager* — bei der *Times* wird die ganze Nacht gearbeitet —; er erinnert sich, dass Mitarbeiter oft belästigt, beraubt oder angegriffen worden seien. Einmal sei ein Bote wegen des Wechselgeldes zusammengeschlagen worden.[624] Die *Times* habe deshalb einen nächtlichen Shuttle-Service für Angestellte einrichten müssen. *Crain's* berichtet von einem Vorfall Ende der 80er Jahre, als auf einen Drucker geschossen wurde. Schon zuvor seien mehrfach *Times*-Angestellte in der „combat zone of Times Square" angegriffen worden.[625] Daraufhin habe sich das *Times*-Management mit der Polizei beraten, die eine zusätzliche Patrouille zwischen Mitternacht und acht Uhr morgens habe laufen lassen, während die Zeitung einen Sicherheitsdienst engagiert und den Shuttle-Service intensiviert habe. Auch hätten — so *Times*-Reporter Adam Fisher— immer mehr Reporter von zu Hause gearbeitet, besonders die Kulturkritiker seien allenfalls einmal pro Woche in der 43rd Street aufgetaucht.[626]

Ein weiteres Problem war damals, dass es schwierig für die Lastwagen war, die großen Papierrollen zur Druckerei an der 43rd Street zu schaffen und die Zeitungen wegzufahren. Es gab sogar Gerüchte, dass die *Circulation Manager* der *Times* die Polizei bestochen hätten, damit die Lastwagen ungehindert über den Westside Highway abfahren konnten. Die riesigen Lastwagen, die in der engen Straße manövrierten, waren nicht nur ein Problem für die *Times*, sondern auch eine Belastung für die Umgebung. So gab es immer wieder Pläne, entweder das gesamte Hauptquartier oder doch zumindest die Druckerei zu verlagern. Gleichzeitig kämpfte die *Times* dafür, am Times Square für Sauberkeit und Ordnung zu sorgen.

5.2.1) Die Times unterstützt die Aufwertungspläne der UDC

Die *Times*, mehrere *Corporations* an der *West Side* sowie die *Ford*- und die *Rockefeller Foundation* hatten schon in der 70er Jahren — wie in 4.1.1) ausgeführt — Aufwertungspläne für den Times Square finanziell unterstützt, vor allem Paperts *City at 42nd Street*. *Times*-Verleger Arthur Hays Sulzberger war zudem *Trustee* der *Rockefeller Foundation*.[627] Nachdem nun das Staatsprojekt beschlossen war, ließ die *Times* keine Gelegenheit aus, dafür zu werben.

Ob das Projekt voranging oder zu stocken drohte, die *Times* legte ein *Editorial* auf. So kommentierte sie, als Stadt und UDC sich über die Developer für die Mart geeinigt hatten, Sturz und Stern „deserve credit for overcoming their early difficulties" und sah „another good reason to raise a glass to the project's future". Im Vorfeld des ersten *Public Hearings* hieß es in der *Times*: „We hope people will turn out to applaud the plan enthusiastically". Zwar hätten Erfahrungen gezeigt, dass solche Projekte teurer würden als zunächst geplant,

---

623 Im Gespräch mit der Autorin am 88. Mai 2001
624 Dieses und alle folgenden Zitate fielen in einem Gespräch mit der Autorin am 11. März 1999
625 Belsky, in: Crain's, 4. Dezember 1989
626 Fisher, in: Metropolis, September 1992. Das ist auch deshalb bemerkenswert, weil die Kulturkritiker am meisten gegen den Umbau des Times Square angeschrieben haben.

627 Berger, 1951, S. 469

aber „nothing would be so expensive to New York as a dull theatrical district". Als das *Board of Estimate* (BoE) im Oktober 1984 die Entscheidung über das Projekt verschob, weil der Posten des UDC-*Chairman* nicht besetzt war, mahnte die *Times* eine Entscheidung an und spielte gleichzeitig den Widerstand der *Civic Groups* herunter. „Controversy and protest are inevitable for any such huge reclamation project". Zielgenau einen Tag vor der BoE-Entscheidung kommentierte man an der 43rd Street, die „worries" in Hell's Kitchen und im *Garment Center* über steigende Mieten seien „overblown". Und: „The board should not let these objections obscure the basic point. The redevelopment plan is the only way to remove blight from 42d st. and recapture nighttime Times Square for the majority of the city's people and it's visitors. The basic plan deserves wholehearted support." Als es nach der BoE-Resolution immer noch nicht weiterging, warnte die *Times*, dass „delay is more dangerous to the project than uncertainty". Und Anfang 1990 — als klar wurde, dass am Times Square so bald nichts passieren würde, schrieb die *Times* anlässlich der gewonnenen Prozesse unter der Überschrift „Miracle on 42d Street": Das „redevelopment (...) has taken a giant stride toward reality".[628]

Die *Times* hatte mit ihren *Editorials* auch — behauptet die *Village Voice* — Gegner des Projekts eingeschüchtert. Die *Voice* nennt als Beispiel Mark Siegel. Siegel war 1988 für das *Public Authorities Control Board* (PACB) benannt worden. Siegel sei langjähriger Opponent des Projektes gewesen. Das PACB war dafür zuständig, den zwischen UDC und TSCA ausgehandelten Leasing-Vertrag zu genehmigen, dazu war ein einstimmiges Votum nötig. Siegel hätte also das Vorhaben verhindern können. Jedoch würde Siegel nicht dagegen stimmen, so die *Voice* — und sie sollte Recht behalten —, da er den Zorn der *Times* fürchtete, die auch andere Opponenten des Projekts wie Leichter oder Messinger schlecht behandelt habe.[629] Nun mag diese Interpretation überzogen sein. Dass die *Times* aber großen Einfluss auf das Projekt hatte, wird — außer von deren eigenen Redakteuren[630] — von niemanden bestritten.

Das Problem dabei ist, dass die *Times* niemals ihr Eigeninteresse deutlich machte, sondern sich gegenüber ihren Lesern als neutrale Berichterstatterin präsentierte, wobei die *Times* in New York zudem noch fast ein Meinungsmonopol besitzt. Natürlich ist es kein Geheimnis, wo sich das Haus der Zeitung befindet, dies ist aber nicht mehr so geläufig wie zu Ochs' Zeiten, als der *Times Tower* das auffälligste Gebäude von *Midtown* Manhattan war. Brendan Sexton, um 1998 Präsident der *Municipal Art Society* meint, die *Times* hätte damals mehr aufpassen müssen, dass man ihr aufgrund ihrer *Editorials* nicht Voreingenommenheit unterstellte. Sie sei in dieser Beziehung nicht vorsichtig genug gewesen. Hätte das *Editorial Board* gegen den Plan von Klein und Johnson Stellung bezogen, hätte es ihn „gekillt".[631] Jedoch hat Architekturkritiker Goldberger in der *Art Section* der *Times* die am Times Square geplante Architektur kritisiert, wenn auch weit vorsichtiger als Ada Louise Huxtable zuvor. Goldberger sagt dazu, das Feuilleton und das *Editorial Board* hätten zwar divergierende Meinungen über das Projekt gehabt, aber darüber sei nicht geredet worden, das wäre „inappropriate" gewesen. *Editorial* und Feuilleton seien getrennte Abteilungen.[632] Goldberger weist auch darauf hin, dass die Vielzahl der Pro-Entwicklungs-*Editorials* das Projekt nicht befördert hätten: Bis Mitte der 90er Jahre sei am Times Square nichts passiert. Hingegen sagt Kent Barwick von

---

628 NYT-Editorials vom 23. Oktober 1983, 24. März 1984, 3. Oktober 1984, 24. Oktober 1984, 7. November 1984 und 19. April 1990
629 Barrett, in The Village Voice, 8. März 1988
630 Charles Bagli von der Times sagte dazu: „Nicht schon wieder diese alte Wayne-Barrett-Verschwörungstheorie" (Barrett ist der politische Chefreporter der Village Voice).
631 Im Gespräch mit der Autorin am 15. Juli 1998
632 im Gespräch mit der Autorin am 22. Oktober 1998

der MAS, Goldberger habe sich gelegentlich bei ihm beklagt, dass kritische Artikel über den Times Square von der Ressortleitung abgelehnt worden seien.[633]

Was jedoch in der *Times* damals kaum thematisiert wurde, waren problematische Seiten des Projekts über die Architektur hinaus — die Auswirkungen auf Hell's Kitchen etwa, sowie die *subsidies*. Das mag mit der Entlassung von Sidney Schanberg zusammenhängen. Schanberg, der Lokalchef hatte — so Elfenbein — „über das schlechte Benehmen, die Brutalität und soziale Verantwortungslosigkeit, die Geld- und Machtgier der großen Bauunternehmer, Banken (...)" geschrieben.[634] Dabei habe er insbesondere Koch und seine dunklen Geschäfte kritisiert. Daraufhin hätten einflussreiche Geschäftsleute und Politiker Druck auf Verleger „Punch" Sulzberger ausgeübt. Dieser habe Schanberg im August 1985 aufgefordert, das *Editorial Board* zu verlassen (zu dem er erst kurz zuvor aus dem Lokalteil gewechselt war). Schanberg kündigte daraufhin. Logan und Molotch zufolge war der Grund für die *Times*, den Pulitzer-Preis-Träger zu entlassen, dass er „opposed civic projects supported by some of New York's most powerful interests, particularly those in the real estate industry".[635]

Rücksicht auf *real estate* war vielleicht auch der Grund, dass die redaktionelle Behandlung des in 4.2.1) beschriebenen Lazar-Skandals nicht gerade pulitzerpreiswürdig war, um es behutsam zu formulieren. Das gilt nicht nur für die *Editorials*, sondern auch für die Berichte. Zwar schrieb die *Times* pflichtgemäß über den PVB-Fall selbst und die Prozesse, ließ jedoch jeden investigativen Journalismus vermissen, was die Geschäfte Lazars mit dem *Candler Building* und erst recht die problematische Vergabe der Theater an Lazar betraf. Die Spende Kleins an Liberman spielte in der *Times* praktisch gar keine Rolle. Die *New York Post* und *New York Newsday* waren hierbei wesentlich investigativer (wenn auch ohne Erfolg).

Sagalyn, die ebenfalls feststellt, dass die *Times* über die Details der Projektfinanzierung nicht kritisch berichtet hat, fragt: „... whether the void in it's coverage of the project's financial dynamics reflected a self-interested position of not criticising a joint city/state-initiative that would simultaneous enhance the paper's image and the value of its real estate while cleaning up West 42nd Street."[636] Aber dem sei nicht so: „However logical such a conflict of interest hypothesis appears, it lacks convincing proof." Denn Berichterstattung und Kommentar, so Sagalyn weiter, seien bei der *Times* streng voneinander getrennt. Sie führt diese Mängel in der Berichterstattung vielmehr darauf zurück, dass Journalisten kein langes Gedächtnis hätten, Fehler immer wieder voneinander abschrieben, keine längerfristigen Zusammenhänge herstellen könnten, und keine historische Perspektive hätten. „That reporters and editors, as professionals, are not analytically trained to answer the cost/benefit question is not material. (...) A mandate for broader and investigative review of public subsidies sadly does not exist"[637] Kurz: Dass die *Times* nicht kritisch über die finanziellen Aspekte des Projektes berichtet hat, liegt nicht an Interessenkonflikten, sondern daran, dass die Reporter schlicht zu dumm dazu sind.

Abgesehen davon, dass man aus der *New York Times* wesentlich mehr über die Finanzierung des Projektes erfährt als aus Sagalyns Buch — selbstredend gibt es einen Interessenkonflikt, wenn eine Zeitung fortlaufend über ein Projekt berichtet, das sie selbst erheblich betrifft und in das ihre Geschäftsführung involviert ist. Es fehlen allenfalls die Beweise dafür, dass es in einem konkreten Fall Einfluss der Geschäftsleitung auf die Berichterstattung gegeben hat. Wie sich dieser Interessenkonflikt konkret auswirkt, wird in 5.5) ausgeführt.

Dass das *Editorial Board* damals noch

---

633 Im Gespräch mit der Autorin am 2. April 2001
634 Hamill, in: The Village Voice, 1. Oktober 1985
635 Logan/Molotch.1987, S. 73

636 Sagalyn, 2001, S. 420
637 Sagalyn, 2001, S. 424

mehr tat, als Kommentare zu schreiben, berichtet der frühere UDC-Chef Bill Stern, der die *Times* für die „eigentlichen Projektmanager" hält: Es habe einen langen, sehr engen persönlichen Kontakt zwischen dem *Editorial Board* und der UDC-Führung gegeben. Es habe sogar mindestens zwei Jahre lang Treffen im *Annex* der *Times* gegeben, wobei Vertreter von UDC und Stadt anwesend waren, um die Details des Projekt mit Mitarbeitern des *Editorial Boards* zu besprechen, laut Stern, damit die *Times* das Projekt besser unter Kontrolle hatte.[638] Federführend sei Jack Rosenthal gewesen.[639] Weder Frankel noch Sulzberger Jr. können sich allerdings an Treffen mit der UDC in der *Times* erinnern. Rosenthal sagt sogar explizit — und recht ungehalten —, Stern habe das erfunden, und das sage mehr über Stern aus als über das Projekt. Hingegen sagt Barwick, Rosenthal sei ein „Teil des Problems" gewesen, den Times Square als Entertainment-Viertel zu retten, was die MAS gewollt habe. Rosenthal habe gemeinsam mit *Planning Commissioner* Herb Sturz, mit dem er eng befreundet sei, diese Pläne für den Times Square geschmiedet. Rosenthal hat übrigens noch heute eine handsignierte Computergrafik des Modells von Johnson/Burgee in seinem Büro, er bedauert auch heute noch, dass der Entwurf nicht verwirklicht wurde.

Es gibt noch eine weitere Verbindung zwischen der *New York Times* und dem Development am Times Square, nämlich über den *Times*-Aufsichtsrat. Darin saßen eine Reihe Mitglieder, die gleichzeitig an den *Boards* anderer Companies waren und so Kontakte herstellen konnten.[640] Darunter waren Mitte der 80er Jahre, als das Projekt beschlossen wurde, Georg Shinn (Generaldirektor der First Boston Incorporated), Cyrus Vance (früherer Außenminister der USA) und George B. Munroe (Generaldirektor der Phelps Dodge Corporation). Alle drei waren nicht nur im Aufsichtsrat der *New York Times Company*, sondern auch im Aufsichtsrat der Manufacturers Hanover, die zunächst die vier Türme von Klein finanzieren wollte.

5.2.2) Die Immobilien- und Bauinteressen der Times

Die *Times* hatte — neben dem Wunsch nach *Cleaning Up* — noch ein anderes Interesse: Immobilien. Die *Times* besaß außer dem *Annex* an der West 43rd Street ein drei Blocks großes Grundstück an der Westend Avenue. Hier hatte „Punch" Sulzberger Ende der 50er Jahre, als sein Vater Arthur Hays Sulzberger Verleger war, eine Druckerei errichten lassen.[641] Die *Times* wollte die Gleisanlagen nutzen. Jedoch erwies sich das Gebäude als unpraktisch und wurde bald nur noch als Lagerhalle genutzt, zumal die Gleise ohnehin stillgelegt wurden.

Als das Development am Times Square Ende 1984 — nach der Bestätigung durch das *Board of Estimate* — hätte beginnen sollen und das *Midtown Zoning* beschlossen war — das von 1983 bis 1988 galt — seien die Immobilienpreise an der *West Side* auf dem Höchststand gewesen, so Fitch. Nun hätten viele Eigentümer, die die Verdichtungspläne unterstützt hätten, ihre *West-Side*-Immobilien verkauft, darunter die Rockefellers, die ihr Center Ende der 80er Jahre für 1,37 Milliarden Dollar an Mitsubishi veräußerten.[642] Auch die *Times* habe ihr Grundstück an der Westend Avenue verkauft.

Aus Sicht der *Times* stellt sich das folgendermaßen dar: Das Grundstück an der Westend Avenue habe nie Spekulationszwecken gedient, statt dessen habe man sich bei der Zeitung Anfang der 70er Jahre überlegt, ganz an die Westend Avenue, in einen Neubau, zu ziehen, so Max Frankel, der A. M. Rosenthals

---

638 Im Gespräch mit der Autorin am 25. Juni 1998
639 Elfenbein, 1995, S. 183
640 Elfenbein, 1995, S. 144

641 Tifft/Jones, 1999, S. 343/344
642 Fitch, 1993, S. 152, S. 185

Nachfolger als Chefredakteur war.[643] Jedoch sei es der Zeitung finanziell nicht sehr gut gegangen, außerdem sei der *Annex*, den man dazu hätte verkaufen müssen, vergleichsweise wenig wert gewesen. Bald darauf habe die Stadt eine Erhöhung der *real estate tax* für bebaute Grundstücke beschlossen. Deshalb habe man die — ohnehin kaum genutzte — Lagerhalle an der Westend Avenue abgerissen, das Grundstück wurde nunmehr als Parkplatz genutzt, und die Steuern wurden deutlich niedriger. Irgendwann habe man die Baupläne aufgegeben und das Grundstück — so Frankel — an Helmsley verkauft, der habe es an Trump weiterveräußert, der auf dem gesamten, weit größeren Areal zwischen Westend Avenue und Hudson River heute das Wohnprojekt *Riverside South* errichtet. Mit dieser Entscheidung sei die Zeitung dann „stuck in Times Square" gewesen.

Dem Sanborn Land Book zufolge verkaufte die *Times* den größeren Teil des Grundstücks, auf dem sich die Druckerei befunden hatte, in zwei Abschnitten 1982 und 1985 an den Sender ABC, der dort Büros errichten ließen.[644] Der Kaufpreis ist nicht verzeichnet, da Sanborn Grundstückswerte erst ab 1975 auflistet (der dafür zuständige städtische *Surrogates Court*, verfügt sogar nur über Daten ab 1982). Der *assessed value* von 1975 betrug 13,85 Millionen Dollar, ABC bezahlte zehn Jahre später 33,95 Millionen Dollar. Das ist eine beachtliche Preissteigerung, man muss aber auch die lange, unproduktive Vorhaltezeit berücksichtigen. Den Rest des Grundstücks — bei Sanborn mit einem *assessed value* von 8,6 Millionen Dollar verzeichnet — veräußerte die *Times* an Trump. Der Kaufpreis ist bei Sanborn nicht aufgelistet.

M. E. ist der Vorwurf von Fitch, die *Times* habe das *redevelopment* am Times Square und das *Midtown Zoning* unterstützt, nur um den Wert ihres Grundstücks an der Westend Avenue zu steigern, nicht zutreffend. Die Westend Avenue liegt weitab vom Bereich des *Midtown Zoning* und ist auch viel zu weit vom Times Square entfernt, als dass eine Aufwertung des Times Square eine Wertsteigerung dieses Areals bewirken könnte. M. E. war damals das Interesse der *Times* an einer eventuellen Wertsteigerung nicht so hoch als das an einem geordneten Umfeld — zumal die absoluten Summen, die bei den Verkäufen erzielt wurden, im Vergleich zum Umsatz der *New York Times Company* (2,9 Milliarden Dollar in 1999[645]) nachrangig sind. Der *Annex* liegt zwar im Bereich des *Midtown Zoning*, wurde aber während dessen Geltungszeit nicht veräußert. Dass der *Times* der Wert des *Annex* aber nicht egal ist, wird bei folgendem Vorgang klar: Anfang der 80er Jahre gelang es der *Times*, einem Versuch der Stadt, den *Annex* unter Denkmalschutz zu stellen, entgegenzutreten.[646]

Mitte der 80er Jahre habe es dann wieder — so Frankel weiter — Überlegungen gegeben, den *Annex* an der West 43rd Street zu verkaufen, als die Immobilienpreise hoch waren, und ein Grundstück oder ein Gebäude zu erwerben; vorrangig eines der drei leerstehenden Hochhäuser nördlich des Projektgebiets, die damals am Times Square von Eichner bzw den Solomon-Brüder gebaut wurden.[647] Frankel erinnert sich, dass über einen Bauplatz am Broadway und 47th Street diskutiert worden sei. Rosenthal wiederum erinnert sich, dass es ein Angebot von George Klein gegeben habe, die *Site 12* — das heutige Condé-Nast-Hochhaus — für die *Times* für 250 Millionen Dollar zu entwickeln. Dafür habe es sogar fertige Pläne gegeben. Frankel zufolge war der *Annex* unmodern geworden, der Raum der Nachrichtenredaktion, der *newsroom*, sei sehr renovierungsbedürftig gewesen. Um Platz zu

---

643 Im Gespräch mit der Autorin am 8. Januar 1999
644 Sanborn Land Book, 1999, Plate 88. Siehe auch Anhang 9.2.7
645 http://www.Nytco.com
646 Fisher, in: Metropolis, September 1992
647 Im Gespräch mit der Autorin am 8. Januar 1999. Dass die Times keines dieser relativ preiswerten Hochhäuser erworben hat, zeigt sogar, dass Immobiliengeschäft nicht ihre Stärke war.

gewinnen, habe die *Times* Durchbrüche zum *Paramount Building* geschaffen, dies sei aber keine zufriedenstellende Lösung gewesen. Jedoch habe „Punch" Sulzberger nach langer Debatte entschieden — sowohl Frankel als auch Rosenthal zufolge eher aus sentimentalen denn aus ökonomischen Motiven — im *Annex* zu bleiben. Der *newsroom* wurde um 1995/96 für 30 Millionen Dollar renoviert.

Die Auffassung, dass das Interesse an einer Grundstückswertsteigerung bei der *Times* zwar vorhanden, aber sekundär war gegenüber dem an der Sicherheit der Mitarbeiter wird auch von Messinger geteilt.[648] Geichwohl waren es natürlich *business reasons*, die die *Times* bewogen haben, die Aufwertung zu unterstützen, weil man sich davon — letztlich wirtschaftliche — Vorteile für den Betrieb der Zeitung erhoffte. Die interessantere Beobachtung, was den Verkauf des Grundstücks an der Westend Avenue angeht, ist jedoch, dass die *Times* damit den Grundstein für ihre Geschäftsbeziehung zu ABC legte. ABC/Capital Cities sollten Anfang der 90er Jahre von der Walt Disney Company gekauft werden, zu der die *Times* ebenfalls Beziehungen aufnahm. Die Geschäftsbeziehung zwischen *Times* und ABC sollte sich mit dem Umbau des Times Square zu einem globalen Medienzentrum weiterentwickeln (vgl 6.3.3).

Zwar baute die *New York Times* nun zunächst kein Bürohaus am Times Square, jedoch hielt der allgemeine Bauboom zunächst trotz des Börsenkrachs von 1987 an, da die Developer die Vorteile des *Midtown Zoning* mitnehmen wollten, das wiederum einen Baubeginn bis Mai 1988 vorschrieb. Auf dem Höhepunkt des Booms Mitte 1988 schrieb Herb Sturz:

> „The heart of New York is changing with volcanic force. When I served in city government, I had a hand in the policy changes that encouraged this rush of change. Now (...), I walk about asking myself (...): Did we do right? Rubble is everywhere; steel skeletons are hoisted skyward by cranes that teeter atop the girders. (...) Office and hotel towers are rapidly replacing six- and eighth-story buildings housing movie theaters, fast food, porn parlors and shops selling (...) vulgar T-shirts. It won't be long before the rare light and air in Times Square yield to towers that some fear will cast too-deep shadows, tangle traffic and strain subways. Developers, too, are nervous. They're not sure how quickly the market can absorb nearly seven million square feet of office space."[649]

Herb Sturz formulierte diese weitsichtigen Zeilen bereits als Kommentator der *New York Times*. Der *Planning Commissioner* war 1986 zum *Editorial Board* der *Times* gewechselt, wo er in den nächsten zwei Jahren über Stadtplanung, auch über den Times Square, schreiben sollte. Sturz sagt, er sei von der *Times* gefragt worden, und er habe wechseln wollen — sieben Jahre *City Planning* seien genug gewesen.[650] Kent Barwick sagt, es sei Rosenthal gewesen, der seinen Freund Sturz ins *Board* geholt habe, dessen Leiter er gerade geworden war. Tatsächlich hatte zu diesem Zeitpunkt — nach dem PVB-Skandal — der Stern von Koch zu sinken begonnen. Vielleicht befürchtete Sturz auch, selbst in den Skandal hineingezogen zu werden, zumal die Vergabe der Theater an Lazar in seine Amtszeit gefallen war. Wie in 4.2.1) ausgeführt, saß auch Sturz' *Vera Institute of Justice* in Lazars *Candler Building*. Derartige *Revolving Doors* sind bei US-Medien nichts Ungewöhnliches — so war Jack Rosenthal selbst in den 70er Jahren hochrangiger Beamter der Johnson-Regierung gewesen, während Rosenthals Stellvertreter Leslie Gelb aus dem Pentagon kam.[651] Auch

---

648 Im Gespräch mit der Autorin am 10. August 1998
649 Sturz, in: NYT, 6. August 1988
650 Im Gespräch mit der Autorin am 6. November 1998
651 Elfenbein, 1995, S. 115

Sturz' Vorgänger am *Editorial Board*, Roger Starr, war aus der *Housing Administration* der Stadt gekommen. Gleichwohl hatte der Vorgang bei Kritikern des Times-Square-Projektes Aufsehen erregt. Denn das bedeutete, dass Sturz, einer der Protagonisten des Vorhabens, dieses auch weiterhin unterstützen würde, auf einer anderen, aber keinesfalls weniger mächtigen Ebene.

Auch die wirtschaftliche Situation der *Times* hatte sich mit dem Boom der 80er Jahre erheblich verbessert. Die Anzeigen waren bis Ende 1987 auf ein Rekordhoch von 123 Millionen Zeilen pro Jahr gewachsen. Zwar wurde der Bau eines neuen Hauptquartiers immer noch nicht verwirklicht, jedoch wurde nun der Bau einer 40 Millionen Dollar teure Druckerei für eine Tochterzeitung nahe Atlanta geplant. Eine sogar 400 Millionen teure Druckerei für die *Times* selbst sollte in New Jersey entstehen, die größte Investition, die die Company jemals getätigt hatte. Damit sollten dickere Sonntagsausgaben gedruckt werden können, nachdem die Ausgabe vom 13. September 1987 — wieder ein Rekord — 1602 Seiten gehabt hatte.[652]

Im Oktober 1987 sackte jedoch mit dem Börsenkrach auch der Kurs der *Times*. Die Probleme sollten erst nach und nach spürbar werden, als aufgrund von zahlreichen Firmenkonkursen das Anzeigengeschäft einbrach — bis 1989 hatte die *Times* 40 Prozent ihrer Anzeigen verloren, die Gewinne waren erstmals in der Dekade zurückgegangen. Jedoch war schon 1987 klar, dass es nicht mehr so weitergehen konnte. „Suddenly we were no longer talking about the Grand Plan but how to control the descent", sagte Arthur Ochs Sulzberger Jr, der Sohn von „Punch" Sulzberger, der bald darauf die Geschäftsführung der *Times* übernehmen sollte.[653]

Die geplante Druckerei in New Jersey wurde erst 1997 verwirklicht. 2000 — nach dem *Cleaning Up* — griff die *Times* ihre Baupläne wieder auf und kündigte den Bau eines Wolkenkratzers im Projektgebiet an, der ebenfalls mit erheblichen Steuervorteilen behaftet sein wird.[654] Dies wirft ein interessantes Schlaglicht auf die Frage, wieweit die Zeitung selbst von der Aufwertung des Times Square profitieren wird (vgl 5.5.2).

5.3) Die Beiträge der New York Times zum Cleaning Up

Dass die *Times* Anfang der 90er Jahre begann, sich weit über eine Berichterstattung hinaus am Times Square zu engagieren, liegt m. E. im Wesentlichen an der Übernahme der Geschäftsführung durch Sulzberger Jr., eine Einschätzung, die auch von diesem geteilt wird. „Es war nicht so sehr die Sache meines Vaters, sich um so etwas im Detail zu kümmern", sagt Sulzberger Jr. Der Verleger wird von Ex-Chefredakteur Frankel „smart, energetic, and opinionated" genannt, er sei „elaborately prepared for his princely functions through years of reporting, editing, marketing, and production duties at *The Times*" gewesen.[655] Tifft/Jones beschreiben ihn in ihrem Buch über die Sulzberger-Familie folgendermaßen:

> „From his first day on the job, Arthur Jr. was a publisher unlike any *The New York Times* had seen since the young Adolph (...). Arthur Jr. had no interest in pledging measured reform. From the moment he became publisher, he was like a silversmith, noisily banging *The New York Times* into a shape that reflected his own values, beliefs, and personality. (...). Arthur wanted everyone to know he had the power. ‚Arthur feels he has to make decisions publicly, with everyone watching', said corporate attorney Mike Ryan."[656]

---

652 Tifft/Jones, 1999, S. 606
653 Tifft/Jones, 1999, S. 608

654 Bagli, in: NYT, 14. Oktober 1999
655 Frankel, 1999, S. 505
656 Tifft/Jones, 1999, S. 648-649

Die gleiche Haltung legte Sulzberger Jr. am Times Square an den Tag — zupackend und nach eigener Aussage immer bestrebt, to „keep the lines of communication open". Auslösendes Moment für sein Engagement sei gewesen, dass es für die *Times* schwieriger geworden sei, Journalisten von der *Washington Post* oder der *Los Angeles Times* abzuwerben. „Die wollten nicht in diesem Höllenloch arbeiten, weil sie sich vor dem Weg zur U-Bahn oder zum Busbahnhof fürchteten, obwohl das nur anderthalb Blocks waren." Das habe ihn dazu gebracht, „Part of the Process" zu werden und den *Times Square BID* zu gründen.

Zur Vorgeschichte um die Gründung des *Times Square BID* gehört die Gründung der Bryant Park *Restoration Corporation*, die 1989 ihre Arbeit begann. Bryant Park, an der 42nd Street zwischen *New York Public Library* und Sixth Avenue gelegen, war „a haven für drug dealers and petty criminals," ein Treff von Obdachlosen und Alkoholikern, von Anwohnern, insbesondere Frauen, gemieden.[657] Die Initiative zur Gründung ging von Andrew Heiskell aus,*Vice Chairman* der *Public Library* und *Chairman* der Verlages Time Inc., der später mit Warner Bros. zu Time Warner (heute: AOL Time Warner) fusionieren sollte. Heiskell ist auch der Ehemann von Sulzbergers Jr. Tante Marian Heiskell. Zu den Mitgliedern der *Bryant Park Restoration Corporation* zählen der Kabelkanal HBO — eine Time-Warner-Tochter — und die Telefongesellschaft NYNEX.[658] Nach Messinger gab es nur ein Gebiet, das so oft wie der Times Square Gegenstand von *Times*-Artikeln war, nämlich der Bryant Park.[659]

Die *Corporation* engagierte Dan Biederman als Geschäftsführer, dem es mit Hilfe privater Sicherheitskräften gelang, unerwünschte Elemente aus dem Park zu entfernen und ihn wieder für die Anwohner nutzbar zu machen, insbesondere für Angestellte, von denen hier nun viele ihre Mittagspause verbringen. Jedoch wird der Park abends geschlossen, und er ist grundsätzlich privatisierter öffentlicher Raum. Biederman übernahm später die *Grand Central Partnership* und den *34th Street BID*. 1995 macht er Schlagzeilen, weil den Ordnungskräften der *Grand Central Partnership* nachgesagt wurde, sie vertrieben Obdachlose mit Hilfe von Schlägertrupps („goon squads") aus dem Bahnhof.[660] Die Vorwürfe wurden nie restlos geklärt, sollten aber der Reputation der Partnership einen nachhaltigen Schaden zufügen. Bryant Park war der Beweis, so Sulzberger Jr., dass man einen Platz mitten in der Stadt, wo sich viele fragwürdige Subjekte aufhielten, aufräumen konnte. Dies war die Initialzündung für die Gründung des *Times Square BID*, den Sulzberger Jr. mit Gerald Schoenfeld, dem Chef der Shuberts, ins Leben rief. Schoenfeld sagt, die *Times* sei immer schon besorgt um das Areal gewesen, habe sich aber nie einmischen wollen, weil das als Eigeninteresse verstanden worden wäre. Aber dann wurde es so schlimm, dass diese Einstellung aufgegeben wurde. Und Sulzberger Jr. habe gewollt, dass sich etwas ändere.[661]

5.3.1) Der *Times Square* Business Improvement District

BIDs gibt es in den USA seit den 70er Jahren. In der Gesetzgebung des Staates New York wurden sie 1983 verankert, vor dem Hintergrund, dass „government has steadily reduced street cleaning and trash pickups in commercial streets since the fiscal crises of 1975, [so] there is a real incentive for business and property owners to take up the slack".[662] Von den

---

657 MacDonald, in: The City Journal, Frühjahr 1996, S. 32
658 Zukin, 1995, S. 29
659 Im Gespräch mit der Autorin am 20. August 1998

660 Lambert, in. NYT, 14. April 1995
661 Im Gespräch mit der Autorin am 14. Dezember 1998
662 Zukin, 1995, S. 33

New Yorker BIDs seien die in Manhattan am reichsten, da hier die Immobilienwerte und die Umsätze der Geschäfte am höchsten seien, so Zukin. Die BIDs von Manhattan hätten mehr Ressourcen als die von Brooklyn oder Queens, bis dahin, dass sie Lobbyisten bezahlen könnten, die sie gegenüber der Stadt und dem Staat vertreten. BIDs übernehmen Aufgaben der öffentlichen Hand, ihre *Board of Directors* und ihre Manager werden aber nicht von allen Anwohnern gewählt, sondern nur von den *property owners*. Die Installation eines BID bedeutet somit ein Stück Entstaatlichung und mehr Kontrolle des *business* über den öffentlichen Raum. Zwar ist die Vermischung von *private* und *public* in den USA üblicher als in Deutschland (vgl. 2.1), 2.2), gleichwohl verursacht dies auch dort Unbehagen. Zukin schreibt: „Do urban BIDs create a Disney World in the streets, take the law into their own hands, and reward their entrepreneurial managers as richly as property values will allow?" Es drohe ein „scenario of drastic privatisation, with BIDs replacing the city government".[663]

a) BIDs in New York

BIDs in New York waren erstmals 1995 Gegenstand einer kritischen Untersuchung. Aus ähnlichen Überlegungen heraus wie Zukin, aber auch nach Beschwerden von *property owners* ließ der *City Council* eine Studie anfertigen.[664] Dafür wurden alle BIDs gebeten, ihre Bücher offen zu legen, um zu prüfen, „whether they have amassed too much power without adequate oversight".[665] 1995 gab es 34 BIDs in New York, davon neun in Manhattan. Die Zahl sollte bis 1997 auf 60 wachsen und wächst weiter. 1994 deckten die New Yorker BIDs der Studie zufolge mehr als 550 Blocks ab, 1995 sammelten sie 42 Millionen Dollar ein — 12,5 Millionen Dollar mehr als alle *Borough Presidents* zusammen. 1995 reichten die Budgets der BIDs von 67.700 Dollar (White Plains) bis 10.440.000 Dollar (Grand Central), der *Times Square BID* mit einem Budget von 5.076.000 Dollar war der drittreichste. Der Aufgabenbereich eines BID hängt von der Höhe der Zahlungen der Mitglieder ab, zu denen diese gesetzlich verpflichtet sind, im Wesentlichen umfasst er *security, sanitation, social services*. Zwar hätten BIDs, so die Studie, grundsätzlich einen positiven *impact,* aber es wurde eine Reihe von Kritikpunkten artikuliert. So muss zwar die Zustimmung der Mehrheit der *property owners* eingeholt werden, wenn ein BID gegründet wird, es sei allerdings fast unmöglich, den BID wieder aufzulösen.

BIDs werden vom städtischen *Department of Business Services* überwacht, aber fast nur während der Gründungsphase, denn es gebe nicht die Ressourcen, BIDs auch danach zu kontrollieren. Auch dem *Board of Directors* des BID gelinge das oft nicht. Bei großen BIDs seien die *Board Members* zwar oft prominente Mitglieder der *business community*, jedoch widmeten sie der Kontrolle des BID nicht genug Zeit. Weniger als die Hälfte der *property owners* waren überzeugt, ihr Geld sei gut angelegt. Viele wüssten nicht genau, was der BID mit dem Geld mache und wie hoch die Verwaltungskosten seien, die bei einzelnen BIDs 40 bis 50 Prozent erreichten. Auch die Gehälter der BID-Manager seien nicht immer bekannt. Drei davon verdienten mehr als der *Mayor*, andere mehr als der *Police Commissioner* oder der *Sanitation Commissioner*. Bei einigen BIDs gehörten *Board Members* Firmen an, mit denen der BID Service-Verträge hätten. BID-Manager wiederum hatten oft den Eindruck, wegen ihrer Tätigkeit verringere die Stadt den *sanitation service*.

Während der *Times Square BID* in der Studie nicht negativ erwähnt wird, wird ein anderer BID vom*City Council* kritisiert Die *Grand Central Partnership* von Dan Biederman, die sich im gleichen Jahr auch der erwähnten *goon squad*-Vorwürfe zu erwehren hatte. Der *Times* zufolge distanzierten sich bei einem dieser Untersuchung folgenden

---

663 Zukin, 1995, S. 34
664 Council of the City of New York, 1995
665 Lueck, in: NYT, 19. April 1995

Hearing 27 New Yorker BIDs von Biederman, dem auch vorgeworfen wurde, mit dem Geld der *Grand Central Partnership* einen BID in New Jersey gegründet zu haben.[666]

b) Die Gründung des Times Square BID

Der *Times Square BID* wurde Anfang der 90er Jahre im Haus der *New York Times* an der W. 43rd Street gegründet, das Gründungstreffen war im Konferenzsaal, wo die *Times* alle Gäste empfängt. Hierher lud Sulzberger Jr. mehrfach Mitglieder der Times Square-*Community* ein. Diese sei damals aber derart zerstritten gewesen, dass der erste Gründungsversuch 1990 abgebrochen werden musste und erst ein halbes Jahr später wieder, in den gleichen Räumen, aufgenommen wurde. Sulzberger musste eigens einen *consultant* anheuern, um die Parteien überhaupt an einen Tisch zu bringen. Auch sonst investierte der Herausgeber viel seiner eigenen Zeit (und Geld) in die BID-Gründung. „Wenn ich vorher gewusst hätte, wie lange das dauert und wie schwierig es wird, hätte ich es nicht getan, oder es mir zumindest noch einmal gründlich überlegt", sagt Sulzberger heute.[667] Neben Schoenfeld von den Shuberts seien auch George Klein und William Zeckendorf von Anfang an dabei gewesen. Klein als immer noch potenzieller Developer hatte ein hohes Interesse, am Times Square aufzuräumen. Die Zeckendorfs waren alteingesessene Immobilienentwickler, Zeckendorf Sr. hatte mit Moses und den Rockefellers das UN-Hauptquartier errichtet und weiteren Grundbesitz mit John Jacob Astor IV entwickelt, darunter die *Lincoln Towers*.[668] Zeckendorf Jr. hatte im *Theatre District* mehrere Großprojekte errichtet, darunter das *World Wide Plaza* an der Eighth Avenue sowie das *Holiday Inn Crowne Plaza* am Broadway.

Für Sulzberger Jr. gab es „two major headaches" beim Gründungsprozess. Der eine sei Seymour Durst gewesen,[669] der andere Dan Biederman. Biederman habe mit allen Tricks hinter den Kulissen versucht, Präsident des *Times Square BID* zu werden, nachdem er bereits die zwei reichsten BIDs der Stadt — Grand Central und 34th Street — sowie Bryant Park unter seine Kontrolle gebracht hatte. Biederman habe sich als Geschäftsführer beworben, „but I didn't hire him", sagt Sulzberger. Danach habe Biederman versucht, einen BID für die Sixth Avenue zu gründen, um das potenzielle Gebiet des *Times Square BID* zu beschneiden, und habe außerdem versucht, einzelne Grundbesitzer zu überreden, dass sie sich nicht beim *Times Square BID* beteiligten. Der Verleger hält die Art und Weise, wie Biederman seine BIDs führt, für nicht nachahmenswert: So habe Biederman lange versucht, sein Gehalt (315.000 Dollar im Jahr, d. A.) geheim zu halten, bis sie das ihrer Präsidentin veröffentlicht hätten. Auch klebten „over there" heute (1999) immer noch die gleichen Menschen an ihren Posten, während beim *Times Square BID* der *Chairman* schon mehrmals rotiert habe.[670]

President, also Geschäftsführerin des *Times Square BID* wurde am 20. November 1991 Gretchen Dykstra.[671] Das war überraschend, da über andere Namen spekuliert worden war. Dykstra war damals Direktor der *National Video Resources*, ein Project der *Rockefeller Foundation*, zuvor war sie *Director for Communications and Community Relations* der *New York City Charter*

---

666 Lueck, in: NYT, 19. April 1995. Biederman wurde 1998 auf politischen Druck von Giuliani als Präsident der Grand Central Partnership abgesetzt. Siehe auch: Goldberger, in: The New Yorker. 8. November 1999
667 Im Gespräch mit der Autorin am 10. März 1999
668 Jackson, 1995, S. 62
669 Anm. d. A.: Dem Herausgeber war allein die Nennung des Namens Durst sichtlich derart zuwider, dass Fragen nach Details nicht angebracht schienen.
670 Vor diesem Hintergrund gewinnt die Berichterstattung der New York Times über Biedermans „Goon Squads" eine ganz neue Bedeutung, falls man an Verschwörungstheorien glaubt.
671 Crain's, 7. Oktober 1991.

Revision Commission gewesen.⁶⁷² Dykstra gehört — wie Weisbrod und ihr Nachfolger Brendan Sexton — zu den Demokraten, die aus der Politik in die Wirtschaft wechselten, als (oder kurz bevor) der Republikaner Giuliani Bürgermeister wurde. Sulzberger selbst stellte die Präsidentin der Öffentlichkeit vor. Er hatte Dykstra — nach seiner eigenen Darstellung — am Flughafen von Maine kennengelernt, wo er seinen Sohn abgeholt habe. Wegen eines Gewitters sei der Flug nach New York gestrichen worden, deshalb habe man gemeinsam einen Mietwagen genommen. Er habe von ihr einen guten Eindruck gewonnen und ihr empfohlen, sich für die Geschäftsführung zu bewerben. Der Verleger ist nicht nur *Chairman* der BID, sondern auch Vorsitzender des *Search Committees*, dessen Aufgabe es war, die Geschäftsführung für die BID zu finden.⁶⁷³

Am 1. Januar 1992 nahm der *Times Square BID* die Arbeit auf. Als Dykstra vom New York Newsday gefragt wurde, ob die *Times* und die Theatereigner — was hieß, die Shuberts — den BID kontrollierten, sagte sie: „The New York Times is a business in the neighborhood. Arthur is the very able chair of our board. Does he call the shots? No". Auf die Frage, ob die Gründung des BID eine Reaktion darauf sei, dass es der UDC nicht gelungen sei, am Times Square aufzuräumen, sagt sie: „No. It took Arthur (...) almost two years to set up the BID. Nobody knew two years ago that the UDC would run into problems with the developers on 42nd Street."⁶⁷⁴ Beides ist m. E. nicht korrekt: Sulzberger hat, wie aus den vorausgegangenen Ausführungen klar geworden ist, großen Einfluss innerhalb des BID und in den 90er Jahren waren die Probleme der UDC mit dem Projekt bereits mehrfach thematisiert worden.

Dykstra hat Ende 1998 den BID verlassen, ihr Nachfolger wurde Brendan Sexton, zuvor Geschäftsführer der *Municipal Art Socie-*

ty. Sexton zufolge hat der BID nunmehr die Mehrheit der Eigentümer und Leasingnehmer hinter sich. Sulzberger Jr. ist inzwischen *Chair* des *Nominating Committee* des BID, das die Mitglieder des Aufsichtsrates aussucht und auch wichtige Personalentscheidungen trifft. Wie wichtig ist Sulzberger Jr. heute für den BID? „Arthur ist nicht der gebieterische Typ, aber gegen ihn werden innerhalb des BID kaum Entscheidungen getroffen — allenfalls zwei oder drei bisher", sagt Sexton.⁶⁷⁵

Inzwischen hat auch Sexton den BID wieder verlassen — genaugenommen wurde er fristlos gekündigt, und zwar wenige Tage nach seinem letzten Gespräch mit mir. Sexton habe, hieß es von BID-Mitgliedern, zu selbstständig gehandelt und das *Board of Directors* nicht hinreichend in seine Entscheidungen eingebunden. Auch Sulzberger Jr. soll an der Entlassung nicht ganz unschuldig gewesen sein, sagen *Times*-Mitarbeiter. Sexton arbeitet inzwischen für Durst.

c) Der BID und sein Kampf um Sauberkeit und Sicherheit

Das Gebiet des *Times Square BID* wird begrenzt von der 41th Street, der Eighth Avenue, der 53rd Street und einer Linie zwischen Broadway und Sixth Avenue, die so mitten durch die Blöcke gezogen ist, dass die Theater am Broadway in das BID-Gebiet fallen, nicht aber die Hochhäuser an der Sixth Avenue (vgl. Anhang 9.1.1). Der BID repräsentiert ungefähr 400 Grundeigentümer und 5000 Betriebe. Zum BID gehören fast alle 37 Broadway-Theater, die drei Theaterorganisationen — Shuberts, Nederlander und Jujaminc —, die *League of American Theatres and Producers* und die Bühnengewerkschaft *Actors Equity*. Dazu kommen Medienunternehmen, neben der *Times* Bertelsmann, Viacom, Condé Nast, Disney, ABC, ESPN, Warner Bros. und Reuters, außerdem Immobilienfirmen, Anwälte und Banken wie Mor-

---

672 NYT, 21. November 1991
673 Goldstein, 1. September 1998
674 Newsday, 4. Juni 1992

675 Im Gespräch mit der Autorin am 7. August 2001

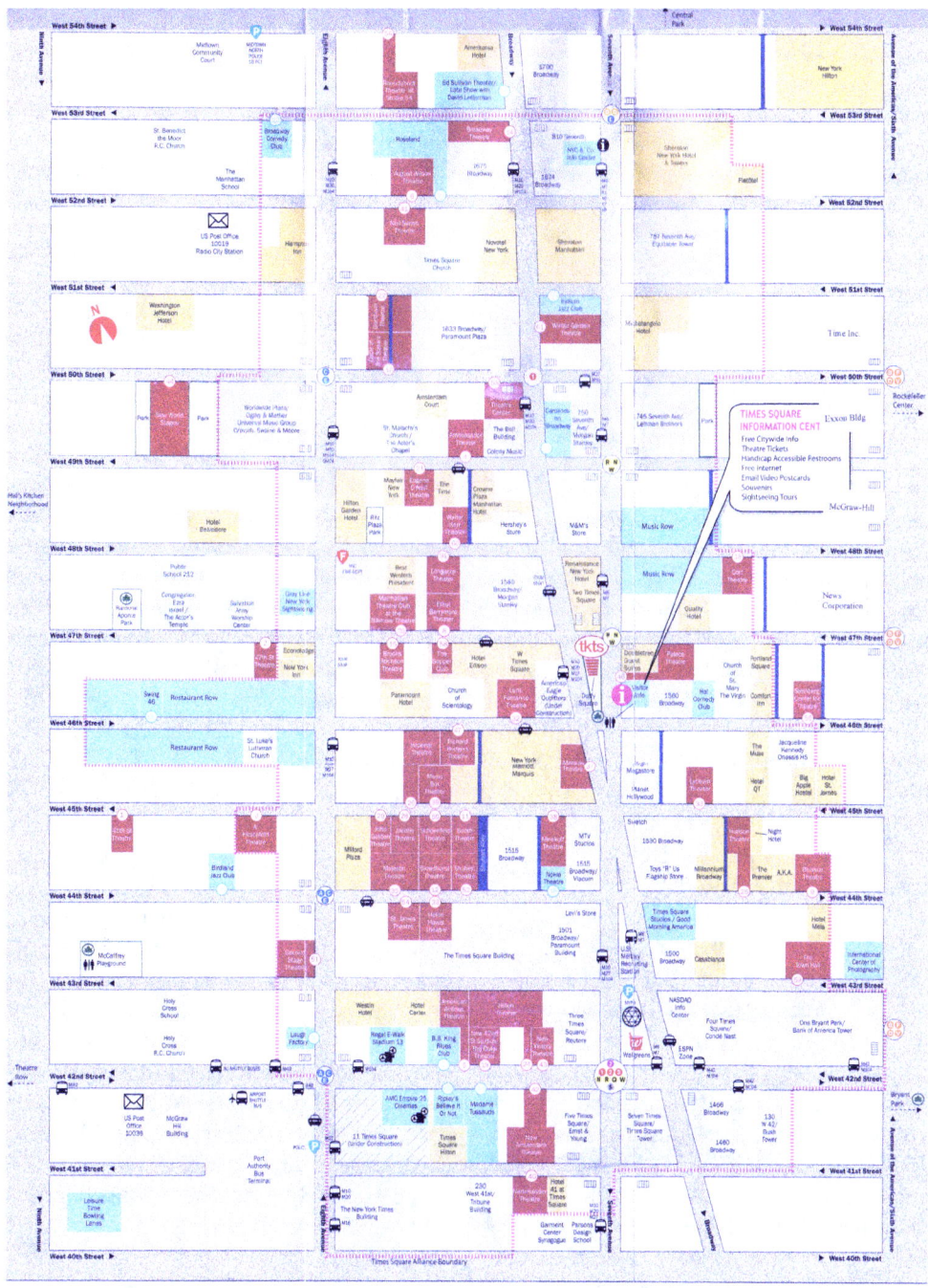

Das Gebiet des Times Square Business Improvement District zwischen Sixth und Eighth Avenue sowie W. 41st und W. 53rd Street, innerhalb der gestrichelten roten Linie, im Jahr 2010. Die Theater sind rot, die Hotels gelb, die Bürohäuser grau, und die Attraktionen blau. In den Kreisen sind die U-Bahn-Haltestellen eingezeichnet.

gan Stanley, Rudin, Tishman, Durst, Prudential und Newmark, dazu sechs Kirchen, 20 Hotels, mehr als 200 Restaurants sowie Vertreter von Stadt und *Community Groups*.

Der BID hat *Class A-Members* (Grundeigentümer), *Class B* - und *Class C- Members* (Gewerbe- und Wohnungsmieter), *Class D-Members* (Vertreter der Stadt und des *Boroughs*) und *Class E-Members* (*Community Board*). Nur *Class A-Members* kommen für die Beiträge auf. Der Beitrag beträgt 0,2 Prozent des *assessed value* bei *commercial property* und 0,1 Prozent bei *mixed use property*.[676] Die BID-Beträge erreichen bei den größten Grundbesitzern 1000 Dollar am Tag,[677] die *Times* zahlt etwa 80.000 Dollar im Jahr, Disney 20.000 Dollar im Jahr. Auch die UDC unterstützt den BID finanziell, ist jedoch nicht Mitglied. Alle *Members* wählen das 47-köpfige ehrenamtliche *Board of Directors*, wobei die Class A-*Members* die Mehrzahl der Direktoren stellen, höchstens aber 24. Das *Board of Directors* wählt den *Chairman* und den *President*. *Chairman* war 1999 Robert Kaufman von Proskauer Rose.[678]

Der *Times Square BID* hatte 1998 einen Etat von 5,94 Millionen Dollar (das prognostizierte Budget von 2002 ist 7,4 Millionen Dollar). Davon schickt der BID rund 80 uniformierte, mit Walkie-Talkies ausgerüstete *Officers* rund um die Uhr auf Patrouille, hat zwei Wachstationen installieren lassen, dazu Lampen im ganzen *District* und ein Überwachungssystem mit 45 Kameras. Die Ordnungskräfte des BID arbeiten mit der Polizei zusammen, was das Aufgreifen von *Three-Card-Monte-Players*, Verkäufern von gefälschter Markenware, Taschendieben, Drogenhändlern und Prostituierten betrifft.[679] Zwar dürfen sie niemanden festnehmen, ihr Zeugnis gilt aber als *supporting affidafit*,

was heißt, soviel wie das eines Polizisten.[680] Der BID setzt *sanitation crews* mit 50 Arbeitern ein, die auch Kleinkriminelle überwachen, die zum *community service* verurteilt wurden (vgl 5.3.2). Obdachlose werden als Müllmänner verpflichtet und erhalten dafür von der St. Luke's Church Schlafplätze, Medikamente und Essen. Kooperieren sie nicht, werden sie angehalten, sich zu entfernen. Nach Dykstra waren die Bürgersteige vor der BID-Gründung nach städtischer Einordnung nur 54 Prozent der Zeit sauber, nun seien sie über 90 Prozent der Zeit sauber.[681]

Der BID betreut außerdem die 25-30 Millionen Touristen, die jedes Jahr den Times Square besuchen.[682] Dafür wurde 1998 das *Embassy*-Theater als *Visitors Center* hergerichtet. Der BID organisiert auch Touren und Veranstaltungen, deren erste war eine kostenlose öffentliche Theatervorführung für die *National Convention* der Demokraten im Juli 1992.[683] Andere BID- Veranstaltungen sind *Broadway on Broadway*, eine Open-Air-Musicalshow, das Straßenfest *Tastes of Times Square* und die Feier des *New Years Eve* mit dem *Ball Drop*, den *Times*-Verleger Adolph Ochs 1908 erfunden hatte. Zudem schaltet der BID Anzeigen für den Times Square und ist für die Pressebetreuung zuständig. 1999 legte er ein Konzept zur Organisation des Fußgängerverkehrs vor. Kurz, er kontrolliert den öffentlichen Raum am Times Square.

Insbesondere der *Ball Drop* hat sich zu einem gigantischen Medienereignis entwickelt, mit hunderten von Millionen TV-Zuschauern und über einer Million Besucher am Times Square selbst. Bei der Millenniumsfeier wurde das zum *Ball Drop* stattfindende Fest 24 Stunden lang (in Ausschnitten) weltweit auf CNN ausgestrahlt, während umgekehrt die Silvesterfeiern aller Länder der Erde 24 Stunden lag auf Großbild-Lein-

---

[676] Playbill, June 1992
[677] Young, in: Daily News, 30. März 1992.
[678] Times Square Business Improvement District: Board of Directors Briefing Book 1998/1999
[679] Prostitution ist in den USA illegal.

[680] Dykstra im Gespräch mit der Autorin am 17. August 1998
[681] Dykstra, in: McNamara, 1995, S. 76
[682] Times Square BID, Annual Report 1998, S. 10
[683] Collins, in: NYT, 16. Juli 1992

wände am Times Square übertragen wurden. Dazu gab es entsprechendes Merchandising, etwa den Verkauf von Ansteckern in Form kleiner Kristallbälle. Die *Times* steht immer noch hinter der Veranstaltung, wenn auch nicht mehr so deutlich sichtbar wie früher: So war Sulzberger Jr. 1999/2000 *Chairman* des *Times Square 2000 Organisation Committees*. Die Zahl der Artikel, die die *Times* allein in Vorbereitung auf die Millenniumsfeier veröffentlichte, ging in die hunderte.

Ein Konflikt am Times Square, in den sich BID und *Times* eingeschaltet haben, spielte sich Mai/Juni 2000 ab. Die *National Rifle Association* (N.R.A.) wollte ein Themenrestaurant nebst elektronischen Schießspielen am Times Square aufmachen und war im Gespräch mit Charles Moss, dem Eigentümer der ehemaligen *Criterion Site* am Broadway zwischen 44th und 45th Street, wo sich das alte Criterion-Kino befand. Die N.R.A ist die offizielle Lobby der Waffenbefürworter. Die *Times* schoss aus allen Rohren dagegen — immerhin war es endlich gelungen, den Platz von Waffen tragenden Subjekten zu befreien —, und Sexton wird als *President* des *Times Square BID* in der *Times* zitiert: „it's my job to treat them as a neighbor (...) But (...) it's very hard to look on a business whose focus is shooting and feel that this is a happy development".[684] Die N.R.A. nahm wenig später von den Plänen Abstand. Sexton sagt heute, er glaubt, der Plan sei niemals ernst gemeint gewesen, die N.R.A. habe nur einen „publicity stunt" veranstaltet.[685] Er habe mit so gut wie allen Grundeigentümern geredet, auch mit Moss, keiner von denen habe beabsichtigt, an die N.R.A. zu vermieten, weil das den Ruf ihres Gebäudes beschädigt hätte und weil man dann kein *family entertainment* mehr hätte einquartieren können. Dies zeigt auch, wie sehr sich der BID in Fällen engagiert, die den mühsam restaurierten Ruf des Quartiers wieder beschädigen könnten.

Der BID hatte sich zunächst nur um *security* und *sanitation* gekümmert. 1994 kam ein Betätigungsfeld hinzu, bei dem BID und Stadtverwaltung noch enger zusammenarbeiteten: Der Kampf gegen *sex shops* — nicht ganz unproblematisch vor dem Hintergrund, dass auch die Vermieter von Pornoläden für den BID Gebühren zahlen. Die Zusammenarbeit gipfelte 1998 in einem Gesetz, das *adult uses* in ganz Manhattan stark einschränkte. Zwar waren die Pornokinos und *sex shops* an der West 42nd Street selbst bereits mit der Enteignung durch die UDC beseitigt worden, jedoch gab es 1979 im *Theatre District*, also innerhalb der Grenzen des BID, Dykstra zufolge 121 solcher Läden. 1998 seien es nur noch 19 gewesen.

1993 gab der BID eine Studie in Auftrag, die den Zusammenhang zwischen *sex shops* und Kriminalität einerseits und Grundstückswerten andererseits an der Eighth Avenue untersuchen sollte.[686] Dort hatte sich nach den Enteignungen an der 42nd Street das *sex business* etabliert. 1993 gab es dort 43 solche Läden. (Das beweist übrigens, dass Porno, das aus der 42nd Street heraussaniert wurde, oft nur verlagert wurde.) Zeitgleich diskutierte der *City Council* ein *zoning law*, das *adult business* unterbinden sollte. Das *Department of City Planning* ließ in einer Studie sechs Gebiete mit *sex use* untersuchen und kooperierte dabei mit dem BID.[687]

Der BID untersuchte vier Blöcke, davon drei an der Eighth Avenue zwischen 45th und 48th Street, der vierte die 42nd Street zwischen Seventh und Eighth Avenue. Zum Vergleich wurden vier Blöcke ohne Porno an der Ninth Avenue auf gleicher Höhe herangezogen. Was Kriminalität betraf, gab es der BID-Studie zufolge mehr Vorfälle in den Untersuchungsblöcken als in den Kontrollblöcken. Zwischen Juni und August 1993

---

684 Ramirez, in: NYT, 20. Mai 2000
685 Im Gespräch mit der Autorin am 7. August 2001

686 Times Square BID: Report, 1994
687 New York City Department of City Planning: Adult Entertainment Study, 1994. Dykstra bemerkte mir gegenüber, City Planning habe nur von ihnen abgeschrieben, statt selbst Daten zu sammeln und dann die geistige Arbeit des BID als die des Departments ausgegeben.

gab es 333 kriminelle Aktivitäten an der Eighth Avenue, davon allerdings 135 an der West 42nd Street — der UDC-Abschnitt, der porno-frei war —, während es an der Ninth Avenue 183 solcher Taten gab.[688]

Eine direkte Korrelation zwischen Kriminalität und der Feinverteilung von *adult uses* innerhalb der Blöcke gebe es jedoch nicht, so die Studie weiter. Die Werte für Drogenhandel verteilen sich ähnlich. Was Prostituierte betrifft, waren die Ergebnisse praktisch umgekehrt: Es gab zwischen dem 12. Oktober 1993 und dem 28. Februar 1994 fünf Festnahmen an der Ninth Avenue, 20 Festnahmen an der Eighth Avenue, aber 24 Festnahmen westlich der Ninth Avenue. Diese Korrelationen ändern sich immer wieder, was die Studie darauf zurückführt, dass sich der Focus der *police activity* verschiebe. Zudem halte sich am Times Square weit mehr Publikum auf als an der Ninth Avenue — laut BID im Schnitt 1,5 Millionen am Tag.[689]

Was die Bodenwertsteigerungen betrifft, ist die Studie noch weniger aussagekräftig. Zur Grundlage wurde der *assessed value*[690] herangezogen, der meist unter dem Marktwert liegt. Marktwerte wurden nicht verwendet, da sie angeblich nicht zur Verfügung standen. Der *assessed value* stieg zwischen 1985 und 1993 an der Eighth Avenue um 65 Prozent, an der Ninth Avenue aber um 91 Prozent. Der *assessed value* an der 42nd Street zwischen Seventh und Eighth Avenue stieg um 48 Prozent, im Kontrollblock an der Ninth Avenue und 42nd Street um 55 Prozent. Dabei stieg der *assessed value* dort, wo an Porno vermietet worden war, allerdings stärker als bei anderen Gebäuden, wohl, weil *sex business* vergleichsweise hohe Mieten bezahlt, vielleicht aber auch, weil sich neben *sex shops* sonstiges Gewerbe nur ungern ansiedelt, was den *assessed value* dort drückt. Die Untersucher räumen selbst ein, dass sich aus den Daten der einzelnen Grundstücke kein Muster ablesen lasse. Zudem lassen diese Zahlen unberücksichtigt, dass es in den Blöcken an der 42nd Street und Eighth Avenue bereits um 1982/83 hohe Steigerungen des *assessed value* gegeben hat (Anhang 9.2). In ganz Manhattan stiegt der *assessed value* im gleichen Zeitraum um durchschnittlich 61 Prozent.

Die BID-Leute haben auch mit Grundeigentümern gesprochen, allerdings kaum mit Betreibern von *sex shops*. Bei diesen Gesprächen hätten „many property owners, businesses, experts and officials provided anecdotal evidence [sic!] that proximity to adult establishments hurts businesses and property value".[691] Die oben erwähnte Studie des *Department of City Planning* führt zusätzlich aus, dass es sich bei der Sexindustrie um ein boomendes Geschäft handelt: So setze die „topless club industry" in New York City 50 Millionen Dollar pro Jahr um und beschäftige 1500 Tänzerinnen, die Zielgruppe seien „young businessman with money to spend".[692] Grundsätzlich gehe aber das *sex business*, verglichen mit den 70er Jahren, zurück.

Was die nicht zur Verfügung stehenden Markwerte für die Grundstücke angeht, hätten die Datensammler des BID allerdings auf die Daten der UDC für die 42nd Street zurückgreifen können: Die Hochhaus-Grundstücke wurden — wie in 4.4.2) ausgeführt — 1984 von der UDC mit 88 Millionen Dollar bewertet, das war der Betrag, den Klein ursprünglich hätte aufbringen sollen. Tatsächlich bezahlt wurden um 1991 allein für die Grundstücke mehr als 200 Millionen Dollar, und insgesamt rund 400 Millionen Dollar. Das entspricht einer mindestens 300-prozentigen Wertsteigerung trotz exzessiver pornografischer Nutzung.[693]

Es ist nicht verwunderlich, dass Pornonut-

---

688 Times Square BID, 1994, S. 32
689 Times Square BID, 1994, S. 15
690 Ein amtlich festgelegter Wert als Ausgangspunkt für die Grundsteuer

691 Times Square BID, 1994, S. III
692 New York City Department of City Planning, 1994. S. 17-18
693 Es sei denn, die UDC hat den damaligen Marktwert von 88 Millionen Dollar wissentlich zu niedrig angesetzt

zung preistreibend ist: Sie bringt hohe Mieten, lässt sich rasch kündigen und erfordert kaum Investitionen. Damit erlaubt sie bei laufender Rendite einen kontrollierten Verfall der Bausubstanz im Hinblick auf späteren Abriss und Verdichtung. Ähnlich sehen das auch viele Grundstückseigner, wie es Jeffrey Katz, Geschäftsführer von Sherwood Equities Inc, formuliert: „... From the point of view of property owners in transitional neighborhoods like Times Square (...) these type of businesses are ideal in that they pay high rents and like short-term leases".[694] Bei *sex shops* handelt sich also eher um eine Nutzung, die der Aufwertung eines Gebiets vorangeht, als dass sie ihr entgegensteht. Ganz abgesehen davon sind Immobilienwertsteigerungen aus städtebaulicher Sicht nicht unbedingt erstrebenswert, sie bedrohten oft genug, wie die Geschichte des Times Square gezeigt hat, das *Legit Theatre*, das mit seinen eher bescheidenen Renditen nicht mithalten kann.

Trotz dieser fragwürdigen Datensammlung gelang es Dykstra, die Studie gegenüber der Stadt und der Öffentlichkeit als Beleg zu verwenden, dass Pornografie, Kriminalität und Grundwertverfall zusammenhingen, was auch der eigentliche Zweck der Studie war. Der für BIDs zuständige *Deputy Mayor* William Daly berichtet, die Ergebnisse dieser Studie seien in die Formulierung eines Gesetzes eingeflossen, *adult uses* im Umkreis von 500 Fuß von Wohnungen, Kirchen, Schulen oder anderen *adult uses* zu verbieten.[695] Wie Dykstra Lobbyarbeit für dieses Gesetz betrieb, beschreibt die *Village Voice*:

„Under Dykstra, the Times Square BID orchestrated a masterful campaign on behalf of the mayor's new zoning plan. She was tireless in appearances at block associations and community boards; she solicited celebrities (...) to testify at the City Council when zoning was being considered; she wrote personally to „relevant commissioners," „selected judges," and even the FBI (...); she even went undercover to study the industrie. (...) And the BID has been aggressive in discouraging its members from renting to sex shops. Dykstra even suggested using „guerilla tactics similar to ACT UP" to pressure landlords".[696]

Dabei standen Dykstra die Seiten der *New York Times* offen.[697] Zudem veröffentlichte die *Times* sieben *Editorials*, die dieses *zoning*-Gesetz befürworteten, so die *Village Voice* weiter. Dykstra war erfolgreich mit ihrer „aggressive campaign to get legislation passed that dramatically reduced the number of shops selling pornography and strip joints in Times Square". Und: „Without the BID's efforts, the Walt Disney Co. would probably not have chosen to invest so much money in revitalizing the neighborhood".[698] So sieht man das auch bei Prudential. Außerdem habe für Disney schon schlechthin die Existenz eines BID etwas Beruhigendes, und entspreche dem, was Disney aus Florida kenne (vgl 6.1.1).

Das Geschick von Dykstra sei gewesen, dass sie „skillfully promotes the interests of the BID without alienating nearby communities concerned about its poaching city services", meint Elliot Sclar, Professor für Urban Planning an der Columbia University.[699] So hätten einige BID-Mitglieder zunächst gewollt, dass die Stadt Porno völlig verbiete, dies aber nur am Times Square. Dykstra habe diese Leute überzeugt, lieber lediglich für eine Einschränkung statt für ein Verbot von Porno einzutreten, dies dafür aber stadtweit, um Verdrängung zu vermeiden und sich die Solidarität der übrigen BIDs zu versichern. Das — bis heute umstrittene — Gesetz gegen Porno wurde schließlich 1998 unter Giuliani verabschiedet.

---

694 Slatin, in: Crain's, 23. Oktober 1995
695 Daly, in: McNamara, 1995, S. 105
696 Goldstein, 1. September 1998, S. 33
697 Z. B.: Dykstra, in: NYT, 14. November 1993
698 Gabriel, in: Crain's, 1. September 1997
699 Breskin, in: Investor's Business Daily, 22. Mai 1997

Die für diese Arbeit relevante Frage ist aber nicht, ob pornographische Nutzung wertmindernd oder preistreibend, „gut" oder „böse" ist, sondern wieweit sich beim Kampf gegen Porno der Einfluss des — privaten — BID manifestiert hat, im Verhältnis zur öffentlichen Hand, d.h. der Stadt. Auch hierbei hat sich gezeigt — wie auch bei *sanitation*, und, wie im folgenden Abschnitt ausgeführt wird, bei *security* — dass der BID eine ganz wesentliche Rolle gespielt hat. Zwar ergriff die Stadt ebenfalls Maßnahmen, aber erst, nachdem der BID mit seinem Engagement begonnen hatte und zudem die Stadt durch die Zulieferung von Daten unter Druck gesetzt hatte. Mitchell Moss, Director des *New York University's Urban Research Center* meint: „Dykstra played a key role in setting the stage for the area's recent real estate boom." Und: „Gretchen Dykstra is the creative force behind the revival of Times Square".[700] Noch klarer sagt es Jeffrey Katz: „Gretchen is the Mayor of Times Square. (...) She's at the vortex of a very powerful, very big, very, very dynamic community with lots of money, lots of political clout and lots of egos and she manages it in an astoundingly artful way."[701] Dykstra wiederum ist, wie zuvor dargestellt, der verlängerte Arm von Sulzberger Jr. und der *New York Times*.

An der West 42nd Street, dem Projektgebiet, ist das 500-Fuß-Gesetz nicht von Belang, da fast aller Grund und Boden dem Staat oder der Stadt gehört. Jedoch stellt sich hier die Frage, ob es dieses Gesetz dem Staat erspart hätte, das Gebiet für viel Geld zu enteignen. Dies ist eine Ansicht, die etwa der frühere UDC-Chef William Stern vertritt. Bereits ab 1976 habe der *Supreme Court* begonnen, Städten zu erlauben *Zoning Regulations* gegen *adult business* einzusetzen, um *economic blight* zu verhindern.[702] In New York hatte sich allerdings das *Board of Estimate* dagegen ausgesprochen (vgl. 4.1.2). Dieses war zwar 1990 aufgelöst worden, jedoch war zu diesem Zeitpunkt die Enteignung am Times Square bereits so gut wie erfolgt.

Eine weitere Frage ist: Wer profitiert davon, dass Porno verdrängt wird? Die *Village Voice* portraitiert die Pornoladenbesitzer oft als Opfer der Sauberkeitskampagnen der Stadt, die dem *real-estate*-Interesse der Immobilienbesitzer diene, denn diese seien erst nach dem *Cleaning Up* in der Lage gewesen, teuer an *First Class Tenants* zu vermieten.[703] Die *Voice* nennt als Beispiel die Anwaltsfirma Cravath, Swaine & Moore, die erst in Zeckendorfs *World Wide Plaza* eingezogen sei, nachdem ein schwules Porno-Theater nebenan von der Stadt geschlossen worden sei. Von ähnlichen Beispielen berichtet die Verbandszeitschrift des *Real Estate Board of New York* (REBNY), die Lobby der Immobilienbesitzer. So habe ein Makler berichtet, dass die Mieten dreier Bürogebäude nahe einem *adult entertainment* niedriger seien und die Mietvertragslaufzeit länger als bei vergleichbaren Immobilien.

Dass mit dem Verschwinden des *adult business* Immobilienpreise und Mieten am Times Square steil angezogen haben, ist unstrittig. Dass aber die Besitzer der *sex shops* die Opfer seien, ist so nicht haltbar: So bekam etwa *Show World*-Besitzer Richard Basciano allein für seine an der West 42nd Street enteigneten Grundstücke, die er für 3,2 Millionen Dollar übernommen hatte, 14 Millionen Dollar erstattet.[704] Weitere Millionen wird er an der *Show-World*-Immobilie verdienen, sobald eine neue *Rezoning*-Verordnung der Stadt rechtskräftig wird, die den Verkauf von Luftrechten erleichtert (mehr in 6.2.4). Noch mehr hat Durst profitiert, dessen Vater zwischenzeitlich der größte Vermieter von

---

700 Breskin, in: Investor's Business Daily, 22. Mai 1991
701 Weber, in: NYT, 25. Juni 1996
702 Stern, in: San Diego Union-Tribune, 12. Dezember 1999

703 Goldstein, in. The Village Voice, 1. September 1998
704 Anhang 9.2), und: Saltonstall, in: Daily News, 12. November 1995

schwulen Saunen im Gebiet war.[705] Auch die in 3.2.2) erwähnten Grundeigentümer — Maidman, Goldman, Lubin — verdienten gut an ihren Immobilien bzw. konnten hohe Wertsteigerungen verzeichnen.

5.3.2) Der Midtown Community Court

Neben dem BID gab es eine zweite Gründung, die erheblich dazu beigetragen hat, die Kriminalitätsrate um den Times Square zu senken: Der *Midtown Community Court*, der im Oktober 1993 seine Arbeit aufgenommen hat, mit dem Ziel, „to clean up Times Square".[706] Der *Community Court* ist ein Schnellgericht für *misdemeanors*, Ordnungswidrigkeiten und Vergehen. Vor seine Schranken gelangen Taschendiebe, Prostituierte, illegale Straßenhändler, Verkäufer von weichen Drogen in kleinen Mengen, Schwarzfahrer, Ladendiebe oder *Three-Card-Monte-Players*.[707] Der *Midtown Community Court* war der erste dieser Art in New York, seine Gründung war ein „public-private effort", wie John Feinblatt, der Koordinator des *Court*, schreibt.[708] Feinblatt war zuvor *Deputy Executive Director* einer großen Opferhilfeorganisation gewesen, außerdem *Research Associate* des *Vera Institute of Justice*, das ebenfalls zu den Unterstützern des *Court* zählt.[709] Das *Vera Institute* ist eine den Demokraten nahe stehende *non-for-profit*-Organisation, die 1960 gegründet worden war, um die Verhältnisse im Justizwesen zu verbessern. Treibende Kraft sowohl hinter dem *Vera Institute* als auch hinter der Gründung des *Midtown Community Court* war jemand, der beim *Cleaning Up* des Times Square schon in anderen Funktionen eine wichtige Rolle gespielt hatte: Herbert Sturz, der frühere *Planning Commissioner* und spätere *Times*-Kommentator.

Die Gründung des *Midtown Community Court* war Oktober 1991. Zunächst etablierte sich eine Partnerschaft zwischen dem *Unified Court System* des Staates New York und New York City, den *Midtown business and residential communities*, 29 Firmen und Foundations und zwei Dutzend *social service agencies* und *civic organisations*, so Feinblatt weiter. Daraus entstand der *Court*. Hintergrund sei gewesen, dass die Gerichte nicht mehr mit dem hohen Anteil der *quality of life crimes* in Midtown Manhattan fertig geworden seien. Zwar gab es damals in New York bereits *community service*, also Strafarbeit, die Verurteilten seien dazu aber oft nicht erschienen oder immer wieder rückfällig geworden.

In der Gründungsphased des *Court* wurde ein *advisory committee* gegründet, zu dem Anwohner aus Hell's Kitchen und Chelsea gehörten, Anwälte, deren Firmen in *Midtown* saßen, Verwalter lokaler *social services*, Mitarbeiter von regierungsnahen *Agencies* und Vertreter des BID. Das *committee* befragte eine Reihe von ehemals Verurteilten, um eine Entscheidungsgrundlage für die Ausgestaltung des *Court* zu bekommen. Die Grundidee war, dass diejenigen, die hier abgeurteilt wurden, zeitnah — das heißt, möglichst innerhalb von 24 Stunden — *community service* leisten sollten, und zwar in der gleichen Nachbarschaft, in der sie ihre Taten begangen hatten. Dort müssen sie Straßen kehren, Graffiti beseitigen oder Lampen putzen.

Feinblatt zufolge ist die *community* bei den so genannten *victimless crimes* wie Prostitution oder Drogenhandel das eigentliche Opfer, ihr sollte die Entschädigung zugute kommen. Der *Times Square BID* ist zwar nur eine von zwölf Organisationen, die die gemeinnützige Arbeit überwachen, er beschäftigt aber den Löwenanteil der Deliquenten.

---

705 Durch Aufkäufe von Altbauten in bestimmten Blöcken
706 NYT, 17. November 1991, zitiert nach: Zukin, 1995, S. 37
707 Chambers/Sponte, in: National Law Journal, 5. Juli 1993
708 Feinblatt/Sviridoff, in: McNamara, Robert, 1995, S. 83
709 McNamara, 1995, S, 124

Nach einer zweijährigen Planungsperiode wurde der *Court* in einem alten Gerichtsgebäude eröffnet, dem früheren *West Side Magistrates Court* an der 45th Street und Ninth Avenue.. Zu den Unterstützern gehörten neben dem bereits erwähnten *Vera Institute* und einer Reihe von ortsansässigen Geschäftsleuten die Shubert Organisation, der *Times Square BID* und die *New York Times*. Die Unterstützer brachten zusammen 2,5 Millionen Dollar auf,[710] während die Stadt für die Sanierung des Gebäudes eine Million Dollar zahlte, dazu weitere 500.000 Dollar jährlichen Zuschuss für den laufenden Betrieb. Wie hoch der Anteil der *Times* war, war nicht in Erfahrung zu bringen — Sulzberger Jr. sprach von einer „kleinen Summe" —, jedoch wird der BID, der sich ebenfalls an der Finanzierung des *Court* beteiligte, seinerseits von der *Times* mitfinanziert. Daher ist das Engagement der *Times* beim *Community Court* zwar nicht so deutlich sichtbar, aber mittelbar durch das Engagement des BID doch vorhanden, der in einigen Veröffentlichungen sogar als Gründer des *Court* bezeichnet wird. Dies ist m. E. aber zu stark verkürzt. Die Shuberts wollten ursprünglich auch eines ihrer Häuser, das *Longacre Theatre* an der 47th Street für den *Court* zur Verfügung stellen, aber der *Court* lehnte dies ab.

Der zweite *impact* der *Times* auf den *Community Court* lag in der Person von Herbert Sturz. Sturz war — wie in 4.3.1) ausgeführt — Kochs *Planning Commissioner* gewesen, von 1986 bis 1988 arbeitete er als Mitglied des *Editorial Boards* bei der *Times*, bis er zu einem UDC-Projekt in Queens wechselte. Während seiner Zeit bei der *Times* und auch danach blieb Sturz dem *Vera Institute of Justice* verbunden, an dessen *Board* er von 1961 bis 1978 war. Das *Vera Institute* wurde finanziell von der *Ford Foundation* unterstützt, wo Sturz vor seiner Zeit als *Planning Commissioner* arbeitete.[711] Das *Vera Institute* entwickelte Ende der 70er Jahre Konzepte für den *community service* und beteiligte sich auch finanziell am Aufbau des *Community Court*, für den es die — hochwertige — Ausrüstung mit Computern übernahm.[712] Sturz selbst bezeichnet sich und Schoenfeld als die eigentlichen Gründer des *Court*.[713]

Die *Times* unterstützte die Gründung des Gerichts in einem *Editorial*, ohne dabei ihr eigenes Engagement oder das ihres früheren Mitarbeiters Sturz offen zu legen. „With attentive spectators filling red plush seats, judges and attorneys could be expected to maintain high standards of efficiency and dignity long absent from the criminal court", so die *Times*. „Three-card-monte players, for example, might be required to help with street-cleaning".[714]

Feinblatt hält die Arbeit des *Midtown Community Court* für erfolgreich. Von den Tätern, die hier verurteilt wurden, seien 77 Prozent zu der ihnen zugewiesenen Arbeit erschienen, bei herkömmlichen Gerichten seien es nur 50 Prozent. Zu dieser Erfolgsquote trägt sicherlich auch bei, dass mehrfach rückfällige Täter zu Arbeiten innerhalb des Gerichtsgebäudes verurteilt werden, beispielsweise, ihre Zellen zu schrubben, ohne dass sie zuvor die Gelegenheit bekommen, das Gebäude zu verlassen. Im Gericht sind auch *social services*, die *health care*, Impfungen und AIDS-Tests anbieten und sich um Drogenprobleme kümmern. Im ersten Jahr des *Court* wurden mehr als 3300 Täter zu Arbeitsleistungen verurteilt, für die ansonsten fast 170.000 Dollar hätten bezahlt werden müssen.[715] Von Oktober 1993 bis Ende 1998 hatten 24.000 Täter Arbeitsstunden im Wert von einer Million Dollar allein für den *Times Square BID* geleistet.[716] Die einzige Kritik an dem *Court* kam vom *Man-*

---

710 Chambers/Sponte: in: National Law Journal, 5. Juli 1993
711 Jackson, 1995, S. 425
712 Vera Institute of Justice, 35-Year-Report, 1997, S. 32
713 Im Gespräch mit der Autorin am 6. November 1998
714 NYT, 17. November 1991
715 Feinblatt/Sviridoff, in: McNamara, Robert, 1995, S. 87
716 Times Square BID, Annual Report 1998, S. 23

hattan District Attorney's Office, das dagegen war, dass für ein einzelnes Gericht so viel Zeit und Geld zur Verfügung gestellt werde. Außerdem gab es Kritik von der *Legal Aid Society*, die sich beklagte, dass die Anwälte nun eigens nach *Midtown* fahren müssten.[717]

Nachdem all dies umgesetzt wurde — die BID-Patrouillen und der *Community Court*, ab 1994 auch ein restriktiveres Vorgehen der Polizei (Stichwort: Null Toleranz) — ist die Kriminalität am Times Square zwischen 1993 und 1997 noch einmal signifikant gesunken, wie aus einer Statistik des BID hervorgeht:[718] Bei Mord sank sie von 8 auf 3 Taten (-63 Prozent), bei Vergewaltigung von 13 auf 7 Taten (-46 Prozent), bei Körperverletzung von 313 auf 215 Taten (-31 Prozent), bei Raub von 794 auf 281 Taten (-65 Prozent), bei Diebstahl von 1067 auf 766 Taten (-28 Prozent), bei Taschen-Diebstahl von 1095 auf 589 Taten (-46 Prozent) und Einbrüche von 634 auf 225 Taten (-65 Prozent). Dabei lag die Zahl der Diebstähle und Körperverletzungen 1995 allerdings niedriger als 1997. Dies mag allerdings mit einer gestiegenen Besucherzahl zusammenhängen.

Die zwangsweise Beschäftigung von Obdachlosen und Kleinkriminellen als Straßenkehrer oder Müllsammler ist umstritten — Zukin spricht von einer „public culture worthy of Dickens".[719] Diese Problematik zu erörtern, sprengte jedoch den Rahmen dieser Arbeit. Mein Ansatz ist vielmehr, herauszufinden, wer mehr Einfluss auf das *Cleaning Up* des Times Square hatte: Der *public* oder der *private sector*, insbesondere, da die Arbeitsaufnahme des BID dem Amtsantritt des über New York hinaus bekannt gewordenen Law-and-Order-Bürgermeisters Giuliani um nur zwei Jahre vorausging — Giuliani wurde Ende 1993 gewählt.

Dykstra sagt dazu, der BID sei nur das „squealing wheel" gewesen, das die Polizei auf Probleme aufmerksam gemacht habe, wie das *Three-Card-Monté-Game*, aber ohne die Polizei, die unter Giuliani umorganisiert worden sei, wäre es nicht gegangen.[720] Das Police Department verdiene den „Lion Share of Credit". Dazu muss angemerkt werden, dass Giuliani auf diesen „Lion Share" auch großen Wert legt — so entließ er seinen *Police Commissioner*, weil dieser sich öffentlich zu sehr mit seinen eigenen Verdiensten gebrüstet hatte.[721] Giuliani hat zu den BIDs ein eher gespanntes Verhältnis, da sie für seinen Geschmack zu viel Einfluss haben und zudem staatlichen und nicht städtischen Gesetzen unterstehen. Robertson zufolge hat Dykstra ihren Posten als BID-Präsidentin 1998 niedergelegt, weil sie die Bevormundung durch Giuliani nicht mehr ertragen habe (was Dykstra selbst bestreitet).[722] Giuliani hatte sich sogar über die *Times* beschwert, weil diese einmal (richtigerweise) geschrieben hatte, nicht er, sondern Dinkins habe den Deal mit Disney geschlossen, „that led to the new Times Square".[723]

Die BID-Mitglieder schätzen den Anteil, den ihre Organisation leistet, als relativ hoch ein. So beschwerte sich Thomas Reese, *Vice President* des *Hotel Marriott* und *Chairman* des BID — 1993 in einem Leserbrief an *Crain's*, dass das Blatt die Verdienste des BID nicht genügend gewürdigt habe, obwohl der BID die Straßen sauber bekommen und die Verbrechensrate gesenkt habe.[724] Durst, ebenfalls Mitglied des BID, sagt, dieser habe im Grunde den Umschwung bewirkt, auch deshalb, weil er viel *publicity* für das Projekt gemacht habe. Auch die *New York Times* sei dafür wichtig gewesen, deren Editorials seien „part of the public relation" gewesen. Was hingegen deren Feuilleton schreibe, sei egal.[725] Auch Robertson sagt, neben den Pa-

---

717 Zukin, 1995, S. 37
718 Times Square BID, Annual Report 1998, S. 20
719 Zukin, 1995, S. 38
720 Im Gespräch mit der Autorin am 12. Mai 1998
721 Darnstädt, in: Der Spiegel, 7. Juli 1997
722 Im Gespräch mit der Autorin am 22. November 1999
723 Bumiller, in: NYT, 26. Januar 2000, nach Auskunft der Autorin des Artikels
724 Reese, in: Crain's, 27. September 1993.
725 Im Gespräch mit der Autorin am 30. Juni 1998

Die drei Frauen, die für den Wandel des Times Square verantwortlich waren: Rebecca Robertson, die damalige Präsidentin der UDC beziehungsweise der ESDC (oben links), Cora Cahan, die der New 42nd Street Inc. *vorsteht (oben rechts), und Gretchen Dystra, damals die Präsidentin des* Times Square Business Improvement District *(unten rechts).*

trouillen des BID, die den Touristen das Gefühl von Sicherheit gegeben hätten, sei das Wichtigste die *Public Relation* gewesen, die Gretchen für den Times Square gemacht habe.[726] Unter BID-Wachschützern ist die Ansicht verbreitet, die Polizei tue gar nichts. Sie seien die einzigen, die arbeiteten. Hingegen meint man bei Prudential, unter Giuliani hätte die Polizei in viel stärkerem Umfang Razzien veranstaltet und Drogenhändler verhaftet als unter Dinkins, während der BID-Sicherheitsdienst nicht den Respekt der wirklich gefährlichen Verbrecher genieße. Ein besonderes Schlaglicht wirft folgende Nachricht auf diese Debatte: Im August 1998 kam ans Licht, dass mindestens zwei Dutzend Polizisten über 15 Jahre lang kostenlos Bordelle am Times Square frequentiert hatten, und diese im Gegenzug vor der Entdeckung und Schließung bewahrt hätten — nicht unbedingt ein Beitrag zum *Cleaning Up*.

Es bleibt festzuhalten, dass die Maßnahmen der Grundeigentümer — allen voran die *New York Times* —, die in der Gründung des BID gipfelten, bereits zwischen 1990 und 1992 eingeleitet wurden und messbare Wirkung gezeigt haben, während Giuliani erst Anfang 1994 ins Amt kam. Dies spricht dafür, dass der BID wesentlich mehr Einfluss hatte, als es in den Folgejahren öffentlich sichtbar wurde, in denen vornehmlich die Polizeimaßnahmen von Giuliani die Schlagzeilen bestimmten. Was Disney betraf, verhandelte der Konzern bereits Anfang 1993, unterschrieb den Vertrag aber erst Mitte 1995. Nach Ansicht von Weisbrod, der in verschiedenen Positionen dem Times Square verbunden war, wäre es mit dem Projekt übrigens genauso weitergegangen, wenn nicht Giuliani gewählt worden wäre.[727] Denn dieses sei zu diesem Zeitpunkt schon sehr weit fortgeschritten gewesen. Insbesondere sei die Enteignung der Grundstücke an der 42nd Street 1993 bereits rechtskräftig gewesen.

5.3.3) Die Gründung der New 42nd Street Inc.

Für die erfolgreiche Erneuerung der West 42nd Street war aber noch eine dritte Maßnahme entscheidend: Die Gründung der Theatergesellschaft *New 42nd Street Inc.*, die ebenfalls von der *New York Times* unterstützt wurde, insbesondere von Marian Heiskell, die Tante des Verlegers Sulzberger Jr., die auch im Aufsichtsrat der *New York Times Company* sitzt. Heiskell ist *Chairman* des *Boards of Directors* der *New 42nd Street Inc.*. Die *New 42nd Street Inc.* ist eine gemeinnützige Trägergesellschaft für sieben der Theater im Projektgebiet an der West 42nd Street. Die Gesellschaft sitzt im *McGraw-Hill Building* und wird aus dem so genannten *Portman-Fund* finanziert, den die Stadt eingerichtet hatte, nachdem wegen des Neubaus von John Portmans *Marriott*-Hotel fünf historische Theater abgerissen wurden.[728]

Die Gesellschaft wurde geschaffen, weil es Stadt und UDC nicht gelungen war, nach dem in 4.2.1) dargestellten Hinauswurf von Michael Lazar Betreiber für die Theater zu finden. Laut Heiskell war die Gründung der *New 42nd Street Inc.* auch eine Reaktion darauf, dass es viele Gegner der geplanten Hochhäuser gegeben habe, vor allem aus der *Art Community*. Denen habe die UDC entgegenkommen wollen, indem sie etwas für die Theater getan habe.

Allerdings hätten sowohl Stadt und Staat als auch Prudential schon vorher Gelegenheit gehabt, die Pachtverträge für die Theater zu erwerben: Die Brandts, die Leasingnehmer, waren — wie in 4.2.2) ausgeführt — 1989 an PDC und UDC herangetreten und hatten die Leases für zwei Millionen Dollar angeboten. Nachdem aber James Stuckey von der *Public Development Corporation* (PDC) dies versehentlich öffentlich gemacht hatte, bot Durst den Brandts 2,5 Millionen Dollar. We-

---

726 Im Gespräch mit der Autorin am 27. Mai 1998
727 Im Gespräch mit der Autorin am 11. Juni 1998.

728 Stephens, in: Oculus, November 1993

der PDC noch UDC noch Prudential wollten sich nun mit Durst einen „Bidding War" liefern. Später mussten sie jedoch an Durst rund 20 Millionen Dollar für die *Leases* zahlen. Zudem hätte die Stadt die Theater sonst wesentlich eher in die Hand bekommen „This reluctance to commit was one of the project's greatest mistakes", so Weisbrod.[729]

Die *New 42nd Street Inc.* wurde durch Stadt und Staat — vertreten durch die UDC-Tochter *42nd Street Project* — geformt, nach dem Modell der Trägergesellschaft für das *Lincoln Center* als *non-for-profit-organisation*. Treibende Kraft dahinter war die Geschäftsführerin der *42nd Street Project*, Rebecca Robertson. Das *Board of Directors* der *New 42nd Street Inc*, das von Stadt und UDC installiert wurde, besteht aus Personen sowohl aus dem *not-for-profit-* als auch dem künstlerischen Bereich — der Autor Terence McNally gehört etwa dazu —, sowie aus dem *business*. Zu den *Board Members* zählten 1998 neben der Vorsitzenden Heiskell auch Cora Cahan, Robertson, Wendy Leventer, die von 1997-2001 die Nachfolgerin von Robertson als Präsidentin der *42nd Street Project* war, Sturz und Carl Weisbrod.[730]

Marian Heiskell ist das älteste der vier Kinder des früheren *Times*-Verlegers Arthur Hays Sulzberger und Iphigene Ochs. Sie heiratete 1941 Orvil Dryfoos, der 1961, als Hays Sulzberger aus gesundheitlichen Gründen zurücktreten musste, Verleger wurde. Damit fing auch Heiskell an, für die *Times* zu arbeiten, sie wurde *Special Activities Director* der Zeitung und unterstützte mehrere karitative Organisationen. Bald darauf wurde sie als *Chairman* an den städtischen *Council of Environment* berufen und wenig später an das *Advisory Board on National Parks, Historic Sites, Buildings and Monuments*, das Präsident John F. Kennedy gegründet hatte.[731] Auch nach dem Tod von Dryfoos 1963 und ihrer Heirat 1965 mit Andrew Heiskell, *Chairman* von Time Inc., behielt sie ihr Engagement für Umwelt- und Denkmalschutz bei, das schon ihre Mutter Iphigene Ochs Sulzberger hatte, die über solche Fragen sogar mit dem damaligen *Parks Commissioner* Robert Moses in Streit geraten war.[732] Heiskell war — Stand 1990 — im *Board* der Ford Motor Company, des Pharmariesen Merck, der New Yorker Energiegesellschaft ConEdison, der *Regional Plan Association*[733] und — nicht zuletzt — der New York Times Company. Ihr Büro liegt im *Annex*.

Heiskell, die 1990 bereits 72 Jahre alt war, wollte den Vorsitz der *New 42nd Street Inc.* zunächst nicht übernehmen; und zwar wegen des „Westway-Desasters", einer geplanten Stadtautobahn, bei der sie ebenfalls *Chairman* war, und die an Protesten von Bürgern gescheitert war. Der Posten blieb längere Zeit vakant. Schließlich sei sie von Sturz und ihrem Neffen Arthur Sulzberger Jr. überredet worden, ihn doch noch anzunehmen.[734] Heiskell bezeichnet sich als die „Repräsentantin der *New York Times* in der *New 42nd Street Inc.*". Die *Times* unterstütze die *New 42nd Street Inc.* auch finanziell, wenn auch nicht in großem Umfang. Bei dem Gespräch mit Heiskell gewann ich zudem den grundsätzlichen Eindruck, die *Times* betrachte die Theater an der West 42nd Street als ihren Hinterhof. Letztlich kann auch die Gründung der New 42nd Street als gemeinsames Unternehmen der *Times* und der *42nd Street Project* begriffen werden. Heiskell und Robertson engagierten auch gemeinsam Cora Cahan, eine ehemalige Balletttänzerin, als Präsidentin der *New 42nd Street Inc.*

Der UDC war es im April 1990 gelungen, die Theater von den Goldsteins bzw von Durst zu enteignen und an die Stadt zu übergeben. Seitdem verfügt die *New 42nd Street Inc.* über die Häuser, auch wenn sie offiziell erst seit 1992 die Trägerschaft innehat. Die *New 42nd Street Inc.* pachtete zunächst

---

729 Sagalyn, 2001, S. 404
730 New 42nd Street Inc.: Fact Sheet, 1998
731 Tifft/Jones, 1999, S. 332

732 Tifft/Jones, 1999, S. 180
733 Elfenbein, 1996, S. 113
734 Gespräch mit der Autorin am 27. Januar 1999

Das Projektgebiet von oben; vom McGraw-Hill Building an der West 42nd Street aus fotografiert. Im Hintergrund: Das Hochhaus von Condé Nast; im Bau. Im Vordergrund rechts: Die Baustelle für das AMC Kino. In der Mitte verläuft die 42nd Street.

sechs, dann sieben der Theater für den symbolischen Betrag von einem Dollar auf 99 Jahre: Das *Victory*, das *Apollo*, das *Lyric*, das *Selwyn*, das *Liberty*, das *Empire* und das *Times Square*. Das *New Amsterdam* und das *Harris* blieben bei der UDC, das *Rialto* und das *Anco* wurden dem Abriss preisgegeben. Dazu übernahm die *New 42nd Street Inc.* die *infill parcells*, die kleineren Bauplätze zwischen den Gebäuden.

Der ursprüngliche Auftrag der *New 42nd Street Inc.* war, zwei Theater in *non for profit* umzuwandeln und dafür Betreiber zu suchen. Die Renovierung dieser beiden Bühnen sollte von den TSCA getragen werden, die dafür 18,2 Millionen Dollar zur Verfügung stellte. Die übrigen Theater sollten an kommerzielle Interessenten verpachtet werden, mit einem Teil des Erlöses sollten die laufenden *non-for-profit-operations* bezahlt werden. Cahan legte dem *Board* mehrere Konzepte vor, diese Grundidee umzusetzen. Das *Board* entschied sich 1991 dafür, das *Victory* (Hammersteins altes *Republic*) in ein Kindertheater umzuwandeln. Dies zum einen, weil es bisher kein Kindertheater am Broadway gegeben habe, aber auch, weil das *Victory* zwar als architektonisches Juwel galt, aber wegen seiner geringen Größe und altmodischen Zuschnitts schwer als kommerzielles Theater zu betreiben war, so Cahan.[735]

Baubeginn war 1994, Betreiberin wurde die *New 42nd Street Inc.* selbst. Dem Architekten Hugh Hardy zufolge, der das *Victory* renoviert hatte, waren sowohl das Konzept als auch die Betreiberschaft eher eine Verlegenheitslösung. Denn es habe sich kein Interessent gefunden, die *New 42nd Street Inc.* habe aber unbedingt anfangen wollen zu bauen, vor dem Hintergrund, dass Disney zu diesem Zeitpunkt bereits Interesse an dem gegenüberliegenden *New Amsterdam* gezeigt habe.[736] Die neun Millionen Dollar teure Renovierung des *Victory* wurde von TCSA bezahlt. Sie war — soweit mit der Nutzung vereinbar — denkmalgerecht, obwohl das Denkmalrecht der Stadt bei UDC-Immobilien nicht gilt.[737] Die Renovierung des *New Victory* — wie das Haus seit der Erneuerung heißt — wurde von Fachzeitschriften und der *New York Times* euphorisch besprochen. Die *Times* kündigte die Eröffnung 1995 auf der Seite 1 an und schrieb vom einem „exquisite jewel on a street of gems".[738] Bei Produzenten ist das *New Victory* als Spielstätte begehrt — auch deshalb, weil Stücke hier mit der Aufmerksamkeit der *Times* rechnen können.

Das zweite *non-for-profit*-Theater, das mit TSCA-Geld renoviert werden sollte (es standen noch neun Millionen Dollar zur Verfügung), sollte zunächst das *Times Square* werden. Dann wurde erwogen, das *Selwyn* herzurichten, für das dann aber 1997 eine private Betreiberin gefunden wurde — die Roundabout Theatre Company —, die es inzwischen auf *non-for-profit*-Basis und auf eigene Kosten hat renovieren lassen. Daraufhin wurde als zweites *non-for-profit*-Projekt der Bau einer Probebühne beschlossen, ein zehnstöckiges Haus, in das das Bürohaus des *Selwyn* integriert werden sollte. Am 30. Dezember 1997 stürzte das Bürohaus jedoch ein, nach Erschütterungen durch die angrenzende Baustelle des *e-walk* (aus Sicht der UDC nicht unpraktisch, da nun der Altbau nicht mehr umständlich integriert werden musste). 14 Tage nach dem Einsturz änderte die *42nd Street Project* das *zoning* für das Vorhaben, das nunmehr 170 Fuß (knapp 60 Meter) hoch werden durfte, statt, wie zuvor, nur 70 Fuß.[739]

Das 23 Millionen Dollar teure Gebäude, das ein 199-Sitz-Theater und 14 Studios für Proben beherbergt, wurde Ende 2000 eröffnet. Neben TSCA haben Cahan und Heiskell weitere Sponsoren gewonnen, darunter die *Doris Duke Charitable Foundation* und den *New York Community Trust*. Senator Roy Goodman gab eine halbe Million Dollar aus dem *Community Enhancement Facilities Assistance Program*. Auch der *New York State Council on the Arts* und das *Board* der *New 42nd Street Inc.* selbst haben den Bau finanziell unterstützt.[740] Auch hierbei hatte Heiskell eine wichtige Rolle, wie es Sagalyn beschreibt. „Heiskell's role as a board chairperson, position as a Times executive, years of high-profile civic service, and network of social contacts took on great importance. She ‚pleaded' with each and every one of them [d.h. den Aufsichtsratsmitgliedern] to give what they could: for the board to raise money, she argued, it had to show 100 percent commitment himself."[741]

Heute nutzt die Zeitung das *New Victory* (das von der *New 42nd Street Inc.* betrieben wird) für ihr Jahrestreffen, während die *New 42nd Street Inc.* Heiskell zufolge ihr Jahresessen im *dining room* der *Times* abhalte

---

735 Im Gespräch mit der Autorin am 10. März 1999
736 Im Gespräch mit der Autorin am 23. November 1998
737 Eine Änderung gegenüber dem Hammerstein-Bau war der Einbau von Damentoiletten, die es Heiskell zufolge zum Jahrhundertanfang nicht gegeben habe, weil Frauen diese damals mit ihren umständlichen Garderoben nicht hätten benutzen können und ohnehin in der Öffentlichkeit nicht tranken.
738 Goldberger, in: NYT, 11. Dezember 1995. Auch: Architecture, Februar 1996, und: Interiors, März 1996.

739 New York State UDC, 1. Oktober 1984, Amendment vom 14. Januar 1998
740 New 42nd Street Inc.: Fact Sheet ‚1998
741 Sagalyn, 2001, S. 288

(beides allerdings gegen Entgelt). Für die öffentliche Vorstellung des Designs für das neue Hochhaus an der Eighth Avenue am 13. Dezember 2001 wählte die *Times* die Probebühne an der 42nd Street. Allerdings plant die Zeitung, künftig für derartige Veranstaltungen einen eigenen Saal in eben diesem Hochhaus einzurichten. Heiskell engagierte sich aber noch darüber hinaus für die Theater: Sie versuchte schon um 1990, Disney-Chairman Michael Eisner, einen gebürtigen New Yorker, zu überzeugen, an die 42nd Street zu kommen. Zum einen sei Eisners Mutter Margaret — so Robertson[742] — Marian Heiskells beste Freundin gewesen, diesen Kontakt habe man versucht, auszunutzen. Dies blieb jedoch ohne Erfolg, obwohl — wie der Architekt Robert Stern sagt — Eisners Mutter den moralischen Druck durchaus an ihren Sohn weitergegeben hat.[743] Stern ist seit 1991 im *Board* von Disney und hat in den 70er Jahren die Wohnung von Eisners Eltern umgebaut.[744]

Heiskell wiederum kennt Michael Eisner, seit er vier Jahre alt ist. Anfang der 90er Jahre wurde sie — eher zufällig, als sie neben Eisner in einem Flugzeug nach Kaliforien saß und sie in Gespräch kamen — zu einem Dinner eingeladen, das Eisner und seine Frau Jane gaben. Sie saß neben dem Gastgeber und, so Eisner „[the] old family friend (...) spent much of the evening trying to convince me that Disney ought to become involved in Times Square, but again I resisted".[745] Zwar schickte Eisner aus Höflichkeit ein paar Leute vorbei, die sich die 42nd Street ansahen, jedoch sei ihm die Gegend zu heruntergekommen gewesen. Das Risiko, sich hier anzusiedeln, war Disney damals zu hoch, sagt Heiskell.[746]

Dass sich Eisner ab 1993 dann doch wieder für das *New Amsterdam* interessierte, hing wohl letztlich auch damit zusammen, dass er gebürtiger New Yorker ist — wie übrigens auch Disneys damaliger Vizepräsident Jeffrey Katzenberg, der zudem früher in der Verwaltung von Kochs Vor-Vorgänger Lindsay gearbeitet hatte.[747] Dass Disney den Schritt diesmal wirklich wagte, lag ganz wesentlich daran, dass die *New 42nd Street Inc.* alle Theater an der Straße übernommen hatte, und zugesagt hatte, das *New Victory* zu renovieren, und als städtisch-staatliche Gesellschaft mit 18,2 Millionen Dollar von TSCA im Rücken dazu auch unstrittig in der Lage war. Hardy meint, vor allem sei es wichtig gewesen, dass die Theater der *New 42nd Street Inc.* gehört hätten, denn das seien aus Sicht von Disney vertrauenswürdige Leute gewesen, inbesondere Heiskell. Cahan sagt, Disney habe es gut gefunden, dass das *New Victory* als Kindertheater bespielt werden sollte. Die *Times* zitiert David Malmuth, Chef der Disney-Immobilienentwicklungsabteilung *Walt Disney Imagineering* mit den Worten: „It makes us much more comfortable that 42d Street is going to be a great success."[748] Malmuth bezieht sich auf die Renovierung des *New Victory*, die im Mai 1994 begonnen hatte.

Auch Mitch Hill, Senior Vice President von Walt Disney Imagineering sagt, dass das *New Victory* renoviert worden sei, habe eine wesentliche Rolle bei der Entscheidung gespielt, sich am Times Square anzusiedeln, wie auch, dass die *New 42nd Street Inc.* dort engagiert sei und alles organisierte. „That was a tremendous leadership force."[749] Des Weiteren sei auch der *Times Square BID*, der die Gegend sauber und sicher gemacht habe und die Kriminalität in den Griff bekommen habe, sehr wichtig gewesen. „That was an important part of the puzzle." Übrigens habe es auch eine Rolle gespielt, dass Companies wie Bertelsmann und Viacom bereits dort gewesen seien, dies habe ihnen Vertrauen in die Gegend ge-

---

742 Im Gespräch mit der Autorin am 27. Mai 1998
743 Im Gespräch mit der Autorin am 29. Januar 1999
744 Jencks, in: Arch+, Dezember 1992, S. 111
745 Eisner/Schwartz, 1998, S. 256
746 Im Gespräch mit der Autorin am 27. Januar 1999

747 Sagalyn, 2001, S. 344
748 Dunlap, in: NYT, 18. Mai 1994
749 Im Gespräch mit der Autorin am 1. September 1998

geben. Das habe auch für die *New York Times* gegolten, mit denen man Gespräche über das Bauvorhaben und ihr Engagement geführt habe. „Die *New York Times* war immer einflussreich am Times Square", sagt Hill. Und die Zeitung habe immer großes Interesse daran gehabt, dass die Theater restauriert wurden. Es gab jedoch noch andere Gründe für die Ansiedlung von Disney gerade zu diesem Zeitpunkt, die im folgenden Abschnitt sowie im Kapitel 6) dargestellt werden.

Auch bei der *New 42nd Street Inc.* stellt sich die Frage, welchen Einfluss der Ende 1993 gewählte Bürgermeister Giuliani hatte und welchen die Inc. Robertson sagt, das Verhältnis zwischen Giuliani und der Theatergesellschaft sei ebenso gespannt gewesen wie das zwischen Giuliani und den BIDs.[750] Giuliani habe nach Amtsantritt seine Juristen sogar prüfen lassen, ob es möglich sei, die *New 42nd Street Inc.* aufzulösen. Darüber hinaus sei das ganze Projekt auf dem Prüfstand gestanden. Offizielle Begründung sei gewesen, die *New 42nd Street Inc.* gehe nicht ökonomisch mit den Theatern um. Der wirkliche Grund sei jedoch gewesen, dass die *New York Times* hinter der Gesellschaft steckte, und dass Giuliani die *Times* gehasst habe. Zum einen hatte die *Times* zur Wahl 1993 Giulianis Rivalen Dinkins unterstützt,[751] zweitens habe die *Times* Giulianis für BIDs zuständigen *Deputy Mayor* John Dyson kritisiert. Jedoch habe sich Giuliani mit der beabsichtigten Auflösung nicht durchsetzen können, weil die *New 42nd Street Inc.* der UDC und damit dem Staat unterstehe. Als die Verhandlungen mit Disney begonnen hätten, habe es Giuliani nicht mehr gewagt, diese scheitern zu lassen.

Im Jahr 2000 gerieten die *New 42nd Street Inc.* und die *Times* über eines der Theater aneinander: Die *New York Times Company* muss zum Ausgleich für das geplante, steuerbegünstigte Hochhaus im Projektgebiet eine finanzielle Gegenleistung für die Öffentlichkeit erbringen (vgl. 5.5). Sie bot an, das *Times Square Theatre* auf ihre Kosten renovieren zu lassen und es an die *New 42nd Street Inc* zurückzugeben. Die Inc. hätte dann einen Betreiber suchen sollen, der dort *Legit Theatre* aufgeführt hätte. Die genauen finanziellen Konditionen wurden nicht bekannt, es geht aber um mehrere Millionen Dollar.[752]

Die *New 42nd Street Inc* lehnte den Vorschlag ab, da dieser in den ersten vier bis fünf Jahren nach Fertigstellung überhaupt keinen Profit erwirtschaftet hätte, und danach nicht genug. Andererseits ist es der Inc. bis heute nicht gelungen, trotz mehrerer Interessenten einen solventeren Betreiber zu finden, so dass das Theater zum Zeitpunkt Ende 2001 immer noch leersteht, wie übrigens auch das *Liberty*, für das die Verantwortung aber inzwischen auf den Developer Forest City Ratner übertragen wurde. Die *Times* hat inzwischen von dem Vorhaben Abstand genommen. Die Redaktion der *Times* hat nicht darüber berichtet. Dies zeigt, dass zu große Nähe der Beteiligten auch dazu führen kann, dass Informationen nicht die Öffentlichkeit erreichen.

5.4) Die Planung des Entertainment orientierten Times Square

Anfang der 90er Jahre geschah noch eine weitere Wende: Es deutete sich USA-weit ein neuer Trend an, der nur wenige Jahre brauchen sollte, um sich durchzusetzen: die Wiederentdeckung der Innenstadt als *Entertainment Destination*. Dem waren Jahrzehnte der Suburbanisierung und der Ausgründung von *Edge Cities* vorausgegangen,[753] aus dem Boden gestampfte Konglomerate an den Highway-Knotenpunkten am Rande der alten Städte. Hintergrund war, so Hannigan, dass sich in den *Suburbs* inzwischen die glei-

---

750 Im Gespräch mit der Autorin am 22. November 1999
751 NYT, 24. Oktober 1993

752 Gespräch mit einem für Immobilien zuständigen Mitarbeiter der Times am 1. Juni 2001
753 Siehe auch: Garreau, 1991

Das Bertelsmann-Gebäude am Times Square, das erste moderne Medienhochhaus am Platz. Im Hintergrund ist der Wolkenkratzer für Condé Nast (im Bau); um 1999.

chen Probleme massiert hatten, vor denen deren Bewohner geflüchtet waren: Dichter Verkehr, hohe Kosten, Kriminalität. Suburbia war „malled to death".[754] Fortune zufolge waren die „US-suburbs ‚under siege', the victim of a wave of carjackings, muggings and parking-lot robberies".[755]

Damit begannen Developer Restaurant- und Shopping-Komplexe in den Innenstädten zu errichten, oft unter Einbeziehung interessanter Altbauten (vgl. 2.2). Seit 1994 wurden auch *Urban Entertainment Center* (UEC) errichtet, eine Mischung aus Multiplex-Kinos, Hotels, High-Tech-Amusement, Themenrestaurants und Filialen US-weit operierender Ketten. Zu den Developern von UEC zählen alle größeren Entertainmentkonzerne, neben Time Warner, Sony und Universal vor allem Disney.[756] Parallel dazu stieg die Nachfrage nach Büroraum in den *Downtowns* der „Global Cities" mit dem Wachstum des Dienstleistungsbereiches.[757] In New York gilt dies vor allem — wie in 2.3) ausgeführt — für die Medienindustrie, Hauptquelle neuer Arbeitsplätze in den 90er Jahren. „In the early 1990s, films and television production rebounded in New York and cable programming companies were proliferating. Times Square's empty space — a block away from media giants linke CBS, NBC, and Time-Warner — turned out to be an ideal venture".[758] Auch Tourismus sollte in diesen Jahren wachsen — allein 1993 und 1994 stieg die Zahl der Touristen in New York von 24 auf 24,5 Millionen, die von Touristen getätigten Ausgaben stiegen von 10,5 auf 11,5 Milliarden Dollar.[759]

Am Times Square stellte die Boutiquenkette The GAP das erste Anzeichen für diesen Trend dar, die im Mai 1992 im ehemaligen *Knickerbocker-Building* eröffnete. The GAP entwickelte sich binnen kurzem zu einer Filiale mit überdurchschnittlich hohem Umsatz, zwei Drittel der Käufer waren Touristen.[760] 1992 eröffnete das *Ramada Renaissance Hotel* auf dem Grundstück Two Times Square.[761] Kurz darauf wurden die drei seit Jahren leer stehenden Bürohäuser am nördlichen Times Square verkauft und bezogen. Der Buchkonzern Bertelsmann erwarb das Hochhaus von Eichner zwischen 44th und 45th Street (an der Stelle von *Loew's State*), das für 280 Millionen Dollar errichtet worden war, für nur 119 Millionen Dollar, die Stadt gewährte Bertelsmann zudem elf Millionen Dollar an Steuernachlässen. 1993 erwarb die Investmentbank Morgan Stanley die übrigen beiden Häuser von den Solomon Bros für ein Drittel des Erstellungspreises.[762] Die Stadt hatte der Bank bereits im Vorjahr 40 Millionen Dollar Steuern erlassen, um sie in New York zu halten.

Zum Aufschwung am Times Square hatte auch der 1987 von der Stadt erlassene *Zoning Code* beigetragen, der Leuchtreklamen in erheblichem Umfang an den Fassaden vorschrieb. Das schuf für die Eigentümer eine zusätzliche Einnahmequelle. Allein die Werbung am *Times Tower* bringt rund 7,5 Millionen Dollar im Jahr, weil während des *Ball Drop* zu Silvester diese Reklame in Hunderte von Millionen Haushalte übertragen wurde.[763] So wirkt der von Adolph Ochs erfundene PR-Event fast hundert Jahre später immer noch auf den Times Square.

Schließlich hatte die Stadt — wie in 4.4.2) ausgeführt — ebenfalls 1992 die Nachverhandlungen um das Staatsprojekt abgeschlossen, und den Developern — TSCA bzw. Prudential — noch einmal erhebliche Steuernachlässe in Aussicht gestellt. Die einzige finanzielle Verpflichtung, die TSCA blieb, war Geld für die Renovierung der Theater an der 42nd Street (18,2 Millionen Dollar) und die

---

754 Hannigan, 1998, S. 62
755 Farnham, in: Fortune, 1992, zitiert nach Hannigan, 1998, S. 62
756 Hannigan, 1998, S. 104
757 vgl. Sassen, 1991
758 Bressi, in: Planning, September 1996, S. 5
759 Nach Angabe des New York City Convention & Visitors Bureau

760 Rose, in: Fortune, 24. Juni 1996. The Gap ist vergleichbar mit Benetton oder H&M
761 Kleege, in: American Banker, 10. März 1992
762 Economist, 21. August 1993
763 Bagli, in: NYT, 19. Juni 1997

provisorische Renovierung der leerstehenden Gebäude (25 Millionen Dollar) zur Verfügung zu stellen. Jedoch hatten die Developer um die 300 Millionen Dollar an Grunderwerbskosten vorfinanziert, die nur bei einem Bau wieder hereinkommen würden. Damit war TSCA ökonomisch äußerst motiviert, tatsächlich zu bauen. Ein Kritikpunkt war allerdings die Entlassung von TSCA aus der Verpflichtung für die Renovierung der U-Bahn. Diese Kritik haben vor allem die MAS, der *Times Square BID* und die *New York Times* artikuliert.[764] 1993 begann die MTA, Pläne für eine bescheidenere Sanierung der U-Bahn-Station ohne Unterstützung durch die Developer zu entwickeln, wofür sie 90 Millionen Dollar ausgeben wollte. In einem *Memorandum of Agreement* zwischen MTA, UDC und Stadt wird die Möglichkeit festgehalten, dass UDC und Stadt darüber hinaus einen Teil der Grundsteuern aus dem Projekt der Renovierung zuleiten.[765] Jedoch sandte 1995 der *Times Square BID* einen Brief an die MTA, in dem das neue Design als „staid and unimaginative" kritisiert wurde und darauf hingewiesen wurde, dass ein unverhältnismäßig großer Anteil der 90 Millionen Dollar in die Renovierung des Shuttle von Grand Central zum Times Square fließen sollte.[766] Die Renovierung der U-Bahn begann tatsächlich Anfang 2000 ohne Unterstützung durch die Developer und wird in absehbarer Zeit nicht abgeschlossen sein.

1992 waren nicht nur alle Neubauten um den Times Square bezogen, es hatten sich auch zum großen Teil Medienunternehmen dort angesiedelt. Da schon in den 70er und 80er Jahren mehrere Hochhäuser entstanden waren, darunter das bereits erwähnte *Hotel Marriott* und *One Astor Plaza*, war der Times Square nun stark verdichtet. In *One Astor Plaza* zog 1989 die Zentrale des Medienkonzerns Viacom, die aber Anfang der 90er Jahre — vor der Eröffnung des MTV-Studios — noch nicht derart sichtbar auf den Platz ausstrahlte. Der Büromarkt am Times Square war also seit 1992/93 dabei, sich zu erholen. Jedoch waren die Preise, die die Käufer bezahlt hatten, nicht gerade motivierend, weitere Hochhäuser zu errichten.

Das Ambiente für einen Entertainmentkonzern wie Disney war also bereits annehmbar, aber noch nicht hinreichend. Im August 1992 beauftragte Robertson den Architekten Robert Stern — der im Aufsichtsrat von Disney war — und den Designer Tibor Kalman mit einem Konzept für eine Interimsnutzung der leer stehenden Gebäude und der Sanierung der Fassaden. Dazu sollten die oben erwähnten 25 Millionen Dollar der TSCA verwendet werden. Darüberhinaus hatte die TSCA das Geld für die Renovierung des ersten Theaters gegeben. Beide Maßnahmen haben rasch sichtbare optische Verbesserungen erzielt, was für die Ansiedlung von Disney wichtig war. Sterns Plan mit dem Titel *42nd Street Now* trug ebenfalls dazu bei, das Interesse von Disney zu wecken. Die Idee, die dahinter steckte, trug bereits dem wachsenden Markt für *Urban Entertainment Center* Rechnung. Dies sollte aber erst 1995 zutage treten.

5.4.1) Der Interimsplan 42nd Street Now!

Dass Robertson Stern mit dem Interimsplan beauftragt hatte, war kein Zufall. Der New Yorker Architekt, der an der Columbia University gelehrt hat und 1998 Dean für Architektur in Yale wurde, hatte bereits 1988 ein Nutzungskonzept für die Theater an der West 42nd Street erstellt (zusammen mit Hugh Hardy). Zudem hatte Stern in den 70er Jahren die Wohnung der Eltern des Disney-Geschäftsführers Michael Eisner renoviert (vgl 5.3.3). 1987 wurde er als Architekt für das *Casting*

---

[764] Levy, in: NYT, 23. August 1992
[765] Dykstra sagte mir, Robertson werde mir gegenüber behaupten, dass die U-Bahn-Finanzierung aus Steuermitteln gesichert sei — was Robertson dann tatsächlich tat —, dies sei aber eine Lüge.
[766] Via Grand Central Station kommen vor allem die besser gestellten Vorort-Bewohner, während die arbeitende Bevölkerung mit den U-Bahn-Linien 1, 2, 3, 9, N&R, 7 oder A, C, E fährt.

Center in Disney World in Florida engagiert, dies auf Wunsch von Eisner.⁷⁶⁷ Dem folgten weitere Aufträge: Das *Feature Animation Building* in Disneyland, drei Hotels in Disney World sowie zwei Hotels in Disneyland Paris. Seit 1991 ist Stern nicht nur im *Board* des Konzerns, sondern auch Eisners persönlicher „adviser on architecture".⁷⁶⁸ Dies war laut Robertson der Hauptgrund dafür, dass sie ihn engagiert habe.⁷⁶⁹ Stern sagte damals, er wolle „different, small exciting things. Lights. Banners. Colors" an der 42nd Street: „We're not doing Disney".⁷⁷⁰

Auch Prudential — die sich die Option auf den Hochhausbau erhalten wollten — ließen seit 1991 an einem Interimsplan arbeiten. Dieser gründete — wie der Stern-Plan —, auf Entertainment und bunten Lichtern, jedoch Prudential zufolge auf eine modernere Art. Dazu wurden vier Architekten engagiert: Debra Sussman aus Kalifornien, Jackson Howard, Ben Wood und Jayne Thompson. Sussman hatte zuvor für Disney gearbeitet, sie und Wood hatten Disney schon Anfang der 90er Jahre vorgeschlagen, zum Times Square zu kommen, was der Konzern aber damals ablehnte. Prudential konnte sich nicht gegen Stern und Robertson durchsetzen.⁷⁷¹

Sterns Interimskonzept hatte zwei Säulen: Tourismus und Entertainment. Es sah eine Mischung aus renovierten Gebäuden — der Bestand sollte, soweit möglich, erhalten werden — und aufgefüllten Baulücken vor, dazu Geschäfte für Touristen und ein Hotel an der Eighth Avenue (Letzteres entsprach der bisherigen Planung). Im Einzelnen wurden vorgeschlagen: Musik- und Videoläden, ein *tourist superstore* (an der Ecke, wo später der Disney-Store entstehen sollte), Zeitungs- und Buchläden, Verkaufsstellen für Broadway-Tickets, Wechselstuben, Andenkenläden, Restaurants, Cafes, Imbisse, Eisdielen, Nachtclubs und Bars. Die Fassaden sollten mit Neon und Reklametafeln in der *Bright-Lights*-Tradition versehen werden, „[to] create a cacophony of styles, scales, and materials that is quintessentially 42nd Street". Das Prinzip sei nicht „planning" sondern „unplanning", so dass „a mix of signage technologies, a variety of retail types and a divertity of individual entrepreneurs and national chains" entstehen könne, der viele Besucher anlockt.⁷⁷² Stern wollte außerdem, dass sechs von neun Theater renoviert wurden, dies war jedoch nicht Gegenstand des Interimsplans.⁷⁷³

Ebenfalls nicht eingeschlossen im Plan war zunächst die *Site 8*, das ehemalige Mart-Grundstück, inzwischen geteilt in *Site 8N* — der Milstein-Parkplatz — und *Site 8S* — das potenzielle Baugrundstück der *New York Times*. Anfang 2000 begann Stern für beide *sites guidelines* zu entwerfen, die ebenfalls Signage und bunte Lichter vorsehen. Allerdings stand Sulzberger Jr. schon damals *signage* an der Fassade ablehnend gegenüber (vgl. 5.5).⁷⁷⁴ Die UDC bzw die *42nd Street Project* ließ August 1993 ein *Draft Environment Impact Statement* (DEIS) anfertigen, in dem die Änderungen gegenüber den Planungen von 1981, 1984, 1988 und 1991 festgehalten und die Auswirkungen auf die Umwelt geprüft wurden, und zwar sowohl die Auswirkungen des Interimskonzeptes, als auch die des Endzustands *Full Built*. In dem DEIS wurde betont, dass das Areal dazu dienen solle, „New York's role as the country's premier entertainment city" zu stärken.⁷⁷⁵

In der Mitte der Blöcke, vor allem auf *Site 6*, sollten 70.000 *squarefeet* Geschäfte und Restaurants gebaut werden, dazu 18.000 *squarefeet* auf dem *Selwyn*-Grundstück,

---

767 Jencks, in: Arch+, Dezember 1992, S. 113. Jencks bezeichnet das Gebäude als „dekorierten Schuppen" und „gewaltsame Mischung aus gutem und schlechtem Geschmack".
768 Eisner/Schwartz, 1998, S. 222
769 Im Gespräch mit der Autorin am 27. Mai 1998
770 Dunlap, in: NYT, 20. August 1992
771 Gespräch mit Prudential am 1. September 1998.

772 Stern: 42nd Street Now!,1993, S. 16, 17
773 Das Anco und das Rialto wurden bei den Theatern niemals mitgezählt
774 Im Gespräch mit der Autorin am 4. November 1999
775 Allee, et al., 1993,S. 5

Die West 42nd Street mit Ferrara; der einstige Standort des Rialto und von Oscar Hammersteins Victoria (vergleiche S. 42). Unten: Blick vom Westen auf die Ecke.

Das Empire-Theater an der westlichen Ecke der 42nd Street während der nicht sonderlich denkmalgerechten Renovierung. Oben: von außen; unten: von innen.

was der geplanten Probebühne entspricht. Auf *Site 7* sollte ein Hotel entstehen — mit 1000 Zimmern, 250 mehr als bisher vorgesehen —, dazu Geschäfte, Restaurants, ein Kino und eine Parkgarage mit 250 Plätzen. Auch Nachtclubs, eine Mart und ein *Health Club* seien denkbar. Die vier Bürohochhäuser sollten nunmehr alle verschieden aussehen, aus reflektierendem Material bestehen und *signage* haben. Für die *Site 8* wurde ein fast beliebiger Mix vorgeschlagen. Insgesamt liest sich die DEIS mehr wie eine Ideensammlung denn wie ein Plan. Die Theater unter der Aufsicht der *New 42nd Street Inc.* sollten, heißt es weiter, renoviert werden, für das *New Amsterdam*, das *Harris* und das *Empire* sollten Nutzer gefunden werden. Der Zeithorizont für die Umsetzung des Interimskonzepts sollte sieben Jahre betragen, also bis zum Jahr 2000, der Endzustand *Full Built* sollte 2015 erreicht werden. Für den Interimsplan müssten etwa 80 Geschäfte (auf *Site 7* und *Site 8N*) umgesetzt werden. Das *Full-Built*-Stadium werde dem Gebiet 28.000 Bürojobs hinzufügen, mit entsprechenden Auswirkungen auf den Verkehr. Es würden auch erhaltenswerte Gebäude abgerissen, darunter das *Rialto* und das *Strand Hotel*, der *Times Tower* würde seiner Wirkung beraubt.[776] Es sind im Großen und Ganzen die gleichen Auswirkungen, die 1984 in der EIS festgestellt wurden.

Um den Interimsplan zu verwirklichen, stellte die Stadt, vertreten durch die *Economic Development Corporation* (EDC, die frühere PDC), im September 1993, zeitgleich mit der Veröffentlichung der Stern-Pläne, 35 Millionen Dollar bereit. Damit wurden die Grundstücke auf der *Site 7* enteignet, obwohl es noch keine Nutzer gab. Der EDC stand Carl Weisbrod vor, der frühere Präsident der UDC-Tochter *42nd Street Project*. Auf dem Areal befand sich vornehmlich Kleingewerbe sowie die in 5.1) erwähnten Künstleretagen, jedoch kein Theater. Hier sollten später Sony-Loews und Tishman bauen. Die Grundstücke gehörten diversen Eigentümern, darunter „Pornokönig" Richard Basciano, der von der Stadt mit 2,9 Millionen Dollar entschädigt wurde, für die Grundstücke aber nur 1,7 Millionen Dollar bezahlt hatte.[777]

Bereits im März 1993 hatte Eisner mit Stern das *New Amsterdam* besichtigt. Sein Interesse an der 42nd Street wurde aber erst im September bekannt, im Vorfeld einer Pressekonferenz, bei der *Governor* Cuomo und *Mayor* Dinkins den Kauf der *Site 7* verkündeten und den *42nd Street-Now!*-Plan vorstellten. Disney selbst sprach noch von „speculation".[778] Gleichwohl wurde der *42nd Street Now!*-Plan und das Interesse von Disney in der New Yorker Öffentlichkeit als gemeinsames Ganzes betrachtet, nicht zu Unrecht, denn sowohl der Plan als auch die Beauftragung von Stern zielten auf das Disney-Engagement ab.

Sowohl der Interimsplan als auch das Interesse von Disney am *New Amsterdam* wurden auf einem *Public Hearing* im November 1993 diskutiert, das im *Apollo* stattfand (das damals *Academy* hieß) und an dem ich Gelegenheit hatte, teilzunehmen. Stern stellte seinen Plan vor, der aber nur auf mäßiges Interesse stieß. Die Konflikte verliefen zum einen zwischen Gretchen Dykstra, der Präsidentin des *Times Square BID* und Besitzern von Pornoläden, die Dykstra vorwarfen, sie wolle sie verdrängen, zum zweiten zwischen Vertretern von TSCA und des *Community Board 4* — Hell's Kitchen — , auch hier wurde der Vorwurf der Verdrängung erhoben. Gerald Schoenfeld von der Shubert Organization sprach sich gegen eine Vergabe von Subventionen an Disney aus. Vor diesem Hintergrund unterstützte der *Times Square BID* zwar den Interimsplan grundsätzlich, war aber, was Disney betraf, vorsichtig und hielt sich aus dem Konflikt heraus.

MAS-Vorsitzender Kent Barwick wies auf dem *hearing* auf die mit dem Interimsplan verbundene „Time Bomb" hin: Da TSCA be-

---

776 Allee, et al., 1993

777 Bastone, in: Village Voice, 18. Juli 1995.
778 Pinder, in: NYT, 15. September 1993

reits Millionenbeträge für die provisorische Renovierung und die Restauration der Theater zur Verfügung gestellt hatte (ganz abgesehen von den Enteignungskosten), blieben die „illogical, patently destructive towers" der „linchpin of the plan".[779] MAS-Geschäftsführer Brendan Sexton nannte die geplanten Hochhäuser einen „visual Berlin Wall between Times Square and 42nd Street."[780] Dies alles hatte Gill schon 1991 antizipiert: Der Architekturkritiker des *New Yorker* schrieb damals: „For over a decade, the city's real-estate developers — egged on by state and city planners — have sought to transform Times Square (...) into a business district disguised as a Disneyland".[781] Mithilfe des Interimsplans, der als eine Art trojanisches Pferd dienen sollte, würde es Robertson letztlich gelingen, das Hochhausprojekt durchzusetzen.

Bei einem zweiten *Public Hearing* am 12. September 1994 sprachen sich 14 der 16 Sprecher sowohl für den Interimsplan als auch für den Endzustand *Full Built* aus, darunter das *Community Board 5 (Theatre District)*, der *Times Square BID*, das *Mayor's Midtown Citizen Committee*, die Shubert Organisation, das *Real Estate Board of New York* und zwei Bühnengewerkschaften, *Actors Equity* und *Stagehands Local 1* sowie mehrere Bewerber um das Bauvorhaben auf der *Site 7*.[782] Grundsätzlich gab es, auch unter Kritikern, mehr Zustimmung als Ablehnung zum Interimsplan, verbunden mit der (m. E. naiven) Hoffnung, dieser könne zum „Permanent Plan" werden.[783] So sprach sich die New Yorker Architekturkammer für *42nd Street Now!* aus.[784] Dagegen wandten sich nur noch Leichter und Gill. Der Interimsplan 42nd Street Now! als auch die Endstufe *Full Built* wurden am 7. Oktober 1994 von der UDC, der EDC und dem *City Council* beschlossen. TSCA begann kurz darauf mit der Renovierung der Gebäude, die zwischen Ende 1995 und Ende 1996 abgeschlossen war.

Robertson hat heute allerdings nicht den Eindruck, dass der Interimsplan von einer breiten Zustimmung getragen war. Zwar habe Disney ihn befürwortet. Hingegen habe sie sich an Sulzberger Jr. gewandt und ihn darum gebeten, den Plan zu unterstützen, dies jedoch vergebens — Robertson ist ebenfalls im *Board* des *Times Square BID*.[785] Der Verleger habe ihr gesagt, der Plan sei nicht realistisch (Sulzberger kann sich nicht daran erinnern). Robertson meint darüber hinaus, Sulzberger Jr., der „ein Kind der 60er Jahre" sei, möge das ganze Hochhausprojekt nicht (was ich ebenfalls nicht bestätigen kann). Tatsächlich war die Berichterstattung der *Times* in diesen Jahren — verglichen mit 1984 — etwas kritischer gegenüber den finanziellen Konditionen, die die Developer erhalten sollten, und was die Zurückstellung der U-Bahn-Renovierung betraf, wovon die *Times* und ihre Mitarbeiter allerdings auch unmittelbar betroffen sind. Den Interimsplan wiederum hat David Dunlap, der bei der *Times* für *real estate* zuständig ist, schon Mitte 1982 in einem ganzseitigen Artikel vorgestellt, zwar eher neutral formuliert, aber wesentlich freundlicher als das, was Goldberger zuletzt über das Johnson/Burgee-Design geschrieben hatte.[786]

Auch das *Editorial Board* der *Times* hatte sowohl das *Cleaning Up* als auch das Kommen von Disney befürwortet. So begrüßte das *Editorial Board* schon 1982 — kurz nach der offiziellen Zurückstellung des Projekts — die allerersten von Stern vorgestellten Ideen für eine Interimsnutzung. „It is urgent that the emptyness be refilled".[787] Die *Times* hielt dabei an der Hoffnung fest, dass

---

779 Oculus, Januar 1994
780 Bressi, in: Planning, September 1996
781 Gill, in: The New Yorker, 29. April 1991
782 Schreiben von Vincent Tese an das *Board* der UDC vom 21. September 1994
783 Messinger im Gespräch mit der Autorin am 20. August 1998.
784 Oculus, Februar 1994

785 Im Gespräch mit der Autorin am 27. Mai 1998 und am 22. November 1999
786 Dunlap, in: NYT, 27. Juni 1993.
787 NYT, 10. August 1992

Klein und Prudential das Gebiet irgendwann entwickeln würden. Nach der Veröffentlichung des Interimsplans ging die *Times* auf die Kritik der MAS ein, das Vorhaben sei zu stark bezuschusst. „Financial calculations apart, officials fear that further delay in a project that has already survived 47 lawsuits would risk losing the interest that Walt Disney, Warner Brothers, Madame Tussauds and others have shown. (...). The street (...) still has a long way to go — the faster the better."[788] Ein Jahr später räumte die *Times* in einem seltenen Fall von Transparenz sogar ein: „The New York Times, based only a block away on 43rd Street, has an obvious interest in the success of the overall plan to resurrect the area."[789]

Der Interimsplan wurde sogar vom Feuilleton der *Times* unterstützt — zwar nicht gerade von Goldberger, aber dieser sollte die Zeitung ohnehin bald verlassen.[790] Aber sein Nachfolger Herbert Muschamp (den Robertson als „unser Mann" bezeichnet), sprach sich mehrfach für den Plan und die Renovierung des Theaters durch Disney aus. Muschamp schrieb von einem „wonderful plan", der sich an die „Main Street, USA" anlehne, die der Architekt Robert Venturi als Architektur-Ideal propagiere. „Main Street, USA" ist auch das zentrale *Feature* von Disneyland und Disney World. Muschamp ging auch schon im Vorfeld auf die später häufig geäußerte Kritik ein, der Plan werde aus der West 42nd Street eine „gigantic simulation, an ersatz, corporate urbanism similar to Universal Citywalk in Los Angeles" machen:

> „Well, the 42d Street plan is corporate. But in a city where recent real estate development has tended to drive people apart, there is something almost quixotic about the plan's ambition to reunite them beneath the umbrella of popular culture. And at a time when pop's technology (VCR's, Walkman, virtual reality) tends to reinforce spatial isolation, a public space built on pop is practically an Utopian proposition."[791]

5.4.2) Die Übernahme des New Amsterdam durch die UDC

Eine weitere Voraussetzung für das Kommen von Disney zur 42nd Street war die Übernahme des *New Amsterdam* durch die UDC im August 1992, das bislang nicht zum UDC-Projekt gehört hatte. Die Übernahme war möglich geworden, weil die Pächter, die Niederlander, über einen längeren Zeitraum keine *real estate tax* bezahlt hatten bzw keine Pacht, die von der Eigentümerin, der städtischen *Industrial Development Agency* (IDA) anstelle der Grundsteuer erhoben wurde. Nur das *New Amsterdam* als das bei weitem größte Theater in der 42nd Street genügte den Anforderungen von Disney. Zwar hatte der Konzern zunächst lange gezögert, sich am Times Square anzusiedeln, jedoch hatte sich die *New 42nd Street Inc.*, vor allem *Chairman* Heiskell — wie in 5.3.3) ausgeführt — mehrfach um Disney bemüht. Obwohl das Disney-Engagement erst 1993 offiziell wurde, wurden in einem *Memorandum of Understanding* zwischen UDC, *City Hall* und EDC vom 30. Dezember 1992 die Übernahmekosten für das Theater bereits als „Disney Defense Expenses" bezeichnet. Ohnehin war allen klar geworden, dass die Niederlander mit der Sanierung des Theaters überfordert waren. Durch die Vernachlässigung waren inzwischen sogar Schäden eingetreten, die weitere immense Sanierungskosten verursachen würden.

Die Niederlander hatten — wie in 4.2.1) dargestellt — das *New Amsterdam* 1983 von der IDA gepachtet. Paperts *42nd Street Deve-*

---

788 NYT, 6. August 1994
789 NYT, 23. Juli 1995
790 Goldberger übernahm 1998 beim New Yorker die Stelle des verstorbenen Brendan Gill.

---

791 Muschamp, in: NYT. 19. Dezember 1993.

lopment Corporation hatte damals eine Vereinbarung mit den Niederländern abgeschlossen: Papert wollte das *Rooftop*-Theater auf dem Dach des *New Amsterdam* sanieren und hatte dafür die Zusage für einen Millionenkredit von der Stadt. Dies wurde jedoch von den Shuberts — die Angst vor Konkurrenz hatten — vereitelt.[792]

Nun wollten die Niederländer das Theater selbst renovieren. Dafür bekamen sie laut Papert ein zinsbegünstigtes Darlehen aus dem *Urban Development Action Fund*. Diese Darlehen werden zu einem Zinssatz von drei Prozent vergeben, der Kredit hat (laut Prudential) acht Millionen Mark betragen. Die Niederländer hofften nun, die Stadt — bzw. der von der Stadt ausgesuchte Michael Lazar — werde zunächst die übrigen Theater renovieren. Als das nicht geschah, wollten die Niederländer — so Papert — auch kein Geld ausgeben. Zwar behauptete Robert Nederlander 1991 in der *New York Times*, er habe 14 Millionen Dollar in das Theater gesteckt (wobei er allerdings dem Autor des Artikels den Zugang zum Theater verwehrte).[793] Dies halten jedoch alle später mit dem Bau befassten Architekten und Ingenieure für völlig unwahrscheinlich.

Was tatsächlich geschehen war, schildert der Architekt Hardy, der das Theater 1994 für Disney renovierte: Die Niederländer wollten um 1983 das *Rooftop*-Theater in eine Art Amphitheater umbauen. Dabei stellten sie fest, dass die Stahlträger im Dach beschädigt waren. Dies zu reparieren, sei ihnen zu teuer gewesen, statt jedoch das Dach wieder ordnungsgemäß zu schließen, hätten sie Dachpappe daraufgelegt. So habe es zehn Jahre lang hereingeregnet, was erhebliche Schäden verursacht habe. Die UDC musste nach dem Kauf im August 1992 praktisch sofort 197.916 Dollar investieren, davon 103.116 Dollar für Reparaturen,[794] um den Einsturz des Gebäudes zu verhindern, der, vermutet Hardy, wohl sonst wenige Monate später erfolgt wäre. 1993 wurde eine *Renovation and Restoration Study* unter der Federführung von Hardy angefertigt, an der der Bauingenieur Robert Silman mitgearbeitet hat. Silman hatte den Bauzustand des Theaters — das aus tragenden Stahlstreben und Mauerteilen, die den Stahl ummanteln, besteht — schon 1982 und 1985 für die Niederländer begutachtet. Er schreibt 1993:

„The theater has been vacant and been left to deteriorate for over 10 years. There has been substantial detorioation since we first saw the theater in 1982. And the detorioation has continued to the present. The building is in a state of extreme disrepair. Most of the interior plaster surfaces have deteriorated or collapsed. There are many areas on the exterior where the masonry of the steel beams and columns around the perimeter are severely corroded. **Almost all of the problems are the result of water entering the building** [Herv. d. A.] (...) In many locations we observed increased bulging or movement of the masonry. (...) The condition of the steel beams and colums on this fassade have deteriorated to the point that we are very concerned for their long term stability".[795]

Dieses Ingenieurgutachten ist der Beleg dafür, dass praktisch alle Schäden erst nach der Übernahme durch die Niederländer entstanden sind und unter den Augen der Stadt bzw. UDC verursacht wurden, die sich zehn Jahre lang nicht darum gekümmert hat (das Theater war sogar formal im Besitz der städischen IDA). Das korrespondiert auch mit der Aussage von Papert und Kornblum, dass das Theater 1980 noch intakt gewesen sei.[796]

---

792 Im Gespräch mit der Autorin am 15. Oktober 1998
793 Gray, in: NYT, 16. Februar 1991
794 Memorandum of Understanding vom 30. Dezember 1992

795 Hardy, Silman et. al, 1993, Sec.4, S.1-2, 6
796 Kornblum, in: Social Policy, 1986

Bei der Renovierung mussten nun die tragenden Stahlträger in der Kuppel mitsamt dem umgebenden Mauerwerk sowie alle Dachbalken ausgetauscht werden, alle Außen- und Innenmauern ausgebessert und die tragende Außenwand zur 41st Street in Gänze ausgetauscht werden. Der eingefallene Wassertank wurde ersetzt, der Brückenbau zwischen Theater und *office building* neu hergestellt. Die Säulen im Bühnensaal wurden verstärkt. Im Innenraum waren Holzvertäfelungen aufgequollen, das Mauerwerk war mit Schimmelpilz befallen, Mosaiken und Stuckelemente waren abgeplatzt und die Bestuhlung fehlte. Zudem hatten die Nederlander Ornamente in falschen Farben überstrichen. Dies alles wurde von Disney wieder rekonstruiert. Darüber hinaus wurden neue Elektro- und Sanitärstränge und Toiletten eingebaut sowie Logenplätze angebracht. Sie waren abgenommen worden, als das Haus als Kino diente. Die meisten Arbeiten waren wegen der jahrelangen Vernachlässigung des Theaters erforderlich. Es gibt sogar den Vorwurf, die Nederlander hätten das Haus absichtlich heruntergekommen lassen, weil sie auf dem Grundstück, zusammen mit einem angrenzenden Flurstück, neu bauen wollten. Robert Nederlander wird mit den Worten zitiert: „You're landmarking many of the buildings that are old and obsolete. (...) What the hell are you going to do with it? You've got to demolish it, put something else up".[797]

Die Renovierung des *New Amsterdam* wurde zunächst mit 34 Millionen Dollar veranschlagt, dies sollte während der Bauarbeiten sogar noch um einige Millionen Dollar steigen. Ein erheblicher Teil davon geht auf das Konto dieser Wasserschäden.[798] Zudem hatte das Theater schon in den Vorjahren erheblicher Verluste für die öffentliche Hand verursacht: Anfang der 80er Jahre hatte die IDA fünf Millionen Dollar für den Erwerb aufgewandt. Dazu kommt das zinsvergünstige städtische Renovierungsdarlehen an die Nederlander in Höhe von acht Millionen Dollar — ob dies zurückgezahlt bzw. überhaupt vollständig abgerufen wurde, ist allerdings nicht bekannt —, dazu noch die Instandhaltungskosten der UDC nach der Übernahme, die allein im ersten halben Jahr knapp 200.000 Dollar betrugen. Des weiteren blieben die Nederlander die *real estate tax* bzw. Pacht schuldig, deren Größenordnung dürfte bei 200.000 bis 300.000 Dollar im Jahr liegen. Smith zufolge werden Enteignungsverfahren aufgrund von Steuerschulden in New York erst eingeleitet, wenn der Eigentümer um mindestens drei Jahre im Rückstand ist, was heißt, die Nederlander haben mindestens drei Jahre keine Pacht bezahlt, vermutlich aber eher zehn Jahre.[799] Alles zusammen dürften die Verluste für die öffentliche Hand bei sieben bis zehn Millionen Dollar liegen, mit dem alleinigen Ergebnis, dass das Theater in schlechterem Zustand war als jemals zuvor. Das war nicht nur die Schuld der Nederlander, sondern auch die der Shuberts, welche — wie in 4.1.1) ausgeführt — die von Papert in die Wege geleitete Renovierung torpediert hatten. Vor diesem Hintergrund ist Kritik an den Subventionen für Disney durch diese Leute Heuchelei.

Das *New Amsterdam* ist — nach den vier Bühnen, auf die Lazar von 1984 bis 1986 eine Option gehabt hatte — ein weiteres Beispiel dafür, dass letztlich für die öffentliche Hand viel höhere Kosten entstanden sind, als hätte man das Theater von vornherein unter der Regie einer Gesellschaft wie der *New 42nd Street Inc.* renoviert. Auch das *New Amsterdam* war lediglich als verwertbarer Immobilienbesitz eingestuft worden, statt als kulturell bedeutsames Bauwerk. Dazu kam

---

797 Andersen, in: Times, 29. Februar 1988, S. 103
798 Hardy sah sich außerstande, diesen Anteil zu beziffern. Er betont allerdings, eine Restauration wäre auch dann sehr teuer geworden, wenn die Nederlander das Theater nicht ruiniert hätten, da das Haus nicht modernem Standard entsprach. Zum Vergleich: Die denkmalgerechte Renovierung des halb so großen New Victory, das keine derartigen Wasserschäden hatte, kostete neun Millionen Dollar.

799 Smith, in: Häußermann/Siebel, 1993, S. 197

die Unfähigkeit von Stadt und Staat, rechtzeitig Verantwortung zu übernehmen, statt dessen wurde blind auf private Developer vertraut, die ihrerseits ausschließlich Interesse an kurzfristiger Rendite hatten. Neben dem *New Amsterdam* wurde auch das *Harris* enteignet, das gleichfalls leer stand. Obwohl das Gebiet 1993 äußerlich immer noch vernachlässigt wirkte, waren doch alle Voraussetzungen erfüllt, Disney zu holen: Es gab einen *Business Improvement District*, der für Sauberkeit und Sicherheit sorgte und bei dem Disney Mitglied sein würde, was dem Konzern Einfluss sicherte, alle relevanten Immobilien an der West 42nd Street, insbesondere die Theater, befanden sich im Besitz der Stadt oder des Staates, und es stand Geld zur Renovierung bereit. Die Pornoläden waren gekündigt und hatten das Gebiet größtenteils bereits verlassen, dazu gab es ein Architekturkonzept eines Disney-Architekten, das auf Entertainment und Tourismus ausgerichtet war. Aber auch der eingangs erwähnte Trend zur Entdeckung der Innenstadt als Tourismusziel sollte eine Rolle spielen (vgl Kapitel 6).

Und schließlich unterstützten der Verleger der *Times*, Arthur Sulzberger Jr. und seine Tante Marian Heiskell persönlich die Übernahme des *New Amsterdam* durch Disney. Marc Eliot beschreibt ein Treffen zwischen Sulzberger, Heiskell und Michael Eisner im Frühjahr 1995 im Gebäude der *Times*, im Büro des Verlegers, wobei er Heiskell, die er interviewte als Quelle angibt.[800] Eisner hatte um dieses Treffen gebeten, obwohl die *Times* die Pläne schon bisher vehement unterstützt hatte. Eisner fürchtete, die New Yorker Theaterorganisationen, insbesondere die Shuberts, würden ihren Einfluss auf die *Times* nutzen, Disney als „Carpetbagger"(illegitime Profiteure) darzustellen. [801]Er fragte Sulzberger, ob dieser ihm garantieren könne, dass das *Editorial Board* der *Times* die Ankunft von Disney begrüßen würde. Das ist ein sehr ungewöhnlicher Schritt, da die *Times* — wie jede seriöse Zeitung — normalerweise Außenstehenden nicht vorher mitteilt, was sie zu schreiben gedenkt. Eisner sagte jedoch, diese Garantie sei die Voraussetzung dafür, dass er den Vertrag für das *New Amsterdam* unterschreibe. Daraufhin, so Eliot, „Sulzberger then reassured Eisner that the city and the newspaper would indeed greet the arrival of Disney with open arms. „Getting Eisner to commit to 42nd Street was in our best interests," said Marian Heiskell. „It was explained to Eisner once again at that meeting, as it has been that many times before, that anyone who could help the situation on 42nd Street would always be welcome, and Disney was certainly the kind of image anyone in his right mind would prefer to be associated with than the streetwalkers, the drug pushers, and the petty thieves we had all been plagued with the past thirty-five years every time we stepped outside." That was good enough for Eisner." (Eliot bezieht sich auf ein Gespräch mit Heiskell, die bestreitet jedoch, dass es stattgefunden hat).

Die *Times*, deren Eigentümer immer wieder versucht hatten, Eisner für das *New Amsterdam* zu interessieren, nutzt auch dieses Gebäude heute gelegentlich: So fanden die Jahreshauptversammlungen der Aktionäre, aber auch mehrere Jahrestreffen der *Times*-Mitarbeiter in dem renovierten Theater statt, zuletzt im Jahr 2001. Dies geschieht vor dem Hintergrund, dass es sich um einen der größten Säle im Gebiet handelt, der zudem in fußläufiger Entfernung vom *Times-Annex* liegt. Die *Times* nutzt aus den gleichen Gründen auch das AMC-Multiplexkino für Veranstaltungen im Rahmen der Reihe *Times Talks*.

---

800 Eliot, 2001, S. 259-260
801 Wenn man von der problematischen Beziehung zwischen Shubert's und der Times-Redaktion weiß, ist das eine eher überflüssige Befürchtung

5.5) Die New York Times plant ein neues Headquarter im Projektgebiet

Die *New York Times* hat nicht nur, wie zuvor nachgewiesen, in all diesen Jahren erheblichen Einfluss auf die Entwicklung des Times Square genommen. Die *New York Times Company* wird aller Voraussicht nach auch selbst Bauherrin im UDC-Gebiet werden und damit von dem Projekt, dass sie unterstützt hat, selbst erheblich profitieren. Die *Times* plant ein neues *Corporate Headquarter* auf einem Grundstück zwischen 40th und 41st Street und Eighth Avenue, das ungefähr die Hälfte des Blocks umfasst (vgl. 9.2). Es handelt sich um die so genannte *Site 8S,* der Südteil des früheren Mart-Grundstückes, das Teil des UDC/ESDC-Projekts ist (die UDC nennt sich seit Mitte der 90er Jahre ESDC, *Empire State Development Corporation*). Für die *site* hatte es bislang nicht nur keinen Bauwilligen gegeben, sie war auch völlig aus dem Focus der Öffentlichkeit und der staatlichen Planer geraten. Damit stellt sich die Frage des Interessenkonfliktes noch einmal neu.

5.5.1) Die Baupläne der Times

Die Baupläne der *Times* wurden erstmals Ende 1999 öffentlich, wobei die *Times* bereits seit mindestens Mitte 1999 Gespräche über diesen Standort mit dem *Department of City Planning* geführt hat und noch wesentlich länger überhaupt Baupläne hegt. Sulzberger Jr. zufolge braucht die *Times* ein neues Haus, da der *Annex* veraltet und auch zu klein sei — man habe derzeit sechs Außenstellen.[802] Zudem stünden seit dem Wegzug der Druckerei aus der 43rd Street nach Queens 1997 drei Untergeschosse leer, ein Umbau sei zu teuer und ineffektiv.

Offiziell bestätigt wurde der Bau auf der Jahresversammlung der Aktionäre im April 2001. Aber bereits im Februar 2000 hat die *Times* unter fünf Bewerbern einen Developer ausgesucht, und zwar Forest City Ratner. Ratner hatte bereits den Gebäudekomplex für Madame Tussauds und das AMC-Multiplex-Kino an der West 42nd Street errichtet. Der neue *Times Tower* wird zwischen 1,37 und 1,45 Millionen *squarefeet* an Bürofläche auf 50 bis 52 Stockwerken haben, 1142 Fuß hoch (375 Meter), inclusive eines dekorativen Aufsatzes. Davon wird die *Times* die Stockwerke 2 bis 28 übernehmen — darunter allein drei Stockwerke für den *newsroom* —, die Stockwerke darüber werden durch Forest City Ratner vermietet, wobei zwischen 75 und 85 Dollar pro *squarefoot* und Jahr verlangt werden sollen. Die *Times* hat allerdings ein Vorkaufs- oder Mietrecht.[803] Im Erdgeschoss sind Läden und Restaurants geplant, dazu ein Auditorium mit 350 Plätzen. Bislang befinden sich auf dem Grundstück 55 Mieter, das sind neben drei Parkgaragen u. a. Sex-Shops, Bekleidungsgeschäfte und ein Studentenwohnheim. Ratner ist nicht der einzige alte Bekannte aus der 42nd Street, der in den Neubau der *Times* involviert ist: So berät Ronnie Hackett, die frühere Projektleiterin von George Kleins Park Tower Realty die *Times* in Designfragen für das neue Gebäude.[804]

Das neue Hauptquartier der *Times* entsteht nach dem gleichen Prinzip wie die vier Hochhäuser am Platz. Der Staat enteignet die Grundstücke und entschädigt die bisherigen Nutzer, er verpachtet das Grundstück auf 99 Jahre an Ratner und die *Times* zu einem vorher festgelegten Preis. Die *Times* verpflichtet sich, zu bauen, zahlt statt der *real estate tax* einen vorher ausgehandelten PILOT, kommt

---

802 Im Gespräch mit der Autorin am 4. November 1999

803 Bagli, in: NYT, 28. Februar 1999 und Dunlap, in: NYT, 14. Dezember 2001
804 Telefongespräch mit der Autorin am 1. November 2000. Es gibt inzwischen bei der Times allerdings Überlegungen, sich von Ratner wieder zu trennen.

im Gegenzug für *public amenities* auf — Renovierung von Infrastruktur oder Erstellung öffentlicher Räume — und unterwirft sich den *Design-Guidelines* im Projektgebiet.

Das Hochhaus der *Times* wird — wie die anderen Wolkenkratzer im UDC-Gebiet — erheblich subventioniert. Zum einen werden die *Times* und Ratner nur 85 Millionen Dollar für das Grundstück zahlen. Das ist vergleichsweise wenig, da das — halb so große — Grundstück der Milsteins (*Site 8N*) kurz zuvor für 111 Millionen Dollar verkauft worden war. Weiter wird die *Times* ein *Payment in Lieu of Taxes* (PILOT) an die Stadt leisten, dass niedriger ist als die *real estate tax*, nämlich 10 Dollar pro *squarefoot* und Jahr (die *real estate tax* liegt um 14 Dollar). Das ist allerdings immer noch deutlich mehr, als Durst oder Rudin zahlen. Dieser PILOT entspricht einer Subvention von 9 Millionen Dollar im Jahr, bei einer voraussichtlichen Laufzeit von 15 Jahren also 135 Millionen Dollar. Sollte der tatsächliche Grundstückspreis die vereinbarten 85 Millionen Dollar überschreiten, werden die *Times* und Ratner dies zwar zunächst als *Excessive Site Aquisition Costs* (ESAC) übernehmen, die ESAC aber als Kredit vom PILOT abziehen, analog zu den anderen vier Hochhäusern. Das heißt, das Risiko liegt auch hier bei der öffentlichen Hand. Dazu kommen weitere Vergünstigungen, die sich auf 26 bis 29 Millionen Dollar aufsummieren.[805] Ingesamt wird der neue *Times Tower* in einer Größenordnung von 250 bis 300 Millionen Dollar subventioniert, inklusive einer geschätzten Subvention beim Grundstückspreis. Die *Times* hatte zuvor gegenüber der Stadt gedroht, sie werde ohne diese *tax breaks* einige hunderte von Angestellten nach Edison, New Jersey verlegen (bereits für die Druckerei in Queens hatte die *Times* mit der gleichen Argumentation 29 Millionen Dollar an *tax breaks* erhalten).[806] Allerdings muss die *Times* im Gegenzug einen Beitrag für *public amenities* im Gebiet in einer Größenordnung von 10 bis 20 Millionen Dollar leisten.

Über diese *amenities* haben sich *Times* und UDC inzwischen geeinigt: Die *Times* wird im Erdgeschoss ihres Hochhauses ein Auditorium bauen, das sie auch selbst nutzt, sowie ein *Times*-Museum, das auch unter dem Namen *Times Center* firmiert. Ursprüngliche Pläne, als *public amenity* das *Times-Square-Theatre* zu renovieren, waren — wie in 5.3.3) ausgeführt — an der *New 42nd Street Inc.* gescheitert. Jack Rosenthal, früherer Leiter des *Editorial Board* und heute Präsident der *New York Times Foundation* hatte bereits in den 90er Jahren Pläne entwickelt, im leerstehenden Untergeschoss des *Annex* ein *Times*-Museum einzurichten, der Umbau sei jedoch zu teuer gewesen.[807] Für das neue Hochhaus stellt sich Rosenthal nun eher ein Museum für Nachrichten vor, denn ein Museum über die Geschichte der *Times*. Dort sollten etwa Kinder lernen können, wie Nachrichten gemacht werden. Jedoch seien die Details noch nicht spruchreif. Es bleibt festzuhalten, dass es sich bei diesen *public amenities* zum erheblichen Teil um Vorhaben handelt, die der *Times* selbst bzw. ihrer Außendarstellung zugute kommen.

Der von der *Times* ausgesuchte Architekt ist Renzo Piano aus Italien. Piano ist durch den Bau des *Centre Pompidou* in Paris bekannt geworden, er errichtete zudem die Konzernzentrale für DaimlerChrysler am Potsdamer Platz in Berlin, ein weiteres Hochhaus, sowie ein Musical-Theater, ebenfalls am Potsdamer Platz. Piano wurde im Oktober 2000 von der Times und Ratner nach einem Architektenwettbewerb ausgesucht, zu dem außerdem Frank O. Gehry (Kalifornien) mit David Childs von Skidmore, Owings and Merrill (New York), Cesar Pelli (Connecticut) und Norman Foster (Großbritannien) eingeladen waren.

Die Entscheidung über den Architekten war in gewisser Weise pseudodemokratisch. In der Schlussphase des Verfahrens wurden alle vier Modelle in der Cafeteria der *Times* ausge-

---

805 Bagli, in: NYT, 28. Februar 2001
806 Bagli, in: NYT, 23. März 2000

807 Im Gespräch mit der Autorin am 8. Mai 2001

Das neue Hochhaus der New York Times an der Eighth Avenue kurz nach der Fertigstellung. Der Architekturentwurf stammt von Renzo Piano.

stellt, die Mitarbeiter waren aufgefordert, sich dazu per email zu äußern. Auch bildete die Zeitung die vier Modelle ab. Es entwickelte sich innerhalb der *Times* eine Auseinandersetzung darüber, welcher Architekt genommen werden sollte: Der solide, aber durchaus ästhetische Piano oder der künstlerisch interessantere, aber für ein *Corporate Headquarter* recht ungewöhnliche und vor allen wesentlich teurere Gehry. Für Gehry hatte sich vor allem der Architekturkritiker der Times, Herbert Muschamp, stark gemacht. Muschamp hatte auch die achtköpfige Jury — die aus leitenden Mitarbeitern der *Times*, darunter *Vice Chairman* Michael Golden, Bruce Ratner sowie der *42nd Street-Project*-Präsidentin Wendy Leventer bestand — in diesem Sinne beraten und sogar Gehry in Kalifornien besucht. Jedoch hatte die Immobilienabteilung der *Times* für Piano plädiert und sich durchgesetzt. Gehry, der dies ahnte, hatte schon vor der Entscheidung zurückgezogen.

Warum er das tat, darüber mag Muschamp — der in einem mehrseitigen Artikel für die Sonntagsausgabe eine Woche nach der Jurysitzung schreibt, er sei immer noch „madly in love with the Gehry/Child-proposal" —, nur spekulieren: Zum einen habe Gehry das Gefühl gehabt, er werde sowohl von der *Times* als auch von den Developern — Ratner — nicht genügend als Künstler geachtet, umgekehrt waren sich aber auch die Auftraggeber nicht sicher, dass die Zusammenarbeit zwischen ihnen beiden, Gehry und SOM — also mithin zwischen vier verschiedenen Unternehmenskulturen — funktionieren könne.[808]

Die *Times*-Immobilienabteilung hatte mehr Vertrauen in Piano, der zuletzt am Beispiel der DaimlerChrysler-Zentrale am Potsdamer Platz gezeigt hatte, dass er in der Lage ist, für ein großes Unternehmen ein *Corporate Head-quarter* fristgerecht und im Kostenrahmen zu bauen, während Gehry eher auf subventionierte Museensbauten spezialisiert ist. *Times-Executives* hatten zuvor auch den Potsdamer Platz besucht und sich sogar von Daimler-Leuten beraten lassen. Dies zeigt, dass es — wie Sassen schreibt — eine Architektenszene gibt, die international für globale *Corporations* tätig ist, und die von diesen weltweit und branchenübergreifend nach ähnlichen Kriterien beauftragt wird. Auch bei der Auswahl von Gehry hat sich — letztlich genauso wie bei den vier Hochhäusern am Times Square — gezeigt, dass das Feuilleton der *Times* zwar schreiben kann, was es will, dass dessen Einfluss jedoch sehr begrenzt ist.

Wie lange die Enteignung durch die UDC/ESDC dauern wird, ist schwer abzuschätzen. Eine Reihe von Eigentümern hat bereits 1997 und noch einmal 1999 Rechtsmittel dagegen eingelegt, andererseits sind alle Musterprozesse im Gebiet von der UDC/ESDC gewonnen worden. Allerdings hat sich die Planung stark gegenüber der 1984 planungsrechtlich festgestellten Planung verändert, ohne dass eine erneute *Environmental Impact Study* beauftragt worden wäre. Dies könnte möglicherweise ein rechtlicher Hebel gegen das Vorhaben sein.

Die wichtigsten Prozessgegnern der *Times* sind Leonard Weiss, Besitzer eines Parkplatzes und Samuel Brach, ein Holocaust-Überlebender aus Rumänien, dem die *Times Square Garage* gehört, beide im fraglichen Block 1012. Weiss hatte bereits 1981 eine Klage gegen die UDC eingereicht und auf den *Public Hearings* von 1984 gegen das Projekt Einspruch erhoben. Weiss und Brach haben Gary Barnett beauftragt, der sagt, er wolle das Grundstück ohne *tax breaks* entwickeln. Barnett, ein Diamantenhändler, war auch an den — Mitte 2000 geplatzten — Bauplänen für das *Planet Hollywood*-Hotel am Broadway und 47th Street als Minderheitsinvestor beteiligt. Barnett hat angekündigt, dass das Trio seine Klage zurückziehen will, falls er als Developer von der Times beauftragt wird. Weiss sagte zum *Observer*:

---

808 Muschamp, in: NYT, 22. Oktober 2000. Gehry rief etwa nach einem Gespräch mit Bruce Ratners Chefingenieur beim Vice Chairman der Times, Michael Golden, an und beklagte sich: Er habe das Gefühl, dieser wolle ihm ein „neues Arschloch mit einem zehn-Zentimeter-Bohrer" bohren.

„There seem to be special rules for the rich and famous and other rules for the poor and downtrodden. (...) The New York Times everyone wants to come in and (...) have the state pay us whatever they want to pay us, which certainly doesn't sound very democratic to me, but you know, you can't fight The New York Times."[809]

Nun wollen Weiss und Barnett vermutlich nur eine möglichst hohe Abfindung von der UDC und/oder der *Times* erhalten und nicht ernsthaft bauen. Jedoch ist ihre Beobachtung, dass die *Times* von der staatlichen *Agency* recht gut behandelt wird, nicht falsch.

5.5.2) Potenzielle Interessenkonflikte der Times

Die *New York Times* ist einerseits die wichtigste Zeitung in New York, die als seriöse Zeitung zudem ein Monopol hat, andererseits ist sie durch ihren Standort Verfahrensbeteiligte bei der Entwicklung des Times Square. Dies stellt generell einen Interessenkonflikt dar, der sich durch die gesamte Geschichte der Times in den letzten hundert Jahren, vor allem aber seit 1981 gezogen hat, und der in dem geplanten Neubau der Times kulminiert, der auf einem staatlichen Grundstück mit staatlicher und städtischer Unterstützung stattfinden soll. Dies tangiert nicht nur die Beziehung zwischen der *Times* und der öffentlichen Hand, vertreten durch UDC und Stadt, sondern auch die Beziehung zwischen der Zeitung und ihren Lesern und die zwischen den verschiedenen Abteilungen der *Times*, insbesondere *Business*-Seite und Redaktion.

Zum ersten führen die hohen städtischen Subventionen zu einem Interessenkonflikt, da sie von den gleichen Politikern gewährt werden, über die die *Times* schreibt, nämlich George Pataki, der *Governor* des Staates New York, dem die UDC/EDSC untersteht und Rudy Giuliani, der *Mayor* von New York City. Als die *Times* begann, ihren Bau zu planen, wollte Giuliani als Senator für New York in Washington kandidieren, gegen die demokratische Mitbewerberin Hillary Clinton. Giuliani hat aber — vornehmlich aus privaten Gründen — im Frühjahr 2000 zurückgezogen und ist Ende 2001 als Bürgermeister abgetreten, da er das Amt nur zwei Legislaturperioden innehaben darf. Es ist aber nicht unwahrscheinlich, dass er später noch einmal ein politisches Amt anstrebt, womöglich als *Governor* des Staates New York. Involviert in die Entscheidung, der *Times* Steuervergünstigungen zu gewähren, ist auch der städtische *Comptroller* Alan Hevesi, der einer von sechs Kandidaten um die Nachfolge von Giuliani war. Es fragt sich, ob die Redaktion der *Times* einen der drei — oder alle drei — in Einzelfällen milder behandelt hat als angemessen, um den Zuschuss für das Projekt nicht zu gefährden.

Ein zweiter Punkt, in den Stadt wie Staat involviert sind, ist die Vergabe des Grundstücks an sich. Rechtlich hätte die UDC/ESDC das Grundstück ausschreiben müssen. Jedoch hatten sich zunächst Staat und *Times*-Geschäftsführung geeinigt, darüber exklusive Verhandlungen unter Ausschluss anderer Bewerber zu führen. Dem hat später auch Giuliani zugestimmt.

Da das Grundstück Teil des Staatsprojekts ist, muss sich die *Times* drittens den im Gebiet geltenden *Design-Guidelines* unterwerfen. Der Architekt Robert Stern, der diese bereits für die West 42nd Street entworfen hat, sollte im Auftrag der ESDC auch für diese *site Guidelines* konzipieren, die sich an der *Bright Lights*-Tradition des Times Square orientieren. Jedoch lehnt Sulzberger diese Art von bunten Lichtern als „nicht angemessen für eine seriöse Zeitung" ab. Auch Piano hat sie in seinem Entwurf nicht berücksichtigt. Inzwischen wurde ein Kompromiss vereinbart, der nur einige wenige Laserlichter vorsieht.[810]

Der vierte Punkt, bei dem die *Times* Eigen-

---

809 Rice, in: NY Observer, 16. Juli 2000

810 Dunlap, in. NYT, 14. Dezember 2001

interessen hat, über die Stadt befindet, ist der Denkmalschutz für den Altbau, den *Annex*. Zu Beginn der Baupläne stand das Gebäude aus dem Jahr 1913 nicht unter Denkmalschutz. Die *Times* hat gegen einen entsprechenden Versuch der städtischen *Landmarks Commission* um 1985 Einspruch eingelegt, da Denkmalschutz mit den „special requirements of a newspaper manufacturing plant"[811] nicht zu vereinbaren sei. Bei einer zweiten Debatte 1991 verzichtete die *Landmarks Commission* auf einen ernsthaften Versuch der Unterschutzstellung, da die *Times* es klar gemacht hatte, dass sie Widerspruch einlegen würde. Dabei waren sich die *Commissioner* fachlich einig, aber sie scheiterten politisch — weder Ed Koch noch David Dinkins wollten sich mit der *Times* anlegen.

Nun aber will die *Times* das Haus an einen Dritten veräußern, der es nicht mehr als „newspaper manufacturing plant" nutzen wird. Sulzberger glaubt zwar, dass Denkmalschutz bei einem Fabrikgebäude am Times Square grundsätzlich nicht sinnvoll sei.[812] Jedoch geriet die *Times* unter den Druck der Fachöffentlichkeit und musste sich auch Kritik konkurrierender Publikationen gefallen lassen, wie des *New York Observer* oder des *New Yorker*. Dessen Architekturkritiker Paul Goldberger (früher der der *Times*) bemerkte, „a spiffy new building with all the latest high-tech gimmicks may appeal to the Times' current management a lot more than the heavy presence of history, especially when that history (...) can be sold to eager developers".[813] Schärfer kommentierte der *Observer*: Die Times benehme sich wie einer der von der Redaktion sonst geschmähten Immobilienhaie, „by selling its beloved old building to a developer who tears it down and constructs a steel and glass banality in its place."[814]

Denn ohne Denkmalschutz ist das Gebäude wesentlich besser verkäuflich. Nach Schätzung des früheren UCD-Chefs William Stern hat sich der Grundstückswert des *Annex* um 1998 gegenüber 1982 verfünffacht.[815] Dem Jahresbericht des *Times Square BID* von 2000 zufolge ist der Durchschnittswert der Immobilien im *Theatre District* in einem Jahr um 25 Prozent gestiegen.[816] Diese potenzielle Rendite könnte durch Denkmalschutz geschmälert werden.

Im Frühjahr 2001 haben Stadt und *Times*-Geschäftsführung auch hier einen Kompromiss geschlossen: Der *Annex* wurde von der *Landmarks Commission* unter Denkmalschutz gestellt, jedoch nur die Terracotta-Vorderfassade an der 43rd Street, eingeschlossen das kleine Türmchen und das grüne Kupferdach. Nicht denkmalgeschützt wurde jedoch die rückwärtige Fassade zur 44th Street.[817] Nicht nur diese Fassade kann nun demoliert werden, mithilfe dieses „Denkmalschutz Light" kann auch das Gebäude auf bis zu 40 Prozent mehr Fläche erweitert werden, wenn Luftrechte von umliegenden Theatern darauf transferiert werden. Dieser weitgehende Transfer von Luftrechten war durch eine Gesetzesänderung von 1999 möglich geworden, die von der *Times* begrüßt worden war (vgl. 6.2.4). Dunlap zitiert einen Makler von Cushman & Wakefield, der sagt: „This landmarking has probably given more benefit than detraction" Die *Times* hat sich zudem einen zermürbenden Streit mit der *Art Community* erspart. Es gab auch keine weiteren negativen Berichte mehr. Mary Ann Tighe, die von der *Times* beauftragte Maklerin betonte gegenüber Dunlap, die Entscheidung der Company, den Denkmalschutz nicht anzufechten,

---

811 Fisher, in: Metropolis, September 1992, S. 24
812 Schweitzer, in: Der Spiegel, 10. April 2000
813 Goldberger, in: The New Yorker, 29. November 1999, S. 41
814 Leonard, in: Observer, 29. November 1999, S. 1

815 Im Gespräch mit der Autorin am 25. Juni 1998. Der *assessed value* der Immobilie stieg von 1982 bis 1998 zwar nur von 12,2 Millionen auf 19,8 Millionen Dollar, jedoch spiegelt dieser nicht den Marktwert wieder.
816 Times Square Business Improvement District: Annual Report, 2000, S. 8
817 Dunlap, in: NYT. 28. März 2001

habe nichts mit den von der Stadt gewährten Subventionen für den Neubau zu tun.

All diese Maßnahmen hat die *Times* mit der gleichen Stadtverwaltung unter Giuliani ausgehandelt, die sonst Gegenstand ihrer Berichterstattung ist. Die Frage stellt sich, ob die Redaktion gleichwohl hinreichend kritisch mit dem Bürgermeister umgegangen ist, der in seiner Amtszeit mehr als genug Anlass zur Kritik bot, angefangen bei Menschenrechtsverletzungen gegenüber Schwarzen durch die Polizei über die Verpflichtung von Obdachlosen zur Zwangsarbeit, bis hin zu dem Versuch, Museumskunst zu zensieren. Tatsächlich hat die *Times* Giuliani immer wieder kritisiert, meist jedoch in recht moderatem Ton.

Was die Wahlempfehlung durch das *Editorial Board* anging, hat die *Times* 1993 Dinkins gegen Giuliani unterstützt. Hingegen empfahl sie 1997 Giuliani gegen dessen (demokratische) Konkurrentin Messinger.[818] Die *Village Voice* hatte bereits 1988 bemerkt, Messinger werde in *Times-Editorials* schlecht behandelt, weil sie gegenüber dem Hochhausprojekt am Times Square kritisch eingestellt sei.[819] 1998 hatte die *Times* die Wiederwahl von Pataki als *Governor* empfohlen. Die Wahl von Ratner als Developer ist wohl auch darauf zurückzuführen, dass dieser — als Spender für Giuliani, — der *Times* die Aufgabe abgenommen hat, den *Mayor* im Sinne des Bauprojektes zu beeinflussen. Im Wahlkampf um den Senatorensitz Giuliani vs. Clinton blieb der *Times* eine Parteinahme erspart, da Giuliani zurückzog.

Einen weiteren potenziellen Interessenkonflikt hat *Brill's Content*, eine Fachzeitschrift für Journalismus, thematisiert. *Brill's* hat die Frage aufgeworfen, ob sich Herbert Muschamp durch seine Teilnahme an der Jurysitzung nicht in einen Interessenkonflikt begeben habe, da er einerseits die *Business-*Seite der Times beraten habe, andererseits über das Design schreibe und dabei einen Entwurf lobe, den sein Arbeitgeber ausgewählt habe.[820] Tatsächlich wirft der redaktionelle Umgang mit dem Neubau mehrere Fragen auf, gerade dieser Vorwurf ist jedoch m.E. nicht stichhaltig. Denn zum einen ist es zweifelsfrei bekannt, dass Muschamp der Architekturkritiker der *Times* ist, zudem macht er es in dem fraglichen Artikel vom 22. Oktober öffentlich, dass er die Jury beraten hat. Darüberhinaus plädiert er in diesem Artikel ausdrücklich nicht für den Sieger Piano, sondern für den unterlegenen Gehry — was er auch während der Jurysitzung getan hat, und was er in dem Artikel ebenfalls schreibt. *Brill's* wirft Muschamp vor, dieser sei nicht objektiv, was vollkommen an der Sache vorbeigeht: Muschamp zelebriert ja ganz offen seine — ohnehin stadtbekannte — Subjektivität, und ein Gutteil des Artikels ist seinem Schmerz gewidmet, dass Gehry verloren hat. Es gibt ohnehin nur zwei mögliche Interessenkonflikte: Entweder könnte Muschamp den Erwartungen der *Business*-Seite der *Times* nachgeben und für einen anderen als seinen Wunschkandidaten plädieren, oder aber er könnte intern für den einen Architekten kämpfen, in seiner Berichterstattung aber den anderen Architekten präferieren. Beides hat Muschamp nicht getan.

Der interessantere Fall eines potenziellen Interessenkonflikts ist die Berichterstattung des Lokalreporters Charles Bagli. Bagli berichtete fortlaufend in der *Times* über das eigene Hochhausprojekt, wobei er die *Times* wie eine fremde Firma behandelt und dabei Informationen über die *Times* aus Quellen von dritter Seite verwendet. Begonnen hat das 1999, als Bagli überhaupt zum ersten Mal über das Vorhaben schrieb.[821] Bagli bekam einen Tip von dritter Seite, rief daraufhin sowohl die firmeneigene Pressestelle als auch den Herausgeber an und bat um einen Stellungnahme.[822] Sulzberger war unterwegs, und

---

818 NYT, 26. Oktober 1997
819 Barrett, in: Village Voice, 8. März 1988

820 Cook, in; Brill's Content, April 2001
821 Bagli, in: NYT, 14. Oktober 1999
822 Bagli im Gespräch mit der Autorin am 1. Dezember 2001

von der Pressestelle hieß es, man habe keine Zeit, sich darum zu kümmern. Daraufhin schrieb er den Artikel ohne Stellungnahme des Hauses. „Der Artikel wurde vor Drucklegung bis ganz oben, bis zum Chefredakteur, gelesen, aber nichts daran verändert", sagte Bagli. Er glaube allerdings nicht, dass jemand von der Businessseite ihn vor Drucklegung gelesen habe. Der Artikel hat Baglis Karriere nicht geschadet, wenn auch Sulzberger in *Brill's Content* mit dem Worten zitiert wird, er habe nicht gewusst, „whether to fire him or to promote him." (Sulzberger bestreitet die Äußerung, aber Bagli glaubt sie).

Von Seiten der Immobilienabteilung der *Times* heißt es, man habe nichts dagegen, dass Bagli über den Neubau berichte, man wolle aber nicht als Quelle verdächtigt werden, da man nicht mit Journalisten reden dürfe, auch nicht mit denen im eigenen Haus. Bagli setzte die Berichterstattung über den Neubau und die finanziellen Konditionen fort. Am 25. Oktober 2001 schrieb Dunlap einen kritischen Bericht darüber, dass die *Times* Mieter von ihrem künftigen Grundstück vertreibe (von Seiten der *Times*-Immobilienentwickler hieß es, das sei mal wieder ein typisches Beispiel für die einseitige, linksgestrickte Berichterstattung der Redaktion). Es gibt also eine gewisse Unabhängigkeit der Redaktion, allerdings erfordert sie persönlichen Mut, und es gibt auch Grenzen: So erwähnt Dunlap nicht, dass es sich um Holocaust-Überlebende handelt, die die *Times* vertreiben will. Zudem gibt es diese Art der pointiert-unabhängigen Berichterstattung erst, seit Bagli bei der *Times* arbeitet, der 1997 von Sulzberger Jr. eingestellt wurde. Unter A.M. Rosenthal wäre das undenkbar gewesen.

Eine interessante Frage in diesem Zusammenhang ist, ob die *Times* womöglich schon seit Jahren — vielleicht schon seit Sulzberger Jr.'s Engagement für den *Times Square BID*, also seit 1990/91 — , hinter den Kulissen mit Staat und Stadt über dieses Bauprojekt verhandelt. Die *Times* hat sich — wie in 5.2.2) ausgeführt — bereits in den Jahren zuvor immer wieder nach Baugrundstücken im Gebiet umgesehen, darunter die *Site 12*, das heutige Condé-Nast-Hochhaus, das sie mit George Klein entwickeln wollte, aber auch das Grundstück der Milsteins, die *Site 8N*.[823] Brendan Sexton, dem ehemaligen Präsidenten des *Times Square BID* zufolge hat die *Times* praktisch um jedes Grundstück am Times Square verhandelt.[824]

Von daher ist es nicht unwahrscheinlich, dass auch die Pläne für dieses Grundstück schon etwas älter sind, als es bekannt ist. Das würde zumindest erklären, warum die UDC/ESDC trotz des schon seit Jahren währenden Baubooms keinen Interessenten für die *Site 8S* gesucht hat, obwohl die Mart, die hier ursprünglich vorgesehen war, seit den 80er Jahren als gescheitert gilt. Die ESDC hatte bisher auch keinen Versuch unternommen, die Flurstücke zu enteignen, um sie anderweitig zu verwerten. Jedoch hat die ESDC bzw die *42nd Street Project* bereits im August 1993 in einem *Draft Environment Impact Statement* (DEIS) festgelegt, dass auf der gesamten *Site 8* auch ein oder zwei Bürotürme denkbar seien.[825]

Die Theorie, dass der Bauplatz seit langem für die *Times* reserviert ist, würde gestützt, wenn man die andere Hälfte des früheren Mart-Grundstücks betrachtet, die *Site 8N*, die den Milsteins gehört. Die Milsteins legten seit Anfang der 90er Jahre immer wieder Pläne vor: So wollten sie 1995 erst ein Multiplexkino auf ihrem Teil, dann zwei Bürotürme auf dem gesamten Mart-Grundstück bauen. Stadt und ESDC lehnte beide Male ab.[826] Nun sind die Milsteins bei Stadt und Staat nicht sehr beliebt, aber auch Durst war auch nicht beliebt, durfte aber doch bauen.

---

823 Bagli, in. NYT, 24. Mai 2000.
824 Im Gespräch mit der Autorin am 7. August 2001
825 Allee, et al, August 1993 S. S-7
826 Pulley, in: NYT, 12. Januar 1996. Anfang 2001 haben die Milsteins das Grundstück an einen ihrer Neffen verkauft — für die erwähnten 111 Millionen Dollar —, spruchreife Baupläne gibt es ist jedoch immer noch nicht.

Vielleicht war der geplante *Times*-Neubau der eigentliche Grund für Stadt und ESDC, die Bebauung der Milstein-*site* zurückzustellen. Denn wenn die *Times* auf der *Site 8S* 50 Stockwerke verwirklichen will, bliebe für die *Site 8N* der Milsteins nur noch eine FAR von höchstens 10, eher weniger, übrig. In jedem Fall wäre es aus der Sicht der ESDC unklug, den Milsteins eine hohe Ausnutzung zu gewähren, weil dies die Genehmigung eines zweites Hochhauses auf der Südhälfte des Mart-Grundstücks schwieriger machen und dieses so blockieren würde.

Sollten die Baupläne der *Times* tatsächlich von wesentlich vor 1999 datieren — wofür es allerdings keine harten Beweise gibt —, würfe dies ein völlig neues Licht auf die Bewertung der Berichterstattung der *Times* über Giuliani und Pataki. Aber in jedem Fall wird man nun die Frage neu aufwerfen müssen, ob die *Times* vom *redevelopment* profitiert. In früheren Jahren war das, wie ausgeführt, eher nicht der Fall, aber in der Ära Sulzberger Jr. ist offenbar auch der Umgang mit Immobilien mehr von Geschäftssinn geprägt als zuvor: Die *Times* bekommt einen günstigen Deal für das neue Haus und sie kann ihr altes Haus gut verkaufen. Gleichwohl ist die eigentliche Triebfeder des Handelns der *Times* m. E. nicht das Immobiliengeschäft, sondern die Erstellung eines neuen Bürogebäudes — unterm Strich wird die Zeitung nach einem Umzug in den neuen Wolkenkratzer eher mehr zahlen als heute, da der *assessed value* des *Annex* und damit die *real estate tax* vergleichsweise niedrig ist. Dazu kommt, dass auch die Baukosten für das Hochhaus von der *Times* getragen werden müssen.

Ein anderer interessanter Aspekt, ob die *Times* mit diesen neuen Gebäude wieder — wie zu den Zeiten von Adolph Ochs — in den Blick der Öffentlichkeit geraten würde. Derzeit ist der *Annex* das einzige Gebäude eines Medienunternehmens am Times Square, das praktisch überhaupt keine Außendarstellung an der Fassade trägt (von ein paar altmodischen Laternen einmal abgesehen). Vielen Besuchern ist nicht einmal bekannt, was sich hinter diesen Mauern verbirgt. Dies wird sich mit dem Piano-Entwurf ändern. Die *Times* würde dann wieder über ein Gebäude verfügen, das die Präsenz der Zeitung im Stadtraum betont.

Das Bauvorhaben der *Times* könnte nicht nur das Areal selbst verändern, sondern auch die umliegenden Stadtgebiete beeinflussen, insbesondere den *Garment District* südlich der 40th Street, an dessen Grenze das neue Hochhaus entsteht. Damit würde die Grenze der Gentrification wieder ein Stück in das industriell genutzte Gebiet verschoben. Eine ähnliche Auswirkung dürfte die Errichtung eines weiteren Wolkenkratzers auf Hell's Kitchen haben, das Wohnquartier, das westlich der Eighth Avenue liegt. Die *Times* wird aber unabhängig davon, ob und wie sie ihre Immobilienpläne verwirklichen kann, erheblich von der Renaissance des Times Square profitieren, die einerseits durch Disney eingeleitet wurde, dessen Kommen andererseits durch die *Times* vorbereitet wurde: Sie profitiert finanziell wie ideell durch die Verwandlung des Ortes zu einem globalen Medien- und Fernsehzentrum, an dem auch die *Times* selbst partizipiert. Diese Entwicklung sollte in eine Zusammenarbeit zwischen *Times* und anderen Konzernen, allen voran wieder Disney, münden. Dies wird im nächsten Kapitel ausführlich dargestellt werden.

Zusammenfassung

In den Jahren 1990 bis 1992 hat es am Times Square einen Umschwung bei der Planung gegeben, verbunden mit — und bewirkt durch — das Auftreten neuer *Key players*. Zum einen übernahmen die ortsansässigen Grundeigentümer unter der Führung der *New York Times* und deren Verleger Arthur Sulzberger Jr. die Initiative beim *Cleaning Up* des Gebiets. Sulzberger Jr. gründete den *Times Square Business Improvement District*, der auf vielfältige Art und Weise, mit viel Geld und hohem Personaleinsatz für Sauberkeit und Sicherheit am Times Square sorgte. Darüber hinaus engagierte sich die von Sulzberger selbst ausgesuchte BID-Geschäftsführerin Gretchen Dykstra im hohen Maße, ein Gesetz im *City Council* durchzusetzen, das Pornoläden weitgehend verdrängen sollte.

Zu den Maßnahmen, die für mehr Sicherheit sorgten, gehört auch die Gründung des *Midtown Community Court*. Dieser wurde ebenfalls vom BID und dem früheren *Times*-Redakteur Herbert Sturz gemanagt und von der *Times* finanziell unterstützt. Des Weiteren unterstützte die *Times*, insbesondere die Tante des Verlegers, Marian Heiskell, die Gründung der *New 42nd Street Inc.*, eine gemeinnützige Gesellschaft für die Theater an der 42nd Street, die die Pornokinos kündigte und eines der Theater als Kindertheater renovierte und auch eine Probebühne errichten ließ, unterstützt von Geldern der Developer. Heiskell führte auch Gespräche mit Disney-Chef Michael Eisner, ihn für das *New Amsterdam* zu interessieren. Die seit 1990 im Amt befindliche Präsidentin der UDC-Tochter *42nd Street Project*, Rebecca Robertson, gab im August 1992 die Zurückstellung des Hochhausprojektes bekannt. Sie verhandelte neue Konditionen mit den Developern, die diese besser stellten als zuvor. Zugleich gab Robertson eine Interimsplanung für den Times Square in Auftrag, mit dem Ziel „Entertainment und Tourismus". Mit den Details der Planung wurde der Architekt Robert Stern beauftragt, der im *Board* von Disney war und für Disney wie auch für die Familie von Disney-Chairman Eisner schon zuvor gebaut hatte. Die UDC erwarb zum gleichen Zeitpunkt das *New Amsterdam* für Disney. Damit trat auch zu Tage, in welch schlechten baulichen Zustand das Haus unter den Augen von UDC und Stadt geraten war.

Mit all diesen Maßnahmen — dem generellen *Cleaning Up* der Straßen, der Bekämpfung von Verbrechen, der Vertreibung von Pornoläden und der Übernahme und der Renovierung der meisten Theater —, die nicht nur von Stadt und Staat, sondern auch wesentlich von den alteingesessenen Grundeigentümern, allen voran der *New York Times* ausgegangen waren, waren alle Voraussetzungen für das Kommen von Disney geschaffen.

Die *Times* wird von ihrem Engagement für das Gebiet aller Voraussicht nach auch selbst profitieren: Durch den Bau eines neuen Wolkenkratzers zu ähnlich günstigen — und steuersubventionierten — Konditionen, wie ihn auch die Developer der vier Hochhäuser erhalten. Dabei begibt sich die *Times* allerdings in einen Interessenkonflikt, da sie bei dem Bau des neuen *Headquarters* auf das Wohlwollen der Politiker von Stadt und Staat angewiesen ist.

In diesem Kapitel geht es um die Walt Disney Company und um die Rolle, die sie bei dem Umbau des Times Square und der 42nd Street gespielt hat, der nach 15 Jahren Planung nun tatsächlich verwirklicht werden sollte. Mit Disney im Gefolge kamen eine Reihe anderer Medien- und Entertainment-Unternehmen, das verwandelte das Areal in ein Entertainment-Zentrum modernen Stils. Dadurch wurde aber auch das ursprünglich geplante Hochhaus-Projekt ermöglicht, wenn auch in architektonisch modifizierter Form und, zumindest teilweise, mit einer an Medien orientierten Nutzung. Die *New York Times*, die das Kommen von Disney hatte vorbereiten helfen, sollte davon ebenfalls profitieren, vor allem durch die Kooperation mit der Disney-Tochter ABC, die sich ebenfalls in der Nachbarschaft ansiedeln sollte.

6) Der Times Square als globales Zentrum der Medienindustrie

Einleitung

In diesem Kapitel wird auch die Frage erörtert, ob die Ansiedlung derart vieler *Corporate Headquarters* an einem solch globalen Ort Zufall ist oder aus einem bestimmten Nutzen für dieselben heraus erfolgt. Die Frage haben unter anderem Sassen (1991) und Castells (1989) aufgeworfen. Beide erkennen durchaus praktische Gründe für eine solche Konzentration. In Abschnitt 6.1) wird Disney mit all seinen Geschäftsbereichen dargestellt, die auch eine Betätigung im *real-estate*-Bereich beinhalten. Es wird erläutert, warum Disney gerade zu dem Zeitpunkt an den Times Square kam, welche Konditionen der Konzern erhielt, wie diese ausgehandelt wurden und welche Folgen dies für den Rest der 42nd Street hatte. Weiter geht es um die Reaktion der Öffentlichkeit, darum, wie die Politik der Widerstand gegen Disney überwand, sowie, welchen Einfluss Disney auf die Stadt ausübte und dass dieser Einfluss zur Selbstdarstellung, aber auch zur weiteren Ausbreitung am Times Square genutzt wurde.

Abschnitt 6.2) befasst sich mit der Auswirkung des Disney-Engagements auf die Bautätigkeit am Times Square. Es wird dargestellt, was nun entsteht, wer von dem Projekt in welchem Umfang profitiert hat und welche Auswirkungen das auf die Nutzerstruktur hatte. Außerdem wird an Beispielen ausgeführt, wie es seitdem vermehrt Kollaborationen zwischen Medien und *real estate* gibt, um gegenüber der Politik Vergünstigungen durchzusetzen. Als konkretes Beispiel dafür wird die Zusammenarbeit zwischen Entertainment und Politik bei einem *Zoning Proposal* dargestellt, das Auswirkungen auf den Nachbarbezirk Hell's Kitchen haben wird.

Abschnitt 6.3) handelt vom Times Square nach Disney als global operierendes Medienzentrum und von der weltweiten Ausstrahlung der Entertainment- und Medienbranche dort, insbesondere Disney. Es wird aber auch nochmals auf die Broadway-Theater eingegangen, auf die diese Entwicklung Rückwirkungen gehabt hat. Es wird erläutert, wie Disney den Times Square zum Cross-Marketing nutzt. Abschließend wird ausgeführt, wie die *New York Times* durch die Zusammenarbeit mit den neuen Nachbarn, vor allem ABC, von dem Aufschwung profitiert

6.1) Disney, das New Amsterdam und New York

Im März 1993 standen zwei Männer im *New Amsterdam*. Disney-Chef Michael Eisner und Robert Stern, der in dieser Zeit an dem in Kapitel 5) erwähntem *42nd Street Now!*-Konzept arbeitete. Beide trugen, dem Zustand des Theaters angemessen, Helme und Taschenlampen. Eisner hatte Stern — sein Hausarchitekt und am *Board* von Disney — tags zuvor besucht, um einige Architekturprojekte durchzusprechen und erwähnt, dass er einen Aufführungsort für das geplante Musical *Beauty and the Beast* suche. Stern führte ihn in ein Gebäude, das aussah wie „the Indiana Jones ride at Disneyland: Grand hallways reduced to a water-soaked ruin, stairways half buried in rubble, mushrooms growing out of the floor, a soaring playhouse inhabited by birds.[827] Gleichwohl war Eisner von dem *New*

---

[827] Rose, in: Fortune, 24. Juni 1996

Amsterdam begeistert. „The once lavish grandeur of this building was easy to visualize, even in its delapidated state."[828]

Stern benachrichtigte sofort seine Auftraggeberin Rebecca Robertson, die Chefin der ESDC-Tochter *42nd Street Project*. Robertson rief noch am gleichen Tag in der Disney-Zentrale im kalifornischen Burbank an, wo man eines wissen wollte: War eine Sanierung des Theaters überhaupt möglich? Robertson engagierte Tishman Realty — die schon Disneys *EPCOT-Center* in Florida und das *Hotel Hilton* in Disney World gebaut hatten[829] — und beauftragte sie mit einem Bau-Gutachten. Kurz darauf begannen die Verhandlungen. Am 30. Dezember 1993 — *Mayor* Dinkins letzter Amtstag — unterzeichnete sein *Deputy Mayor* Barry Sullivan ein *Memorandum of Understanding* mit Disney, auf dem Metalldetektor am Rathaus-Ausgang, als er das Gebäude zum letzten Mal verließ.[830] Es war ziemlich genau hundert Jahre, nachdem das erste Theater, das *American* an der 42nd Street erbaut worden war. Disneys Engagement für das *New Amsterdam* sollte eine Reihe weiterer Investitionen initiieren, die das Gesicht nicht nur der 42nd Street, sondern auch des Times Square völlig verändern sollten.

6.1.1) Die Struktur des Walt Disney-Konzerns

Die Walt Disney Company von heute hat nicht mehr viel mit der von Onkel Walt zu tun. Disney war schon 1993 der zweitgrößte Entertainment-Konzern der Welt; mit einem Jahresumsatz, der 1993 — vor dem Kauf von ABC/Capital Cities für 19 Milliarden Dollar — zwölf Milliarden Dollar betrug.[831] 2000 waren es 25,8 Milliarden Dollar.[832] Disney besitzt Filmgesellschaften wie Walt Disney Pictures, Touchstone, Miramax und Hollywood Pictures, die unter dem Capital-Cities-Dach vereinten TV-Sender ABC, ESPN, ESPN II, The Disney Channel, Beteiligungen an Arts & Entertainment, The History Channel und Lifeline, mehr als 20 Radiostationen, sieben Tageszeitungen, Magazine, Musik- und Buchverlage — darunter Hyperion Books —, und Home Videos. Disney vertreibt Software und Spielzeug, besitzt Baseball- und Hockeyteams, Hotels, Shopping Center und die Themenparks Disneyland, Disney World, Disney World Tokyo, Disneyland Paris und das Animal Kingdom, Florida. Dazu kommen Einfamilienhaussiedlungen und eine ganze Stadt, Celebration, in Florida, dazu die Immobilienentwicklungs-Abteilung Walt Disney Imagineering, die Baufirma Disney Development Corporation sowie eine Kreuzfahrtlinie mit zwei Schiffen.[833]

Die Internet-Aktivitäten hat Disney 1999 unter dem Namen Go.com zusammengefasst, um mit den großen Internet-Firmen wie AOL oder Yahoo mithalten zu können. Deren Hauptquartier ist in Hollywood, Dependancen sind in Sunnyvale (CA), Seattle, New York und London. Zu Go.com gehört unter anderem Infoseek Corporation, Buena Vista Internet Group, Disney.com DisneyStore.com, Disney Travel Online, Family.com, ABC.com, ABCNEWS.com, ABCSports.com, ESPN.com, ESPNStore.com, Oscar.com, NFL.com, NBA.com, Soccernet, Mr. Showbiz, Starwave und das Network Portal GO.[834] Trotz nahezu unübersichtlicher dieser Vielfalt ist Disney — wie kein anderer Unterhaltungskonzern — ein Unternehmen, dessen Töchter kooperieren und Synergie-Effekte nutzen. Zudem ist Disney dafür bekannt, auf eine günstige Kostenstruktur zu achten und in Geschäftszweige

---

828 Eisner/Schwartz, 1998, S. 257
829 EPCOT heißt: Experimental Prototype Community of Tomorrow.
830 Bagli/Kennedy, in: NYT, 5. April 1998
831 Rose, in: Fortune, 24. Juni 1996, S. 96

832 Schiesel, in; NYT, 2. Juli 2001
833 Hiaasen, 1998, S. 11 und: NYT, 8. September 1999
834 http://www.disney.go.com/investors

Disneyland in Kalifornien, 1967, das „Mutterschiff" des Konzerns. Rechts die Autorin.

Disney World, Florida. Oben: Main Street, USA mit dem Schloss. Unten: Eine Imitation von New York City mit einer verkleinerten Version des Empire State Buildings.

zu einem Zeitpunkt einzusteigen, wenn es am preiswertesten möglich ist, und dann mit den örtlichen Behörden die größtmöglichen Vorteile herauszuhandeln. Dabei versucht Disney immer auch, soweit wie möglich die Kontrolle zu behalten.

Firmengründer Walt Disney war auf einer Farm in Missouri aufgewachsen, in einer armen Familie. In den 20er Jahren gründete er sein erstes Zeichenstudio und zog bald darauf nach Hollywood. 1928 wurde der erste Mickey-Mouse-Cartoon *Steamboat Willie* im *Colony Theatre* in New York uraufgeführt, viele andere Zeichentrickfilme sollten noch folgen.[835] Gleichwohl gehörte Walt nie zur Hollywood-Schickeria — vielmehr war und blieb er ein puritanischer Konservativer, und übrigens auch ein Antisemit.

In den 50er Jahren errichtete er seinen ersten Park, Disneyland, in Anaheim bei Los Angeles. Disneyland war eine Kreation des Fernsehens: Es entstand durch eine Kooperation mit ABC, der eine fünf-Millionen-Dollar-Beteiligung an dem 17-Millionen-Dollar-Projekt (für damalige Verhältnisse eine hohe Investition) gezeichnet hatte und dafür wöchentlich die Sendung *Disneyland* aus dem Park ausstrahlte, was Walt Disney zudem Werbekosten ersparte.[836] „Das Fernsehen und Disneyland funktionieren nach ähnlichen Prinzipien", stellt der Architekturkritiker Michael Sorkin fest. „Beide benutzen die Techniken der Extraktion, Reduktion und Rekombination, um einen völlig neuartigen, anti-geographischen Raum zu schaffen."[837]

Zu den architektonischen Errungenschaften von Disneyland gehört der verkleinernde Maßstab von 5:8, den auch die „Main Street, USA" hat, die zentrale Achse durch Disneyland und Disney World. Die „Main Street", eigentlich bloß eine Verniedlichung, gilt vielen Amerikanern als die Wiedergewinnung des von Architekten vernachlässigten menschlichen Maßes. Auf einem Symposium über Disney in der New Yorker Cooper Union am 4. Dezember 1998 sprach kein anderer als der Times-Square-Architekt Philip Johnson über den „großen Enthusiasmus", der ihn erfasst habe, als er das erste Mal die „Main Street" in Disneyland gesehen habe. Diese sei die „Essence of Architecture". Mitte der 60er kaufte Walt 28.000 Acres (113 Quadratkilometer) in Florida, wo er EPCOT bauen wollte.[838] Aber er starb 1966.

Mit der Firma, die nun von Walts Schwiegersohn und seinem Neffen Roy geleitet wurde, ging es bergab, bis sie Anfang der 80er Jahre nur noch einen 4-Prozent-Anteil an Hollywood-Filmen hatte. Sie galt als hoffnungslos verstaubt. Nach einer heftigen, von den beiden Geschäftsführern gegeneinander geführten Übernahmeschlacht erwarben Sid Bass und seine Brüder aus Texas 1984 ein Viertel der Anteile, und bald darauf noch mehr. Die Bass-Brüder besitzen ein vier-Milliarden-Dollar-Imperium, gegründet auf Öl und *real estate*, darunter die Baufirma Arvida.

Die neuen Herren holten Michael Eisner, den Präsidenten von Paramount Pictures, als Geschäftsführer. Eisner war das Gegenteil von Walt. Er kam aus einer jüdischen Oberklasse-Familie, die an der New Yorker Park Avenue lebte. Sein Großvater war ein Freund von Teddy Roosevelt, sein Vater Lester gehörte zum New Yorker *real estate business*, unterstützte die Republikaner und war ein *top housing official* der Eisenhower-Regierung. Eisner ist allerdings Demokrat, er spendete u.a. für Bill Clintons Wahlkampf.[839] Seit seinem zweiten Geburtstag wurde er von seinen Eltern zum Broadway mitgenommen; im College nahm er Theaterklassen. Er fing bei NBC an, und machte dann bei CBS Werbung für die Ed-Sullivan-Show. 1966 ging er zu ABC, wo er zusammen mit Barry Diller Shows kreierte. Als Diller zu Paramount nach Hollywood wechselte, kam Eisner mit. Bald galten die beiden als die kreativsten Köpfe

---

835 Eisner/Schwartz, 1998, S. 173 ff
836 Eisner/Schwartz, 1998, S. 148
837 Sorkin, in: Arch+, Dezember 1992, S. 101

838 Hier entstanden später Disney World und Celebration
839 Schweizer, 1998, S. 265

der Showbranche. Bei Disney wurde Eisner einer der bestbezahlten US-Manager.[840] Aber trotz dieser Biografie — und obwohl Sid Bass im *Board* des Museum of Modern Art sitzt, ein einflussreicher New Yorker Zirkel, dem David Rockefeller, Ronald Lauder und Jerry Speyer angehören[841] — gilt Disney in New York als Fremdkörper aus Hollywood.

Unter Eisner versechsfachte sich nicht nur der Umsatz in den nächsten acht Jahren,[842] auch das Image änderte sich: Disney produzierte nun Filme, die R-rated (für Erwachsene) waren — die bekanntesten *Pretty Woman* und *Pulp Fiction*. Dies, aber auch Veranstaltungen wie der *Annual Gay Day* in Disney World, Orlando, machte Disney zur Zielscheibe rechter christlicher Gruppen. Eisner sollte auch neue Geschäftszweige eröffnen, wie die Disney-Stores, von denen es Ende der 90er Jahre weltweit 530 gab.[843] Schon 1984 gründete Eisner die *Disney Development Company*, die zunächst das EPCOT-Gelände in Florida entwickelte, sich bald aber auch im kalifornischen Anaheim und in anderen Städten betätigte. Zu den Disney-Bauprojekten — die teils auch durch Arvida, die Baufirma der Bass-Brüder, verwirklicht wurden — gehören die Stadt Celebration und das UEC *Pleasure Island* auf dem EPCOT-Gelände sowie mehrere Sportprojekte.[844]

Das EPCOT-Gelände dient Liberalen als Beispiel, wie der „Vatican with mouse ears"[845] Kontrolle praktiziert. EPCOT wird mit Einverständnis der örtlichen Behörden vom *Reedy Creek Improvement District* regiert, ein „private government for constructing and managing the amusement park".[846] *Reedy Creek* besitzt alles Land, das *Board* wird von den Grundeigentümern kontrolliert, also von Disney. Es gibt zwei Dörfer, um den Anschein einer echten Siedlung aufrechtzuerhalten, Lake Buena Vista und Bay Lake. Dort wohnen aber einzig 50 Disney-Manager. Disney World verfügt über eine eigene Strom- und Wasserversorgung, die Company veranlasst selbst *Planning* und *Zoning* und erstellt *Building Codes*, die von eigenen Inspektoren überwacht werden. Disney hat ein eigenes Steuerdepartment und könnte sogar einen internationalen Flughafen oder ein Atomkraftwerk bauen. Es gibt sogar eine Disney-Polizei, die von der Company als Wachschutz deklariert wird.[847] Grover zitiert den Disney-Planer Larry Murphy: „Control was always the major thing, and [control is the] Disney way to do things." Sorkin spricht von einem „Disney-Weltreich", das sich weit über die Disney-Lokalitäten hinaus erstrecke und alle Bereiche des Lebens erfasse. „Jahrzehnte von Filmen haben ganze Generationen mit einer neuen, gemeinsamen Ikonographie versorgt. (...) Mehr Menschen kennen Mickey als Jesus oder Mao".[848]

Mitte der 90er Jahre suchte Disney den Einstieg in den Städtetourismus, vor dem Hintergrund der in 5.4) geschilderten Wiederentdeckung der Innenstadt. Der Konzern gründete 1995 eine Abteilung, deren „key task (...) research and development in ways of downsizing theme park experiences in order that they may be incorporated into urban entertainment centers" war.[849] Die meisten dieser innerstädtischen UECs wurden von Unterhaltungskonzernen initiiert, wie Sony, Universal und Warner Bros, und alle aus den gleichen Gründen: „Within the next two decades, tourism will likely become the largest worldwide business", so Eisner, und: „Partly this is attributable to the growth of free-market democracies around the world, and partly it's because the Internet is helping to make the world a smaller and seemingly more accessible place."[850] In den nächsten Jahren sollte Disney ein

---

840 Grover, 1991, S. 26-30
841 Traub, in: NYT Magazine, 20. Dezember 1998
842 Brinkemper, in: Brinkemper et al, 1994, S. 31
843 Hannigan, 1998, S. 93
844 Hannigan, 1998, S. 109-111
845 Hiaasen, 1998, S. 25
846 Grover, 1991, S. 248
847 Hiaasen, 1998, S. 25-27
848 Sorkin, in: Arch+, Dezember 1992, S. 100
849 Hannigan, 1998, S. 111
850 Hannigan, 1998, S. 111

„multibillion-dollar commitment to luring people from their homes" machen, wozu nicht nur Themenparks und Broadway-Theater gehörten, sondern auch kleinere „entertainment ventures in cities across the country"[851] wie die Themenrestaurant-Kette *ESPN Zone*, von der auch eine Filiale am Times Square entstehen sollte. Es lag nahe, für eines der ersten Investments den Broadway auszusuchen, nicht nur wegen der historischen Bedeutung, sondern auch, weil New York eine der touristenreichsten Städte der USA ist.

Vor dem oben geschilderten Hintergrund — sowohl der Ruf von „Onkel Walt" als auch des des „Vatican with mouse ears" ist es nicht verwunderlich, dass das Engagement von Disney in der Stadt auf Vorbehalte stieß, von denen allerdings nicht alle rational zu erklären sind.

6.1.2) Warum und wie Disney zum Times Square kam

Die Entscheidung, Musicals in New York aufzuführen, wurde 1993 getroffen. Disney plante, *Beauty and the Beast*, das bereits als Disney-Trickfilm auf dem Markt war, life auf eine Bühne zu bringen und wollte dafür ein Theater erwerben. Denn zum einen war die Auswahl an Häusern, die zu mieten waren, begrenzt, vor allem aber hätte man einen erheblichen Anteil des Gewinns an den Besitzer des Theaters abführen müssen. „In the long run, it was virtually impossible to make money on Broadway unless you owned the theater yourself."[852]

Disney plante am Times Square ein am Tourismus orientiertes *Urban Entertainment Center*, deren Blütezeit damals begann: Von März 1995 bis Juni 1996 stieg US-weit die Zahl der „city-led initiatives in the urban entertainment development field" von fünf auf 31 an, über weitere 27 UECs wurde nachgedacht.[853] Und für ein erfolgreiches UEC war eine bekannte Adresse in einer entwicklungsfähigen Nachbarschaft hilfreich. „Name recognition is important in the choice of location as well as in the mix of tenants. Probably the greatest opportunities lie in neighborhoods that have the name but a flagging reputation—such as Times Square. These neighborhoods usually have space for development, are still considered tourist attractions and are in reality less seedy and dangerous than rumor would have", schreibt das Fachblatt *Real Estate Forum,* das BID-Präsidentin Dykstra zitiert: „Our biggest challenge was the perception that Times Square wasn't save. (...) But when the crime rate dropped and the city signed a lease with Disney, that opened the floodgates."[854] Eisner hatte schon früh das *New Amsterdam* im Auge, das er im März 1993 mit Stern besichtigt hatte. Eisner hatte nicht den besten Eindruck von den langjährigen staatlichen Bemühungen, an der 42nd Street aufzuräumen. „A half dozen city and state agencies had a voice in any decisions, and the result had been endless bureaucracy and unfulfilled promises."[855] Auch die Verhandlungen zwischen ESDC und Disney solten sich mehr als zwei Jahre hinziehen, was allerdings weniger an der Bürokratie denn an den Ansprüchen von Disney lag. Da aber *Beauty and the Beast* aufführungsreif war, mietete Disney im Frühjahr 1994 das *Palace* — das einst berühmte Vaudeville-Haus — von den Nederländern. *Beauty and the Beast* war für beide Seiten eine Art Testlauf: Für Disney, die abschätzen konnten, welchen wirtschaftlichen Erfolg ihre Musicals in New York haben würden und für die Theaterszene, die zum ersten Mal damit konfrontiert war, dass der „300-pound gorilla"[856] aus Hollywood den Broadway okkupierte.

---

851 Eisner/Schwartz, 1998, S. 421
852 Eisner/Schwartz, 1998, S. 256
853 Hannigan, 1998, S. 63
854 Dobrian, in: Real Estate Forum, Mai 1998, S. 78
855 Eisner/Schwartz, 1998, S. 257
856 Nelson, in: Drama Review, S. 71

Die Theaterkritiker der *New York Times* waren eher reserviert. Ben Brantley hielt das Stück für „hyperbolic, broad, and manipulative".[857] Soweit *Times*-Kritiker Disney überhaupt mochten, rührte das von dem Motiv her, sich an den Shuberts zu rächen, die ihrerseits Disney als Konkurrenz empfanden. „This season, the role of the Beast, usually played on Broadway by the Shubert Organization (...) will be played instead by the Walt Disney Company", schrieb etwa Alex Witchel.[858] Witchel zufolge kostete die Produktion des Stücks zwischen zwölf und 19 Millionen Dollar — damit wäre es das bis dato teuerste Broadway-Musical, wobei Disney andererseits allein für Merchandise — CDs, T-Shirts, Poster — in der ersten Woche rund 10.000 Dollar eingenommen habe. Tatsächlich sollte *Beauty and the Beast* ein wirtschaftlicher Erfolg werden. Schon in diesem frühen Stadium zeichnete sich ab, dass „Mickey Mouse could transform New York's commercial theater scene, radically changing the playing field here and leaving some Broadway veterans behind".[859] Es wurde aber auch klar, dass die Verschmelzung von Disney und 42nd Street für beide Seiten Gefahren barg: Disney fürchtete um seinen Ruf als Familienunternehmen, jedoch konnte auch Disney „damage 42nd Street, slicking it up with the ersatz charm of Universal Studio's CityWalk."[860]

Bei den Verhandlungen um *New Amsterdam* ging es um zweierlei: Die Höhe der Pacht und der Sanierungszuschüsse für das Theater, und darum, was an der 42nd Street geschehen sollte. Der Konzern verlangte nicht nur, das *adult business* zu entfernen, sondern auch, dass Stadt bzw. ESDC mindestens zwei andere Entertainments an der Straße ansiedelten. Um beides wurde lange und hart gerungen — mehrmals drohte Disney, das Projekt aufzugeben.

Die Renovierung des *New Amsterdam* sollte zunächst 34 Millionen Dollar kosten, später wurden sogar noch einige Millionen mehr benötigt. Die Summe war so hoch, weil die Nederlander das Haus (wie in 5.4.2 ausgeführt) unter den Augen der Stadt ruiniert hatten. Dies war Disney zu teuer, weshalb nun um Subventionen verhandelt wurde. Im Ergebnis setzte Disney acht Millionen Dollar Eigenkapital ein. Dazu bekam der Konzern vom Staat und der Stadt — auch hier vertreten durch die *Industrial Development Organisation* (IDA) — ein Darlehen über 21 Millionen Dollar zu einem Zinssatz von 3 Prozent, weitere fünf Millionen Dollar zu einem Zinssatz von 3,5 Prozent, weniger als die Hälfte des Marktzinses. Diese Vergünstigung entsprach einem direkten Zuschuss von acht Millionen Dollar.[861] Das *Agreement of Lease*, das am 29. Dezember 1994 formuliert und im Juli 1995 unterschrieben wurde, wurde zwischen der ESDC-Tochter *42nd Street Project* und der *New Amsterdam Development Corporation* geschlossen, eine Disney-Tochter. Der Vertrag ist auf 49 Jahre befristet und kann fünf Mal jeweils zehn Jahre verlängert werden. Die Miete entspräche dann 85 Prozent der von der ESDC festgelegten *Fair Market Rent*.[862]

Die Grundmiete (*base rent*) sollte im 1. bis 5. Jahr 331.401 Dollar betragen, im 6. bis 15. Jahr 103 Prozent dieses Betrages, im 15. bis 49. Jahr 104 Prozent. Dazu kommt eine *percentage rent* von zwei Prozent der Bruttoeinkünfte plus drei Prozent der Bruttoeinkünfte, falls diese den Betrag von 20 Millionen Dollar im Jahr überschreiten sollten.[863] Von diesen zusammen fünf Prozent wurden 28.950 Dollar pro Jahr zugunsten von Disney abgezogen. Es fällt keine *property tax* an. Jedoch zahlt Disney 20.000 Dollar im Jahr an den

---

857 Eisner/Schwartz, 1998, S. 259
858 Witchel, in: NYT, 17. April 1994
859 Mirabella, in: Crain's, 28. Februar 1994
860 Rose, in: Fortune, 24. Juni 1996, S. 96

---

861 Lueck, in: NYT, 18 Januar 1995
862 Ich hatte in den Vertrag Einblick, aber er wird eigentlich unter Verschluss gehalten. Gerundete Summen wurden jedoch gelegentlich in der Presse genannt, etwa: Lueck, in: NYT, 18. Januar 1995
863 Das Musical Lion King machte 2001 laut Variety etwa eine Million Dollar Umsatz pro Woche.

Die Ecke von Broadway und West 42nd Street, nach der Ankunft von Disney.

Times Square Business Improvement District. Dieser Beitrag wird prozentual mit der Miete steigen.

Disney verpflichtete sich im Gegenzug, sowohl das Theater als auch das Rooftop-Theater nur für Entertainment zu verwenden, im Einzelnen ist möglich: *First class Broadway life theater, musical, opera, drama, dance, chamber music, childrens theater, motion picture theater, concerts, cabaret, jazz, multi-media-events, scientific exhibitions, museum, performance* oder *rehearsal studio.* Das Theater musste vom 1. bis zum 5. Jahr 750 Nächte bespielt werden. Des Weiteren war Disney verpflichtet, das Haus Instand zu halten, Reparaturen zu bezahlen, für bauliche Veränderungen aufgrund von Auflagen der Versicherung oder der Stadt aufzukommen (bis maximal 100.000 Dollar im Jahr), sowie für Teppiche und für Sessel.

Sowohl der Sanierungszuschuss als auch die Miete waren Gegenstand öffentlicher Empörung. Nelson schreibt von einem „howl of outrage" und einem „relative bargain by Broadway theatre rental standards".[864] Disney zahle etwa für das *Palace* 20.000 Dollar pro Woche an die Nederlander, also weit mehr. Hiergegen ist allerdings einzuwenden, dass es beim *Palace*-Vertrag um die Anmietung eines funktionsfähigen Theaters inklusive Heizung, Strom und Personal — Platzanweiser, Kartenverkäufer — auf Woche-zu-Woche-Basis ging. Beim *New Amsterdam*-Vertrag hingegen handelte es um die Übernahme einer Halbruine auf Lebenszeit, die der Mieter — also Disney — auf eigene Kosten herrichtet, bespielbar macht und für mindestens 49 Jahre betreibt. Einen besseren Vergleich bietet das ähnlich große *Majestic*-Theater, wo *Les Miserables* läuft: Die *real estate tax* für den Eigentümer — das Äquivalent zur Pacht — beträgt nur 77 Prozent von dem, was Disney für das *New Amsterdam* zahlt."[865]

Die Subventionen für die Sanierung wurden auch von den Shuberts und den Nederlandern kritisiert — sie sahen sie als „sweetheart collection of tax breaks and low-interest loans",[866] zudem hätten sie zuvor jahrelang vergebens versucht, solche Subventionen zu bekommen, sagten sie. Tatsächlich stammt der Sanierungszuschuss aus einem Fond der IDA, der auch den Nederlandern zur Verfügung gestanden hatte. Zwar hatten die Nederlander niemals eine derart hohe Summe erhalten, diese war jedoch nur deshalb nötig, weil das Theater zuvor ruiniert worden war, und zwar durch die gleichen Theatereigner, die sich nun über die hohen Subventionen für Disney beschwerten, nämlich die Shuberts und die Nederlander. Im Übrigen lagen die acht Millionen Dollar, die Disney bekam, deutlich unter dem Betrag, den Stadt und Staat zuvor sinnlos in dem Haus verloren hatten. Was die Shuberts betraf, hatten diese überdies noch jahrelang dagegen gekämpft, dass Theater überhaupt unter Denkmalschutz gestellt wurden. Sie versuchten immer wieder zu beweisen, dass die Restaurierung eines alten Theaters Geldverschwendung war. Ihnen ein Juwel wie das *New Amsterdam* anzuvertrauen (welches die Shuberts darüberhinaus nie hatten haben wollen) wäre fahrlässig gewesen.

In der Regel war der Maßstab, der herangezogen wurde, um diese Subventionen zu bewerten, weniger die Sanierungsbedürftigkeit des *New Amsterdam* oder der Steuerrückfluss, der durch die Renovierung erreicht wurde, sondern das Gehalt von Michael Eisner oder ähnliche sachfremde Überlegungen.[867] Dies ist insbesondere dann absurd, wenn man die Disney-Subventionen mit den 1,5 Milliarden Dollar an *tax breaks* für die Errichtung der vier Hochhäuser vergleicht. Jedoch ist die Ansicht, dass Disney in weit

---

864 Nelson, in: Drama Review, Sommer 1995, S. 72
865 Sagalyn, 2001, S. 350

866 Nelson, in: Drama Review, Sommer 1995, S. 72
867 Robertson zufolge wurden durch allein die Renovierung 17 Millionen Dollar an Löhnen umgesetzt, und 1,8 Millionen Dollar an Steuern für Stadt und Staat. Nach Fertigstellung würde das New Amsterdam jährlich vier Millionen Dollar an Steuern einbringen (zitiert nach: Nelson, in: Drama Review, Sommer 1995).

übertriebenem Maß subventioniert worden sei, in New York praktisch flächendeckend verbreitet. Selbst Marian Heiskell von der *New York Times* und *Chairman* der *New 42nd Street Inc.*, die — wie in 5. 3.3 ausgeführt — maßgeblich dazu beigetragen hat, Disney zu holen, sagte mir, Disney bekomme „a really good deal", obwohl das eine so reiche Company sei, und: „These guys just love money". Sie entließ mich mit den Worten, Disney zahle — wie sie gehört habe — die ersten Jahre überhaupt keine Miete, und ich solle dies doch einmal recherchieren.[868] Ein zweiter Punkt wurde in der Öffentlichkeit zwar weniger problematisiert, hatte aber auf das Areal viel größere Auswirkungen: Disney verlangte — erfolgreich — , dass sich die ganze West 42nd Street ändere. Zum einen sollte ein Pornobuchladen im *Candler Building* verschwinden (das nicht der Stadt gehörte), außerdem sollte die UDC schriftlich garantieren, dass sie kein einschlägiges Gewerbe mehr dort dulden werde, von denen es um 1994 noch rund 20 gab.[869]

Außerdem wollte Disney, dass sich mindestens zwei weitere familienorientierte Entertainments an der Straße ansiedelten. „Wir wollten, dass der ganze Distrikt aufpoliert wird, sonst wären wir wieder gegangen", sagte Ken Wong, der Präsident von Disney Imagineering.[870] Disney habe dazu mit der ESDC und der Stadt eine *Public Private Partnership* gegründet, wo die Verantwortlichkeiten für beide Teile festgeschrieben worden seien, sagt Mitch Hill, Senior Vice President von Disney Imagineering.[871] Dabei habe sich Disney verpflichtet, das *New Amsterdam* zu restaurieren, während Stadt und Staat dafür sorgen wollten, dass weitere Unterhaltungsunternehmen kommen und dass die Sexshops verschwinden. Dies war zwar vor dem Hintergrund, dass Disney die Umwandlung der gesamten West 42nd Street in ein UEC vorschwebte, sinnvoll, sollte aber zu einem Flächenabriss der historischen Theater führen.

Hinter Disneys „warm and fuzzy image was a real estate developer with a lion's heart".[872] Der Konzern schickte ein „good cop — bad cop"-team in die Verhandlungen, den *imagineer* David Malmuth, der nach dem Rückzug von einem geplanten historischen Themenpark in Virginia dieses Projekt zum Erfolg bringen wollte und den *real estate negotiator* Frank Ioppolo, der darauf achtete, dass Disney finanziell möglichst vorteilhaft dastand. So handelte Disney über die bisher genannten Subventionen hinaus einen Zuschuss von 1,9 Millionen Dollar für Unvorhergesehenes aus. Zeitweilig verlangte der Konzern sogar das Vorkaufsrecht für alle Grundstücke an der 42nd Street, diese Forderung wurde aber fallen gelassen. „Zwischendurch rief Michael [Eisner] bei Bob [Stern] an und sagte: Warum übernehmen wir nicht alles?", so Ken Wong. Auch wurde überlegt, die Straße zwischen Seventh und Eighth Avenue zu sperren und Besucher nur gegen Eintritt — wie in Disneyland — einzulassen. Aber dann man habe das Gefühl gehabt, eine „Gated 42nd Street" sei für New York nicht richtig, sagt Stern:[873] „We do have some genetic instincts, but then we realized that half of New Jersey has to travel 42nd Street to get to work", sagte Peter Rummell, *Chairman* von Disney Imagineering.[874]

Die Unternehmen, die nach zweijährigen Verhandlungen zusammen mit Disney an die 42nd Street kamen, waren die Kinokette *American Multi Cinema* (AMC), die ein Multiplex mit 25 Sälen bauen wollte und das Wachsmuseum von Madame Tussauds aus London, das eine New Yorker Dependance errichten wollte. Disney selbst hatte beide Unterneh-

---

868 Im Gespräch mit der Autorin am 29. Januar 1999. In dem Vertrag mit Disney findet sich allerdings nichts dergleichen.
869 Sagalyn, 2001, S. 352
870 Auf der Veranstaltung: The Disney Legacy, am 4. Dezember 1998
871 Gespräch mit der Autorin am 1. September 1998

872 Pulley, in. NYT, 29. Juli 1995
873 Im Gespräch mit der Autorin am 29. Januar 1999
874 Rose, in: Fortune, 24. Juni 1996, S. 96

Der Times Square von einem Dach der Eighth Avenue aus, mit dem Annex der New York Times und einer Reklame für Disney, neben Reuters. Unten: Die 42nd Street von 1999.

men der Stadt angedient und zuvor auch mit Tussauds-Vertretern in London gesprochen und sie explizit angeworben. Tussauds hatte eigentlich den *Times Tower* erwerben wollen, war jedoch an der verwaltenden Bank gescheitert, die das Haus lieber meistbietend für 27,5 Millionen Dollar an Lehman Bros. verkaufte.[875] AMC war der größte Vertreiber von Disney-Filmen und hatte mit dem Konzern schon bei anderen Projekten zusammengearbeitet. AMC und Tussauds errichteten einen gemeinsamen Komplex an der Südseite der 42nd Street. An der Nordseite wurde endlich ein Developer für das lang geplante Hotel gefunden, nämlich Tishman Constructions. Nicht nur hatte Tishman zuvor für Disney Hotels gebaut, Architekten waren Arquitectonica aus Florida, die ebenfalls schon für Disney entworfen hatten. Zum Komplex gehört ein von Loew's/Sony geplanter *Entertainment Walk* mit Gastronomie, Geschäften und einem Multiplex mit 14 Sälen. Hinzu kam — um das Ensemble komplett zu machen — ein Disney-Store neben dem *New Amsterdam*. Im Juli 1995 kündigte die kanadische Gruppe LivEnt an, in zwei Theatern an West 42nd Street Musicals aufzuführen. Zudem verhandelte die *New 42nd Street Inc.* mit MTV, die ein Theater — das *Apollo*, das *Lyric* oder das *Times Square* — nutzen wollten.

Das Hotel entstand nicht nur mit einer Baufirma, die ein langjähriger Disney-Partner war, Disney wollte ursprünglich sogar das Hotel selbst auf Time-Sharing-Basis betreiben, zog dies aber drei Wochen nach Beendigung der Ausschreibung wieder zurück. Auf die Ausschreibung hatten sich auch Marriott und die Milsteins beworben, beide waren jedoch aussortiert worden. Dazu sagt Robertson, die ganze Ausschreibung sei sowieso nur eine PR-Aktion gewesen, um zu beweisen, dass es Interessenten für die 42nd Street gebe. Tishman habe das einzige ernsthafte Angebot abgegeben. Marriott habe einen Zuschuss von 70 Millionen Dollar verlangt, die Milsteins hätten sich nur beworben, weil sie damals die Stadt verklagt hatten, dies sei Teil ihrer Strategie gewesen, die Stadt unter Druck zu setzen. Disney habe zudem niemals beabsichtigt, das Hotel zu betreiben, dies sei nur ein „Marketing Issue" gewesen. Die 42nd Street sei als Produkt „a mess" gewesen, das sie habe verkaufen müssen.[876]

Mit all diesen Maßnahmen übernahm Disney praktisch die Kontrolle über den gesamten Abschnitt der 42nd Street. Der Umgestaltung fiel der Großteil der alten Bausubstanz zum Opfer. Für das AMC-Kino und Tussauds wurden das *Anco* und das *Harris* abgerissen, vom *Liberty* wurde nur das Eingangsportal verwendet, während das Theater selbst — auch Ende 2001 — immer noch leer steht. Das *Empire* wurde an das westliche Ende des Grundstücks verschoben, um das AMC-Multiplex-Kino von zwei architektonisch interessanten *anchors* einzurahmen. Es wurde entkernt, renoviert wurden nur die Decke und der Eingang, da das Haus nun als Lobby für das Multiplex dient.[877] Für das LivEnt-Theater wurden das *Apollo* und das *Lyric* bis auf die Fassade abgerissen, es entstand praktisch ein neues, viel größeres Haus, in dessen Eingangshalle einige Elemente der beiden alten Theater Verwendung als Dekoration fanden. Das neue Theater wurde *Ford Center for the Performing Arts* genannt, da die Ford Motor Company (nicht die *Foundation*!) einen Zuschuss von 30 Millionen Dollar gegeben hatte. Das *Selwyn* wurde wenig später von der *Roundabout Theater Company* gepachtet und saniert. Da hierfür die Fluggesellschaft American Airlines einen Zuschuss gegeben hatte, heißt es heute *American Airlines Theatre* Auch das *Times Square Theatre* stand Ende 2001 immer noch leer.

Der Umgang mit den historischen Theatern wurde damals kaum — auch nicht von der *New York Times* — problematisiert. Stern

---

875 Lueck, in: NYT, 23. März 1995

876 Im Gespräch mit der Autorin am 27. Mai 1998
877 Frederick Bland vom Architektenbüro Beyer Blinder Belle im Gespräch mit der Autorin am 20. Juli 1998.

räumt ein, dass diese Umbauten unter Denkmalschutzgesichtspunkten problematisch gewesen seien, dies betreffe auch den Abriss des *Rialto*. Aber dies sei für die kommerzielle Verwertung nötig gewesen.[878] Sowohl das AMC/Tussauds-Projekt als auch das *Ford Center* wurden von den Architekten Beyer, Blinder, Belle betreut, die die denkmalpflegerischen Aspekte mit den *Community Boards* und dem in 4.2.2) beschriebenen, für Denkmalschutz zuständigen Gremium unter Aufsicht der ESDC abstimmten. Das Gremium bestand aus Wendy Leventer, Vizepräsidentin der ESDC-Tochter *42nd Street Project*, eine Vertreterin der städtischen *Economic Development Corporation* (EDC, die frühere PDC) sowie ein unabhängiger Gutachter, David Todd, ein früheres Mitglied der *Landmarks Commission*. Nach deren Votum richtete sich auch die Trägerin der Theater, die *New 42nd Street Inc.*, sagt *Chairman* Heiskell.[879] Der damit betraute Architekt Frederick Bland sagt, die Theater des *Ford Centers* — das *Apollo* und das *Lyric* — seien zu klein und von ihrer technisches Ausrüstung her zu veraltet gewesen, um sie zu bespielen. In jedem Fall hatte sich nun bestätigt, was schon 1984 absehbar war, als das Projekt beschlossen wurde: Die historische Bausubstanz am Times Square wurde ökonomischen Interessen geopfert. Dies entspricht der Tradition in New York, Theaterbau als Teil von *real estate* zu Begreifen.

Weiter wurde das Prinzip aufgegeben, dass die Blockmitten niedriger bebaut werden sollten als die Ecken, um die Verdichtung durch die Hochhäuser auszugleichen. Denn Forest City Ratner, der Developer, der für AMC baute, verlangte, ein 40-stöckiges Hotel mitten im Block errichten zu dürfen, das es bisher in den Planungen nicht gegeben hatte. Ratner nutzte damit die Zwangssituation der Stadt aus, die auf das AMC-Projekt angewiesen war, weil sonst Disney nicht gekommen wäre. Und schließlich wandte die Stadt 35 Millionen Dollar auf, um die Grundstücke für Sonys *Entertainment Walk* und für das Hotel (die *Site 7*) zu erwerben, Geld, das ursprünglich von den Hotel-Developern hätte aufgebracht werden sollen. Die Stadt erklärte damals, im Gegenzug würden die Developer für das 300-Millionen-Dollar-Projekt in den nächsten 20 Jahren ungefähr 56 Millionen Dollar an Steuern und Pacht zahlen.[880] Dies wäre allerdings — abgezinst gerechnet — ein realer Verlust, außerdem sind solche Berechnungen meistens ohnehin geschönt. Für den Kauf der AMC/Tussauds-Site musste die Stadt weitere 13 Millionen Dollar aufbringen.[881] Zudem zahlt Tussauds mit 11,33 Dollar Grundmiete pro *squarefoot* und Jahr relativ wenig.[882] Unabhängig davon, wie sinnvoll diese Grundstückskäufe im Einzelfall sein mögen, hat die Stadt damit das Prinzip aufgegeben, dass alleine die *office towers* die spätere Nutzung der Theater bezahlen würden. Mit den hier aufgelisteten, ursprünglich nicht vorgesehenen Kosten für den Erwerb und die Sanierung der Theater und *infill parcels* — fast 60 Millionen Mark, eingeschlossen der zehn-Millionen-Dollar-Zuschuss für Disney —, hätte man vermutlich von Beginn an alle Theater herrichten können.

Dazu kam, dass auch andere Interessenten unter Berufung auf Disney Subventionen verlangten, darunter AMC, obwohl denen bereits das Grundstück zu ähnlich günstigen Bedingungen wie Disney zur Verfügung gestellt wurde, auch ohne dass die drei Theater darauf denkmalgerecht renoviert wurden. Auch die Viacom-Tochter MTV, die 1995 drei Theater für ein TV-Studio zusammenlegen wollte (das *Apollo*, das *Lyric* und das *Times Square*) verlangte dafür einen städtischen Zuschuss.[883] Viacom gab den Plan dann aber doch auf und baute das Studio im 1. Stock ihrer Zentrale am Broadway und 45th Street ein.

---

878 Im Gespräch mit der Autorin am 29. Januar 1999
879 Im Gespräch mit der Autorin 27. Januar 1999

880 Kennedy, in: NYT, 12. May 1995
881 Pulley, in: NYT, 16. Juli 1995
882 Sagalyn, 2001, S. 366
883 Bagli, in: Observer, 1. Mai 1995

Die Verhandlungen mit Disney haben sich noch aus anderen Gründen in die Länge gezogen als wegen der Ansprüche des Konzerns. Die *42nd-Street-Project*-Präsidentin Robertson, die auf dem Ticket der Demokraten gekommen war, musste um ihren Job fürchten, als 1994 das Amt des *Governors* von Cuomo auf den Republikaner George Pataki übergegangen war und das des *Mayors* auf den Republikaner Giuliani. Robertson war es gelungen, das *Memorandum of Understanding* mit Disney noch unter Cuomo und Dinkins abzuschließen, der eigentliche Vertrag wurde jedoch erst zwei Jahre später unter Pataki und Giuliani unterschrieben. Während dieser Zeit wagte es Pataki nicht, Robertson zu entlassen, um die offenkundig so schwierigen Verhandlungen nicht zu gefährden. Nach dem Erfolg der Verhandlungen wäre dies erst recht unmöglich gewesen. Zudem waren die meisten übrigen Beteiligten am *Cleaning Up* ebenfalls Demokraten und hätten gegen Robertsons Entlassung protestiert, allen voran Gretchen Dykstra und Marian Heiskell, die auch die *New York Times* mobilisiert hätte.

Tatsächlich schrieb Frank Rich, der Theaterkritiker der *Times*: „The best way to preserve the momentum and continuity of the deal-making at this crucial pass, is to retain the current state employees, led by Ms. Robertson, who have gotten so close, know the history and command the other player's trust."[884] Disney, von dem Demokraten Eisner geleitet, machte bei diesem Spiel mit. „George Klein war sich völlig sicher, dass er es mit seinem Parteifreund Pataki an der Macht endlich schaffen würde, Rebecca loszuwerden, und er war außer sich, als er begriff, dass sie bleiben würde", sagte ein Vertreter von Prudential, der bei diesen Verhandlungen anwesend war. Wenig später sollte Klein selbst das Projekt verlassen.

6.1.3) Die Reaktion der Kulturszene auf Disney

Disney wurde am Broadway nicht gerade mit offenen Armen empfangen. Die Nederlander, weit mehr noch die Shuberts hatten kritisiert, dass Disney Subventionen bekam, sowohl in der Presse als auch — wie in 5.4.1) ausgeführt — auf Veranstaltungen. Gerald Schoenfeld berichtet, Koch habe ihm gesagt, er sehe keinen Sinn darin, die Shuberts zu subventionieren, denn sie könnten ja wohl kaum mit ihren Theatern nach New Jersey auswandern. Dies habe er als zutiefst ungerecht empfunden.[885] Auch wurde der Konzern, der sich teure Produktionen leisten konnte (und wollte), von beiden als Konkurrent gefürchtet. Zweierlei hatte diese Front schließlich bröckeln lassen: Zum einen sei Disney durch sein Investment größter Arbeitgeber in New York im Unterhaltungsbereich geworden und habe viele neue Arbeitsplätze geschaffen, dies habe Disney die Unterstützung der Bühnengewerkschaften eingebracht, sagt Stern.[886] Auch dem war eine Auseinandersetzung vorausgegangen, denn der Konzern bezahlt nicht nur seinen Angestellten weniger, als die Gewerkschaften mit den Theaterorganisationen ausgehandelt haben, sondern setzt auch im Verhältnis weniger Leute ein.[887] Zum zweiten stellte der Staat auch den Theaterorganisationen zinsbegünstigte Darlehen in Aussicht.

Auf Bitten der ESDC hatten mehrere Dutzend *Entertainment and Theatrical Unions*, darunter *Actor's Equity* und die *American Federation of Television & Radio Artists*, ein *Fact Finding Committee* gegründet, das klären sollte, ob es gerechtfertigt war, Disney dieses *low interest loan* zu geben. Das

---

884 Sagalyn, 2001, S. 360

885 Im Gespräch mit der Autorin am 14. Dezember 1998
886 Im Gespräch mit der Autorin am 29. Januar 1999
887 Die Bühnengewerkschaften haben Verträge mit den Theaterorganisationen ausgehandelt, wonach in Theatern mit einer bestimmten Anzahl Sitze eine Mindestanzahl von Musikern etc. zu engagieren ist.

Committee berücksichtigte die Einwände der Theaterorganisationen wie auch die traditionell problematischen Beziehung zwischen Disney und den Gewerkschaften, kam jedoch zu dem Schluss, „to welcome Disney as a new member of the Broadway theatrical community". Weiter unterstützte es den vergünstigten Kredit im Interesse der Erhaltung des *New Amsterdam*, insbesondere, da die anderen Theatereigner erklärt hätten, sie könnten die Renovierung nicht zu den gleichen Bedingungen wie Disney durchführen. Denn diese Renovierung werde zur Wiederbelebung des *Theatre Districts* führen, Disneys Gegenwart werde „immediately improve the creative environment in New York's talent pool". Die Gewerkschaften kündigten allerdings auch an, Verhandlungen mit der ESDC aufnehmen zu wollen, damit diese für alle historischen Theater Sanierungszuschüsse zur Verfügung stellte.

Um den Einwänden der Theatereigner zu begegnen, kündigte Cuomo am 6. Januar 1994 an — ein halbes Jahr vor Abschluss des Disney-Vertrages —, es werde ein staatliches Darlehensprogramm für die Renovierung von Broadway-Theatern geben. „With that —although not as a quid pro quo, according to the official line — two of Broadway's major theatre owners dropped their opposition to the Walt Disney Company's plans to take over the New Amsterdam Theater on 42d Street, clearing away a high political hurdle faced by the project".[888] Schoenfeld — die einflussreichste Person der Anti-Disney-Front — zog seinen Einspruch zurück, auch die Jujaminc, während die Nederlander, von denen Disney inzwischen das *Palace* gemietet hatte, sich ohnehin zurückgehalten hatten. Das Programm wurde von der *Times* in einem *Editorial* nicht nur ausdrücklich begrüßt, die *Times* forderte darüber hinaus Giuliani auf, ebenfalls Mittel für die Theater zur Verfügung zu stellen.[889] Tatsächlich sollte niemals Geld fließen, und Cuomo ging, bevor dieser Fond aufgelegt wurde. Das Programm wurde später in ein *Zoning Proposal* umgewandelt, das es Theaterbesitzern erlaubt, Luftrechte über ihren Häusern zu verkaufen (vlg. 6.2.4).

Zudem wurde eine *Disneyfication.* gefürchtet (vgl. 6.3.1). „It's going to be to Disneylandish. People don't come to New York to see replicas of what's in their hometown", meinte Fred Papert.[890] Kulturkritiker wie Michael Sorkin, Marshall Berman oder Sharon Zukin antizipierten ein kontrolliertes, steriles, künstliches Ambiente wie Disney World. *Times*-Theaterkritiker Frank Rich bezeichnete die „Main Street, USA" — zu der die 42nd Street werden könne — als „romanticized vision of our lost towns, clean and crime-free and always jolly, which is preserved in aspic and acted out by performers".[891] Die Zeitschrift *Drama Review* beschreibt die künftige 42nd Street so: „After Disney redevelopment, the typical Broadway tourist experience might not be much different than it has been in the past two decades (...), but in the Disney version one would stay in the Disney hotel, shop in the Disney store (perhaps eat in a Disney Restaurant?), and see the Disney musical in the New Amsterdam Theatre."[892]

Es lassen sich noch Dutzende solcher Visionen aufzählen, die oft von den gleichen Leuten kommen, die zuvor die Hochhäuser von Johnson/Burgee kritisiert hatten — Disney als Kulturphänomen hat für New York die gleiche symbolische Bedeutung wie die amerikanische Kultur als Ganzes für Europa. Nur Sagalyn warnt davor, dass Disney „demonized" werde, Disney als „easy target" werde zum Sündenbock gemacht.[893] Anti-Disney-Gefühle wurden noch genährt durch den versuchten Zugriff des Konzerns auf den gesamten Abschnitt der 42nd Street und die nahezu klandestine Produktion des Musicals *Beauty and the Beast* (Disney teilte

---

888 Dunlap, in: NYT, 7. Januar 1994
889 NYT, 8. Januar 1994

890 Bressi, in: Planning, September 1996, S. 8
891 Rich, in: NYT, 2. Oktober 1996
892 Bell, in: Drama Review, Frühjahr 1998, S.44
893 Sagalyn, 2001, S. 462-463

der Presse keine Details mit und verbot den Künstlern per Vertrag, darüber zu reden, „a far cry from the chatty, leak-like-a-rusty-faucet nature of Broadway").[894] Das Kontrollbedürfnis bei Disney zeitigt auch sonst seltsame Blüten: So müssen die Nederlander, falls sie *House Tickets* (besonders gute Plätze) für *Beauty and the Beast* brauchen, das in ihrem eigenen Theater *Palace* läuft, diese bei der Disney-Zentrale in Kalifornien bestellen.

Die Kritik nahm zu, als Disney nach der festlichen Eröffnung des aufwendig restaurierten *New Amsterdam* am 2. April 1997 Flagge zeigte. Es wurde registriert, dass Eisner bei der Pressekonferenz Krawatten mit Mickey-Mouse-Motiv an Giuliani (den er mit „Bürgermeister Cuomo" ansprach) und an Pataki verschenkte, die sie beide übrigens nicht trugen.[895] Zwei Monate später veranstaltete Disney nicht nur die Weltpremiere des Zeichentrickfilms *Hercules* im *New Amsterdam*, die Stadt ließ aus diesem Anlass die 42nd Street und die Fifth Avenue sperren, damit Disney dort eine abendliche *Hercules Parade* veranstalten konnte.[896] Umzugswagen mit Mickey- und Hercules-Figuren fuhren vor zehntausenden New Yorkern und Touristen durch *Midtown* Manhattan, als Werbeveranstaltung für Disney, ein „Spektakel, wie es bisher (...) nur bei Paraden an nationalen Feiertagen oder zu Ehren von Astronauten, Präsidenten oder dem Papst üblich war".[897] Zwar sind Paraden in New York nichts Seltenes, sie dienen aber normalerweise nicht kommerziellen Zwecken, sondern ethnischen oder kulturellen. Sogar die Schaufensterbeleuchtungen und Straßenlaternen wurden während der Parade ausgeschaltet, damit die erleuchteten Wagen besser wirkten. Gegen diese „privileged presence for Disney in the city's commercial and cultural fabric"[898] empörten sich nicht nur Kulturkritiker, sondern auch örtliche Ladenbesitzer, die während dieser Zeit schließen mussten. Mindestens ebenso viel Aufsehen hatte es 1995 erregt, als Disney einen Teil des Central Parks mietete und absperrte, um dort vor über 100.000 zahlenden Zuschauern den Zeichentrickfilm *Pocahontas* uraufzuführen. Disney hatte damit ein Tabu gebrochen, denn der Central Park ist das letzte öffentliche Refugium, das nach New Yorker Verständnis nicht kommerziellen Interessen geopfert werden darf.

Aber trotz eines diffusen Unbehagens in New York breitete sich Disney ungehindert weiter am Times Square aus. Mitte 1999 eröffnete das Disney-eigene Network ABC ein Nachrichtenstudio am Broadway und 43rd Street. Kurz darauf eröffnete im Hochhaus Four Times Square — dem ersten des lang geplanten Projektes, das in Bau gegangen war — ein Themenrestaurant des Disney-Sportsenders ESPN, hier wird außerdem noch eine wöchentliche Sportshow für ESPN produziert. Beide Institutionen strahlen sichtbar auf den Platz aus, insbesondere ABC, die nicht nur über eine großflächige Leuchtwerbung mit ABC-Trailern verfügen, sondern über ein Life-Studio, zu dem Gäste von der Straße vor die Kamera oder ins Studio gebeten werden. Damit werden die Touristen zum Teil des Entertainment am Broadway. Schließlich eröffnete im Sommer 2000 *Aida*, das dritte Musical im *Palace Theatre* am Broadway. Neben Disney sollten sich binnen kurzer Zeit auch andere Medien- und Entertainmentkonzerne in dem Areal ansiedeln und den öffentlichen Raum prägen.

---

894 Mirabella, in: Crain's, 28. Februar 1994
895 Nelson, in: Drama Review, Sommer 1995
896 Weber, in: NYT, 3. April 1997
897 Roost, 2000, S. 56

898 Sussman, in: Drama Review, Frühjahr 1998, S. 37

6.2.) Der Times Square nach Disney

6.2.1) Das Staatsprojekt wird tatsächlich verwirklicht

Einer der wichtigsten Effekte des Disney-Engagements ist, dass das langgeplante Staatsprojekt damit tatsächlich realisiert wurde, zwar in architektonisch modifizierter Form — nicht nach dem Design von Johnson/Burgee — und mit anderen Developern als TSCA/Prudential, jedoch mit mindestens der gleichen Baudichte wie vorgesehen und mit einer Nutzung durch *Corporate Headquarters*. Von diesen gab es beim Baubeginn für das erste Hochhaus des Projekts — 1997 — allerdings schon drei am Times Square: Viacom, Bertelsmann und Morgan Stanley. Letztere waren in den drei Hochhäusern untergekommen, die mit dem Boom der 80er Jahre projektiert worden waren, aber lange leer gestanden hatten.

TSCA bzw. Prudential begannen Mitte der 90er Jahre — wie es nach dem Vertrag von 1992 zulässig war —, die Developmentrechte für die vier Hochhäuser zu veräußern. Prudential hatte sich entschlossen, nicht selbst zu bauen. Prudential hatte *real estate* als risikoreiches und personalintensives Geschäft kennen gelernt, zudem hatte die Versicherung damals Streubesitz in den ganzen USA, im Wert von 5,6 Milliarden Dollar.[899] Allein 1994 hatte Prudential Verluste von mehr als 900 Millionen Dollar gemacht und brauchte dringend Geld.[900] Was aber jeden überraschte, war, dass Prudential das erste Grundstück, die *Site 12*, Anfang 1996 ausgerechnet an den Widersacher des Projekts schlechthin verkaufte: Douglas Durst.

Nicht nur der Verkauf selbst erregte Aufsehen, sondern auch die Konditionen: Prudential hatte im gesamten Areal nach eigenen Angaben über 400 Millionen Dollar für Grunderwerb, Entschädigungen und Anwälte investiert; nun wurde die 99-Jahres-Pacht für das Grundstück mit der höchsten Ausnutzung für nur 70 Millionen Dollar veräußert (das Grundstück selbst blieb in Staatsbesitz, nur die Entwicklungsrechte wurden verkauft). Auf der *Site 12*, die 35.000 *squarefeet* Grundfläche hatte, wurden 1,6 Millionen *squarefeet* Bruttogeschoßfläche auf 49 Stockwerken realisiert. Durst hatte für die 70 Millionen Dollar auch einen Teil des Kredits erworben, den TSCA der Stadt für die *Excessive Site Acquisition Costs* (ESAC) oberhalb von 88 Millionen Dollar gewährt hatten. Er hatte nur 40 bis 45 Prozent dessen bezahlt, was der Kredit wert war. Die Tilgung und die Zinsen für den Kredit wird die Stadt an Durst zurückzahlen, indem sie den Betrag von dem ohnehin ermäßigten *Payment in Lieu of Taxes* abzieht, dem PILOT, der die Grundsteuer ersetzt (vlg. 4.4.2)

Die *Site 12* war Teil des Blockes zwischen Seventh und Sixth Avenue, den Seymour Durst über die letzten Jahre fast vollständig zusammengekauft hatte, deshalb wollte sein Sohn hier unbedingt bauen. Durst hatte für die Baukosten bis zu einem Betrag von 250 Millionen Dollar gebürgt, ohne einen Nutzer zu haben. Jedoch erlaubten es ihm die günstigen Konditionen, bald zwei große Büromieter anzuwerben: Condé Nast/Advanced Publications, einer der größten Zeitschriftenverlage der USA, der SI Newhouse gehört, sowie Skadden, Arps, Slate, Meagher & Flom, die größte New Yorker Anwaltskanzlei. Condé Nast — die knapp 30 Dollar pro *squarefoot* und Jahr Einstiegsmiete zahlen — saßen in einem älteren Durst-Gebäude und suchten schon seit längerem neue Räume. Skadden, Arps waren die Anwälte, die den Kaufvertrag zwischen Durst und TSCA ausgearbeitet hatten. Sie zahlen rund 40 Dollar Miete.

Auch die Stadt — vertreten durch die EDC —, hatte den Verkauf an Durst befürwortet. Es mag dabei auch eine Rolle gespielt haben, dass Durst jahrelang in erheblichen Umfang

---

[899] Bagli/Paumgarten, in: Observer, 9. Oktober 1996
[900] Bagli, in: Observer, 27. November 1995

Globales Zentrum der Medienindustrie

Der riesige Bildschirm der Technologiebörse Nasdaq an der West 43rd Street und Seventh Avenue kündigte Anfang 2013 den ersten Starbucks in Ho Chi Minh City an.

Das Westin Grand Hotel an der Eighth Avenue und West 43rd Street, einer der letzten Bausteine des neuen Times Square. Das Design stammt von dem Büro Arquitectonica aus Florida. Das Hotel eröffnete 2002. Es ist Teil des originalen Projekts.

für Giuliani gespendet hat.[901] Darüber hinaus wurde Durst von der ESDC und deren Präsident Charles Gargano unterstützt. Durst hatte sich zuvor der anwaltlichen Hilfe von Armand D'Amato versichert, der Bruder des einflussreichen republikanischen Senators Al D'Amato. Gargano wiederum ist einer der Spendensammler für D'Amato.[902]

Die Entwicklungsrechte für das zweite Grundstück, die *Site 3*, dessen Ausnutzung mit 850.000 *squarefeet* Bruttogeschossfläche — 32 Stockwerke — nur halb so groß war wie die der *Site 12*, veräußerte Prudential an den Developer Jack Rudin für 90 Millionen Dollar. Hier ging die Initiative von der Nachrichtenagentur Reuters aus, die mit Prudential um einen Neubau verhandelt hatte und einen erfahrenen Developer wollte. Die Stadt bot ein *Corporate Headquarter* am Times Square an (Reuters saß in Manhattan auf vier verschiedene Gebäude verteilt).[903] Reuters suchte Rudin aus, gegen den die Stadt ebenfalls keine Einwände hatte.

Im Laufe dieser Verhandlungen trennte sich Prudential von George Klein. Prudential war schon längere Zeit unzufrieden mit dem TSCA-Partner, der weder Geld einbrachte noch sein Know-how Gewinn bringend einsetzte, aber trotzdem versuchte, alles zu kontrollieren. Klein wiederum wollte nicht, dass Prudential die Grundstücke verkaufte, er wollte sie selbst entwickeln. „Mr. Klein was doing everything he could to sabotage Mr. Durst's deal to buy control of the Times Square office site from Prudential."[904] Klein versuchte sogar, die Stadt zu überreden, dass die den Verkauf an Durst untersagte. Den Ausschlag für die Trennung gab jedoch, als Prudential nach dem ersten Verkauf an Durst die nächsten Grundstücke ausschrieb, auf die Durst sich ebenfalls bewarb — diesmal mit Klein als Partner. Jedoch sollte die Partnerschaft nicht sehr lange halten, zumal Durst auch kein weiteres Grundstück bekam.

Klein hatte nicht nur den Times Square verloren, ohne einen einzigen Stein bewegt zu haben. Sein ganzes Imperium löste sich damals auf. 1996 hatte er zwei seiner vier Gebäude abgeben müssen, beim dritten war er in finanziellen Schwierigkeiten. Diese ganze Entwicklung zeigt, dass Klein vielleicht doch nicht der erfahrene Developer war, für den Koch ihn damals gehalten hatte. Gleichwohl ist Klein inzwischen wieder mit im Boot: Er hat sich mit der Investmentbank Blackstone zusammengetan, die 1998 mit Mortimer Zuckermans Firma Boston Properties die Entwicklungsrechte für die letzten beiden Türme erworben hat: Die *Site 4* und die *Site 1*. Klein hat jedoch nur eine geringe Beteiligung von unter fünf Prozent. Der Verkauf der letzten beiden Grundstücke brachte Prudential erstmals ein Plus, denn sie erlösten dafür 330 Millionen Dollar. Auch Zuckerman/Blackstone erwarben damit — wie Durst und Rudin — anteilig den Kredit, den die Stadt für die ESAC bei Prudential aufgenommen hatte.

Sowohl Klein als auch Zuckerman als auch Blackstone sind mit den Republikanern — die 1998 die Stadt- wie auch die Staatsregierung stellten — *well connected*. Es halten sich deshalb Gerüchte, dass auch diese Vergabe politisch begründet war. Klein ist Mitglied der Republikaner, war — wie in 4.2.1 ausgeführt — Spendensammler für Ronald Reagan gewesen und 1996 *Vice Chairman* des Finanzkomitees für Senator Bob Dole, der als Präsident gegen Clinton kandidiert hatte.[905] Zuckerman besitzt die *Daily News*, die zweitgrößte Tageszeitung New Yorks (das überregionale *Wall Street Journal* nicht mitgerechnet). Die *Daily News* hat 1993 und 1997 Giulianis Wahl zum *Mayor* vehement unterstützt.[906] Zuckerman wurde später Vorsitzender der *Conference of Presidents of Major American Jewish Organizations*; eine

---

901 Onishi, in: NYT, 15 Mai 1998
902 Bagli, in: Observer, 27. November 1995
903 Lueck, in: NYT, 18. März 1997
904 Bagli/Paumgarten, in: Observer, 9. Oktober 1996
905 Feldman, in: Crain's, 10. Juni 1996
906 Kennedy, in: NYT, 9. Dezember 1993

wichtige Lobbyorganisation, die den Republikanern nahesteht, und er unterstützte Giulianis Wunschnachfolger Michael Bloomberg, ein Republikaner, bei der Wahl zum Bürgermeister.[907] Giuliani hatte sich bereits vor dem Times-Square-Deal für die Unterstützung von Zuckerman bzw. der *Daily News* erkenntlich gezeigt: Zuckerman hatte seit 1985 eine Option, das *Coloseum*-Grundstück am Columbus Circle mit einem (sehr umstrittenen) Hochhaus zu bebauen, gab die Option aber 1994 zurück. Zuvor hatte Zuckerman ein Deposit in Höhe von 33,8 Millionen Dollar bei der Stadt hinterlegt, das nun eigentlich verfallen wäre, aber Giuliani ließ das Deposit zurückzahlen. Alle Tageszeitungen (außer der *Daily News* natürlich) beschuldigten Giuliani daraufhin, städtisches Geld an Zuckerman zu verschenken. Dieser sagte damals, er werde „stay out of public projects in the future."[908]

Bei Blackstone sitzen im Management zwei hochrangige ehemalige Reagan-Beamte, nämlich David A. Stockman, der Reagans *Budget Direktor* war, und Peter G. Peterson, der unter Reagan *Secretary of Commerce* war.[909] Vermutlich ist Kleins neuerliche Beteiligung an den beiden *sites* die Belohnung für seine langjährige Spendensammelei, denn weder Zuckerman noch Blackstone brauchen Klein, um mit Stadt und Staat Geschäfte zu machen Um die letzten beiden *sites* hatte es eine Bieterschlacht gegeben. Zu den Bewerbern gehörten Durst, Tishman Speyer, sowie die Walt Disney Company, die sich um die *Site 4* beworben hatte. Im Erdgeschoss der *Site 4* befand sich bis Ende 1999 der Disney-Store. Disney-Imagineer Mitch Hill sagt dazu, Disney habe die Bewerbung zurückgezogen, da es nicht zum Kerngeschäft gehöre, für Fremdmieter zu bauen.[910] Aber vielleicht trifft auch das zu, was Durst sagt: Disney habe nun, wo das *New Amsterdam* eröffnet sei, kaum mehr Einfluss in der Stadt. Darüber hinaus steht Disney den Demokraten nahe, vielleicht ist der Konzern auch deshalb übergangen worden (vgl. 6 2.3).

Zwar haben Zuckerman/Blackstone mit 330 Millionen Dollar einen Höchstpreis geboten. Aber es wurde schon früh vermutet, dass die Stadt Mittel und Wege finden würde, Zuckerman/Blackstone einen Teil des Kaufpreises zurückzuerstatten. Dies hat sich nun auch bewahrheitet. In das eine, 37 Stockwerke hohe Hochhaus, die *Site 4* wird die weltweit agierende Wirtschaftsberatung Ernst&Young einziehen, die dafür von der Stadt 20 Millionen Dollar an *tax breaks* erhält. Der zweite, 47 Stockwerke hohe Wolkenkratzer (*Site 1*) sollte von Arthur Andersen bezogen werden, ebenfalls eine globale Wirtschaftsberatungsfirma. Andersen wurden dafür 10 Millionen Dollar an *tax breaks* versprochen.[911] Darüberhinaus erhält Boston Properties von der Stadt Steuererleichterungen über 20 Jahre von insgesamt 236 Millionen Dollar.[912] Der ganze Vorgang zeigt, dass auch die neuerliche Vergabe der Times-Square-Grundstücke in politischem Filz wurzelt — nur diesmal eben 100% republikanischer Filz. Nachdem Giuliani als Bürgermeister abtreten musste, überlegte er, eine eigene Firma zu gründen, an der Ernst&Young einen Anteil halten würden, dies war Ende 2001 jedoch noch nicht beschlossen.[913] Jedoch ist Giulianis Büro nun in diesem Hochhaus. Neben Medienkonzernen sind damit auch die von Klein gewollten Anwälte und Broker zum Times Square gezogen, auch die bereits erwähnte Investmentbank Morgan Stanley. Deren Grund für die Standortwahl war — neben der vergleichsweise geringen Miete — eine „address on an avenue (...), a polished and secure lobby,

---

907 Haberman, in. NYT, 12. Mai 2001
908 Kasindorf, in: New York Magazine, 6. Juni 1994, S. 38
909 Holson, in: NYT, 3. Februar 1999 und: Barron, in: NYT, 4. März 1999
910 Im Gespräch mit der Autorin am 1. September 1998.

911 Die Firma, die in den Enron-Skandal verwikkelt war, gab diese Pläne inzwischen auf.
912 Bagli, in: NYT, 16. Oktober 2000
913 Cooper, in: NYT, 13. Dezember 2001

Die neue West 42nd Street: Der BB King Blues Club (oben). Unten: das Kuriositätenkabinett Ripley's Believe it or Not *neben der New Yorker Filiale von* Madame Tussauds. *Das Etablissement war bereits in den dreißiger Jahren am Times Square.*

high-tech infrastructure, very large floor plate".[914] Keine Gegend in Manhattan biete dies mehr als Times Square, so das *National Law Journal*, das sogar die Sicherheit am Times Square anführt, der — im Gegensatz zur Park Avenue — hell erleuchtet sei und wo man sofort ein Taxi bekomme.

Aus Dursts Sicht waren weder Klein noch Prudential erfahren genug, das Projekt zu verwirklichen. Wären die Grundstücke von vornherein an ihn, die Milsteins oder Silverstein gegangen, wäre die Hochhäuser eher realisiert worden.[915] In jedem Fall muss Durst zu den Gewinnern des Projekts gezählt werden. Durst hat die Entwicklungsrechte, für die Prudential Jahre zuvor anteilig mehr als 100 Millionen Dollar bezahlt hat, für nur 70 Millionen Dollar erworben. Zwar liegt die Miete für Condé Nast unter Marktbedingungen, die übrigen Etagen werden jedoch zu erheblich besseren Konditionen vermietet, insbesondere die Ladengeschäfte. Klein schätzt, dass Durst 225 Dollar pro *squarefoot* für diese erhält.[916] Diese Miete hat noch ein Steigerungspotential: 1998 war der Times Square das Gebiet weltweit mit den sechsthöchsten Ladenmieten von im Schnitt 340 Dollar pro *squarefoot*.[917] Zur Haben-Seite von Durst gehören noch die schätzungsweise 20 Millionen Dollar, die er für die *leases* der Theater erhalten hat, für die er den Brandts nur 2,5 Millionen Dollar bezahlt hatte. Dazu profitiert er von den gleichen Steuererleichterungen — über 200 Millionen Dollar in den ersten 20 Jahren — die sein Vater bekämpft hat. Dazu kommen noch weitere steuerliche Abzüge, da Durst einen Teil des Kredits für die ESAC erworben hat, den die Stadt ihm mittels der *tax breaks* zurückzahlt. Da Durst für die Entwicklungsrechte plus Kredit nur 70 Millionen bezahlt hat, kommen noch einmal weitere Gewinne in zehnstelliger Millionenhöhe dazu. Durst ist übrigens auch heute noch der Ansicht, dass das Gebiet zu dicht bebaut und die *tax breaks* zu hoch seien.

Die unterschiedlichen Verkaufspreise für die vier *sites* spiegeln die während dieser Jahre steigenden Grundstückspreise in *Midtown* Manhattan wider, die in dem Verkauf des (vergleichsweise winzigen) *Times Tower* für 110 Millionen Dollar gipfelten. Unbebaute Grundstücke wurden 1998 zwischen 250 bis 500 Dollar pro *squarefoot* veräußert. Die Büromieten in *Midtown* lagen damals bei 70 Dollar pro *squarefoot*, die Leerstandsrate bei 3 Prozent.[918] Dazu kam, dass die Einnahmen aus den Leuchtreklamen astronomische Höhen erreichten: Für eine der neuen, großen Leuchtreklamen lassen sich seit Ende der 90er Jahre zwischen einer und 2,4 Millionen Dollar im Jahr erzielen, vor allem wegen der vielen Touristen, die etwa 90 Millionen Fotos im Jahr von dem Platz machen. Den Profit teilen sich die Company, die die Reklame herstellt und der Eigentümer des Gebäudes.[919] Auch vor diesen Hintergrund wurde vielfach Kritik an den steuerlichen Subventionen am Times Square laut, da es fraglich erscheint, ob die Gebäudeeigentümer diese wirklich benötigen.

Neben den Hochhäusern am Times Square wurde auch die West 42nd Street fertiggestellt. Dort befinden sich seit Ende 2001 das Wachsmuseum von Madame Tussauds, zwei Multiplexkinos mit zusammen 40 Sälen, vier Theater (darunter ein subventioniertes Kindertheater), vier Fanshops (ein *Hello Kitty*-Store, ein Disney-Store, ein Museums-Store und einer von den New York Yankees), ein preiswertes mexikanisches Restaurant mit Alkoholausschank, eine Spielhölle, ein Blues Club, ein großes Internet-Cafe, ein *Food Court* — eine Ansammlung von ebenfalls relativ preiswerten Imbissen und Bars — und ein Parkplatz, auf dem gelegentlich immer noch der Prostitution nachgegangen wird sowie mehrere Straßenhändler. Dies ist

---

914 Klein, in: National Law Journal, 21. Juli 1997
915 Im Gespräch mit der Autorin am 30. Juni 1998. Ich teile diese Einschätzung
916 Im Gespräch mit der Autorin am 1. Februar 1999
917 Wall Street Journal, 6. Februar 1998

918 Holusha, in: NYT, 11. Januar 1998
919 Hellmann, in New York Magazine, 19. Mai 1997

eine Mischung, die auf ein nach Geschlechtern gemischtes Unter- bis Mittelklasse-Publikum abzielt und auch auf Jugendliche, allerdings kaum auf kleinere Kinder. Der Nutzungsmix des Angebotes grenzt allerdings — entgegen der Ansicht von etwa Roost, Zukin oder Reichl — Geringverdienenden nicht aus, ganz im Gegenteil, es wurde von den Planer sorgfältig darauf geachtet, auch dem kleinsten Geldbeutel etwas zu bieten.[920] Entsprechend setzen sich die Besucher der 42nd Street auch zusammen.

6.2.2) Demographische Veränderungen

Das Publikum am Times Square und der 42nd Street ist gegenüber der in 4.1.2) zitierten CUNY-Studie — die ein fast rein männliches Gebiet beschreibt — weiblicher und weißer geworden. Über die Struktur des Publikums existieren zwei Untersuchungen, eine des *Times Square BID* und eine der *League of American Theatres and Producers*. Erstere bezieht sich auf Passanten, die zweite auf Theatergänger. Das untersuchte Gebiet ist mit dem der CUNY-Studie nur teilidentisch: Während diese vor allem die West 42nd Street betrachtete, beziehen sich die beiden neueren Studien auf den gesamten *Theatre District*.

Der BID ließ zwischen 30. Juni und 13. Juli 1998 rund 1000 Fußgänger am Times Square befragen. Davon waren 70 Prozent Besucher, weitere 22 Prozent arbeiteten und 8 Prozent wohnten im Gebiet. Alle drei Gruppen gehörten eher zur Mittelklasse mit einem Durchschnitts-Haushaltseinkommen von 45.600 Dollar und einem Durchschnittsalter von 28,4 Jahren. 45 Prozent hatten einen College-Abschluss. 58 Prozent der Befragten waren weiß (44 Prozent der Angestellten und 63 Prozent der Besucher), 21 Prozent schwarz (31 Prozent der Angestellten, 17 Prozent der Besucher) 11 Prozent hispanisch (15 Prozent der Angestellten und 9 Prozent der Besucher), 10 Prozent asiatisch, indianisch oder Sonstiges. 32 Prozent der Befragten kam aus New York, 17 Prozent aus der Region, 29 Prozent aus den USA, 22 Prozent aus einem anderen Land. Nach männlich oder weiblich wurde nicht gefragt. Jedoch hieß es von der BID auf Nachfrage, der Frauenanteil entspreche dem der Männer.[921] Insgesamt hielten sich 1998 nach BID-Angaben 26 Millionen Touristen im Areal auf.

Die *League* ließ 1997 nur Theatergänger befragen, hier bietet sich ein völlig anderes demographisches, jedoch für Theater nicht untypisches Bild. Die Anzahl der Theaterbesucher war von 7,3 Millionen in der Saison von 1990/91 auf 10,6 Millionen in der Saison von 1996/97 gewachsen.[922] Von diesen waren 62 Prozent weiblich. Das Durchschnittsalter der Befragten war 41, jedoch hatte sich auch das Alter der Besucher unter 18 Jahren auf 1,1 Millionen verdoppelt. Das durchschnittliche Haushaltseinkommen lag bei 91.000 Dollar. Die Mehrzahl hat einen Collegeabschluss, die Hälfte kam aus New York oder Umgebung. Sehr unterrepräsentiert waren Schwarze mit 3 Prozent des Publikums, während sie 12,2 Prozent der US-Bevölkerung stellen. Frauen machen nicht nur fast zwei Drittel des Publikums aus, bei zwei Dritteln der Paare entscheiden die Frauen, für welches Stück Karten gekauft werden.

Der Anteil von Schwarzen und Puertoricanern bei Passanten am Times Square liegt damit über dem in den USA, aber unter dem von New York. Die Debatte um die Nutzerstruktur konzentrierte sich bisher auf die Veränderung nach Hautfarbe. Betrachtet man jedoch den Times Square über das gesamte Jahrhundert, wird klar, dass die Dominanz von Schwarzen

---

920 Beispielsweise kostet in dem mexikanischen Restaurant das Bier einen Dollar pro Glas

921 Times Square BID, Annual Report 1998, S. 18, 19

922 League of American Theatres and Producers, 1998

und Puertoricanern nur eine sehr schmale Zeitspanne eingenommen hat, wobei diese auch heute keineswegs vom Times Square verschwunden sind. Die interessantere und viel grundsätzlichere Veränderung ist die von einem Ausgehbezirk für Männer, die Frauen für Amüsement-Zwecke benutzen und bezahlen, in einen öffentlichen Ort für beide Geschlechter. Von (meist männlichen) Stadtplanern wird dazu das abfällig gemeinte Wort „familienfreundlich" gebraucht, das einen Beigeschmack von „harmlos", langweilig", „kontrolliert" hat. Dies ist jedoch irreführend, denn man sieht am Times Square zwar viele Jugendliche ohne Begleitung Erwachsener, aber kaum Kinder. Der richtige Begriff wäre „für Frauen zugänglich". Freilich lässt sich dies schlecht als Kampfbegriff zur Verteidigung des alten Times Square benutzen.

Die Verteidiger des Status quo der 70er und 80er Jahre — vor allem Reichl, aber auch Delany — mogeln sich um das Problem herum. Reichl, der nachweisen will, dass sich am Times Square von damals eine idealtypische Bevölkerungsmischung befunden habe, behandelt das Fehlen von Frauen als eine unschöne, aber unwesentliche Petitesse, vergleichbar dem Fehlen von, beispielsweise, Touristen aus Wladiwostok oder Samoa. Er übersieht dabei die strukturellen Ursachen, die Frauen keinesfalls zufällig von dem Ort ferngehalten haben. Delany behauptet, dass es gar nicht stimme, dass Frauen am Times Square unterrepräsentiert gewesen seien. Immer seien dort Frauen gewesen, zum Beispiel Kellnerinnen, außerdem kenne er eine Frau, die im *Candler Building* gearbeitet habe und von der er nicht wisse, wo sie heute geblieben sei.[923] Auch Delany trifft nicht ganz den Punkt: Frauen, die Männer als Kellnerinnen oder Prostituierte bedienten, hat es am Times Square natürlich immer gegeben, das neue Element sind Frauen, die selbst den Ort als Entertainment-Ziel nutzen, also sich bedienen lassen. Brendan Gill, der die Auffassung von Reichl und Delany teilt, ist zumindest ehrlich: Er sagt, man müsse seine Schwiegermutter ja nicht überall hin mitnehmen.[924]

Tatsächlich ist ein höherer Anteil an weiblichen Publikum das, was Developer von UECs explizit anstreben. So wird Peter Alexander, ein Entertainment-Developer in Florida mit den Worten zitiert, dass es einen „level of civility" garantiere, wenn Frauen angezogen würden.[925] Sicher ist es richtig, dass — wie Delany schreibt — „developers' concern for women and women's safety extends no further than seeing woman as replaceable nodes with a certain amount of money to spend in a male-dominated economic system."[926] Aus der Sicht einer Frau, die den Times Square besucht, ist es jedoch gleichgültig, von welchen Motiven diejenigen geleitet werden, die für mehr Sicherheit sorgen: Hauptsache, es geschieht. Übrigens haben sich die Billigkinos früher auch nicht an Schwarze und Puertoricaner gerichtet, um einen Beitrag zur Rassengleichstellung zu leisten, sondern, weil das eine Marktlücke war.

Diese Veränderung des Publikums — weniger junge Männer, mehr Frauen und mehr Mittelklasse — wird häufig als Veränderung des öffentlichen Raumes interpretiert, der nunmehr weniger zugänglich sei als früher, etwa von Zukin. Zukin räumte allerdings auf Nachfrage ein, dass sie früher ungern die 42nd Street oder Bryant Park besucht habe, insbesondere abends, heute aber viel weniger Angst habe, dort entlangzugehen.[927] Die Frage, warum sie dann beide Orte gleichwohl heute für weniger öffentlich halte als früher, konnte sie nicht beantworten.

Eine vergleichbare Veränderung hat es auch unter den *Key Players* und den Planern am Times Square gegeben. Auch dort gibt es —

---

923 Delany, 1999, S. 160. Die Stadt hatte nach der Verurteilung von Michael Lazar der Mietvertrag im Candler-Building gekündigt. Dies ist also kaum ein Beispiel für Umstrukturierung.

924 Übersetzt: Frauen haben da auch nichts verloren. In: The New Yorker, 29.April 1991, S.96-99
925 Dobrian, in: Real Estate Forum, Mai 1998
926 Delany, 1999, S. 161
927 Im Gespräch mit der Autorin am 30. Juli 1998.

die oberste Führungsetage ausgenommen — mehr Frauen als Männer, während die Planer der 80er Jahre fast alle männlich waren. So wurden in der zweiten Hälfte der 90er Jahre — die entscheidende Phase für das *redevelopment* — der Times Square BID von Gretchen Dykstra geleitet, die *42nd Street Project* zunächst von Rebecca Robertson, dann von Wendy Leventer, die *New 42nd Street Inc.* von Cora Cahan,[928] die für das Projekt zuständige Prudential-Abteilung von Sharon Barnes, die Disney-Imagineers, die das *New Amsterdam* renoviert haben, von Catherine Gray, während bei Kleins Park Tower die eigentliche Arbeit von Veronica Hackett gemacht wurde. Dykstra, Robertson und Cahan firmierten in Zeitungsberichten auch gelegentlich als die „Three Witches of Times Square".[929]

Das korrespondiert mit der in 2.3) dargestellten Beobachtung von Sassen, wonach in New York im Dienstleistungsbereich der Anteil der Frauen den der Männer übersteigt. Ein weiterer Grund für das auffällige Auftreten dieses Phänomens am Times Square liegt in der Person von Robertson, die Leventer als ihre Nachfolgerin installierte und auch Cahan aussuchte. Ob es zwischen dem Frauenanteil unter den Planern und der heutigen Gestaltung und der Nutzung des Times Square eine Wechselwirkung gegeben hat, darüber kann nur spekuliert werden. Robertson glaubt, Frauen begeisterten sich eher an bunten Lichtern und an dem an Entertainment orientierten Interimsplan, den Männer nicht so ernst genommen hätten.[930] Vermutlich hat es aber auch eine Rolle gespielt, dass Frauen für die Romantisierung von pornographischer Nutzung nicht empfänglich sind, schon deshalb, weil das, was sich hinter den Fassaden der Pornoläden abspielt, außerhalb ihrer Wahrnehmung liegt.

6.2.3) Kooperation zwischen Medien und Real Estate

Mit dem politischen Wechsel bei Stadt und Staat gab es auch einen Wechsel der *Key Players* am Times Square. Staat und Stadt wurden nun von Republikanern geleitet, von *Governor* Pataki und *Mayor* Giuliani. Prudential verabschiedete sich als Developer aus dem Gebiet, stattdessen kamen Zuckerman, Rudin, Ratner, und Durst, letzterer spielte allerdings schon zuvor eine wichtige Rolle. Die Shuberts und die *Times* haben die Jahrtausendwende überdauert, die Nederlander haben sogar an Einfluss zugelegt. Mit der Umwandlung des Times Square in ein Zentrum der Medien- und Entertainmentindustrie und der damit einhergehenden Bautätigkeit kann ein neues Phänomen beobachtet werden: die Zusammenarbeit von Medien und *real estate*. Developer gehören — wie in 2.4.2) ausgeführt — seit jeher zu den einflussreichsten Unternehmern der Stadt. Mit der Zunahme der Jobs im Medienbereich in den 90er Jahren wurden aber auch Medienunternehmen immer wichtiger. Dazu kam, dass diese — anders als *real estate* — immer drohen konnten, abzuwandern. Immerhin war die Filmindustrie in den 30er Jahren Kalifornien gegangen, dies verschaffte den Medienunternehmen ein zusätzliches Druckmittel gegenüber der Stadt.

Der Versuch der Einflussflussnahme manifestiert sich im Wesentlichen durch dreierlei: Erstens durch Spenden an Politiker, zweitens durch die Inanspruchnahme von Lobbyisten und drittens durch Angebote an Politiker oder höhere Beamte, gut dotierte oder — im Fall der Medien — mit hoher öffentlicher Repräsentanz versehene Jobs anzunehmen. Die Gegenleistungen der Politik sind nicht nur *tax breaks*, sondern — was Developer betrifft — auch die Gewährung einer höheren Ausnutzung von Grundstücken, die Zurückstellung von Denkmalschutz oder der Verzicht auf kostenträchtige Auflagen. Für Medienkonzerne sind *tax breaks* oder auch Energiepreissen-

---

928 Von Cahans 16 Mitarbeitern sind 15 weiblich
929 Davidson, in: Working Woman, März 1998
930 Im Gespräch mit der Autorin am 11. Juni 1998

kungen ebenfalls interessant. Mehr aber noch bringt ihnen die wohlwollende Prüfung von Zusammenschlüssen oder die bessere Verbreitung von Kabelnetzen, wobei für Ersteres förderale Behörden zuständig sind.

Politiker in den USA sind auf Spenden angewiesen, und zwar sowohl auf *Campaign Contributions*, also direkte Spenden für den Wahlkampf, als auch auf Spenden im Rahmen von *Lobbying*, also während der laufenden Legislaturperiode. Viele dieser Gelder kommen von Developern. Zwar gibt es in New York ein Limit von 7700 Dollar pro Person und Jahr, dies wird aber häufig dadurch umgegangen, dass auch Familienmitglieder oder Angestellte diesen Höchstsatz spenden. Dem *Campaign Finance Board* der Stadt zufolge gab George Klein zwischen 1983 und 1989 rund 31.000 Dollar an Cuomo, der bis 1994 *Governor* des Staates New York und Dienstherr der ESDC war.[931] Zu den Großspendern an Giuliani für dessen Wahlkampf in 1997 — bei dem der wiedergewählte Bürgermeister gut neun Millionen Dollar einnahm, dreimal soviel wie seine demokratische Gegenkandidatin Rurh Messinger[932] — zählt Durst, der sogar 10.000 Dollar zurücknehmen musste, weil er mit 48.200 Dollar über dem Limit lag. Klein spendete bis zum Limit, wie auch zwei leitende Angestellte seiner Firma Park Tower Realty.[933]

Die größten Spender für Giuliani waren „construction conglomerates and Broadway barons, superstar developers and hotel tycoons",[934] darunter viele, die am Times Square aktiv waren oder es werden wollten, allen voran die Milsteins — als Personen und als Firma —, und Ratner, die beide um mehrere 10.000 Dollar über dem Limit lagen. Auch die Shuberts als Organisation und Gerald Schoenfeld persönlich sowie die Nederlander spendeten an Giuliani, Letztere waren um 18.000 Dollar über dem Limit. Die Nederlander sind nicht nur Theatereigner am Broadway, sondern auch Teileigentümer des Baseballvereins New York Yankees, der Giuliani besonders am Herzen liegt. Zu den Spendern gehörte dem *Campaign Finance Board* zufolge auch das Architektenbüro Beyer, Blinder, Belle, die für Forest City Ratner das AMC-Projekt an der 42nd Street bauen, sowie Tishman Construction, die das Hotel gegenüber errichten, mehrere Mitglieder der Rudin-Familie, die für Reuters bauen und eine Reihe von Familienmitglieder und Unterfirmen von Durst. An Messinger spendete übrigens Geraldine Laybourne, damals Präsidentin der Disney-Fernsehtochter ABC 4000 Dollar, allerdings als Privatperson. Laybourne war die erste Präsidentin eines terrestrischen US-Networks.

Noch mehr gaben die Developer am Times Square für Lobbyarbeit aus. Im Wahljahr 1997 spendete Ratner 382.385 Dollar an Giuliani, alle *Borough Presidents* und an die Mitglieder der *Planning Commission* und des *City Council*. Bei einem Dinner für Giuliani, wo jeder Teilnehmer 2500 Dollar zahlen musste, kam Ratner für 21 Tickets auf.[935] Ratner stellte vorübergehend die Zahlungen ein, als Giuliani ein von ihm geplantes Multiplexkino in Queens nicht genehmigen wollte. Im Folgejahr spendete er dann doch wieder auf 184.398 Dollar.[936] Auch Medienkonzerne spendeten für Giuliani: So gab Reuters 143.000 Dollar für Lobbyarbeit aus, im gleichen Jahr, als über das Hochhaus der Nachrichtenagentur am Times Square entschieden wurde.[937] Bertelsmann spendete über Lobbyisten allein 1998 rund 63.000 Dollar an verschiedene Stadtpolitiker. Die *League of American Theaters and Producers* gab 135.000 Dollar, der Kabelkanal HBO 67.775 Dollar und Time Warner Cable sogar 119.875 Dollar.[938]

---

931 http://www.cfb.nyc.ny.us
932 Levy, 4. Oktober 1997
933 Barrett, in: Village Voice, 29. April 1997
934 Levy:, in: NYT, 29. September 1997
935 Barrett, in: Village Voice, 29. April 1997
936 City of New York: Lobbyist Annual Report, 1998
937 Onishi, in: NYT, 15. Mai 1998. Siehe auch: City of New York: Lobbyist Annual Report, 1997
938 City of New York: Lobbyist Annual Report 1998

Ein interessanter Einblick in die New Yorker Politik bietet sich auch, wenn man betrachtet, wer sich welches Lobbyisten bedient. So wurde Bertelsmann bis 1997 von der Kanzlei Robinson, Silverman, Pearce, Aronsohn & Berman vertreten, wo der frühere Bürgermeister Koch arbeitet, wechselte aber 1998 zu Stadtmauer, Bailkin LLP, die auch Reuters, Ratner und Condé Nast vertreten. Koch, der Giuliani lange unterstützt hatte, hatte sich inzwischen öffentlich gegen diesen gewandt. Sowohl die Kinokette AMC als auch die Milsteins sind bei der Kanzlei Fischbein, Badillo, Wagner, Harding. Raymond Harding ist Chef der Liberalen Partei New Yorks und seit über zehn Jahren Berater und Unterstützer von Giuliani. Giuliani hatte 1998 dessen — beruflich eher unerfahrene — Söhne engagiert, Robert Harding als *Budget Director* und Russell Harding als Chef der *Housing Development Corporation*.[939]

Zu den wichtigen, eher den Demokraten nahe stehenden Lobbyisten gehören Geto&De Milly. Sie vertreten Prudential Securities, Kleins Park Tower Realty und deren Tochter TSCA, dazu Forest City Ratner sowie die *League of American Theaters and Producers*.[940] Ethan Geto war früher Sprecher der Shubert Organisation.[941] Lobbyisten leiten nicht nur Geld der Klienten an Politiker weiter, sie vermitteln bei Konflikten, öffnen Türen, machen Vorschläge für Gesetzese und beeinflussen die Presse. Deshalb ist es auch in einer von einem Republikaner geführten Stadt sinnvoll, einen den Demokraten nahe stehenden Lobbyisten zu beschäftigen. Als Beispiel für das Zusammenspiel von Geschäftsinteressen der Grundstückseigner, Stadtverwaltung und Lobbyisten am Times Square wird in 6.2.4) das Zustandekommen des Gesetzes über die *Air Rights* im *Theatre District* von 1998 beschrieben.

Der wichtigste Lobbyist New Yorks ist Howard Rubenstein. Rubenstein, Mitglied der Demokraten in Brooklyn, begann in den 60er Jahren als Berater von Fred Trump — der Vater von Donald Trump — und des *Real Estate Board New York*. Dann gründete er mit Lew Rudin — der Vater von Jack Rudin — die *Commercial Properties Association*, die in den 70ern in *Association for a Better New York* umbenannt wurde und für das *Cleaning Up* des Times Square eintrat. Rubenstein beriet die Bürgermeister Beame, Koch, und Dinkins, diesen bei den Straßenschlachten von 1992 zwischen chassidischen Juden und Schwarzen in Brooklyn. Zu seinen Klienten zählt auch George Steinbrenner — der Besitzer der Yankees —, Rupert Murdoch, Leona Helmsley und die Nederlander. Rubenstein sammelt Wahlkampfspenden sowohl für Giuliani als auch für den demokratischen Präsidentschaftskandidaten Al Gore ein. Seit 1998 vertritt Rubenstein auch Walt Disney Imagineering, die in diesem Jahr knapp 70.000 Dollar an die Stadtverwaltung gaben. Zuvor hatte Disney versucht, sich selbst zu vertreten, war damit offenbar nicht erfolgreich genug.[942]

Auch die Kandidaten bei den Wahlen im Staat New York bekamen hohe Spenden von Times-Square-Developern — was sinnvoll ist, denn dem Staat untersteht die ESDC. So zahlten die drei Durst-Brüder im Wahlkampf von 1994 zusammen 15.000 Dollar an Pataki, der damals erstmals als *Governor* kandidierte. Klein gab 19.000 Dollar. Bei der *Governor*-Wahl von 1998 wurden nach Schätzungen von New York Newsday 67 Millionen Dollar für den Wahlkampf ausgegeben, davon kamen 7,2 Millionen Dollar von der *real estate community*.[943] Der — wiedergewählte — Pataki wurde von Klein (24.000 Dollar), den Milsteins (42.000 Dollar) und der Rudin-Familie unterstützt (10.000 Dollar, Rudins gaben aber auch 41.000 Dollar für Patakis demokratischen Gegenkandida-

---

939 Onishi, in: NYT, 8. Juli 1998,
940 City of New York: Lobbyist Annual Report 1996-1998
941 Dunlap, in: NYT, 22. November 1987
942 Gross, in: New York Magazine, 15. März 1999
943 New York Newsday, August 30, 1998

ten Peter Vallone). Ernst&Young, die potenziellen Mieter von Zuckerman, spendeten 20.000 Dollar an den amtierenden *Governor*.

Medien und Broadway hingegen gaben tendeziell eher Geld für Patakis Gegenkandidaten Vallone, der zum Zeitpunkt seiner Kandidatur als *Governor* der Sprecher des *City Council* war. So spendete *Advanced Magazine*, also SI Newhouse, 5000 Dollar an Vallone.[944] Time Warner gab dem Demokraten 25.000 Dollar. Die Theaterorganisation Jujaminc gab 3000 Dollar an Vallone, die Nederlander sogar 10.000 Dollar. Beides war insofern sinnvoll, weil Vallone in seiner Eigenschaft als *Council Speaker* im gleichen Jahr über den oben erwähnten *Zoning Change* im Theaterbezirk entscheiden sollte.

Es lässt sich erkennen, dass sich Medien von den gleichen Lobbyisten vertreten lassen wie Developer und auch vergleichbar hohe Beträge spenden. Spender, seien es Developer, Medien oder Entertainment erwarten Entgegenkommen, wovon einiges am Times Square bereits sichtbar geworden ist. Zu den wesentlichen Gegenleistungen gehören *tax breaks* über das ohnehin vergebene *Payment in Lieu of Taxes* (PILOT) hinaus. So bekamen Condé Nast — die gedroht hatten, New York zu verlassen — einen Steuerabschlag von 10,75 Millionen Dollar.[945] Daraufhin verlangte Reuters Ähnliches und bekam *tax breaks*, die sich über die nächsten 20 Jahre auf 60 Millionen Dollar aufsummieren — obwohl TSCA bzw. Rudin bereits rund 118 Millionen Dollar an *tax breaks* für die *Site 3* erhalten hatten.[946] Schon 1992 hatte Bertelsmann 11 Millionen Dollar dafür erhalten, dass der Konzern sein Hauptquartier an den Times Square verlegt hatte. Senator Leichter sagte dazu: „Giuliani has made Times Square the tax break or corporate welfare capital of the world".[947] Insgesamt hat Giuliani bis Ende 1999 zwei Milliarden Dollar an *tax breaks* ausgeschüttet, zu den Empfängern am Times Square oder nahebei zählen Time Inc. und HBO (beides Time-Warner-Unternehmen), News Corporation — also Murdoch —, NBC, Viacom und die *New York Times*.[948] Die Stadt hatte in allen Fällen eingewandt, es drohe Gefahr, dass Unternehmen abwanderten.

Tatsächlich ist die Grundsteuer in New York sehr hoch, im Vergleich mit den USA und auch mit Deutschland. Am Times Square müssten die Developer ohne *tax breaks* um die zehn Dollar pro *squarefoot* Bruttogeschossfläche und Jahr zahlen. Der frühere UDC-Chef William Stern — der heute das konservative Politikmagazin *The City Journal* herausgibt (zusammen mit dem früheren, inzwischen verstorbenen *Housing Commissioner* Roger Starr), spricht von „State Capitalism [who] favors older industries over newer ones, established companies over up- and coming ones, and the politically connected over ordinary citizens." Stern fordert eine Senkung der Grundsteuer, die auch kleineren Unternehmen zugute käme. Von dem derzeitigen System aus Spenden, Honoraren für Lobbyisten und Anwälte und *tax breaks* profitiere nur die New Yorker „Nomenklatura", bestimmte „politicians, public finance specialists on Wall Street, politically connected lawyers, public relations people, and lobbyists."[949]

Derartige Fälle sind allgemein bekannt. Öffentliche Empörung regte sich erst bei zwei Vorgängen in 1999: Zunächst bekamen Ernst&Young 20 Millionen Dollar an *tax breaks* , als sie den Turm der *Site 4* mieteten, der Anfang 2000 in Bau ging.[950] Damit bestätigte sich die Vermutung, die Stadt werde Zuckerman und Blackstone das teuer erworbene Grundstück subventionieren, denn dass eine Wirtschaftsberatungsfirma *tax breaks* erhält, ist selbst in New York unge-

---

944 http://www.timesunion.com/capitol
945 Bagli, in: NYT, 6. September 1997
946 Bagli, in: NYT, 17. Oktober 1997
947 Bagli, in: NYT, 1. November 1997, und: NYT, 5. September 1999

948 Bagli, in: NYT, 29. Juni 1999
949 Stern, in: City Journal, Sommer 1994, S. 70, 75
950 Bagli, in: NYT, 23. Juli 23, 1999

wöhnlich. Kurz darauf wurden Bertelsmann 28 Millionen Dollar an *tax breaks* für den Bau eines Hochhauses am Broadway und 55th Street angeboten; der Konzern hatte geltend gemacht, er könne sonst den Bau nicht finanzieren. Als sich aber herausstellte, dass mit den *tax breaks* eine (zeitraubende) *Environmental Impact Study* verbunden war, verzichtete Bertelsmann auf den Steuerzuschuss, baute aber trotzdem.[951] Die Developer von Bertelsmann sind Related, die auch die Konzernzentrale für Time Warner am Columbus Circle errichten. Auch Related gehört — wie Bertelsmann und Time Warner — zu den größeren Spenden, die Developer gaben 1998 genau 52.269 Dollar an verschiedene Stadtpolitiker.[952]

Durst und Rudin hatten neben den *tax breaks* auch das Interesse, die staatlichen Grundstücke überhaupt zu bekommen. Aber auch nach der Vergabe blieben sie auf die Stadt angewiesen, da beide eine höhere Bruttogeschossfläche wollten, wozu es nötig war, das Grundstück zu vergrößern. Während Durst dafür ein eigenes Flurstück in Anspruch nehmen konnte, brauchte Rudin dazu das vierstöckige Bürogebäude des *New Victory* an der 43rd Street, das der städtischen *New 42nd Street Inc.* gehörte. Diese veräußerte es für nur 2,8 Millionen Dollar, was Rudin gegenüber der Stadt gemeinsam mit Reuters unter Berufung auf deren Platzbedürfnisse durchsetzte.[953] Anschließend wurde das Haus abgerissen. Dies ist nicht das einzige Beispiel einer Zusammenarbeit von *real estate* und Medien. Schon zuvor hatte Ratner mit Disney — wie in 6.1.2) dargestellt — ein zusätzliches Hotel an der West 42nd Street durchgesetzt, sowie den Quasi-Abriss der Theater. Tishman wiederum war es gelungen, das Hotel-Grundstück gegenüber zur Bebauung zu erhalten, nachdem Disney gegenüber der Stadt erklärt hat-te, man wolle das Hotel betreiben. Ein noch interessanteres Beispiel für Zusammenarbeit von Medien und *real estate* dürfte das neue Gebäude der *New York Times* werden, das Forest City Ratner errichten wird (vgl. 5.5).

Eine dritte Art von Vergünstigungen, die Unternehmen gewährt wurden, die für Politiker spenden, betrifft den Verzicht der Stadt auf zuvor ausgehandelte *benefits*. Auch hierfür bieten Rudin/Reuters ein Beispiel. Rudin war verpflichtet, im Sockelgeschoss des Hochhauses zwei Rolltreppen zur U-Bahn-Station einzubauen, tat dies aber nicht — statt dessen wurde der Platz für einen weiteren Laden verwendet. Ein Report der U-Bahn-Gesellschaft MTA bezifferte die Kosten, die sich Rudin dadurch ersparte, auf 4,6 Millionen Dollar. Der Developer musste aber als Ausgleich nur 1,3 Millionen Dollar an die MTA zahlen.[954] An den Beispielen Rudin/Reuters und Ratner/Disney/AMC zeigt sich, dass der Einfluss der Medien mit deren Bereitschaft wächst, mit Developern zu kooperieren. Nicht alle Medien haben gleichermaßen Einfluss auf die Stadt. Nach Einschätzung von Brendan Sexton — früherer Präsident von *Municipal Art Society* und *Times Square BID* — hat das alteingesessene NBC viel Einfluss, das aus Kalifornien stammende ABC etwas weniger, die Muttergesellschaft Disney wiederum mehr. Viacom und Bertelsmann selbst hätten wenig Einfluss, die Bertelsmann-Tochter Random House hingegen schon.[955]

Was die Tageszeitungen betrifft, sagt Ruth Messinger, habe die *Daily News* großen Einfluss auf die Stadt, weil deren Redakteure mehr als die der *Times* vom Eigentümer — Mort Zuckerman — diktiert bekämen, was sie zu schreiben hätten. Hingegen bekomme Murdochs *New York Post* ihre Editorials direkt von der *City Hall* diktiert und unterstütze deshalb Giuliani sowieso umfassend. Dafür hat sich Giuliani auch bereits erkennt-

---

951 Bagli, in: NYT, 5. September 1999
952 City of New York: Lobbyist Annual Report, 1998
953 Bagli, in. NYT, 15. Januar 1998

954 Bagli, in: NYT. 28. Oktober 1999
955 Brendan Sexton, damals Präsident der MAS, im Gespräch mit der Autorin am 15. Juli 1998

lich gezeigt: So wollte er 1996 einen Wettbewerb von Murdoch zwingen, dessen *Fox Network* auf dem New Yorker Markt auszustrahlen. Er wurde dabei aber von einem föderalen Richter gestoppt, der sagte, dies sei lediglich der Versuch Giulianis „to reward a friend and to further a particular viewpoint."[956] Der Einfluss der *Post* und der *Daily News*, so Messinger weiter, rühre daher, dass New Yorker Politiker lokal dächten — ihnen sei es wichtiger, was die *Daily News* über sie schreibe als das, was eine internationale Nachrichtenagentur wie Reuters berichte. Grundsätzlich sei aber der Einfluss der Medien geringer als der der Developer, ausgenommen die *Times*.[957]

Wieweit ist Disney in New York einflussreich? Es ist ruhiger um Disney geworden, seit das *New Amsterdam* eröffnet ist. Vielleicht ist Disney nun weniger am Wohlwollen der Stadt interessiert als an dem der föderalen Behörden, die nicht nur für die Genehmigung von *mergers* zuständig sind, sondern auch für die Durchsetzung von Exportinteressen. Dazu passt etwa, dass die Disney-Tochter ABC 1998 George Stephanopoulos, einer der wichtigsten Strategen von Bill Clintons Wahlkampf, als *News Analyst* engagierte. Ein weiteres Zeichen für die Verbundenheit zwischen Disney und Clinton ist eine Fundraising-Veranstaltung für den demokratischen Wahlkampf im Staat New York von 1998, wo Clinton als Ehrengast im *New Amsterdam* auftrat.[958] Übrigens spendete nicht nur Eisner für Clinton selbst, Disney sowie die Disney-Tochter Miramax gaben auch erhebliche Mittel für den präsidialen Wahlkampf von Al Gore im Jahr 2000. Darüber hinaus steht Disney mit 56.550 Dollar (Stand: Juni 2000) weit an der Spitze der Spenderliste für Hillary Clinton, die in diesem Jahr erfolgreich als Senatorin für New York kandidierte.[959]

Vielleicht ist diese Verbundenheit zwischen Disney und Clinton Giuliani auch ein Dorn im Auge. Jedenfalls verweigerte der *Mayor* der Disney-Tochter Miramax Mitte 1999 das Grundstück der *Brooklyn Navy Yards* für ein Filmstudio.[960] Inzwischen ist es Miramax gelungen, bei Giuliani wieder gut Wetter zu machen: der Bürgermeister schloss mit der Disney-Tochter einen Buchvertrag über drei Millionen Dollar Vorschuss ab. Selbst die *Times* fand das fragwürdig bei einem Politiker, der noch in Amt und Würden ist. „The mayor has put himself in a financial relationship with an entertainment conglomerate whose varied business interests regularly require action or approval by City Hall or city agencies."[961]

6.2.4) Exkurs: Air Rights für Hell's Kitchen

Wie das Zusammenspiel von Broadway-Mogulen, Developern, Lobbyisten und Politik in der Praxis funktioniert, zeigt ein Beispiel aus dem Jahr 1998: Damals wurde von der *Business Community* des Times Square eine Änderung der *Zoning Regulation* im Theaterviertel durchgesetzt, gegen den Widerstand der Anwohner in Hell's Kitchen. Die Theatereigner wollten die Luftrechte über ihren Bühnen — das sind planungsrechtlich zulässige, aber nicht verwirklichte Stockwerke — an Developer verkaufen dürfen, die so die zulässige Geschosszahl auf ihrem Grundstück aufstocken konnten. Zwar ist der Verkauf von Luftrechten in New York grundsätzlich erlaubt, jedoch nur an das Nachbargrundstück; die Stadtgestaltung sollte nicht völlig dem An- und Verkauf von Planungsrecht untergeordnet werden.

Nach diesem neuen *Proposal* sollen die Luftrechte innerhalb des ganzen Areals wan-

---

956 Bagdikian, 1997, S. XVIII
957 Im Gespräch mit der Autorin am 20. August 1998
958 Kleinfield, in: NYT, 15. September 1998
959 http://www.opensecrets.org

960 Sargent/Benson, in: Observer, 17. April 2000
961 NYT, 4. Februar 2001

dern können, das von der 41st bis 57th Street und von der Sixth bis Eighth Avenue reicht und nicht nur den Theaterdistrikt umfasst, sondern auch das angrenzende Hell's Kitchen berührt. Damit wären in diesem Wohngebiet Bürohochhäuser mit 40, 50 Stockwerken möglich. Das *Department of City Planning* sprach im Vorfeld von einer Zunahme der *Floor Area Ratio* (FAR) von 20 Prozent im gesamten Gebiet, hingegen sagten Kritiker, in einzelnen Blöcken seien damit bis zu 44 Prozent mehr FAR möglich — wohlgemerkt, nicht über die tatsächlich gebaute, sondern über die rechtlich zulässige Gesamtmasse hinaus, die in der Regel weit über der gebauten FAR liegt. Für diese Hochhäuser sollte außerdem keine *Special Permit* mehr nötig sein, sie sollten ohne ULURP, also praktisch ohne Bebauungsplanverfahren verwirklicht werden können.

Im Gegenzug sollten die Theaterbesitzer ihre denkmalgeschützten Bühnen 25 Jahre lang erhalten müssen (es sei denn, die Stadt erlaubte den Abriss). Vor allem aber sollten sie pro verkauftem *squarefoot* an Luftrechten zehn Dollar an einen *Theatre Development Fund* abführen. Davon sollten kleinere Theater unterstützt und der Bau einer Bühne mit 2000 Plätzen finanziert werden. Der Fund war aus der *Broadway Initiative* hervorgegangen, der Theaterorganisationen und Theatereigner, Bühnengewerkschaften, Produzenten und Autoren angehörten. *Executive Director* des *Theatre Development Fund* war Jack Goldstein, der zuvor Direktor der *Broadway Initiative* war und davor der in 4.3) erwähnten Initiative *Save the Theaters* vorgestanden hatte. Das *Proposal* würde den Broadway wirtschaftlich stärken und helfen, denkmalgeschützte Theater zu erhalten, dies allerdings auf Kosten des anliegenden Wohngebietes, dessen Mieten durch steigende Grundstückspreise mittelfristig höher getrieben würden. Es ist ein weiteres Beispiel dafür, wie Theater selbst bei dem Versuch, sie zu retten, nur als *real estate* behandelt werden. Außerdem ist es ein Beispiel dafür, dass die eigentlich Leidtragenden bei der Times-Square-Entwicklung die Anwohner der angrenzenden Wohngebiete sind.

Von diesem *Proposal* werden die Eigentümer der Theater erheblich profitieren. Auf den 25 Theatern, die das betrifft (einige, wie die stadteigenen Bühnen an der 42nd Street, sind davon ausgenommen) liegen 2,4 Millionen *squarefeet* an Luftrechten. Bei einem geschätzten Verkaufspreis von 50 Dollar pro *squarefoot* könnten die Eigner — vor allem die Shuberts, denen zwölf dieser Theater gehören, aber auch die Nederlander und die Jujaminc — insgesamt 120 Millionen Dollar einnehmen. Dass dieses Gesetz aufgelegt wurde, ist eine Spätfolge des Disney-Engagements. Als der Konzern für die Sanierung des *New Amsterdam* städtische Subventionen erhielt, sicherte *Governor* Mario Cuomo den übrigen Theatereignern im Januar 1994 das in 6.1.3) dargestellte, zinsbegünstigte Darlehensprogramm für die Renovierung von Theatern zu. 1996, als Cuomo das Amt bereits abgegeben hatte, wurde beschlossen, dieses Programm in das besagte *Air Rights-Proposal* umzuwandeln.[962] Der erste Entwurf wurde im Dezember 1997 bei einer Veranstaltung im *Lyceum Theatre* von Giuliani selbst vorgestellt.[963]

Der Gesetzentwurf stammte von Giulianis *Planning Commissioner* Joe Rose, ein Sprössling der Developer-Familie Rose Associates und früherer *Chairman* von *Community Board* 5 (Times Square). Rose Associates hat ebenfalls Grundbesitz in dem Areal, etwa 320 West 57th Street und ein Apartmenthaus an der Ostseite der Eighth Avenue.[964] Treibende Kraft hinter dem *Proposal* war aber Shubert-Chef Schoenfeld, und die Person, die das *Air Right-Proposal* für ihn durchsetzen sollte, war Rebecca Robertson, die Ende 1996 von der *42nd Street Project* zu den Shuberts gewechselt war. Widerstand kam vor allem von der *Clinton Special District Coalition* und dem *Community Board*

---

962 Blumenthal, in: NYT, 12. November 1998
963 Dunlap, in: NYT, 25. Januar 1998
964 Lobbia, in Village Voice, 5. Mai 1998

Oben: Das Manhattan Plaza an der West 42nd Street. Unten: Ältere Wohnhäuser an der Ninth Avenue in Hell's Kitchen. Die Baustruktur dort ist geschützt, nicht aber die Mieten.

4 (Hell's Kitchen). Dort wurden — m. E. zu Recht — Verdrängungseffekte befürchtet, die auch Leute betreffen würden, die am Broadway arbeiteten — Beleuchter, Garderobieren, Schauspieler. „The actors said they're going to be out in Hoboken before they know it", so Pamela Frederick vom CB 4.[965]

Das *Proposal* durchlief eine Anzahl öffentlicher Debatten: Zunächst ein *Hearing* der *Planning Commission*, dann eine Debatte des *Zoning Subcommittee* der *Landuse Commission*, schließlich wurde es im *City Council* verabschiedet, auf Antrag der Gegner in namentlicher Abstimmung. Begleitet waren alle diese *Hearings* von Protestaktionen auf den Stufen der *City Hall*. Die Befürworter kamen aus den Reihen der Broadway-Community, allen voran Schoenfeld, aber auch Robert Nederlander, Goldstein, Jed Bernstein von der *League of American Theaters and Producers*, Betreiber von Off-Broadway-und *non-for-profit*-Theatern, Vertreter von Bühnengewerkschaften sowie Stephen Sondheim, ein Broadway-Komponist, dem wenig später angeboten wurde, *Chairman* der *Broadway Initiative* zu werden.

Ebenfalls zu den Befürwortern zählten Developer — darunter Jack Rudin — , Hotelbesitzer, Fran Reiter, die Präsidentin des *Convention and Visitors Bureau* (und früherer *Deputy Mayor* von Giuliani), die *Borough*-Präsidentin von Manhattan, Virginia Fields, sowie der *Times Square Business Improvement District*, vertreten durch Gretchen Dykstra. Dabei favorisierten Fields und Dykstra einen Kompromiss, der eine *Special Permit* bei Baugenehmigungen vorgeschrieben hätte und außerdem die *West Side* der Eighth Avenue, also den Rand von Hell's Kitchen, nicht in das *Proposal* bezogen hätte. Der BID bot juristische Gutachter auf, die bei allen *Public Hearings* für diesen Kompromiss plädierten, jedoch vergebens. Der BID- Kompromiss wich so weit vom Gesetzestext ab, dass der BID von einigen Gegner des *Proposals* nicht mehr unter die Befürworter gerechnet wurde, sondern als neutral galt.[966]

Zu den Kritikern zählten die *Community Boards* 4 und 5, ebenfalls einige Vertreter kleinerer Theater, Senator Leichter und die „Big Three" der Stadtplanung: Die *Municipal Art Society* (MAS), die *Landmarks Commission* und der *Historic District Council* sowie das New Yorker *American Institute of Architects* (AIA). Nur sechs der *Council Members* stimmten gegen das *Proposal*, die Wortführer waren Brenda Levin, Tom Duane und Ronnie Eldridge. Sie sahen in dem Vorschlag keine Unterstützung des — ohnehin boomenden — Broadway, sondern einen *real estate deal* auf Kosten der Anwohner und fürchteten zudem einen Präzedenzeffekt für New York. Levin und Eldridge plädierten für — wenn überhaupt — direkte Subventionen für den Broadway. Auch der Vorsitzende des *Zoning Subcommittee*, Walter McCaffrey, gab sich zunächst kämpferisch, insbesondere, da die Befürworter mit keinerlei verbindlichen Zahlen aufwarten konnten, wie viel Einnahmen der *Theatre Development Fund* tatsächlich haben würde, und von wem. Jedoch stimmte er zum Schluss dann doch für das *Proposal*.

Dass das *Proposal* durchgesetzt wurde, lag daran, dass die Theatereigner Peter Vallone, den demokratischen Vorsitzenden des *City Council*, auf ihre Seite hatten ziehen können. Vallone wurde — wie in 6.2.3) dargestellt — von den Jujaminc und den Nederlandern im Wahlkampf um den Posten des *Governors* unterstützt. Die Republikaner waren ohnehin für das *Proposal*. Ihr Bürgermeister Giuliani bekam Spenden von allen drei Theatereignern.[967] Die Shuberts hatten mehrere Lobbyisten engagiert, die alle Mitglieder des

---

965 Dunlap, in: NYT, 25. Januar 1998

966 Dykstra sagte mir gegenüber, sie habe ohnehin keine großen Sympathien für das Proposal, da der erste, der davon profitieren werde, Pornokönig Basciano sei, dem ein halber Block westlich der Eighth Avenue zwischen 42nd und 43rd Street gehört, wo eine Bank bauen will.

967 Lobbia, in: Village Voice, 5. Mai 1998

City Council bearbeiteten. Dies waren Ethan Geto und De Milly, Shubert-Lobbyisten, die im Juni 1998 auch als Fundraiser für Vallone auftraten.[968] In der heißen Phase hatten die Shuberts noch Anthony Piscitelly engagiert. Piscitellys Vater war unter Abraham Beame *Head* des *New York City Office* gewesen, das die Stadt gegenüber der Staatsregierung in Albany vertritt, heute ist der Sohn einer der einflussreichsten Lobbyisten. Piscitelly habe dadurch, dass er überall Geld verteilt habe, das Ruder herumgerissen, so Kevin Finnegan vom *Community Board* 5.[969]

Vallone wiederum hatte die Demokraten — Quertreiber wie Levin und Eldridge ausgenommen — verpflichtet, entsprechend abzustimmen, so Eldridge. Denn Vallone könne bestimmen, wer von seinen Parteigenossen in welchen Ausschüssen sitze und wer einen Vorsitz übernehmen dürfe. Und das bedeute nicht nur Einfluss und Karrierechancen, sondern auch Geld: Der Vorsitz in einem Ausschuss könne 1000 Dollar im Monat ausmachen. Vallone habe ihr einmal einen Vorsitz abgenommen, sie könne sich das jedoch leisten, weil sie und ihr Mann genug verdienten. Auch Duane sei finanziell unabhängig. Was den Einfluss der Broadwaymogule auf die Politik betreffe, gehe es im Übrigen nicht nur um *Campaign Contributions*. Es spiele ebenfalls eine Rolle, dass Theatereigner *Council Members* kostenlose Premierentickets zukommen ließen, dass diese zu Premierenparties eingeladen würden und so fort.[970]

Finnegan zufolge hatten die *Clinton Special District Coaliton* und die *Community Boards* mehrere Gespräche zwischen der MAS, dem *Historic District Council* und einzelnen *Council Members* wie Eldrige, Levin und Duane, aber auch Vallone initiiert. Vallone allerdings habe sich schon zuvor festgelegt gehabt und wollte sich nicht von seiner Zustimmung zum *Proposal* abbringen lassen. Ein zweiter Punkt war, dass das *Proposal* die Unterstützung fast der gesamten Broadway-Community hatte. Das lag Levin zufolge daran, dass Schoenfeld Bühnengewerkschaften und Produzenten unter Druck gesetzt hatte. Auch die Off-Theaterszene stand unter dem Einfluss der Shuberts. Denn die Shubert Foundation — die 1948 von der Shubert Organisation abgetrennt worden war, aber ebenfalls von Schoenfeld geleitet wurde — unterstützt *non-for-profit*-Theater finanziell. Die Foundation ist grundsätzlich dazu verpflichtet, kann sich aber aussuchen, an wen sie Geld gibt; und just die Produzenten, die 1998 Mittel bekamen (etwa Playwright Horizon), stimmten für das *Proposal*. „Wer am Broadway gegen Schoenfeld auftritt, bekommt kein Theater mehr vermietet und kein Bein mehr auf den Boden", sagt Levin, die ebenfalls der Ansicht ist, dass die Entscheidungen hinter den Kulissen getroffen wurden. „Dort sitzen dann die Developer mit ihren Anwälten, und man muss bis morgens um drei mithalten können, manchmal als einzige von der Gegenseite. Viele schaffen das gar nicht."[971] Auch nach Ansicht von Schoenfeld lag das Zustandekommen des *Air Right-Proposals* hauptsächlich an der Lobbyarbeit, die man betrieben habe.[972]

Die *Clinton Special District Coalition* hatte während des mehrere Monate dauernden Verfahrens gegen das *Proposal* mobilisiert, Demonstrationen organisiert und hinter den Kulissen mit allen Beteiligten, allen voran Vallone, um einen Kompromiss gerungen. Alle *Council*-Mitglieder wurden brieflich, telefonisch und per email bearbeitet, Mitglieder der *Coalition* wurden mit Argumentationshilfen, Ansteckern etc. versehen. Dabei gelang es der Coalition, Al Lewis auf ihre Seite zu ziehen, der Kandidat der New Yorker Grünen als *Governor* — natürlich chancenlos gegen Vallone und Pataki —,

---

968 Lobbia, in: Village Voice, 21. Juli 1998
969 Im Gespräch mit der Autorin am 20. Juni 1998
970 Im Gespräch mit der Autorin am 7. August 1998.
971 Im Gespräch mit der Autorin am 13. Juni 1998.
972 Im Gespräch mit der Autorin am 14. Dezember 1998

der durch die Fernsehserie *The Munsters* bekannt geworden war. Auch andere *Community Boards* wurden mobilisiert. Die *Coalition* sollte den Kampf zunächst verlieren, reichte aber Klage gegen das *Proposal* vor Gericht ein. Zum anderen wurde Vallone fortan politisch bekämpft, sowohl 1998, als er *Governor* werden wollte, als auch 2001, als er als Bürgermeister kandidierte.[973]

Im Juli 1999 siegte Hell's Kitchen überraschend: Der *New York State Supreme Court* annullierte das *Zoning Proposal* auf eine Klage der *Coalition* hin. Urteilsbegründung war, dass die Stadt trotz einer erheblichen baulichen Verdichtung keine *Environmental Impact Study* veranlasst, also die Auswirkungen auf die Nachbarschaft nicht geprüft habe.[974] Ohnehin hatte zu diesem Zeitpunkt noch kein Theater Luftrechte verkauft. Jedoch lässt die Stadt inzwischen das *Proposal* nach diesen Vorgaben umarbeiten. Die *New York Times* unterstützte das *Proposal*, wenn auch nur vorsichtig. In einem *Editorial* wurde es begrüßt, die Berichterstattung war jedoch sachlich, wobei allerdings den Bürgergruppen, die gegen das *Proposal* kämpften, nicht im Entferntesten so viel Platz eingeräumt wurde wie den Broadway-Mogulen, die sich dafür aussprachen.[975] Inzwischen weiß man, dass die *Times* selber von dem Verkauf von Luftrechten profitieren wird, da dadurch ihr *Annex* — der bald zum Verkauf steht — wertvoller wird (vgl. 5.5). Zu diesem Zeitpunkt war völlig in Vergessenheit geraten, dass der Anlass des *Proposals* die Subventionen an Disney gewesen waren. Somit sollte der Konzern in New York die gleichen Effekte auslösen wie in Florida: So wie sich in Florida um ein pittoreskes Disney World landschaftszerstörende Highways, Hotels und Müllplätze erstrecken, zieht in New York ein pittoresk renoviertes Disney-Theater Hochhäuser nach sich, die ein Wohnviertel zerstören.

6.3) Die Renaissance des Times Square und die Medienindustrie

„The biggest, most humbling mistake I discovered — and I feel only slightly defensive about it, since everyone else in or around the theater made it, too — was my utter failure to anticipate the single most important change on Broadway in decades: the arrival of Disney as a redevelop-ment force, which led in turn to the happy revival of 42d Street and the entire Times Square neighborhood but, less happily, to the impending corporatization of the American theater, on Broadway and beyond",[976] schrieb Frank Rich, der langjährige Theaterkritiker der *New York Times*. Für den Times Square gelten zwei Zeitrechnungen: Vor und nach Disney. Mit dem Konzern aus Kalifornien kam zahlreiches anderes Entertainment an die 42nd Street: AMC, Loews, Madame Tussauds, der *e-walk* und das *Ford-Center*, dazu die Probebühne der *New 42nd Street Inc* und das *Roundabout Theatre* im *Selwyn*, zwei Themenrestaurants (die *ESPN Zone* und das der *World Wrestling Federation*) und die Museum Company.

Auch Disney nahm über das *New Amsterdam* und den Disney-Store hinaus den Times Square weiter in Besitz: ABC eröffnete Ende 1999 an der 43rd Street ein 75 Millionen Dollar teures Life-Nachrichtenstudio, wo *Good Morning America* und teilweise auch das TV-Magazin *20/20* produziert wird, mit Beteiligung von Passanten als Gäste. Eine Panzerglaswand erlaubt es, den Platz als szenischen Hintergrund zu nutzen. „Michael [Eisner] has a special place in his heart for Times Square. It's part of the overall corporate strategy", sagte Disney Senior-Vice-President Eddie Sotto bei der Eröffnung des Studios 1999.[977] Aus der *ESPN-Zone*, das Themenrestaurant der Disney-Kabeltochter ESPN im Condé-Nast-Gebäude, wird eben-

---

973 http://www.hellskitchen.net
974 http://www.hellskitchen.net
975 NYT, 1. Januar 1998

976 Rich, in: NYT, 18. Oktober 1998
977 Carter, in: NYT, 18. September 1999

falls eine wöchentliche Sportshow gesendet. Umgekehrt machte Disney den Broadway globaler: Disney-Musicals (*Der Glöckner von Notre Dame*) laufen inzwischen auch am Potsdamer Platz in Berlin.

Auch die Medienkonzerne, die schon seit Anfang der 90er Jahre am Times Square saßen, vermitteln ihre Präsenz öffentlich nun weit stärker als zuvor, auch dies als Reaktion auf Disney und ABC. So richtete Viacom 1997 für seine Tochter MTV ein Studio am Broadway und 45th Street mit Blick über den Platz ein, das neben Musikclips auch Bilder vom Times Square sendet (am Bertelsmann-Gebäude ist eine zweite MTV-Kamera installiert). Dazu gibt es einen MTV-Fanshop. Bei Bertelsmann kam ein Virgin-Megastore unter, wo gelegentlich Musiker, die bei Bertelsmann unter Vertrag sind, CDs signieren, dazu das *Planet Hollywood* und ein Sony-Loew's-Kino.[978] Im *Times Tower* — der 1997 für 110 Millionen Dollar verkauft wurde — ist ein *Warner Bros Studio Store,* Plakate für Warner-Filme umhüllen den Turm.

Weniger sichtbar, aber mindestens genauso wichtig für die Bedeutung des Areals sind die Bürozentralen der Medienkonzerne, zu denen nicht nur Bertelsmann, Viacom und Condé Nast zählen. AOL Time Warner wird sein neues US-Hauptquartier am wenige Blocks entfernten Columbus Circle bauen, dazu Studios für CNN, das von Atlanta nach New York wechseln wird. Reuters zog im Sommer 2001 an die 42nd Street. Auch die *New York Times* plant ein neues Hochhaus im Projektgebiet. Und trotz des hohen Anteils an Entertainment übertrifft die Baumasse der Bürohochhäuser die der Kinos, Theater u.ä. bei weitem.

Mit dieser Entwicklung haben auch die Leuchtreklamen zugenommen. Die Neueste und Auffälligste ist das 37 Millionen Dollar teure *Broadcast and Visitors Center* der Nasdaq am Condé Nast-Haus, das die Kurse der Technologie-Börse anzeigt.[979] Gegenüber, am Morgan-Stanley-Wolkenkratzer läuft der Dow Jones Index. Der — nicht mehr ganz so moderne — *Zipper* am *Times Tower* wird heute vom *Wall Street Journal* betrieben. Über dem *Zipper* hat NBC den größten Fernsehschirm der Welt installiert, während ABC im Block daneben über eine Videowand verfügt. Reuters hat *News Thermomete* installierrt, wo aktuelle Bilder aus der ganzen Welt eingespielt werden, die, je nach Nachrichtenlage von blau (kalt) bis rot (heiß) unterlegt sind.[980] Selbst Entertainment, das nicht direkt am Platz sitzt, sucht sich über dessen Image zu verkaufen: So sendet CBS zu den Abendnachrichten ein Standbild vom Platz, aufgenommen vom 50. Stock des *Viacom Building*. CBS ist zwar eine TV-Tochter von Viacom, hat aber eigentlich kein Studio am Times Square. Und die von CBS produzierte Letterman-Show (im früheren *Theatre* am Broadway und 53rd Street) bezieht sich ebenfalls immer wieder auf den Times Square.

So wurde der Platz wieder zu dem, was er Anfang des Jahrhunderts gewesen war, nur in weit modernerer Form: Zum Nachrichtenmarktplatz der Welt, nun aber nicht mehr — oder kaum — auf Zeitungen gegründet, sondern auf das Fernsehen. „In another era, the lights of Broadway, of Times Square were associated with the theater. Now, the neon of Times Square is associated with the purveyors of information: ABC, ESPN, Reuters and Condé Nast", schrieb der Politologe Mitchell Moss.[981] Herbert Muschamp, dem Architekturkritiker der *New York Times* zufolge wurden die Medienkonzerne, die „distraction industries" (analog zu Siegfried Kracauer) „coaxed into exposing themselves in public, urban space. And they do so at a time when they are among the leading industries

---

978 Das Kino am Times Square wird bei Sony-Loews-Filmen sogar im Vorspann gezeigt, allerdings nicht das reale Kino, das sich vergleichsweise unspektakulär im Keller befindet, sondern ein virtuelles Kino im Lobbybereich mit einem virtuellen roten Teppich vor der Tür.

979 Nasdaq verlangte von der Stadt, den Vorplatz in Nasdaq Plaza umzubenennen (NYT, 7. Mai 2000)
980 Holusha, in: NYT, 6. September 1998
981 Moss, in: Observer, 15. Januar 2000

Der Ball Drop auf dem Times Square zur Jahreswende 2007-2008.

Der ehemalige Times Tower bei Nacht (Ostseite). Der Ticker gehört nun dem Wall Street Journal beziehungsweise Dow Jones. Im Vordergrund: Condé Nast.

in the world today." Dies machte den Platz zu einem „large building turned inside out: a megastructure de la publicité".[982]

6.3.1) Disney an der 42nd Street: Einflüsse und Folgen

Ende der 80er Jahre beschrieb Tony Hiss den Times Square als eine „bowl of light", gemischt aus Sonnenlicht und den *Bright Lights* des Broadway. „[Times Square] used to have an unusual feeling of welcoming spaciousness."[983] Dieser Effekt sei auf die niedrigen Gebäude zurückzuführen, die die Sonne und den Blick auf die Umgebung nicht verstellten, was den Passanten ein Gefühl der „Bouyancy" gebe — das Gefühl, an der Oberfläche zu sein. Es ist das gleiche Gefühl, das dem Besucher in Disneyland vermittelt wird, durch die Gebäude, die vom 1. Stock ab im 5:8-Maßstab verkleinert wurden. Ganz anders der Times Square von heute, wo man das Gefühl hat, tief auf dem Grund eines wolkenkratzergroßen Fernsehers zu stehen. Aber auch hier war es letztlich Disney, das dieses Ambiente geschaffen hat, das im übrigen ein ehrlicheres Bild von einem Konzern wie Disney bietet als Disneyland das tut.

Disney hat den Times Square und die 42nd Street auf zweierlei Arten verändert: Als konkreten Ort und in seiner kulturellen und wirtschaftlichen Bedeutung. Dem Umbau wurde, vom *New Amsterdam* und *New Victory* abgesehen, fast die gesamte historische Bausubstanz geopfert, zugunsten von Multiplexkinos und Touristenläden hinter Plastikfassaden. Aus der West 42nd Street wurde eine *Tourist Destination* für die Mittelklasse und erstmals auch für Frauen (siehe 6.2.2). Zwar war der Times Square immer Ziel von Touristen, mit dem Umbau aber ist deren Anzahl gewaltig gestiegen, die New Yorker sind nun in der Minderheit. Jedoch ist das Areal nun — gegenteiligen Behauptungen zum Trotz — kein Ziel der Reichen, sondern, im Gegenteil, eines des Massentourismus.[984] Von Kritikern wird oft beklagt, dass das Amüsement an der 42nd Street nur dem zahlenden Publikum offen stehe; dies ist freilich ein Phänomen, das bis in das Jahr 1895 zurückreicht und auch die 80er Jahre nicht übersprungen hat. Seit seiner Entstehung zeichnet sich der Times Square durch die Fähigkeit aus, dem Besucher das Geld aus der Tasche zu ziehen.

Berman thematisiert die problematische Seite dieser Kritik, wenn er von „our old rage against Disney" schreibt. Dieser sei „partly based on a true view of Walt Disney's racism and xenophobia, but also on prejudices of our own: prejudices of intellectuals against mass culture, of New York against Middle America, of seltzer against orange juice."[985] Sicher gibt es Gründe, die Veränderung in der Sozialstruktur des Areals zu kritisieren, aber diese lässt sich nicht auf eine „arm versus reich"-Kontroverse vereinfachen. Ein zweiter Punkt der Kritik bezieht sich auf die Veränderung des Stadtraums. Sie wird mit dem Schlagwort *Disneyfication* bezeichnet, was Verniedlichung, Künstlichkeit und Kontrolle des öffentlichen Raums meint. Die West 42nd Street nach Disney wird oft beschrieben als „variation of a theme park", „privatized public space" und „simulation of a city".[986] Sussman spricht von einem „type of urban space ‚static festival', when the city begins to feel like an animated film set or the ‚New York Experience' at the theme

---

982 Muschamp, in: NYT, 3. Januar 2000
983 Hiss, 1990, S. 71, 74

984 Es ist auffällig, wie intellektuelle New Yorker Kritiker des Times Square von heute einen Ekel vor den proletarischen, schlecht gekleideten Massen zeigen, die angeblich das Gros der Besucher stellen.
985 Berman: Signs Square. In: Village Voice, 18. Juli 1995
986 Roost: Recreating the City as Entertainment Center. In: Journal of Urban Technology, No 3, 1998, S. 1

park".[987] Selbst die *Times* sorgt sich: Wird der neue Times Square etwas haben von der „trashy, glitzy raffishness, the Runyonesque quality that characterizes the memories of those who cherish it? Or will it turn into a sanitized place for the mass consumer, a glorified theme park or mall?"[988] Boyer fragt sich sogar, wie dies hat passieren können: „We have allowed a quintessential public space of an American city to be redesigned as a simulated theme park for commercial entertainment."[989]

Diese Frage zu beantworten ist nicht allzu schwierig: Auf der Mikro-Ebene betrachtet konnte das geschehen, weil New York den Ort Developern wie George Klein und Betrügern wie Michael Lazar überlassen hat, die nur an Verdichtung und Profit interessiert waren. Von der Makro-Ebene aus gesehen sind die Theater, das gesamte Entertainment sogar, seit ihrer Erstehung nur als *real estate* betrachtet worden, nicht als Teil der Kulturgeschichte; das Staatsprojekt bildete da — trotz Lippenbekenntnisse — keine Ausnahme. Disney ist es gelungen, in diese Marktlücke hineinzustoßen und sich selbst als den besten Developer zu präsentieren. „The demise of Times Square, its conversion to another version of the recursion of Vegas (...) must be blamed squarely not simply on the energetic advocates of sanitized fun but on our own failures to propose a better idea", räumt selbst Sorkin, der Disney-Hasser, ein.[990]

Aber haben Boyer und Sussman Recht? Dass der Ort heute eine künstliche, aus dem Boden gestampfte Kreation ist, daran besteht sicher kein Zweifel — aber was war er zuvor gewesen? *Quintessential public space?* War nicht Hammersteins und Ochs' Times Square ebenfalls eine künstliche Kreation, binnen weniger Jahre aus dem Boden gestampft? Und sicher war der Times Square vom Mai 1945 *public space* — aber der von 1970? Hat es den Times Square, dem einige New Yorker nachtrauern, wirklich gegeben? Die Debatte, so Berman, sei von Nostalgie getrieben, dies vereine „people (like my mother) who are nostalgic for the great days of Helen Hayes and Alfred Lunt and Lynn Fontaine; people (like our Mayor, and like former Mayor Ed Koch) who are nostalgic for the years of Winchell, Runyon, and Guys and Dolls; and people (like Samuel Delany, Rem Kolhaas, [...]), who are nostalgic for the pre-Aids golden age of hustling."[991] Und jede Epoche beklage, dass es die Qualität der vorangegangenen nicht mehr gebe.

Gratz sucht den Kompromiss, wenn sie über die West 42nd Street schreibt: „Sadly, it is a sanitized version of the real thing, a nostalgic approximation, a make-believe configuration, the regional mall definition of urban life, a fitting place for a Disney Corporation entry into New York (...)." Und: „Disney's legendary creativity is bound to do more for 42nd Street than decades of wasted public dollars and sterile planning proposals. But it still must be understood as a replacement, not a rejuvenation".[992] Das ist richtig, aber die echte, urbane 42nd Street, deren Verschwinden Gratz beklagt, ist nicht die von 1993, das Jahr, in dem Disney kam. Die urbane 42nd Street war schon lange vorher durch gezielte Bewirtschaftung auf Abriss der Grundeigentümer und die wie ein Damokles-Schwert darüberhängende Verdichtungsplanung der ESDC/UDC zerstört worden. Es gibt aber einen entscheidenden Unterschied zwischen dem Times Square von heute und Disneyland.

Disneyland ist eine zwar artifizielle, jedoch von spekulativer Grundstücksverwertung freigestellte Welt, nur deshalb ist dort der 5:8-Maßstab der Gebäude überhaupt möglich. Hingegen sind die West 42nd Street und der Times Square extrem dicht bebaut, weil hier

---

987 Sussman: New York's Facelift. In: Drama Review, Frühjahr 1998, S. 37
988 Weber, in: NYT, 25. Juni 1996
989 Boyer, in: Borden, 1996, S. 79
990 Sorkin, in: Harvard Design Magazine, Winter/Frühjahr 1998, S. 31
991 Berman, in: Dissent, Herbst 1997, S. 78
992 Gratz/Mintz, 1998, S. 70

das Prinzip der Profitmaximierung unter konkurrierenden Eigentümern herrscht. Selbst das Entertainment verfügt über die zwei- bis dreifache Baumasse der alten Theater, die Hochhaus-Grundstücke um die zehn- bis zwanzigfache. Dies ist es, was die Veränderung des Times Square ausmacht, nicht die Authentizität der Bebauung — warum sollte ein Multiplex der 90er Jahre, das einen Filmpalast der 20er simuliert, weniger authentisch sein als das *Times Square-Theatre* aus den 20ern, das die Simulation eines griechischen Tempels darstellt? Die Veränderung manifestiert sich nicht einmal in der Sexualität, die verdrängt worden wäre: Die Calvin-Klein-Reklamen mit den halbnackten Kindern, die MTV-Videos und die Fotostrecken der Condé-Nast-Publikation *Vogue* sind der zeitgemäße Ersatz für die XXX-Life-Girls.

Der neue Times Square ist kontrolliert — weit mehr durch den BID als durch Disney — und er repräsentiert *Corporate America*, aber er ist alles andere als niedlich. Er ist ein Abbild der Medienmaschine, die ihn erschaffen hat, ein sehr lautes, großes und buntes Abbild. Die Essenz des neuen Times Square sind nicht die sichtbaren Mickey-Mouse-Ohren an der Fassade des *New Amsterdam*, sondern die unsichtbaren Kommandostrukturen der Medien- und Unterhaltungsindustrie hinter den Fassaden der Wolkenkratzer, wo Reuters und Condé Nast, ABC, MTV und ESPN, Bertelsmann, Viacom und die *New York Times* Worte und Bilder produzieren. Der wahre Times Square existiert in den digitalen Nervenbahnen dieser Konzerne, die seine Produkte weltweit bewerben und verbreiten.

Ob der Teil, der die Touristen bedient, auf Dauer Erfolg hat, wird sich zeigen. Zu viel Tourismus, so Robert Stern, könnte „die Gans töten, die goldene Eier legt, denn Touristen wollen nicht dort sein, wo zu viele andere Touristen sind."[993] Es gibt bereits die ersten Anzeichen einer Ermüdung: So hat Warner Bros. den *Studio Store* im *Times Tower* im Oktober 2001 aufgegeben. Aber der virtuelle Times Square der Hochhäuser braucht keine Touristen. Gleichwohl leben beide voneinander: Die Kinos an der 42nd Street, die Studios von MTV und ABC sind eine dreidimensionale Werbewand für den Entertainment-Export. Was am Times Square entstanden ist, reflektiert die „transformation of a fabled place of popular culture in an age in which global entertainment conglomerates are rediscovering the value of the city and its millions of tourists for their marketing strategies".[994]

Es stellen sich angesichts der Entwicklung zwei weitere Fragen: Ist es Zufall, dass sich all die Medienkonzerne gerade am Times Square ballen, oder ist das einem Nutzen oder auch einer Ansiedlungspolitik der Stadt geschuldet, und: Welche Beziehungen habe die Medienkonzerne hier zueinander, aus der ein eventueller Nutzen durch die räumliche Nähe entstehen könnte?

Die Ansammlung von Entertainment an der West 42nd Street, und, folgend, am Times Square, ist natürlich kein Zufall, sondern — wie in 6.1 2) ausgeführt — auf die Vereinbarung zwischen Disney und der Stadt zurückzuführen und für dieses Entertainment auch sinnvoll. Auch ABC und MTV haben den nicht nur viel besuchten, sondern auch vielfach im Fernsehen gezeigten Standort bewusst gewählt, und sie haben einen Nutzen davon: So sind die Quoten von ABCs *Good Morning America* seitdem gestiegen.[995] Deshalb ist auch eine heftige Konkurrenz zwischen den Networks entbrannt: Nachdem ABC das Studio eröffnet hat, ließ NBC auf dem TV-Schirm am *Times Tower* daneben statt der üblichen Trailer die NBC-Show *Today* laufen, um die Neugierigen abzulenken, die vor ABC Schlange standen.[996] Und als CBS den *New Years Eve* 2000 mit dem *Ball Drop* exklusiv übertrug, kreierten die Verant-

---

993 Auf einer Veranstaltung des Vereins 92nd Street Y am 28. April 1998

994 Huyssen, in: Harvard Design Magazine. Winter/Frühjahr 1998, S. 28
995 Barron, in: NYT, 31. Oktober 1999
996 Carter, in: NYT, 15. September 1999

wortlichen ein elektronisches CBS-Logo, das das — reale — NBC-Logo am *Times Tower* überdeckte. Jedoch musste sich CBS-Anchorman Dan Rather dafür entschuldigen.[997]

Für die Bürozentralen gibt es jedoch auf den ersten Blick keinen Grund, sich hier zu massieren. Es gibt zwar zahlreiche Beispiele von Zusammenarbeit, gerade in den Zeiten der *Mergers*, aber diese räumliche Nähe wäre dafür nicht nötig. Befragt man Vertreter von Unternehmen, die am Platz sitzen, bekommt man unterschiedliche Antworten. So ist — aus Sicht von Disney — diese Massierung von Medienunternehmen kein Zufall. „Media Companies mögen es, beieinander zu sitzen, weil sie oft an gemeinsamen Projekten arbeiten oder Talente teilen, selbst, wenn sie miteinander konkurrieren. Deshalb ist es sinnvoll, solche Nutzungen zu konzentrieren", sagt Imagineer Mitch Hill.[998] Hingegen glaubt Sulzberger Jr., allenfalls die *tax breaks*, aber auch der „Transportation hub" hätten zu dieser Massierung geführt.[999] Auch Carl Folta, Sprecher von Viacom, verweist auf die U-Bahn, die Nähe des Busbahnhofes und der *Grand Central Station*, über die viele Angestellte aus den Vororten einpendelten, und den „good real-estate-deal", den man bekommen habe.[1000] George Klein wiederum glaubt, dass es der Ruf des Quartiers ist, der Unternehmen anzieht.[1001] Max Frankel wiederum weist darauf hin, dass die Medienbranche die am schnellsten wachsende in New York ist — wer also sonst sollte sich in einem neu entstehenden CBD ansiedeln?[1002] Der Präsident des Times Square BID, Brendan Sexton, meint dazu, anfänglich seien die Unternehmen nur hierher gezogen wegen der guten Konditionen. Aber dann habe sich eine „kritische Masse" gebildet. Oder, wie Castells es sagt: „Once the milieu is consolidated, it reproduces its own space."[1003] Zudem, so Sexton, sei es praktisch für Menschen aus dem Entertainmentbereich — nicht nur Schauspieler, sondern auch Verleger, Werbeleute oder Produzenten —, sich in den gleichen Bars über den Weg zu laufen. „Trotz des Zeitalters der elektronischen Verbindung wollen sich die Leute weiterhin treffen."[1004] Moss beschreibt diesen Prozess und sein Ergebnis wie folgt:

„New York's leading firms in book publishing, banking, television, broadcasting, and accounting have been taken over, merged and transformend into a new group of information producers that now define our economy: Time Warner Inc. Viacom Inc., NBC, News Corporation, Condé Nast, Bertelsmann A.G., Bloomberg L.P., Reuters, (...) Starmedia Network, Oxygen.com and Earthweb Network. (...). New York's capacity to feed the world's growing appetite for information through voice, video and data systems has been and will continue to be the source of our economic strength in the next century. (...) New York's revival is proof that there is no substitute for face-to-face exchanges. (...) Information-based industries depend on interaction, to test ideas, to refine concepts, to develop new services."[1005]

Dass es tatsächlich wichtig ist, als Medienunternehmen im Zentrum der Medienindustrie zu sitzen, zeigt das Beispiel von Vivendi Universal. Der Unterhaltungsriese Universal wurde im Sommer 2000 von dem französischen Mischkonzern Vivendi übernommen, ein gutes Jahr später zog Vivendi-Chef Jean-

---

997 Carter, in: NYT, 12. Januar 2000
998 Im Gespräch mit der Autorin am 1. September 1998
999 Im Gespräch mit der Autorin am 4. November 1999
1000 Im Gespräch mit der Autorin am 16. November 1999
1001 Im Gespräch mit der Autorin am 1. Februar 1999
1002 Im Gespräch mit der Autorin am 8. Januar 1999

1003 Castells, 1989, S. 344
1004 Im Gespräch mit der Autorin am 7. Augsut 2001
1005 Moss, in: Observer, 15. Januar 2000

Globales Zentrum der Medienindustrie

New Yorks damaliger law-and-order-Bürgermeister Rudy Giuliani (oben) und sein Nachfolger Michael Bloomberg (unten) auf den Leuchttafeln des Times Square.

Disney an der 42nd Street heute: Eine Ausstellung zum Lion King *an der Ecke zur Sixth Avenue (oben). Unten: Plakate für Broadway-Musicals in der Shubert Alley.*

Marie Messier nach New York, wenn auch nicht an den Times Square, sondern in das — allerdings nicht allzu weit entfernte — *Seagram Building* an der Park Avenue, der traditionelle Firmensitz. Messiers Begründung: „Es ist essentiell für einen Medienkonzern, mitten in Manhattan zu sein. (...) Selbst, wenn die Technik es heutzutage Menschen erlaubt, über riesige Distanzen zu kommunizieren, gibt es doch keinen Ersatz dafür, dem ein oder anderen Medienmogul im Restaurant über den Weg zu laufen."[1006]

Es gibt noch ein Element, dass speziell für die Medienindustrie von Interesse ist: Die Außendarstellung. Nicht nur die Konzernteile, die sich direkt an Konsumenten wenden — wie MTV oder Virgin — sondern auch die Zentralen selbst haben die Werbewirkung des Platzes für sich entdeckt und nutzen ihre Hochhäuser, um für ihre Produkte und ihr *Corporate Image* zu werben. So ließ sich Bertelsmann-Vorstandsvorsitzender Thomas Middelhoff Anfang 2000 für eine Anzeigenkampagne der FAZ auf einem Mauervorsprung des *Bertelsmann Building* mit Blick auf den Platz fotografieren. Das ist schon deshalb ungewöhnlich, weil ein Konzernvorstand sich damit in einer Weise im öffentlichen Raum präsentiert wie sonst nur Popstars oder Schauspieler. Reuters ist explizit an den Platz gezogen, um seinen Bekanntheitsgrad zu steigern und hat zu diesem Zweck auch Leuchtreklame mit Reuters-Logo an prominenter Stelle angebracht. Warner Bros. nutzt den *Times Tower* als riesigen Reklamepfahl für Warner-Filme und TV-Shows, wie auch Viacom CBS-Shows plakatiert. Übrigens ist auch der — im Stadtbild ansonsten stark zurückhaltenden — *New York Times cross promotion* nicht fremd. In einem Paramount-remake von 1999, *The Out-of-Towners*, spielt nicht nur eine Szene in einem Broadway-Theater, auch eine Reklametafel für die Times-Tochterzeitung *Boston Globe* ist mehrere Sekunden im Bild. In einer Szene versuchen die beiden Hauptcharaktere, ein Exemplar der *Times* zu stehlen und kurz darauf verspricht der (echte) Rudy Giuliani, mit derart kriminellen Elementen aufzuräumen.

Ein wesentliches Element in dieser globalen Vermarktung stellen die Leuchtreklamen dar, die zum *New Years Eve*, aber auch bei anderen Gelegenheiten zumindest US-weit, wenn nicht sogar weltweit (durch MTV) im Fernsehen übertragen werden. Die Reklamen werden aber auch von den 26 Millionen Touristen gesehen und auch fotografiert. Nach Schätzungen von Kodak (die selbst über eine Leuchtreklame am Marriott-Hotel verfügen) machen Touristen am Times Square jedes Jahr 90 Millionen Fotos. Deshalb hat es durchaus Sinn, dass Suntory, eine japanische Whiskey-Marke, die es in den USA nicht zu kaufen gibt, Werbung am Times Square macht — sie wendet sich ausschließlich an japanische Touristen.[1007]

Letztlich ist die Entwicklung am Times Square nur als Zusammenspiel zu begreifen, dessen einzelne Komponenten einander bedingt haben: Das Erstarken der Medienindustrie in New York führte zu der Bildung eines Standortes, dessen Wahl teils auf der Historie des Ortes, teils auf den durch die Stadt geschaffenen Bedingungen und der Infrastruktur — *Zoning, tax breaks, subway* —, und teils auf dem *Cleaning Up* durch die ortsansässigen Unternehmen, allen voran die *Times*, beruht. Die Qualitäten des Standorts und die wachsende Bedeutung der Adresse wiederum zogen weitere Unternehmen nach sich, zum Großteil Medienkonzerne, weil dies, wie schon Sassen (1991) ausführt, die Wachstumsbranche in New York schlechthin ist. Diese prägten dann wieder ihrerseits den Platz, auch durch die Leuchtreklamen. Am Times Square bestätigt sich auch Sassens Theorie, wonach die weltweite Distribution von Dienstleistungen zu einem höheren Planungsaufwand und mehr Bedürfnis nach Büroraum führt. Eine besondere Rolle spielt hierbei noch, dass sich

---

1006 Schweitzer, in: Berliner Zeitung, 17. Dezember 2001

1007 Hellmann, in: New York Magazine, 19. Mai 1997

gerade amerikanische Medienkonzerne diese Kontrolle nicht von ihren europäischen Tochterfirmen aus der Hand nehmen lassen würden. Für alle, die sich sorgen, dass der Times Square im Zeichen von Disney, dem Internet und der Globalisierung zu steril werden könnte, hier noch eine Meldung:

> Los Angeles, Dec. 16. A prominent Internet executive for the Walt Disney Company was convicted today of possessing child pornography on his computer, but a Federal jury deadlocked on the most serious charges against him: that he enticed a minor to have sex and traveled across state lines with the intent of doing so.[1008]

Gut, der Mann hat nicht am Times Square gearbeitet. Aber das ist wirklich Zufall.

6.3.2) Globale Auswirkungen des neuen Times Square

Am Times Square sitzen heute „a handful of global media organizations (...) increasingly responsible for the information that is distributed around the world". Die Verwertungsketten von Reuters, Condé Nast, AOL Time Warner, Bertelsmann, Viacom und auch der *Times* funktionieren nicht nur vertikal innerhalb des Unternehmens, sondern auch horizontal, also über den ganzen Globus, wozu gehört, dass diese Konzerne internationale Töchter erwerben oder Kooperationen mit Sendern oder Filmverleihern im Ausland eingehen. „Im Reich der großen Medienimperien geht die Sonne nicht mehr unter",[1009] so Martin/Schumann, die vor den Auswirkungen der Globalisierung im Medienbereich warnen. Und mit dem Wachstum dieser Konzerne setze eine weltweite Kontrolle der „Bild, Träume, Taten" ein.

Wer aber kontrolliert die Medienindustrie, wenn alle miteinander zusammenhängen und miteinander Geschäfte machen? Ein Beispiel lieferten Disney und ABC 1998: Der Disney-Sender kippte einen kritischen TV-Report über Sicherheitsprobleme und Überwachungsmechanismen in Disney-Parks, nachdem Konzernchef Eisner Tage vor der geplanten Ausstrahlung im Radio gesagt hatte, er würde es vorziehen, wenn ABC nicht über Disney berichte.[1010] Dieser Vorgang gelangte an die Öffentlichkeit. Andere derartige Eingriffe bleiben unbemerkt. Diese Art von weltweiter Kontrolle ist um vieles dramatischer als einige hundert Meter kontrollierte 42nd Street, die nur das Abbild dieses Phänomens in der realen Welt widerspiegelt. Der Times Square wurde von *Corporate America* in Besitz genommen, und Disney symbolisiert dieses Amerika wie sonst nur Coca Cola oder McDonalds. Das Entertainment, das Eisner verkauft, unterscheidet sich in der Qualität nicht unbedingt von dem, was von Oscar Hammerstein oder Adolph Zukor produziert wurde. Das Neue ist, dass Disney überall und immer gleich ist. Und das hängt mit Disneys weltweiter Verwertungskette zusammen, von der der Standort 42nd Street inzwischen selbst ein Teil ist. „In the Disney network of consumer performance (...) life theater will serve, like theme-park performance, as a place where Disney consumers can participate in (consume) a Disney event with other Disney consumers, helping to establish in person a temporary Disney consumer community."[1011] Auch dieses in sich geschlossene Disney-System ist es, was den Konzern in New York so verhasst macht, wobei dieser gleichzeitig auf Kritiker eine Art perverse Faszination auszuüben scheint.

Disney hat schon früh angefangen, über den amerikanischen Markt hinaus den in Europa und Asien zu erobern: Disney World Tokyo, Disneyland Paris, Kooperationen mit

---

1008 NYT, 17. Dezember 1999
1009 Martin/Schumann, 1996, S. 29

1010 Stevens, in: Brill's Content. Dezember 1998/ Januar 1999
1011 Bell, in: Drama Review, Frühjahr 1998, S. 27

Ufa/Bertelsmann, der ARD und RTL. Disney Stores sind in allen größeren Städten weltweit, Disney-Filme und Serien laufen in allen Ländern der Erde. Derzeit ist Eisner dabei, in China Fuß zu fassen, ein erster Schritt war die Produktion von *Mulan*, ein Zeichentrickfilm über eine legendäre chinesische Heldin, der inzwischen auch in China zu sehen war. Brückenkopf wird Hongkong sein, wo Disney für 2005 seinen ersten chinesischen *Theme Park* plant, ein 3,6-Milliarden-Projekt, bei dem Disney selbst übrigens nur 316 Millionen Dollar investiert.[1012]

Und zur globalen Werbung nutzt Disney auch die 42nd Street. Zu den erfolgreichen Disney-TV-Produktionen zählt etwa die Sitcom *Home Improvement*, deren Hauptdarsteller der — in den USA recht bekannte — Tim Allen ist.[1013] 1994 brachte der Disney-Verlag *Hyperion Books* eine Allen-Biographie heraus. Wenig später verfilmte Disney den französischen Film *Jungle 2 Jungle* neu, wo es um einen Jungen auf der Suche nach seinem Vater geht. Die Neuauflage spielt in New York statt in Paris, auch hier mit Tim Allen in der Hauptrolle. In dem Film tauchen immer mal wieder, ohne rechten Bezug zur Handlung, der Times Square und die 42nd Street mitsamt den riesigen Mickey-Mouse-Ohren am *New Amsterdam* auf. So macht Disney — praktisch kostenfreie — Werbung für die 42nd Street als Touristenziel in einem Film, der sich an Familien richtet. Als der Streifen anlief, hing am echten *New Amsterdam* wieder ein überlebensgroßes Tim-Allen-Poster, das für dessen neues Buch warb. „So kann denjenigen Kunden, die durch den Film mit Tim Allen an den Times Square gelockt wurden, gleich wieder das nächste Produkt mit Tim Allen verkauft werden."[1014] Diese Taktik beschränkt sich aber nicht nur auf Spielfilme: Im Disney-Trickfilm *A Bugs Life* (1998) geraten computeranimierte Ameisenhelden in eine Ameisen-Großstadt, deren Mittelpunkt eine Simulation des Times Square aus Konservendosen und Plasteflaschen darstellt.

Dies ist kein Zufall: Disney verfügt über einen weltweit einmaligen Vizepräsidenten für Synergie, dessen Aufgabe es ist, die verschiedenen Film- Fernseh- und sonstigen Aktivitäten zu koordinieren. „Our synergy group coordinates and leverages the contributions of our various business units for each initiative, thus creating a multiplier effect for the individual project and the overall Disney brand", so Eisner. Dazu kommt eine Abteilung für „Brand Management. „If we are launching a new Walt Disney Pictures film, the team will scrutinize virtually every aspect of the publicity campaign, including television ads, signage and toys. They're looking for anything the public might consider inappropriate or which conflicts with the principles of the Disney brand. And if they find it, the material is reworked."[1015]

Nicht nur Disney, auch ABC nutzt den Times Square für Eigenwerbung, in Kollaboration mit der Stadt: So ließ Giuliani zur Eröffnung des ABC-Studios 1999 den Platz für eine Parade der New Yorker Polizei sperren und gab dann ABC ein Interview, wie sauber und sicher der neue Times Square geworden sei.[1016] Es findet aber auch *cross promotion* zwischen dem Times Square und Disney-Themenparks statt. So gibt es auf dem EPCOT-Gelände in Orlando die *Pleasure Island*, die speziell für Teenager konzipiert ist. Hier ließ Disney eine Diskothek errichten, die erst zu einem Erfolg wurde, seit dort eine allnächtliche *New York New Years Eve Party* veranstaltet wird, ebenfalls mit einem *Ball Drop*.[1017]

Disney exportiert inzwischen auch seine Musicals. Am Potsdamer Platz in Berlin — ein Ensemble, das städtebaulich und von der Nutzung her mit dem Times Square zu

---

1012 Landler, in: NYT, 3. November 1999.
1013 In Deutschland unter dem Titel Hört mal, wer da hämmert zu sehen.
1014 Roost, 2000, S. 108-110

1015 Gilmore, 2001, S. 95
1016 Roost, 2000, S. 111
1017 Grover, 1991, S. 179. Da die Times die Rechte am Ball Drop hat, geschieht das mit ihrem Einverständnis.

vergleichen ist — führt die Stella GmbH in einem Musical-Theater, das der DaimlerChrysler AG gehört, das Disney-Musical *Der Glöckner von Notre Dame* auf. Proben für das Stück fanden am Broadway statt, und auch mehrere Schauspieler kommen aus dem Disney-Stall. Der *Glöckner* ist zwar nicht besonders erfolgreich — Stella hat Ende 1999 sogar Konkurs angemeldet. Aber dies wird Disney nicht davon abhalten, das nächste Musical nach Europa zu bringen. Seit Mitte 2000 lässt Disney eine moderne Version einer europäischen Oper am Broadway aufführen: Verdis *Aida*, nachkomponiert von Elton John. Auch dieses Stück, das, wie zuvor *Beauty and the Beast*, im *Palace* läuft, gehört zu den bestverkauften am Broadway.

Aber nicht nur Disney, alle Medienkonzerne bedienen sich heute dieser Synergieeffekte und versuchen, „über die einzelne Produktion und Distribution hinaus die mehrfache, potenzierte Auswertung eines Produkts im Medienverbund zu sichern":[1018] Vom Buch zum Film, vom Film zum Musical, vom Musical zum Soundtrack, bis dahin, dass die Band, die den Soundtrack spielt, in der Fernsehserie auftritt, während die Comicfigur aus dem Film den Themenpark bestückt. Deshalb sind alle diese Konzerne auch aus einer Film und einer Fernsehabteilung, einem Nachrichtenproduzenten, einem Musiklabel, Buch- und Zeitschriftverlagen, einem Internetportal und nach Möglichkeit einer Themenparkkette zusammengesetzt. Dieses Denken hat auch vor dem Broadway nicht Halt gemacht. Dessen Musicals sind zum Milliardengeschäft geworden: In der Saison 1996/97 hat die Broadway-Industrie der *League of American Theatres and Producers* zufolge 2,7 Milliarden Dollar zur Wirtschaftskraft von New York beigetragen (einschließlich dessen, was Touristen ausgegeben haben).[1019] In alle Broadway-Theater zusammen wurden 484,8 Millionen Dollar investiert, davon 72,2 Millionen an Bau- und Renovierungskosten, der Rest floss in die Produktion von Stücken. In der Saison 1998/99 wurden 11,6 Millionen Tickets verkauft.[1020] Neue Shows wie *Beauty and the Beast* oder das Disney-Musical *Aida* kosten um die 15 Millionen Dollar. Dabei sind Robertson zufolge die Produktionskosten in den letzten zehn Jahren um 300 Prozent gestiegen, die Ticketpreise hingegen nur um 80 Prozent (auf allerdings 90 Dollar pro Parkettplatz).[1021]

Um diese Kosten wieder hereinzuholen, bedient sich heute auch der Broadway der von Disney vorexerzierten Verwertungsketten: Nicht nur das Musical, auch der Kinofilm zum Musical, die TV-Zweitverwertung, die Schallplatte, die CD, die Kassette, das T-Shirt, die Tasse und das Buch zum Film zum Musical werden veräußert, dazu wird das Musical, US- oder weltweit, exportiert. Der Erfinder dieser Kette ist allerdings kein New Yorker, sondern der Londoner Musicalzar Andrew Lloyd Webber. Er hat einige der erfolgreichsten Stücke geschrieben: *Jesus Christ Superstar*, *Evita*, *Cats*, *Starlight Express* und *Phantom of the Opera*. Um sie möglichst effektiv zu vermarkten, gründete Lloyd Webber die *Really Useful Company*, die 1986 zur Aktiengesellschaft *Really Useful Group* umgewandelt wurde, an der Lloyd Webber die Mehrheit hält. Unter ihrem Dach spielen sich weltweit sämtliche Lizenzverträge für Webber-Stücke ab: Sei es als *Road Show*, also als Tournee, als Schallplatte, Noten, CD oder Video. Selbst die Fotos der Darsteller auf Kaffeetassen werden von der Really Useful Group lizensiert, bei der immer die Rechte bleiben. Die *Really Useful Group* ist dabei auch Kooperationen mit anderen Medienunternehmen eingegangen, etwa mit der Plattenfirma Polygram und Time Warner.

Das erfolgreichste Webber-Musical ist *Cats*, das von Marketing-Standpunkt aus als

---

1018 Brinkemper et al, 1994, S. 9
1019 League of American Theatres and Producers, 1998

1020 Back Stage: Broadway Breaks Record. 11-17. Dezember 1998
1021 Auf einer Veranstaltung der MAS am 15. April 1998. Die Ticketpreise, die heute 100 Dollar erreichen, sind ein ständiger Anlass von Beschwerden.

Vorläufer von Disney gilt. *Cats*, das erst in London und dann 19 Jahre in New York lief (und in dutzende von Städte, auch Berlin, exportiert wurde), wurde von den Shuberts (es spielte auch im Shubert-Theater *Winter Garden*), Geffen Records und ABC Entertainment finanziert.[1022] *Cats* wird auch von Kindern verstanden, und von Menschen, die kein Englisch können. *Cats* hat keine berühmten Schauspieler. Es hat aber einen erheblichen Ausstattungsaufwand, mindestens so wie Disneys *Lion King* oder auch *Miss Saigon*, wo ein Hubschrauber von der Bühne abhebt. Und *Cats* hat als erstes Musical US-weit im Fernsehen geworben und das Merchandising ausgebaut, vom Katzenposter über die Katzenmütze bis zum Katzenteller. Disney hat dann das System perfektioniert: *Lion King* war erst ein Zeichentrickfilm, dann eine Bühnenshow, wird parallel als Video verkauft, und inzwischen gibt es schon ein Nachfolgevideo, von den üblichen T-Shirts und Plüschpuppen ganz abgesehen. Dass aber das Geschäft immer noch mit Risiko behaftet ist, zeigte sich zuletzt 1998, als LivEnt, der kanadische Unterhaltungsriese, der das *Ford Center for the Performing Arts* betrieb, Konkurs anmelden musste.

Musicals wie *Cats* und *Lion King* wenden sich an Touristen, und das macht sie immun gegen Verrisse. Denn dass „producers sell the show to tourists right above the head of the critics", nimmt den Zeitungen — allen voran der *Times*, deren Theaterkritiker Frank Rich lange als „Butcher of Broadway" firmierte — ihre Macht. Diese Entwicklung werde das Niveau der Broadway-Musical senken, fürchten Kritiker wie der Rich-Nachfolger Ben Brantley. „The hip-hooray and the ballyhoo may continue, but in the synthetic and homogenized forms made familiar by television and corporate merchandising."[1023]

Nun beginnt sich der Broadway auch mit dem Fernsehen zu vermählen: Zu Beginn des Jahres 2000 wurden zwei Companys gegründet: *Broadway Television Network* und *Broadway Digital Entertainment*.[1024] Letztere verfügt über ein Archiv von älteren Broadway-Shows, während das *Broadway Television Network* neue Musicals ins (Bezahl-)Fernsehen bringen soll; hieran sind die Shuberts, die Jujaminc, die Nederlander und die Firma SFX beteiligt. Aber nichts symbolisiert den Broadway von heute mehr als der Trend, Theater nach *Corporate Sponsors* zu benennen. Das *Ford Center* machte den Anfang, im März 2000 zog die Theatergruppe *Roundabout* nach, die im *Selwyn* sitzt: Das Haus heißt nun *American Airlines Theater*, nachdem die Fluggesellschaft 8,5 Millionen Dollar gespendet hat.[1025]

Globalisierung und weltweite Vermarktung der Medienprodukte in synergetischen Ketten stellen nicht die endgültige Zukunft von Entertainment dar. In wahrscheinlich kürzerer Zeit, als viele ahnen, wird Entertainment jeder Art im großen Umfang über das Internet vertrieben. Technisch ist es heute schon möglich, sich Musik, Videoclips oder Bücher aus dem Netz zu holen, sobald sich erst leistungsstarke Breitbandkabel durchgesetzt haben, wird das noch zunehmen. Auch wegen dieser Perspektive haben sich alle großen Medienkonzerne Internetportale zugelegt oder — wie Time Warner und AOL — sich mit Internetdiensten zusammengeschlossen. Braucht man, wenn sich diese Entwicklung fortsetzt, überhaupt noch einen Times Square mit Bürohäusern und Kinopalästen? „Braucht man die City of London oder Berlin? Vielleicht nicht — aber sie existieren", sagt *Times*-Verleger Sulzberger Jr., der derzeit seine ganze Energie dazu verwendet, seine Zeitung mit dem Netz zu vermählen. „Das Internet ist nur eine Vertriebsstruktur. Es sind immer noch Leute nötig, die Ideen haben und Produkte herstellen. Und die brauchen Raum, um sich zu treffen und auszutauschen."[1026]

1022 Gockel-Böhner, in: Brinkemper et al, 1994
1023 Brantley, in: NYT, 7. November 1999
1024 Weber, in: NYT, 19. Januar 2000
1025 Pogrebin, in: NYT, 1. März 2000
1026 Im Gespräch mit der Autorin am 4. November 1999

Der Times Square hat sich in den letzten hundert Jahren gewaltig verändert, aber im Detail betrachtet, sind es immer noch die gleichen drei Elemente wie zu den Zeiten von Hammerstein, Belmont und Ochs, die den Ort noch heute definieren: Entertainment — heute repräsentiert durch Disneys Michael Eisner —, die Erschließung durch öffentliche Verkehrsmittel, und die *New York Times*, die immer noch das Prestige und den Namen addiert, personalisiert durch, erstaunlich genug, Adolph Ochs' Urenkel Arthur Sulzberger Jr.

6.3.3) Die Zukunft der New York Times

Von allen Medien-Hauptquartieren am Times Square ist das der *New York Times* das Unauffälligste. Kein Neon, keine *Bright Lights* sind an der Fassade, und den Touristen, die über den Times Square laufen, aber auch vielen New Yorkern ist gar nicht bekannt, dass die Zeitung an der West 43rd Street residiert. Die *Times*-Mitarbeiter, selbst diejenigen, die die Editorials schreiben, beschweren sich inzwischen über die Geister, die sie riefen — über den „MTV-Bottleneck"[1027] der Touristen, die sich vor dem MTV-Studio an der schmalsten Stelle des Times Square ballen, über den Store der *World Wrestling Federation,* der Ende 1999 im *Paramount Building* direkt neben dem *Times-Annex* eröffnet hat, oder über die Condé-Nast-Spesenritter, die ihnen die Tische in ihren Lieblingsrestaurants wegnehmen.[1028]

Die *New York Times* selbst hat eine Auflage von knapp 1,1 Millionen Stück — sonntags 1,65 Millionen — sie wird US-weit an einem guten Dutzend verschiedener Druckorte hergestellt. Unter dem Dach der Company befinden sich noch zahlreiche andere Unternehmen: 23 Lokal- und Regionalzeitungen in sechs US-Bundesstaaten, die größte davon der *Boston Globe,* der selbst über Medientöchter verfügt, eine Reihe von Fach- und Publikumszeitschriften, ein Jugendmagazin, zwei Radiosender in New York, acht lokale TV-Sender, die Mehrheitsanteile an der Nachrichtenagentur Video News International und dem Kunst-Kabelsender Ovation.[1029]

Die *Times*, die bis zur Jahrtausendwende 77 Pulitzer-Preise gewonnen hatte und die (neben der *Washington Post*) die einflussreichste Zeitung der USA ist, tummelt sich, wirtschaftlich gesehen, in der mittleren Liga, zusammen mit Zeitungsverlagen wie *Times Mirror* (*Los Angeles Times*), der Anfang 2000 an die *Chicago Tribune Group* verkauft wurde, der *Washington Post,* Dow Jones (*Wall Street Journal*) oder Gannett (*USA Today*). 2,9 Milliarden Dollar Umsatz machte die Times 1998. Disney lag bei 23 Milliarden Dollar Umsatz im Jahr, Viacom bei 18,9 Milliarden Dollar — vor der Fusion mit CBS —, Time Warner bei 26,8 Milliarden Dollar (2000, nach der Fusion mit AOL waren es 36,2 Milliarden Dollar). „Now [the *Times*] felt the hot breaths of behemoths such as Disney, Rupert Murdoch's News Corporation, and Microsoft — global conglomerates with vast amounts of money in non-geographical markets. Amid such Goliaths, *The New York Times* was a nervous David."[1030]

Jedoch ist die *Times* schon seit Jahrzehnten ein globales Medium. 27 Auslandsbüros hat sie, sie besitzt — mit der *Washington Post* — die *International Herald Tribune* mit Sitz in Paris, die durch Satellitenübertragung in acht Ländern gleichzeitig gedruckt und verkauft wird. Ein weiterer globaler Aspekt, der allerdings weniger deutlich zutage tritt, ist die Rolle der *Times* als Nachrichtenlieferantin. Nicht nur, dass US-Zeitungen, die sich keine ausländischen Korrespondenten leisten, entweder direkt von der *Times* abschreiben oder aber den *New York Times News Service* nutzen —

1027 Tierney, in: NYT, 25. October 1999, und: NYT, 17. Juli 1999
1028 Bernard, in: New York Magazine, 26. Juli 1999

1029 Hachmeister/Rager, 2000, S. 271, ergänzt und korrigiert durch: http://www.nytco.com
1030 Tifft/Jones, 1999, S. 725

Das letzte Puzzlestück des neuen Times Square: Das Bürohochhaus auf dem ehemaligen Milstein-Parkplatz. Dahinter: Das neue Hochhaus der New York Times.

Der dreistöckige Newsroom der New York Times im neuen Gebäude. Unten links: Ein paar Orientierungsprobleme unmittelbar nach dem Umzug. Unten rechts: Times-Verleger Arthur Sulzberger Jr., die treibende Kraft hinter dem neuen Times Square.

der rund 600 Medienbetriebe in den USA und anderen englischsprachigen Ländern beliefert —, auch alle in den USA ansässigen ausländischen Korrespondenten nutzen die *Times* als eine ihrer wichtigsten Quellen.[1031]

Times-Verleger Sulzberger Jr. will mit der Entwicklung im Medienbereich mithalten können. Deshalb hat die *Times* ihre Internet-Präsenz ausgebaut. Seit 1996 gibt es die *Times* on the Web (www.nytimes.com), die täglich 4,5 Millionen Besucher hat und bei der zehn Millionen Leser registriert sind.[1032] Zum digitalen Imperium gehört ein Veranstaltungs-Service (www.nytoday.com), außerdem ist die *Times* mit zehn Prozent am Finanzdienst TheStreet.com beteiligt und kooperiert mit dem Internet-Buchhändler Barnesandnoble.com, der zu 50 Prozent Barnes&Noble und zu 50 Prozent Bertelsmann gehört. Ende 1999 hat die *Times* ihre Internet-Aktivitäten in der *Times Company Digital* zusammengefasst. Zudem hat sie eine „multi-year, strategic alliance" mit dem Internetdienst Gay.com für Schwule und Lesben abgeschlossen.[1033] Der Verleger will die Web-Aktivitäten noch vergrößern. Es sollen nicht nur die Leser mit der Zeitung kommunizieren können und die Zeitung mit den Lesern, sondern auch die Leser untereinander. Dazu wurde u.a *abuzz* geschaffen, ein *knowledge-network*, aber auch zahlreiche Foren auf der *Times*-Homepage.[1034] Die *Times Digital* sollte im Jahr 2000 an die Börse gehen, dies wurde jedoch wegen des allgemeinen Einbruchs im Internetgeschäft zurückgestellt. Jedoch will Sulzberger an der digitalen Erweiterung der Zeitung und am Einstieg ins TV-Geschäft festhalten.

Hat die *Times* inzwischen Ähnlichkeit mit einem globalen Konzern wie Disney? Sulzberger Jr., Anfang 1999 von mir dazu befragt, reagierte damals eher verärgert: Genauso gut könne man behaupten, dass Stalin und Roosevelt Ähnlichkeit miteinander gehabt hätten, nur weil beide ein großes Land regiert haben. Ob die Ähnlichkeit zweier Companies daran zu messen sei, dass beide Schreibtische hätten und Büroräume? Der entscheidende Unterschied sei, dass die *Times* Nachrichten mache, Disney hingegen produziere Entertainment, das sei etwas vollkommen anderes. Selbst das Disney-Network ABC sende im wesentlichen Entertainment, deren Nachrichten-Abteilung mache nur einen winzigen Teil des gesamten Programms aus.[1035]

Ein gutes halbes Jahr später hatte sich die Meinung des Verlegers über Disney deutlich gebessert. Disney sei ein „gut geführtes, gut organisiertes Unternehmen", ein „Brand Heaven", natürlich viel größer als die *Times*. Aber auch die *Times* müsse so sein, dass sich der Käufer jeden Tag darauf verlassen könne, dass er ein gleich gutes Produkt bekomme; dies sei sein Ziel.[1036] Möglicherweise hat zu diesem Sinneswandel beigetragen, dass auch die *Times Company* und Disney im Zug der Times-Square-Renaissance eine Reihe von Geschäftsbeziehungen eingegangen sind, die wichtigste davon eine Zusammenarbeit zwischen den Nachrichten und den Interneredaktionen der *New York Times* und der Disney-Tochter ABC.

Die erste Partnerschaft, die von ABC-Sendechef David Westin und Sulzberger Jr. Anfang 2000 verkündet wurde, umfasst gemeinsame Sendungen und Internet-Aktivitä-

---

1031 Elfenbein, 1996, S. 139-140
1032 Für den Besuch der Times-Website muss man sich registrieren lassen, der Server pflanzt dann ein Cookie, ein Überwachungsprogramm, auf die Festplatte des Benutzers, das meldet, welche Links angeklickt werden.
1033 http://www.nytimes.com
1034 Im Gespräch mit der Autorin am 4. November 1999. Das Experiment, Abuzz zu fragen, ob das Gerücht stimme, dass die Times Digital eine Kooperation mit Disney's Go.com anstrebe, wurde von der Times Digital selbst damit beantwortet, zu Geschäftsbeziehungen gebe man grundsätzlich keine Auskunft.

1035 Im Gespräch mit der Autorin am 10. März 1999
1036 Im Gespräch mit der Autorin am 4. November 1999

ten.[1037] Sie war befristet bis Ende 2000 und deckte den Präsidentschafts-Wahlkampf ab. Die Büros in Washington und New York sowohl der *Times* als auch ABC produzierten gemeinsam eine tägliche 15-Minuten-Webcast mit dem Namen *Political Points*, die auf den Websites beider Unternehmen erschien und die aus Texten, Bildern, Videos und Ton bestant. Dazu wurden Reden, Statements oder Biographien der Kandidaten ins Netz gestellt, außerdem gab es einen *chatroom* sowie Links zu anderen politischen Sites beiden Unternehmen. Die Zusammenarbeit im Fernsehsektor bezieht sich auf dem Technologie- und Gesundheitsbereich, die ebenfalls von Redakteuren beider Unternehmen hergestellt werden und in den ABC-Sendungen *20/20* und *Good Morning America* gesendet werden. *Times*-Reporter treten dort auch gelegentlich auf. Die *Times* folgt damit dem Beispiel der *Washington Post*, die eine ähnliche Zusammenarbeit mit NBC hat. Des Weiteren hat die *Times* 1998 ihr WQEW-Radio für acht Jahre an Disney vermietet, das es als Radio Disney betreibt.[1038]

Die Zusammenarbeit ist für beide Seiten sinnvoll: ABC verschafft es die Reputation der *Times*, diese wiederum erhält ein zusätzliches Forum mit hoher Reichweite — *Good Morning America* ist nach NBCs *Today* die erfolgreichste Morgensendung der USA, und *20/20* ist ebenfalls ein Magazin mit hohen Einschaltquoten. „In this chaotic period for all media, The Times knows exactly where its heart and soul are: The newspaper. But at the same time it has begun to see itself in a new, more flexible way", heißt es in einer *Times*-Hausmitteilung vom Oktober 1999, und weiter: „We know that there is an intelligent global audience for our kind of story (...). Lots of them, of course, don't even read the paper — but may start to after they are tantalized by our televisions programming or by the Web site."

Warum hat sich die *Times* gerade ABC ausgesucht? Wohl kaum, weil sich das Studio an der gleichen Straße befindet. Eher, weil NBC bereits mit der Washington Post — und mit dem Wall Street Journal — kooperiert, und weil es bereits eine langjährige Geschäftsbeziehung zwischen der *Times* und ABC gibt: Der Sender errichtete seine *West Side*-Studios (vgl. 5.2.1) auf einem ehemaligen *Times*-Grundstück — hier hatte sich die Druckerei der Zeitung befunden. Es spielt wohl auch eine Rolle, dass Sulzberger Jr. und Robert Iger, Präsident von ABC (und Disney) befreundet sind und schon mal gelegentlich gemeinsam ein Gymnastikstudio besuchen.[1039]

Aber was geschieht, wenn ABC selbst Gegenstand kritischer Berichterstattung der *Times* werden müsste, wie zuletzt, als der Disney-eigene Sender auf Eisners Weisung hin den oben erwähnten Beitrag über Disney-Themenparks kippte? Damals berichtete die *Times* zwar darüber, aber eher zurückhaltend — ohnehin hatte das Thema überall Schlagzeilen gemacht. Aber wird es dabei bleiben, wenn es um einen Vorgang geht, der genauso brisant, aber weniger bekannt ist? Und selbst, wenn die Redaktion als Ganzes objektiv und kritisch reagiert — gilt das auch für den einzelnen *Times*-Reporter, der womöglich seinen Auftritt im Fernsehen riskiert? Ein erstes, problematisches Beispiel ist ein Vorgang vom Mai 2000, als AOL Time Warner ABC wegen finanzieller Auseinandersetzungen für einen Tag aus dem auf Monopolbasis betriebenen Kabelnetz kippte. Die *Times* empörte sich darüber in Berichten und Kommentaren über Wochen. Jedoch hatte die *Times* ihren Lesern dabei nicht mitgeteilt, dass es eine Kooperation zwischen der *Times* und ABC gibt, man also selber betroffen sei.[1040]

Das ABC-Studio liegt gegenüber vom *Times-Annex* am Broadway und 43rd Street. Das mag sein praktisch für die Zusammenar-

---

1037 Carter: The Times in News Deal With ABC. In: NYT, 21. Januar 2000
1038 www.nytco.com/company

1039 Case, in: Editor & Publisher Magazine, E&P online, 8. Mai 2000, veröffentlicht in: http://www.nytco.com
1040 Beginnend mit: NYT, 2. Mai 2000

beit, aber nicht notwendig, zumal ein Großteil der Arbeit in den Washingtoner Büros oder in den Räumen der *Times Digital* gemacht wird, die — noch — weitab vom Times Square liegen. Braucht die *Times* einen sauberen, sichereren Times Square, um ihre Expansions- und Kooperationspläne zu verfolgen? Nicht unbedingt. Hilft es? Das schon. Gäbe es das ABC-Studio ohne diesen Times Square? Nein, aber *Good Morning America* wurde auch schon vorher produziert, allerdings an einem weniger öffentlichen Ort. Klar ist aber, dass es die gleiche wirtschaftliche Dynamik und die gleichen Globalisierungsprozesse sind, die die Times-Square-Renaissance bewirkt haben und die die Entwicklung der *New York Times Company* beeinflussen. War es der Times Square von heute, den Sulzberger als Vision hatte, als er den Times Square BID gründete und seine Tante überredete, sich um die Sanierung der Theater zu kümmern? Wahrscheinlich nicht. Hat der Verleger das Gefühl, den neuen Times Square mitgeschaffen zu haben? Das schon.

Sieht Sulzberger einen Interessenkonflikt darin, dass die Zeitung fortlaufend über den Platz berichtet, selbst aber ein Teil davon ist und vom *Cleaning Up* profitiert, ohne dies — außer ab und zu am Rande — zu thematisieren? Ein Beispiel: Die *Times* druckte 1998 einen Leserbrief von Marian Heiskell ab, die sich voller Begeisterung über Disneys Wirken an der 42nd Street ausließ. Der zuständige Redakteur setzte die Bemerkung unter den Brief, bei der Autorin handele es sich um den *Chairman* der *New 42nd Street Inc.*, erwähnte aber nicht, dass Heiskell die Tante des Verlegers ist und im *Board* der *New York Times Company* sitzt.[1041]

Sulzberger hält diesen hehren Anspruch auf umfassende Transparenz für übertrieben: Solle die *Times* jedesmal, wenn sie über den Baufortschritt bei Reuters oder über einen Mord am Times Square oder über die Sanierung der U-Bahn berichtet, erwähnen, dass sie ebenfalls in der Gegend sitze? Na gut, der Einwand sei verständlich, aber die damit verbundene Unterstellung treffe nicht zu. Die Reporter und Redakteure dürften schreiben, was sie wollten — so habe Paul Goldberger jahrelang das Philip-Johnson-Design kritisiert oder Frank Rich Disney am Broadway. Die *business*-Abteilung sei streng von der Redaktion getrennt. Dort, wo die *Times* eine *business relationship* habe, werde dies in der Zeitung auch thematisiert.

Zusammenfassung

Der Times Square von heute ist von den Aktivitäten der Walt Disney Company geprägt, die nicht nur das *New Amsterdam*-Theater renoviert haben und betreiben, sondern auch einen Disney-Store, ein ESPN-Themenrestaurant und ein ABC-Studio. Disney veranlasste die Stadt, weiteres Entertainment anzusiedeln. Mit Disney kamen noch andere Medienunternehmen, und die Konzerne, die bereits da waren, eröffneten neue Studios oder Läden für Touristen. Das, zusammen mit der zunehmenden Zahl der Leuchtreklamen, sollte den Platz in einen Ort verwandeln, der dem historischen Zentrum des Entertainment entspricht, aber weit mehr vom Fernsehen, den Börsen und vom Internet geprägt ist.

Dadurch wurde das lang geplante Hochhausprojekt ermöglicht, jedoch mit ganz anderen Bauherrn, Mietern und Architekten als das zunächst beabsichtigt war. Zudem änderte sich die Nutzerstruktur des Publikums zu einer, die weit mehr nach Geschlechtern gemischt ist und die zu über 50 Prozent aus Nicht-New-Yorkern besteht. Farbige und Latinos sind nun aber weniger repräsentiert als zuvor zu Gunsten von Weißen.

Disney hat aber auch viel Kritik erfahren, zum einen wegen der hohen Zuschüsse, aber auch, weil dem Konzern vorgeworfen wurde, er verwandele den Times Square in eine Art Disneyland. Beides ist m.E. nicht ganz

---

1041 Heiskell/Cahan:, in: NYT, 10. April 1998

berechtigt: Die Zuschüsse für das *New Amsterdam* waren auch wegen der von Stadt und Staat mitverursachten Vernachlässigung des Areals nötig. Für eine Disneyfizierung andererseits ist der Platz zu stark verdichtet.

Richtig ist aber, dass der Platz unter die Kontrolle von globalen Medienkonzernen geraten ist, die von ihren Bürozentralen aus den Export ihrer Produkte planen. Diese Konzerne haben sich, um ihre finanziellen und baulichen Interessen gegenüber der Stadt durchzusetzen, mit Developern zusammengetan. Sie gaben, wie diese, Parteispenden oder unterstützen Politiker direkt. Medien habe heute in New York — auch wegen der Vielzahl von neuen Jobs in dem Bereich — fast so viel Einfluss wie Developer. Ein Beispiel für die Zusammenarbeit von Entertainment und Developern ist ein neues *Zoning Proposal* für den *Theater District*.

Es sind die gleichen wirtschaftlichen Kräfte, die den Times Square aufgewertet haben wie die, die das globale Wachstum der Medienkonzerne bewirken. Der *New York Times*, neben den Shuberts das einzige Traditionsunternehmen, das alle Wandel überstanden hat, ist es bisher gelungen, im Wettkampf dieser Konzerne mitzuhalten. Dazu dient auch die Zusammenarbeit mit der Disney-Tochter ABC. Jedoch besteht die Gefahr, dass es wegen der allseitigen Zusammenarbeit bald niemanden mehr gibt, der diese Medienkonglomerate kontrolliert.

Die West 42nd Street Anfang 2013, mit dem Musical Mary Poppins *im New Amsterdam.*

7) Bilanz

Die Planung für den neuen Times Square ist seit Ende 2000 weitgehend beendet, der eigentliche Bau des Staatsprojekts soll bis 2005 fertiggestellt sein. Das letzte der vier Hochhäuser um den Platz ist seit 2001 in Bau, die Theater sind — bis auf zwei — entweder renoviert oder abgerissen, die Grundstücke dazwischen sind ebenfalls bebaut. Die südliche Hälfte des ehemaligen Mart-Grundstücks ist an die New York Times vergeben, auf der anderen Hälfte bauen die Milsteins demnächst (Stand Ende 2002 ein Bürohochhaus. Auch die finanziellen Konditionen, die zwischen Developern und Stadt/Staat/ESDC ausgehandelt wurden, sind bekannt. Das Publikum hat sich nun verändert, ungefähr dahingehend, wie es die Planer von Anfang an beabsichtigt hatten. Aber auch das Projekt hat sich verändert, und zwar, soweit es die Architektur und die Nutzung betrifft, dies allerdings nicht so, wie es ursprünglich geplant war. Die Nutzung hat nun strukturell mehr Ähnlichkeit mit der der Jahrhundertwende, wenn auch meistenteils. modernes Entertainment entstanden ist. Was die Architektur betrifft, wurde statt einer zweiten *Wall Street* ein *Urban Entertainment Center* geschaffen, umrandet von Bürohochhäusern der Medienindustrie. Das Gesamtensemble, insbesondere das Zusammenspiel von Leuchtreklamen und Konzernzentralen, nimmt sich fast aus wie eine Parodie auf Marx'/Engels kapitalistische Stadt.

War also die *Public Private Partnership* ein Erfolg? Und wenn ja, für wen? Was hat sie für die Stadt bewirkt und was lässt sich daran verallgemeinernd ablesen?

7.1) Was geschah mit dem Times Square in städtebaulicher Hinsicht?

Unter städtebaulichen Gesichtspunkten ist das Auffälligste die extreme Verdichtung, die am Times Square und an der West 42nd Street stattgefunden hat. Die FAR des gesamten Gebietes liegt bei mindestens 20. Selbst die Blockmitten sind nun, entgegen dem in Manhattan üblichen Prinzip, erheblich verdichtet worden, nicht nur die Ränder. Dies ist nicht nur städtebaulich, sondern auch rechtlich fragwürdig, da die Rechtsgrundlage für die gesamte Baumaßname eine *Environmental Impact Study* (EIS) ist, die 1984 erstellt und bis heute nicht aktualisiert wurde, obwohl mehrere Grundstücke — etwa das des Projekt von Forest City Ratner oder das der New York Times — im hohen Umfang nachverdichtet wurden.

Auch der gesamte *Theatre District* über das Projektgebiet hinaus wurde stark verdichtet. Seit Mitte der 80er Jahre sind acht Hochhäuser am Platz entstanden, es gibt nur noch einen halben Block, der niedrig bebaut ist, die *Criterion Site* an der 44th Street. Die Wolkenkratzer haben die üblichen Folgerscheinungen: Schattenwurf, Fallwinde, sehr dichter Verkehr, auch durch Fußgänger. Die Straßen sind selbst nachts durch Fußgänger und Taxis blockiert, Individualverkehr in nennenswertem Umfang wäre undenkbar.

Was die Beurteilung der West 42nd Street unter Denkmalschutz-Gesichtspunkten angeht, fällt einem Vietnam ein: „We had to destroy it in order to save it"[1042] war die inoffizielle Politk der USA dort. Von den histori-

---

1042 Newfield, in: Alcaly/Mermelstein, 1976, S. 296

schen Theatern sind nur das *New Amsterdam*, das *New Victory* und das *Selwyn* denkmalgerecht renoviert worden. Das *Harris* und das *Anco* wurden abgerissen, aus dem *Empire*, *Apollo* und *Lyric* sind durch Umbauten praktisch neue Gebäude geworden, die Zukunft des *Times Square* und des *Liberty* ist ungewiss. Die Lücken dazwischen wurden mit nichtssagender Plastikarchitektur aufgefüllt. Dies ist um so bedauerlicher, als dass einer der Gründe für die hohen Subventionen der Sanierungsbedarf dieser Theater war. Letztlich wurden die Theater, wie seit Beginn der Geschichte des Areals, in erster Linie als *real estate* behandelt und nicht als Kulturgüter. Zwischen den Theatern wurde zumeist recht preiswertes Massenentertainment angesiedelt.

Auch andere denkmalhistorisch interessante Gebäude — das *Rialto*, das *Longacre Building* und das *Strand Hotel* — sind der Abrissbirne zum Opfer gefallen, dazu sämtliche Bauwerke an der West 42nd Street außer dem *Hotel Carter*, dem *Candler Building* und dem *New Amsterdam Office Building*. Zwar wird nun doch der *Times Tower* in seiner Gestalt von 1964 erhalten, unter städtebaulichen Gesichtspunkten würde aber nun gerade dessen Abriss die Platzsituation verbessern. Es liegt übrigens eine gewisse Ironie darin, dass Disneys *New Amsterdam* nicht nur das am authentischsten renovierte Gebäude ist, sondern durch die aufwendige Restauration auch ein Bollwerk gegen weitere Verdichtung darstellt.

Reichl (1995, 1999) vertritt die Ansicht, an der West 42nd Street sei durch die ESDC, unterstützt durch die MAS, *Historic Preservation* betrieben worden, deren hohe Kosten hätten dazu geführt, dass sich Geringverdienende das Entertainment dort nicht mehr leisten könnten. Davon kann nicht im entferntesten die Rede sein. Vielmehr hat eine Kahlschlagsanierung mit anschließender Neubebauung stattgefunden. Das einzige Gebäude, das nach den Maßstäben der *Historic Preservation* restauriert wurde, ist das *New Amsterdam*; dafür werden tatsächlich hohe Eintrittspreise verlangt, dies betrifft jedoch alle Broadway-Theater. Jedoch war das *New Amsterdam* nun gerade nicht Teil des ursprünglichen UDC-Projekts.

Das Interessante an der Rezeption der Platzästhetik ist, dass die Bürohochhäuser den überwiegenden Teil der Baumasse ausmachen. Im Vordergrund des öffentlichen Diskurs stehen jedoch die Leuchtreklamen und die Entertainment-Nutzungen, die Restaurants und Stores. Die Massierung von diesen Läden und die Inbesitznahme des Platzes durch *Corporate America* führten wiederholt zum Vorwurf, der Times Square sei *disneyfied* und der öffentliche Raum kontrolliert, insbesondere durch Zukin (1995), Sorkin (1992) und Boyer (1996). Zukin kritisiert insbesondere die kontrollierende Rolle des *Times Square BID*.

Kontrolliert ist der Raum zweifellos, aber er ist nicht *disneyfied* im Sinne von niedlich oder kitschig. Eher trifft zu, was Roost schreibt: „Disneys Projekte sind (...) die weltweit bisher wichtigste und beunruhigendste Annäherung an die Schreckensvision einer von medial verzerrter Wahrnehmung beherrschten, vollständig inszenierten und von globalen Konzernen vermarktete Stadt der Zukunft."[1043] Eine Wahrnehmung, die Sagalyn zufolge jedoch einen „bias of perception rooted in many an intellectual's discomfort with mass culture" widerspiegelt.[1044] Für sie ist die Entwicklung schon ein Erfolg, weil überhaupt gebaut wurde. Gleichwohl bezweifelt auch Sagalyn nicht, dass der Platz nun eine Mischung aus *Central Business District* und *Entertainment Destination* geworden ist. Er wird zusammengehalten durch die *Bright Lights*, die sowohl das Entertainment als auch die Konzerne repräsentieren, die letzteres produzieren. Das von Koolhaas (1990) beschriebene Phänomen, dass Verdichtung zu zahllosen Möglichkeiten der vertikalen Nutzungsmischung führe, wurde hier Realität.

Die Nutzungsmischung entspricht mit ih-

1043 Roost, 2000, S. 155
1044 Sagalyn, 2001, S. 456

rem hohen Anteil an Medien und Entertainment durchaus dem, was den Times Square nach der Jahrhundertwende bis zu den 20er Jahren ausmachte. Zwar kommt diese Nutzung heute in modernem Gewand daher — Medien und Entertainment haben sich ja auch erheblich verändert — aber der Times Square war schon damals ein Ort für Musical, Kino und Presse. Heute ersetzen die Studios von ABC und MTV und die Multiplex-Kinos das klassische Theater. Das war allerdings nicht die Nutzung, die ursprünglich von der UDC geplant war. Es ist auch das Hauptproblem der alten Planung gewesen, dass sie nicht von der Nutzung her konzipiert war, sondern von den Baukörpern.

Wenn man die Geschichte des Projekts betrachtet, fragt man sich, wozu überhaupt Planung stattgefunden hat. Das, was heute an der West 42nd Street entstanden ist, hat mehr Ähnlichkeit mit Paperts *City at 42nd Street* als mit den ursprünglichen UDC-Ideen. Die Architektur wurde völlig neu entworfen. Insbesondere mit den Theatern wurde völlig beliebig verfahren, je nachdem, welcher Investor sich gerade für welches Haus interessiert. Bei dem ehemaligen Mart-Grundstück (*Site 8*) haben das *Department of City Planning* bzw. die ESDC ganz davon Abstand genommen, steuernd eingreifen zu wollen, und sei es durch eine öffentliche Ausschreibung. Das Prinzip war stets, die Planung dem Investor anzupassen.

Das eigentliche Problem ist jedoch nicht die Verdichtung am Times Square selbst, sondern — wie es auch Fainstein (1995) beschreibt —, der Verdrängungsdruck, den die Verdichtung auf die umliegenden Quartiere ausübt, insbesondere auf Hell's Kitchen und den *Garment District*. Bereits jetzt gibt es Hochhauspläne für die West 42nd Street bis hin zum Hudson-Ufer. Das von der Stadt beschlossene, nur vorübergehend gerichtlich gestoppte *Zoning Proposal* für den *Theatre District* greift direkt in das angrenzende Wohnviertel und erlaubt dort weit höhere Häuser, was entsprechende Bodenpreissteigerungen nach sich ziehen wird. Es muss aber festgehalten werden, dass sich die Anwohner von Hell's Kitchen auch durch das Sexgewerbe und den Drogenhandel der 70er und 80er Jahre bedroht fühlten.

7.2) Wer nutzt heute den Times Square?

Der Times Square galt in den 20er Jahren als ein Ort, wo „the underworld meets the elite".[1045] Heute ist weder von Unterwelt noch von Elite viel zu sehen, dafür kommen 30 Millionen Touristen (Stand: 2000) dorthin, die Hälfte davon aus dem Ausland oder anderen US-Staaten. Auch die Zahl der Angestellten geht an die Hunderttausende, und sie wird noch wachsen. Dazu kommt zehntausende von Theatergängern und eine hohe Anzahl von Passanten, die sich vom Busbahnhof aus in *Midtown* verteilen.

Was die Nutzer betrifft, hat sich vor allem eines geändert: deren Geschlecht. Der Times Square der 70er und 80er Jahre war — wie Kornblum (1978) ausgeführt hat — eine Männerwelt, in der Frauen nur als Kellnerinnen oder Prostituierte vorkamen (selbst diese waren oft männlich). Der neue Times Square hat das Attribut „familienfreundlich" (Roost, 2000, Zukin 1995). Tatsächlich aber halten sich hier relativ wenig Familien mit Kindern auf. „Familienfreundlich" wird von — männlichen — Stadtplanern als abwertender Begriff für einen Ort benutzt, der nicht nur Männern offensteht, sondern auch Frauen. „Familienfreundlich" suggeriert „langweilig", „harmlos", „Spielplatz", *Disneyfication*. Der Begriff verschleiert dabei aber, dass er als Gegen- und Kampfbegriff zur „Männerwelt" gebraucht wird. Im übrigen hängt dieser Strukturwandel weniger mit der Stadtgestaltungspolitik am Times Square oder gar mit Disney zusammen, sondern mit einer Änderung des Selbstverständnisses von

---

1045 Aus dem Musical „42nd Street"

Frauen, das dazu geführt hat, dass diese öffentlichen Raum überall für sich in Anspruch nehmen. Es wird beispielsweise von Kritikern der Planung angeführt, Times Square und 42nd Street seien heute kontrollierter Raum, hingegen seien sie das früher nicht gewesen. Jedoch lebten früher die Prostituierten in einem viel extremer kontrollierteren Raum, den sie oft nur unter Lebensgefahr verlassen konnten. Von diesem männlichen Blickwinkel wird dies jedoch nicht erfasst.

Wenn Reichl schreibt, am alten Times Square waren „People of all different classes, races, ethnicities and nationalities — though it failed to accomodate women",[1046] dann verschleiert die Formulierung, dass am Times Square über die Hälfte der Bevölkerung ausgeschlossen war. Im Übrigen war es kein Webfehler des alten Times Square, Frauen fernzuhalten. Im Gegenteil: Es war das Prinzip, nach dem der Ort jahrzehntelang funktioniert hat. Frauen — das heißt, „anständige" Frauen, Hausfrauen, Mütter — sollten ferngehalten werden, um Männern das ungestörte Zusammensein mit „nicht anständigen" Frauen zu ermöglichen. Dass eine *public sphere* nur dann wirklich öffentlich ist, wenn sie nicht nur Männern, sondern auch Frauen offensteht, hat bereits Nancy Fraser (1992) thematisiert, wobei ihre Vorstellung von „public sphere" allerdings den allgemeineren Begriff, den Ort des öffentlichen Diskurses nach Habermas, meint und sich nicht auf einen öffentlichen Stadtplatz bezieht. Fraser folgt damit einer Tradition feministischer Sozialwissenschaftlerinnen, etwa Joan Landes, die schreibt, „the key axis of exclusion is gender"[1047].

Es hat auch einen Wandel der Nutzerstruktur hinsichtlich der Hautfarbe gegeben. Der Anteil an schwarzen und hispanischen Passanten, der früher deutlich über dem New Yorker Durchschnitt lag, liegt nun zwar noch über dem US-Durchschnitt, aber unter dem von New York, was auf den hohen Anteil von Touristen (50 Prozent) zurückzuführen ist. Was die Änderung der Nutzer nach Einkommen betrifft, gibt es keine exakten Werte in der in 4.1.2) dargestellten Kornblum-Studie, die mit den 1998 erhobenen Daten des BID verglichen werden könnten (vgl. 6.2.2). Zudem hätte ein solcher Vergleich nur Sinn, wenn man die Gesamtentwicklung der Einkommen in den USA berücksichtigt. Aus den BID-Daten geht jedoch hervor, dass das Areal ein Ziel des Massentourismus für alle Schichten, wenn auch vornehmlich der Mittelklasse, ist. Dies lässt sich auch am Preisniveau der Geschäfte und Restaurants ablesen.

Wie man das Publikum im Vergleich zu früher beurteilt, ist mehr eine Frage des Standpunkts denn eine der exakten Wissenschaft. Ein Beispiel: Wenn ich am Times Square drei Familien sehe, eine aus Kanada, eine aus Minnesota, eine aus Frankreich, dann ist das für mich ein nach Alter, Herkunft und Geschlecht erheblich gemischtes Publikum. Für einen New Yorker sind das alles weiße Touristen, also ein homogenes Publikum. Sehe ich drei junge einheimische Männer, einer schwarz, einer weiß, einer puertorikanisch, dann sind das für mich drei junge männliche New Yorker, also eine homogene Gruppe. Ein New Yorker nimmt diese drei jedoch als stark diversifizierte Gruppe wahr, nämlich als drei Menschen verschiedener Hautfarbe.

Das schwarze Publikum der 70er und 80er Jahre wird von männlichen Stadtplanern — Reichl, Gans, Kornblum — oft romantisiert, seine Verdrängung wird verurteilt, wohl auch aus einem kollektiven schlechten Gewissen heraus. Dessen Hintergrund ist wiederum die problematische Behandlung der Schwarzen in den USA, die von der Sklaverei bis zur heute noch anhaltenden Diskriminierung im ökonomischen Bereich reicht. Wenn man davon aber abstrahiert, ist die These viel stichhaltiger, dass die Grundeigentümer bewusst an Porno und Brutalo-Kinos vermietet haben, um ihre Gebäude auf Abriss zu bewirtschaften, analog dem Immobilienhai, der Obdachlose und Punks einquartiert, um die

---

[1046] Reichl, 1995, S. 333
[1047] Fraser in Calhoun, S. 113

Mieter zu vergraulen. Überlegungen dieser Art sind allerdings nur von Frauen (Sheehy, 1972, Gratz, 1989), angestellt worden.

Natürlich hat am Times Square eine Verdrängung stattgefunden, die, insbesondere was Obdachlose angeht, problematisch ist, jedoch ist dies im Zusammenhang einer generellen Verdrängung von Obdachlosen aus dem Stadtbild zu sehen. Was Zuhälter und Drogenhändler angeht, ist durchaus eine Stadt vorstellbar, die ohne solche dieselben gut funktioniert, zumal deren Dienstleistungen heute auch anderweitig erhältlich sind. Straßenhändler, Prediger, Musiker und Taschendiebe gibt es nach wie vor, letztere sogar mit steigender Tendenz. Was den einzelnen Besucher betrifft, gab es eher eine strukturelle denn eine individuelle Verdrängung: Wer sich in den 70er und 80er Jahren dort aufhielt, wird heute in der Regel schon altershalber andere Freizeitbeschäftigungen vorziehen. Die Rezeption, dass die West 42nd Street sehr viel steriler ist als früher, ist allerdings richtig, dies liegt jedoch an der sterilen Architektur und dem künstlichen Nutzungsmix der Läden und nicht an den Menschen, die die Straße bevölkern.

Die Veränderung nach Geschlecht bezieht sich interessanterweise nicht nur auf das Publikum, sondern auch auf die *Key Players*. Auch auf der Management-Ebene stellen am Times Square heute, sowohl was die Planer als auch was die Unternehmen angeht, Frauen die Mehrzahl. Dies korrespondiert mit der Beobachtung von Sassen (1991), wonach in New York der Anteil der arbeitenden Frauen in Mittelschicht-Berufen den der Männer weit übertrifft. Diese Entwicklung — mehr Frauen sowohl als Planer wie auch als Nutzer — hat gleichzeitig stattgefunden und sich möglicherweise gegenseitig bedingt.

7.3) Die Key Players: Wer traf die Entscheidungen?

Der größere Teil der *Key Players* hat im Verlauf der Entwicklung das Gebiet verlassen oder seine wirtschaftliche Bedeutung verloren, ein kleinerer, aber nicht unwichtiger Teil ist geblieben. Hier sind allen voran die *New York Times* und deren Hauptaktionäre, die Sulzberger-Familie zu nennen, des Weiteren die Shubert Organisation. Auch die alteingesessenen Familien wie Durst oder Rudin haben ihren Einfluss gehalten oder verstärkt. Hingegen haben sich Newcomer wie Klein und Prudential zurückgezogen. Auch die jüngeren Developer außerhalb des Projektgebietes — Eichner und Salomon — spielen keine Rolle mehr. Neu dazugekommen sind Disney, mehrere Disney-Töchter sowie andere Medienunternehmen — Bertelsmann, Viacom, wobei die Viacom-Tochter Paramount bereits am Times Square gegründet wurde — sowie Entertainment wie AMC, Madame Tussauds und Warner Bros. Auch Loew's, im Herbst 1999 an die 42nd Street zurückgekehrt, wurde am Times Square gegründet, gehört inzwischen aber teilweise Sony. Die Nederlander sind nun schon seit über 20 Jahren im Gebiet und, was den Einfluss angeht, im Mittelfeld. ABC/Capital Cities als Disney-Tochter ist aber schon seit längerer Zeit an der *West Side* ansässig.

Was die Grundeigentümer und die Developer betrifft, kann man also sagen, dass das „alte Geld" erfolgreicher war als das „neue Geld". Die alteingesessenen Developer — Durst, Rudin — sind diejenigen, die die lukrativsten Hochhäuser bauen, die Medien- und Entertainment-Unternehmen, die seit Anfang des 20sten Jahrhunderts hier waren und die geblieben waren — allen voran die *Times* und die Shuberts — sind heute noch einflussreich. Das gilt vor allem für die *Times*, die, wie hier nachgewiesen wurde, maßgeblich daran beteiligt war, das Gebiet für Disney aufzubereiten und damit die Wende einzuleiten, und der es im Folgenden auch gelungen ist, von dem selbst ausgelösten Boom zu profitieren und zwar sowohl als Grundeigentümerin als auch als Medienunternehmen. Dies ist — wie in 5.5.2) thematisiert — vor allem vor dem Hintergrund problematisch, dass die *Times* als Medium die Verpflichtung hätte, objektiv über die Entwicklung des Times Square zu berichten. Zudem ist die Times in der Situation, über ihre eigenen Baupläne mit den gleichen politisch Verantwortlichen verhandeln zu müssen, über die sie sonst schreibt. Beides stellt grundsätzlich einen Interessenkonflikt dar.

Das Projekt hat drei *Mayors* — Koch, Dinkins, Giuliani — überlebt, dazu zwei *Governors* und vier Präsidenten der UDC/ESDC, außerdem einen Wechsel der politisch verantwortlichen Partei von den Demokraten zu den Republikanern sowohl in der Stadt wie auch im Staat. Somit stellt sich die Frage, wieweit die Entwicklung am Times Square von der Politik und wieweit sie von der ortsansässigen Wirtschaft gesteuert worden ist. Giuliani hält es sich zugute, am Times Square aufgeräumt zu haben und den Vertrag mit Disney abgeschlossen zu haben. Dies ist aber so nicht haltbar. Der Vertrag mit Disney wurde schon vorher, unter Dinkins, ausgehandelt, wesentlichen Anteil daran, Disney zu holen, hatte die staatliche ESDC unter Rebecca Robertson, dazu Robert Stern und auch Marian Heiskell von der New York Times. Auch das *Cleaning Up*, das zum Kommen von Disney beitrug, ist zum Großteil auf den von der *New York Times* gegründeten *Business Improvement District* zurückzuführen.

Zwischen dem *public* und dem *private sector* hat es während der Laufzeit des Projekts regen personellen Austausch gegeben. So ist Robertson vom *Department of City Planning* zur UDC/ESDC und dann zu den Shuberts gewechselt. Brendan Sexton war zunächst beim städtischen *Department of Sanitation*, dann Geschäftsführer der *Municipal Art Society*, dann Präsident des *Times Square BID* und arbeitet heute für Durst. Herb Sturz, früherer *Planning Commissioner* und *Times*-Kommentator, kümmerte sich danach um den Aufbau des *Midtown Community Court*. Carl Weisbrod, der das Projekt in diversen öffentlichen Funktionen betreut hat (PDC, UDC, *Department of City Planning*), ist heute Präsident der *Downtown-Lower Manhattan Association*, der BID der Wall Street. Und Ronnie Hackett, Kleins frühere Projektleiterin, berät nun die *Times* bei ihrem Hochhaus. Diese Verflechtung zwischen *public* und *private* ist einerseits problematisch, andererseits hat sie aber eine gewisse Kontinuität garantiert, ohne die das Projekt vielleicht nicht verwirklicht worden wäre. Im Grunde ist das Projekt von diesen Leuten, die über Jahrzehnte von einer Funktion in die nächste gewechselt sind, sich dabei aber immer mit dem Times Square befasst haben, gesteuert worden. Das waren auch diejenigen, die den meisten Einfluss auf die Entwicklung hatten.

7.4) Die Finanzielle Bilanz des Staatsprojekts — wer profitierte?

Eine finanzielle Bilanz des staatlichen Projektes zu ziehen, kann heute — 2002 — erst annäherungsweise gelingen. Zunächst ist noch nicht alles fertiggestellt; so stehen die Konditionen für die Gebäude der *Site 8N* (die ehemalige Mart) noch nicht fest und auch das *Times*-Gebäude ist noch nicht fertiggestellt, wenn auch der Vertrag über die finanziellen Konditionen geschlossen wurde.

Aber selbst, wenn alles bekannt wäre, ließe sich die Höhe der staatlichen Zuschüsse schwer berechnen. Zunächst einmal sind sämtliche Steuern und Abgaben durch frei ausgehandelte Anstatt-Zahlungen ersetzt worden, und diese sind immer wieder neu berechnet worden. Dies gilt nicht nur für die *real estate tax,* sondern auch für die *sales tax,* die Mehrwertsteuer. Zweitens sind alle Abschreibungen auf 20 Jahre gerechnet, womöglich laufen sie sogar über 99 Jahre, falls die Developer nicht — wie es möglich ist — die Grundstücke 20 Jahre nach dem Bau erwerben. Man müsste Abschläge für Verzinsungen und für Inflation vornehmen. Um das Ausmaß der Subvention ermitteln zu können, müsste man zudem wissen, wie hoch die Steuern in 20, besser noch in 99 Jahren sein werden. Vor diesem Hintergrund möchte ich mich auf eine überschlägige Darstellung der Subventionen in den ersten 20 Jahren beschränken.

Annäherungsweise lässt sich, gestützt auf das Gutachten von Lazard Frères (vlg 4.4.2) sagen, dass die *real estate tax* für die vier Hochhäuser weniger als ein Drittel der sonst üblichen Steuer betragen wird. Die Subventionen für die beiden im Prospekt beschriebenen Hochhäuser summieren sich in den ersten 20 Jahren auf zusammen 500 Millionen Dollar. Die Ersparnis für die anderen beiden Hochhäuser dürfte eher noch höher sein, da die Nutzfläche — die Grundlage der *real estate tax* — deutlich größer ist. Insgesamt mehr als eine Milliarde Dollar anzusetzen, ist wohl nicht falsch.

Dazu kommen *Excess Site Aquisition Costs* (ESAC), also der Kaufpreis für die Grundstücke oberhalb der künstlich festgelegten Grenze von 88 Millionen Dollar, die die Stadt trägt, indem sie diese Developern von der *real estate tax* abzieht, samt Zinsen. Da es sich bei der ESAC um einen Teil der Grunderwerbskosten handelt, die normalerweise vom Developer zu tragen sind, ist dies ebenfalls eine Subvention. Dies sind etwa 250 Millionen Dollar in den ersten 20 Jahren. Da die Rückzahlung des ESAC weiterläuft, auch wenn die Developer die Grundstücke nach 20 Jahren kaufen, kommen noch einmal weitere Abschläge in vermutlich dreistelliger Millionenhöhe dazu. Insgesamt dürfte sich die Subvention im Bereich von deutlich über 1,5 Milliarden Dollar befinden. Dazu kommt das Hochhaus der Times, das mit etwa 250 Millionen Dollar subventioniert wird und etwaige spätere Subventionen für den Milstein-Parkplatz.

Die übrigen Zuschüsse — die in 6.2.3) im Detail dargestellt sind — sind demgegenüber gering: 10,75 Millionen Dollar für Condé Nast, 60 Millionen für Reuters, 20 Millionen für Ernst & Young, 10 Millionen für Disney, 35 Millionen für das *e-walk*-Grundstück, 13 Millionen Dollar für das AMC-Grundstück, zusammen etwa 150 Millionen Dollar. Dies ist allerdings Geld, das nicht als Abschlag von einer ansonsten hypothetischen Steuer über 20 Jahre gestreckt wurde, sondern von der Stadt größtenteils innerhalb eines Jahres direkt aufgebracht werden musste. Die gesamte Subvention über 20 Jahre befindet sich damit in der Größenordnung von zwei Milliarden Dollar, die über 99 Jahre liegt noch höher. Dies sind ohnehin nur Schätzwerte — die tatsächliche Höhe der Subventionen ist relativ intransparent.

Die Subventionen an Disney nehmen sich vor diesem Hintergrund eher bescheiden aus, vor allem, wenn man bedenkt, dass in das *New Amsterdam* — wie in 5.4.2) ausgeführt — schon zuvor bereits mehr als 10 Millionen Dollar an Subventionen geflossen sind, mit dem alleinigen Effekt, dass das Haus ruiniert wurde, was den hohen Zuschuss an Disney überhaupt erst nötig gemacht hat. Andererseits nehmen sich auch die Zuschüsse von TSCA für die Renovierung von Gebäuden, insbesondere Theatern, die 30 Millionen Dollar betrugen, vergleichsweise bescheiden aus.

Ähnliches gilt für die Haben-Seite: Alle vier Hochhäuser zusammen bringen eine Einstiegs-Grundsteuer von 14 Millionen Dollar im Jahr (davon werden noch die ESAC abgezogen, also nur sieben Millionen Dollar im Jahr), dieser Satz steigt bis zum Jahr 2020 auf — abzüglich ESAC — 18 Millionen Dollar im Jahr. Das ist nicht sehr viel, insbesondere angesichts der hohen Verdichtung, die mehr als das doppelte des sonst Zulässigen beträgt. Fainstein hat schon während der Planung prophezeit, dass diese Verdichtung finanziell nicht hinreichend aufgewogen werden wird. „The city has traded away limits in order to attract investments."[1048] Tatsächlich bezahlt

---

[1048] Fainstein, in: City Almanac, Sommer 1985, S. 8

die Stadt sogar für die Verdichtung. Denn die hohen Grundstückspreise — aus denen die hohen ESAC resultieren, für die die Stadt aufkommt — rühren vor allem daher, dass die Stadt die FAR sowohl für die Grundstücke im Projektgebiet als auch die in der Umgebung (Stichwort: *Midtown Zoning*) erhöht hat, bis hin zu der besagten Verdoppelung.

Von Stadt und UDC wird eingewandt, dass es nur durch die hohen Subventionen überhaupt zu einer Bautätigkeit und damit zu Steuereinnahmen, wenn auch in geringerer Höhe, gekommen sei — sonst wäre gar nichts gebaut worden. Dieser Argumentation schließt sich auch Sagalyn an, die sich dabei Robertsons Position zu eigen macht. „The legacy of the project is the package of public benefits, (...), no one will care about the taxes lost."[1049] Dies ist eine reine Vermutung, genauso gut könnte man behaupten, dass diese Subventionen anderweitig mehr Nutzen bringen würden oder dass diese Hochhäuser dann eben woanders gebaut worden wären. Ein anderer Einwand, der meist von den Subventionsempfängern selbst kommt, ist, dass es bei Bauvorhaben in New York immer Subventionen gebe, wie am Beispiel von Viacom, Bertelsmann etc. zu erkennen gewesen sei. Dies stimmt zwar, jedoch ist die Größenordnung im Projektgebiet einmalig. Die Stadt wendet zudem ein, es habe Sekundäreffekte gegeben — Sinken der Kriminalität, Halten von Betrieben, Schaffung von Arbeitsplätzen. Auch das ist richtig, aber womöglich hätten diese Effekte auch preiswerter geschaffen hätten werden können. Zu bedenken ist auch, dass viele Betriebe von einem anderen Standort in Manhattan an den Times Square gezogen sind, und nicht neue Arbeitsplätze geschaffen wurden.

Wer hat am Times Square verdient? Jedenfalls nicht die Stadt. Prudential aber auch nicht: Die Versicherung hat ungefähr 450 Millionen Dollar ausgegeben, aber für alle vier Sites zusammen nur 490 Millionen Dollar erlöst. Gewonnen haben in jeden Fall diejenigen der Grundeigentümer, die an ihren Immobilien festgehalten haben oder zum richtigen Zeitpunkt ge- und verkauft haben. Allein Pornokönig Basciano hat Gewinne im zweistelligen Millionenbereich gemacht, wie auch die Milsteins. Aber der eigentliche Gewinner ist Durst: Er hat das Grundstück mit der höchsten FAR für den geringsten Preis — 70 Millionen Dollar — gekauft und selbst an den Theatern der Brandts noch 20 Millionen Dollar verdient. Lazar hat ebenfalls Profit gemacht: Er verdiente knapp 14 Millionen Dollar am *Candler Building* (er wurde nach einem halben Jahr vorfristig aus dem Gefängnis entlassen, also kein schlechter Stundenlohn). Auch Disney steht nicht schlecht da. Da der Konzern sich aber auf eine 50-jährige Entertainment-Nutzung verpflichtet hat, ist das Engagement nicht risikolos. Die *New York Times* wird — vorausgesetzt, sie verkauft den *Annex* hinreichend teuer — ebenfalls gut dastehen. Wie Klein abgeschnitten hat, hängt von den Konditionen ab, die er mit Prudential vereinbart hat. Jedoch ist Klein heute de facto pleite.

Man kann hier — wie auch, was den Einfluss der *Key Players* angeht — erkennen, dass Firmen besser dastehen, die schon seit langen im Gebiet sind beziehungsweise langfristig mit der Politik verflochten sind. Das gilt insbesondere für die, die lange gegen das Projekt opponiert haben. Hingegen schnitten *Newcomer* wie Prudential schlechter ab. Disney profitiert zwar in erheblichem Umfang vom Times Square, jedoch machen die städtischen Subventionen den geringsten Teil davon aus, verglichen mit den originären Einnahmen durch die drei Musicals und das zugehörige Merchandising.

Was hätte es gekostet, wenn die Stadt einzig die Theater von vornehrein übernommen und renoviert hätte? Jedenfalls keine zwei Milliarden Dollar. Zwar hat Prudential die Grunderwerbskosten für Theater vorfinanziert, diese müssen durch die Stadt aber wieder via ESAC rückerstattet werden. Des Weiteren muss bedacht werden, dass diese — relativ hohen — Grunderwerbskosten vor allem durch die planungsrechtlich von der Stadt

---

1049 Sagalyn, 2001, S. 410

festgelegte höhere Verdichtung des Areals entstanden sind; hätte die Stadt nur die Theater enteignet und den Rest dem Markt überlassen, wäre dies wesentlich billiger geworden. Was die Renovierungskosten angeht, hat Prudential davon zwar 18 Millionen Dollar getragen, jedoch hätte die Stadt diese Summe leicht selbst vorfinanzieren und durch einen etwas höheren PILOT bei den Hochhäusern wieder hereinbringen können. Außerdem muss man den erhöhten Sanierungsbedarf bei den Theatern berücksichtigen, der dadurch entstanden ist, dass sie jahrelang ungenutzt leer standen. Insgesamt zeigt sich an den Theatern sehr deutlich, dass das Prinzip, sie als *real estate* zu behandeln und nicht als Kulturgut, letztlich zu Mehrkosten geführt hat.

War es sinnvoll, dieses Projekt als *Public Private Partnership* zu betreiben? Hätte man es nicht entweder völlig dem Markt überlassen sollen und damit Subventionen gespart, oder aber es vollständig unter staatlicher Regie halten sollen und damit mehr Kontrolle haben können? Ein so großes Staatsprojekt ohne Developer, der zumindest nach außen hin das finanzielle Risiko übernommen hätte, wäre politisch schwer vermittelbar gewesen. Jedoch: Hätte die Stadt nur einen Bruchteil des Geldes, das an *real estate tax* erlassen worden ist, für die Verbesserung der Infrastruktur verwandt, für mehr Polizei, bessere Müllabfuhr und eine Bekämpfung der Kriminalität und der *adult uses* — wenn nicht durch *zoning*, dann durch gezielten Einsatz von Gewerbeaufsicht und Gesundheitsamt —, wäre das Gebiet wohl auch ohne staatliche Unterstützung entwickelt worden. Mollenkopf sollte Recht behalten, der schon zu Projektbeginn gesagt hatte:"...even if the project would have all the good spatial impacts claimed for it and none of the bad ones, what benefit would average city residents get? On balance, not much."[1050]

Insgesamt handelt es sich bei dem Finanzierungsmodell — analog zu vielen Projekten von *Public Private Partnership*, die Frieden/Sagalyn (1989) untersucht haben —, um eine sehr intransparente und problematische Verquickung des privaten und des öffentlichen Sektors. Die Grundeigentümer haben Aufgaben der öffentlichen Hand wie *sanitation* und *security* übernommen, die Developer kommen für die Steuerungskosten der Stadt auf und machen eigene Planungen, während die Stadt als Grundeigentümerin auftritt und entsprechende Risiken übernimmt, die sonst in die Zuständigkeit von Developern fallen.

7.5) Was ist der Times Square heute?

Der Times Square bietet sich an, eine der Kontroversen um die Globalisierung zu überprüfen: Ob es sich bei der Akkumulation von Medienkonzernen um ein „kontingentes an der Tradition symbolischer Zentralität orientiertes Standortverhalten"[1051] handelt, oder ob diese Konzerne — analog zu Sassen (1991) und Castells (1989) — sich dort ballen, weil sie daraus einen praktischen Nutzen ziehen, etwa durch gemeinsame Nutzung der technischen Infrastruktur und die Möglichkeit direkter Kommunikation. Nun beziehen sich Sassen und Castells eher auf Manhattan insgesamt als Standort globaler Konzerne und weniger auf den Mikrokosmos des Times Square, aber die Ergebnisse sind durchaus übertragbar.

Wie in 6.3.1) ausgeführt, hat diese Anhäufung vielfältige Ursachen: Tradition gehört mit Sicherheit dazu, aber auch eine gezielte Ansiedlungspolitik der Stadt, verbunden mit zahlreichen Steuererleichterungen, guter Verkehrsanbindung, und — analog zu Sassen/Castells — eine gute Infrastruktur von Zulieferern sowie atmosphärische Gründe: die Möglichkeit eines kurzfristigen Face-to-face-Kontakts. „Information-based indust-

---

1050 Mollenkopf, in: City Almanac, Sommer 1985

1051 Häußermann/Roost, in: Häußermann, 1998, S. 88

ries depend on interaction, to test ideas, to refine concepts, to develop new services",[1052] so Moss. Dass Medien eine der großen Wachstumsbranchen mit hohem Platzbedarf sind — dies auch, nach Sassen, aus einem erhöhten Kontrollbedürfnis heraus — trägt ebenfalls zur Bildung des Standortes bei.

Wesentlich ist aber noch ein weiteres Element, das an diesem Platz einmalig ist: Die Medien- und Entertainmentkonzerne nutzen den Ort, der vielfach im Film und im Fernsehen, sogar weltweit, und auf Urlaubsbildern von Touristen präsent ist, zur Selbstdarstellung. Dies ist für diese Unternehmen deshalb interessant, weil sie ihre Produkte auch weltweit vermarkten. Neu daran ist, dass nicht nur die Konzernteile sich daran beteiligen, die für Unterhaltung zuständig sind (etwa MTV), sondern auch die Verwaltungszentralen und ihre Geschäftsführer, die sich damit selbst zum Teil der Außendarstellung machen. Insofern ist diese Zusammenballung kein Zufall, sondern hat einen ökonomischen Hintergrund.

Ist der Times Square damit ein Beispiel für „the use of culture to clear space for real estate development",[1053] wie Zukin (1995) meint? Oder steht hier umgekehrt *real estate* im Dienst der globalen Medien- und Entertainmentkonzerne, analog zu Sassen, wonach durch die Ballung von Konzernzentralen bestimmter Branchen an bestimmten Standorten der Bedarf nach mehr Büroraum entsteht — mit anderen Worten: Der Bedarf erzeugt die Verdichtung? Wohl beides: Das Entertainment hat sich am Times Square des Einflusses von *real estate* bedient, um seine Verdichtungsinteressen durchzusetzen, umgekehrt konnte *real estate* den Bedarf des Entertainment nutzen, um zu bauen. Zu dieser Beobachtung passt, dass Disney, der professionellste Konzern am Times Square, sowohl über eine Entertainment- als auch über eine *real estate*-Abteilung verfügt. Hier stellt sich die Frage gar nicht mehr, wer für wessen Nutzen arbeitet.

Zusammenfassung

Das Projekt am Times Square ist so gut wie abgeschlossen, und es gilt als Erfolg. Die früheren „Crossroads of the World" sind heute das Zentrum der globalen Medien- und Entertainmentindustrie. Ein Erfolg ist das Projekt in jedem Fall, wenn man es an der Zahl der Arbeitsplätze und der Baustellen misst. Es darf aber nicht vergessen werden, dass das Vorhaben über einen sehr langen Zeitraum lief, sehr viel Geld gekostet hat, dass kostspielige Fehler passiert sind und dass ein Stück des öffentlichen Stadtraums und ein Teil der Kontrolle darüber an private Grundeigentümer und Unternehmer abgegeben wurde. Das, was inzwischen wirklich gebaut wurde, hat nicht mehr so sehr viel mit dem zu tun, was Anfang der 80er Jahre geplant wurde. Letztlich ist der Erfolg des Times Square auf die gleichen Globalisierungskräfte zurückzuführen, die den Aufschwung der Medienindustrie insgesamt bewirkt haben. Es zeigte sich damit zum einen, dass bauliche Entwicklung nur Sinn hat, wenn es auch eine Nutzung dafür gibt, und zum anderen, dass es am ehesten Ergebnisse zeitigt, wenn betroffene Unternehmen vor Ort — hier: Die *Times* — sich engagieren, im Gegensatz zu eingekauften Developern, die von außen kommen.

Den Preis für die Aufwertung zahlen die Anwohner, insbesondere in Hell's Kitchen, das ursprünglich ein preiswertes Wohngebiet war. Das ist fast tragisch, denn es waren die Anwohner, die — zusammen mit der *New York Times* — als Allererste auf das *Cleaning Up* gedrängt haben. Durch die jahrzehntelange Vernachlässigung stand die Stadt dann vor der Alternative, sich nur noch zwischen Porno und Disney entscheiden zu können. Vielleicht hätte es, hätte man rechtzeitig eingegriffen, einen dritten Weg gegeben.

1052 Moss, in: Observer, 15. Januar 2000
1053 Zukin, 1995, S. 133

Der Times Square im Jahr 2012/2013; die Nordseite mit der mehrfach erneuerten Coca Cola Reklame ist oben, die Südseite unten abgebildet..

Mickey Mouse am Times Square grüßt Touristen. Im Hintergrund: Das ABC-Studio.

Nachwort

Der Times Square ist heute ein Platz, der von Millionen von Touristen besucht wird. 50 Millionen Touristen hat New York heute pro Jahr, die Mehrheit davon stattet dem Times Square oder dem Broadway mindestens einen Besuch ab. Die Theater, Kinos, Restaurants, Läden und sonstige Attraktionen sind allesamt gut besucht, wenn nicht gar überlaufen. Von der einstigen Pornolandschaft ist (fast) nichts geblieben. Allerdings wichen auch fast alle Geschäfte in Familienhand den bekannten, international operierenden Ketten.

Seit 2011, dreißig Jahre nach Beginn der Planung, sind alle Gebäude in dem Projektgebiet Times Square und West 42nd Street in den von der UDC/ESDC festgelegten Grenzen fertiggestellt und meistenteils voll vermietet. Einige der Hochhäuser, Restaurants, Ladengeschäfte, Theater und Kinos haben sogar schon wieder den Besitzer, Betreiber oder Nutzer gewechselt. Es hat ein paar Konkurse gegeben, auch einige Verkäufe, in einer Stadt, in der sich alles rasch ändert, nicht verwunderlich. Verschwunden ist etwa der *Virgin Mega Store* im Bertelsmann Building. Er war der neue Zeit, in der Musik im Internet vertrieben wird, nicht gewachsen.

Die meisten Akteure von damals sind heute anderweitig tätig. Einige davon sind verstorben, darunter der Theatermogul Gerald Schoenfeld, der demokratische Senator Franz Leichter und Ed Koch, der unermüdlich, umstrittene, ubiquitäre Bürgermeister von New York City, der am 1. Februar 2013 um zwei Uhr morgens einem Herzversagen erlag, mit 88 Jahren. Zu der Trauerfeier im Tempel Emanu El kamen zehntausende von New Yorkern. Hier folgt eine — hoffentlich — vollständige Bilanz der in dieser Doktorarbeit angesprochenen Projekte.

Die New York Times hat ihr neues Hochhaus an der Eighth Avenue im Jahr 2007 bezogen. Lange wurde mit der Stadt darüber verhandelt, was mit dem 1913 errichteten Annex an der West 43rd Street geschehen soll. Nun steht die Vorderfassade unter Denkmalschutz, nicht aber die rückwärtigen Teile zur 44th Street. Das Gebäude, das nun schlicht *Times Square* heißt, wurde 2004 für 175 Millionen Dollar an die New Yorker Immobilienfirma Tishman Speyer verkauft. Zwei Jahre später veräußerten Tishman Speyer das Haus zu dem spektakulären Preis von 525 Millionen Dollar an die Firma Africa Israel. Deren Haupteigner ist der israelisch-russische Diamantenhändler Lev Leviev. Leviev, ein Freund des russischen Ministerpräsidenten Wladimir Putin, gehört den ultra-orthodoxen Lubavitchern an und ist der Präsident der *Federation of Jewish Communities* der früheren Sowjetunion. Er unterstützt jüdisch-orthodoxe Gemeinden und Schulen auf der ganzen Welt, vor allem in Russland und Israel, aber auch in Amerika. Mit dem südafrikanischen De Beer-Syndicate, damals der Marktführer im Diamantenhandel, wurde er einer der reichsten Männer der Welt.

Der rasche Weiterverkauf mit einem derart hohen Aufschlag erregte viel Aufsehen, vor allem bei Times-Aktionären, die sich um einen erheblichen Teil des Wertzuwachses betrogen sahen. Die Times-Geschäftsführung — damals war Janet Robertson Vorstandsvorsitzende der Company — wurde kritisiert, da sich die Times dieses Geschäft habe entgehen lassen. Andererseits war Africa Israel umstritten, unter anderem wegen des Minderheitseigners Arkady Gaydamak, der in Frankreich wegen Geldwäsche und Waffenhandels in Angola vor Gericht stand. Wie es aus Times-Kreisen hieß, mochte die Times Company nicht an Africa Israel direkt verkaufen, da eine Verwicklung in Geldwäsche-Geschäfte befürchtet wurde.

Die neuen Eigner modernisierten das Gebäude und suchten Büromieter, blieben damit aber lange erfolglos. Mehrere Alternativpläne wurden entwickelt; einer davon war, in der ehemaligen Druckerei eine Kegelbahn einzubauen, auch sollte das Haus in ein Luxushotel umgewandelt werden. Als Finanzier stand die Bank des mexikanischen Milliardärs Carlos Slim Helú bereit, der neben Bill Gates der reichste Mann der Welt ist.

2011 jedoch veräußerte Leviev das Gebäude an Blackstone, die Private-Equity-Firma von Stephen Schwarzmann und Peter Peterson. Die Konditionen sind nicht bekannt, aber vermutlich hat Africa Israel dabei Verluste gemacht. Schwarzmann ist ein Wall-Street-Banker und Private-Equity-Manager, dessen Firma durch den Erwerb des Autokonzerns Chrysler bekannt wurde. Peterson war der *Secretary of Commerce,* Wirtschaftsminister, des republikanischen Präsidenten Richard Nixon. Zu Anfang 2013 wurde erst ein einziger Gewerbemieter gewonnen, *Discovery Times Square,* die Entertainmenttochter des Kabelsenders Discovery, die in der alten, nunmehr leeren Times-Druckerei Wechselausstellungen veranstaltet; im Jahr 2013 lief eine Ausstellung über die CIA, sowie eine über das Buch/Film-Phänomen Harry Potter; beide richten sich an Touristen.

Die New York Times Company geriet mit dem Umbrüchen des Internet-Zeitalters in schweres Fahrwasser, wie so viele Zeitungen. Der Konzern akkumulierte eine Milliarde Dollar an Schulden; der neue Wolkenkratzer an der Eighth Avenue musste quasi verpfändet werden. Der Times gehörten damals 58 Prozent der 600 Millionen Dollar teuren Immobilie, die übrigen 38 Prozent besitzt der Immobilienentwickler Forest City Ratner, der seinerseits mehrere Stockwerke oberhalb der Times-Büros an verschiedene Investmentfirmen vermietet hat.

2009 verkaufte die Times ihren Anteil am Haus (ohne das Grundstück, das immer noch im Eigentum der staatlichen ESDC ist) für 225 Millionen Dollar an die Immobilienfirma W. P. Carey. Das Gebäude wurde fortan an die Zeitung vermietet, für 24 Millionen Dollar Jahresmiete. Dabei wurde vertraglich eine Option festgelegt, wonach die Times das Gebäude zehn Jahre später für 250 Millionen Dollar zurückkaufen kann. Weitere 250 Millionen Dollar nahm die Times von Carlos Slim Helú auf, für einen Zinssatz von 14 Prozent. Der Kredit wurde 2011 zurückgezahlt, die Schulden waren damit größtenteils abgebaut. Die Zeitung hat nun wirtschaftlich wieder Fuß gefasst, auch, nachdem hunderte von Angestellten entlassen wurden.

Alle vier Hochhäuser, die direkt am Times Square liegen, sind heute fertiggestellt, sie sind allesamt vollständig bezogen. Die Consultingfirma Ernst & Young residiert nach wie vor in dem Hochhaus 5 Times Square. Die Immobilie gehört aber nicht mehr Mortimer Zuckerman. Dessen Firma Boston Properties hat das Hochhaus 2006 für die Rekordsumme von 1,28 Milliarden Dollar an die AVR Realty Company veräußert. Der Preis konnte nicht zuletzt wegen der erheblichen Steuervorteile erzielt werden. Der Buchhaltungskonzern Arthur Andersen hingegen, der in das Hochhaus 7 Times Square hätte einziehen sollen, musste im Jahr 2002 Konkurs anmelden, nach dem Betrugsskandal des texanischen Energieriesen Enron. Arthur Andersen war für die Buchhaltung bei Enron verantwortlich gewesen. Der Mietvertrag wurde aufgelöst, noch bevor der Wolkenkratzer bezugsfertig war. Das Haus ist aber inzwischen an eine Vielzahl von verschiedenen Büronutzern vermietet.

Die Nachrichtenagentur Reuters, die ihr Hochhaus auf dem Grundstück des originären Hammerstein-Theater und des Rialto bezogen hat, hat inzwischen mit dem Informationsdienstleister Thomson fusioniert; die Agentur sitzt immer noch in dem Haus am Times Square. Auch Condé Nast, der Glamour-Verlag der Newhouse-Familie, der den *New Yorker* und *Vanity Fair* herausgibt, ist noch immer an seiner Zentrale am Times Square. Der Developer Douglas Durst hat auf dem fraglichen Block zwischen Sixth und Seventh Avenue ein weiteres Hochhaus nach vergleichsweise hohen Umweltstandards für die *Bank of America* errichtet, mit der Adresse One Bryant Park. Das ehemalige Henry-Miller-Theater, das zwischen den beiden Hochhäusern lag, wurde abgerissen, wobei die Fassade blieb und restauriert wurde. Ein neues Theater, benannt nach Stephen Sondheim, wurde im Keller untergebracht.

Condé Nast hat Anfang 2012 bekanntgegeben, man wolle den Verlagssitz in das neue World Trade Center verlegen. Der Wolkenkratzer anstelle der zerstörten Twin Towers wird voraussichtlich 2014/2015 fertiggestellt werden. Auch hier sind wieder umfangreiche Steuervergünstigungen und Subventionen von Stadt und Staat zu erwarten. Nicht zuletzt deshalb dürften die Mieten dort niedriger sein als die, die inzwischen am Times Square üblich sind. One World Trade Center, auch unter dem Namen *Freedom Tower* bekannt, wird von der staatlichen *Port Authority of New York and New Jersey* finanziert, der auch das alte World Trade Center gehört hat; Bauträger ist Larry Silverstein, der das World Trade Center acht Wochen vor der Zerstörung gepachtet hatte.

Auch das *Ford Center for the Performing Arts* im früheren *Lyric* und *Apollo* hat inzwischen mehrfach den Besitzer gewechselt. Der originäre Betreiber waren Live Entertainment aus Kanada, die versucht hatten, mit dem Musical *Ragtime* zu reussieren. Livent ging nach vielen Problemen letztlich in Konkurs; die Geschäftsführer tauchten unter, wurden aber später in Kanada gefasst und vor Gericht gestellt. Das Theater wird nun von Live Nation betrieben, eine Tochter des Eintrittskartenvertriebs Ticketmaster unter der Leitung von John Malone, seinerseits der Haupteigner von Liberty Media. Bis 2011 war auch Barry Diller involviert, der an einer Vielzahl von Medienunternehmen beteiligt ist, darunter *The Daily Beast*, die Internetpostille von Tina Brown, die frühere Chefin des New Yorker. Ford wurde als Sponsor des Theaters von der Hotelkette Hilton abgelöst, deren Namen das Theater drei Jahre lang trug. Danach wurde das Theater von Foxwoods gesponsort, ein Casino im Besitz der Mashantucket Pequot, ein Indianerstamm in Connecticut. Deren Vertrag läuft im August 2013 aus, was dann geschieht, ist unklar.

Mit dem Musical *Spider-Man,* choreographiert von Julie Taymor, die auch Disneys *Lion King* inszeniert hatte, hat das Theater nach vielen Fehlstarts und Flops nun endlich einen Hit. Auch Disneys New Amsterdam, in dem bis Frühjahr 2013 *Mary Poppins* lief (der *Lion King* zog derweil in das Minskoff, ebenfalls ein Theater der Nederlanders) ist ein großer Erfolg. Und trotz Ticketpreise von bis zu 170 Dollar pro Karte ist nicht nur dieses Theater fast immer ausverkauft; der gesamte Broadway boomt. In jedem Jahr übertrumpfen die Besucherzahlen und die Umsätze die des Vorjahres. Stars wie Hugh Jackman, Catherine Zeta-Jones, Tom Hanks, Scarlett Johannson oder Patrick Stewart treten heute regelmäßig am Broadway auf.

Die Kinokette Loews allerdings musste Konkurs anmelden; deren Multiplex an der Nordseite der West 42nd Street ist zwar immer noch in Betrieb; heute wird es aber von der Regal-Gruppe betrieben. Das AMC Multiplex auf der Straßenseite gegenüber gibt es ebenfalls noch. Die gesamte West 42nd Street hat sich zu einer Touristenattraktion ohne Gleichen entwickelt.

Das letzte Theater, das Anfang 2013 noch renoviert wurde, ist das *Times Square,* bekannt durch seine charakteristischen semigriechischen Säulen. Ursprünglich sollte dort ein Modegeschäft einziehen, nun möchte Robert Kory daraus ein 4-D-Musical-Theater machen. Kory ist der Manager des Sängers Leonard Cohen. Zu dem *BB King Blues Club* und *Madame Tussauds* kam noch das Kuriositätenkabinett *Ripley's Believe it or Not* hinzu, außerdem mehrere Andenkenläden und Themenrestaurants, meist Ketten wie *Applebee's* oder *Coldstone*, natürlich auch der unvermeidliche Starbucks. Hingegen musste das Restaurant ESPN-Zone am Times Square die Segel streichen.

Im *Paramount Building* residiert nun —

nach einem gescheiterten Versuch der *World Wrestling Federation*, dort ein Themenrestaurant aufzuziehen —das *Hard Rock Café,* ebenfalls eine Kette, die mehreren Hollywoodgrößen gehört, darunter Arnold Schwarzenegger. Das *Paramount Building* ist, neben dem *Hotel Carter* an der West 43rd Street und dem *Candler Building* an der West 42nd Street eines der wenigen Altbauten im Projektgebiet, die den Umbau überstanden haben. Das Carter sieht überdies noch völlig unverändert aus, nur das Schild, das einst Hotelzimmer für 99 Dollar versprochen hat, ist heute abmontiert. Direkt neben dem Hotel entstand — entsprechend dem Projektplan — ein Hotelhochhaus nach einem Entwurf des Architekturbüros Architectoniqua aus Miami, das von der Westin-Gruppe betrieben wird.

Das letzte Hochhaus des Staatsprojekts wurde im Januar 2011 fertiggestellt, es liegt auf dem früheren Milstein-Parkplatz, dort, wo ursprünglich die Mart geplant war, die sich über zwei Blöcke hätte erstrecken sollen (der zweite Block ist der, wo der New York Times-Wolkenkratzer steht). Beide Milstein-Brüder sind inzwischen mit über 80 Jahren verstorben. Ein Sohn, Howard Milstein, hat das Immobiliengeschäft von seinem Vater übernommen. Der Bauherr dieses architektonisch nicht sonderlich spektakulären Hochhauses sind allerdings nicht die Milsteins, sondern SJP Properties aus New Jersey. SJP hat das Grundstück, für das die Milsteins 1984 fünf Millionen Dollar bezahlt hatten, für 325 Millionen Dollar erworben. Die ersten Mieter, die in das Haus gezogen sind, waren die Anwaltskanzlei Proskauer Rose.

Auch der alte Times Tower mitten auf dem Platz ist nach vielen Wechseln wieder bezogen; heute befindet sich darin ein Drogeriemarkt der Kette Walgreens. Der *Ball Drop* findet dort immer noch statt, mit einer jedes Jahr wachsenden Menge von Schaulustigen.

Während Janet Robinson, die Vorstandsvorsitzende der New York Times, 2012 ihren Platz für Mark Thompson räumen musste, der von der BBC kommt, hat Times-Verleger Arthur Sulzberger Jr. mehrere Putschversuche von Anteilseignern überstanden. Viele Aktionäre waren (und sind) über den sinkenden Kurs der Times-Aktie erbost, freilich ein Trend, der die gesamte Zeitungsindustrie erfasst hat. Der Verleger, der 2012 den Tod seines Vaters Arthur „Punch" Sulzberger zu beklagen hatte, ist nicht mehr persönlich mit dem Times Square BID oder anderen Vor-Ort-Institutionen involviert. Die Times hat aber nach wie vor einen Vertreter in dem *Business Improvement District*, der heute unter dem Namen *Times Square Alliance* firmiert. Im Jahr 2012 war das die Times-Marketingchefin Yasmin Namini.

Gretchen Dykstra hat die BID noch während der Bauarbeiten für das Projekt verlassen, um aus privaten Gründen nach San Francisco zu gehen. 2002 kehrte die Demokratin nach New York zurück, und wurde unter Bürgermeister Michael Bloomberg *Commissioner of Consumer Affairs*, Stadträtin für Verbraucherschutz. Bloomberg hatte 2002 Rudy Giuliani als Bürgermeister abgelöst. 2005 wechselte Dykstra an die Spitze der *World Trade Center Memorial Foundation*, die Spenden für das mit einer Milliarde Dollar veranschlagte Museum am neuen World Trade Center einwerben soll, warf aber ein gutes Jahr später das Handtuch. Anfang 2013 arbeitete die 63-jährige an einem Buch über North Dakota.

Die *Times Square Alliance* wurde nach Dykstras Weggang zunächst von Brendan Sexton geleitet, der von der *Municipal Art Society* kam; er überwarf sich aber rasch mit Sulzberger. Seit 2002 ist Tim Tompkins der Geschäftsführer der *Alliance*. Vorsitzender des Aufsichtsrats ist Robert E. Wankel, der Präsident der Shubert Organization. Er ersetzte bei den nach wie vor größten Theaterbetreibern des Broadway den 2008 verstorbenen Gerald Schoenfeld.

Michael Eisner hat nach internen Querelen seinen Posten als Vorstandsvorsitzender von Disney verloren, er wurde durch Robert Iger ersetzt, ein enger Freund von Sulzberger Jr. Mit ihm verließ auch Robert Stern den Aufsichtsrat des Entertainmentkonzerns. Eisner machte noch ein paar Ausflüge ins Fernsehen; keiner davon war sehr erfolgreich.

Rebecca Robertson leitet heute die *Park Avenue Armory Conservancy*. Die gemeinnützige Stiftung will ein leerstehendes, denkmalgeschütztes Waffendepot an der Park Avenue renovieren. Cora Cahan ist immer noch Präsidentin der *New 42nd Street Inc*. Marian Heiskell hingegen trat Anfang 2012 vom Vorsitz der *New 42nd Street Inc*. zurück, sie leitet heute, mit 94 Jahren, den Aufsichtsrat der von David Rockefeller gegründeten *Public-Private Partnership National Parks of New York Harbor Parks*.

Franz Leichter, der liberale Senator und stete Warner vor einer Übernahme des Times Square durch das Großkapital ist heute verstorben. Gouverneur Mario Cuomo hat sich aus der aktiven Politik zurückgezogen, heute ist sein Sohn Andrew Cuomo Gouverneur von New York. Er wird sogar als Präsidentschaftskandidat der Demokraten gehandelt.

Ed Koch blieb noch lange aktiv; er schrieb Bücher und Filmkritiken und hatte eine eigene Radiosendung. Zuletzt hatte er einen Auftritt in einem Dokumentarfilm von Ken Burns über die „Central Park Five", fünf schwarze Teenager, die zu Unrecht jahrelang im Knast saßen (eine von vielen, vielen Dokumentationen mit oder über Ed Koch). Aber fast alle Politiker und Immobilienentwickler, die in Bestechungsskandale seiner Amtszeit involviert waren, sind heute verstorben, darunter auch Michael Lazar. Nur der Times-Square-Entwickler George Klein lebt noch, aber relativ zurückgezogen, neue Bauprojekte hat er nicht mehr angefangen.

Hell's Kitchen ist heute ein vielgefragtes Wohnviertel. Die Mieten haben allerdings ungeahnte Höhen erreicht, viele der alteingesessene Geschäfte und Restaurants mussten aufgeben, darunter das fast 100 Jahre alte *Film Center Café* sowie mehrere preiswerte Supermärkte. Zehntausende neue, meistenteils teure Wohnungen wurden an der West 42nd Street westlich der Eighth Avenue errichtet. Und subventionierte Wohnprojekte für Künstler, darunter das Manhattan Plaza, wurden in Eigentumskomplexe umgewandelt. Altmieter wie Kenny Kramer haben nach wie vor das Wohnrecht, aber neue Künstler werden nicht mehr aufgenommen.

Im Dezember 2010, einen Monat vor der Eröffnung des letzten Hochhauses an der West 42nd Street auf dem Milstein-Parkplatz erklärte Charles Bagli in der *New York Times* den Umbau des Times Square offiziell für beendet. Aus Anlass des Artikels sprach er mit einem der letzten Veteranen des alten Times Square, Jimmy Glenn, ein damals 82-jähriger Ex-Boxer, der die Bar *Jimmy's Corner* an der West 44th Street zwischen Sixth und Seventh Avenue betreibt. In der Bar war einst der berühmte Boxer Mohammed Ali zu Gast; Nic Cohen, der den klassischen Times-Square-Roman *Heart of the World* schrieb, saß regelmäßig am Tresen. Glenn hält den neuen Times Square für eine Verbesserung gegenüber dem alten, ein wenig vergammelten Ort. Aber er gehe selten dorthin, obwohl der Platz nur wenige Schritte entfernt ist. „Now it's like a pinball machine out there", vertraute er Bagli an. Wie ein Flipperautomat.

Literatur

Bücher und wissenschaftliche Arbeiten

- Adler, Jerry: High Rise. How 1,000 Men and Women Worked Around the Clock for 5 Years and Lost $200 Million Building a Skyscraper. New York: HarperCollins, 1993
- Altvater, Elmar und Birgit Mahnkopf: The World Market Unbound. In: Scott, Alan (ed). The Limits of Globalisation. Cases and Arguments. London and New York: Routledge, 1997. S. 306-326
- Elisabeth: Das ist ja zum Peepen. Frankfurt/Main: Eichborn, 1983
- Bagdikian, Ben H: The Media Monopoly. Boston: Beacon Press, 5. Auflage 1997
- Baughman, James L: Take Me Away From Manhattan: New York City and American Mass Culture, 1930-1990. In: Shefter, Martin (ed): Capital of the American Century. The National and International Influence of New York City. New York: Russell Sage, 1993. S. 117-143
- Becker, Ulrich und Annalie Schoen (Hrsg): Die Janusgesichter des Booms. Strukturwandel der Stadtregionen New York und Boston. Hamburg: VSA-Verlag, 1989
- Benjamin, Gerald and Charles Brecher (ed): The Two New Yorks. State-City Relations in the Changing Federal System. New York: Russell Sage, 1988
- Berger, Meyer: The Story of The New York Times 1851-1951. New York: Simon & Schuster, 1951
- Bernheim, Alfred L.: The Business of the Theatre: An Economic History of the American Theatre, 1750-1932. Prepared on Behalf of The Actors' Equity Association, 1932. Reissued: New York: Benjamin Bloom, 1964
- Birmingham, Steve: Our Crowd. New York: Longmans, 1967
- Bitnar, Thomas: The 42nd Street Redevelopment Project, New York. Master Thesis (unpubl.), Columbia University New York, 1994
- Blackmar, Betsy: Uptown Real Estate and the Creation of Times Square. In: Taylor, William R. (ed): Inventing Times Square. Commerce and Culture at the Crossroads of the World. Baltimore (MD)/London: Johns Hopkins University Press, 1996. S. 51-65
- Bloom, Ken: Broadway. An Encyclopedic Guide to the History, People, and Places of Times Square. New York: Facts on File, 1992 (revisited edition)
- Boyer, M. Christine: Cities for Sale: Merchandising History at South Street Seaport. In: Sorkin, Michael (ed): Variations on a Theme Park: The New American City and the End of Public Space. New York: Hill and Wang, 1992. S. 181-204
- Boyer, M. Christine: Twice Told Stories: The Double Erasure of Times Square. In: Borden, Iain (ed): Strangely Familiar: Narratives of Architecture in the City. London/New York: Routledge, 1996. S. 77-81
- Brake, Klaus: Phönix in der Asche. New York verändert seine Stadtstruktur. Oldenburg: Bibliotheks- und Informationssystem der Universität Oldenburg, 1988
- Brecher, Charles and Raymond D. Horton: Power Failure. New York City Politics and Policy Since 1960. New York/Oxford: Oxford University Press, 1993
- Brilliant, Eleanor: The Urban Development Corporation. London/Toronto/ Lexington (MA): Lexington Books, 1975
- Brinkemper, Peter V., Bernhard von Dadelsen und Thomas Seng (Hrsg): World Media Park. Globale Kulturvermarktung heute. Berlin: Aufbau Taschenbuch, 1994
- Brinkemper, Peter V.: Mäuseglobus mit Satelliten-Ohren. In: Brinkemper, Peter V., Bernhard von Dadelsen und Thomas Seng (Hrsg): World Media Park. Globale Kulturvermarktung heute. Berlin: Aufbau Taschenbuch, 1994. S. 24-57

- Browne, Arthur, Dan Collins and Michael Goodwin: I, Koch. A Decidedly Unauthorized Biography of the Mayor of New York City, Edward I. Koch. New York: Dodd, Mead & Cie
- Buckley, Peter G.: Boundaries of Respectability: Introductory Essay. In: Taylor, William R. (ed): Inventing Times Square. Commerce and Culture at the Crossroads of the World. Baltimore (MD)/London: Johns Hopkins University Press, 1996., S. 286-296
- Caro, Robert A.: The Power Broker. Robert Moses and the Fall of New York. New York: Alfred A. Knopf, 1974
- Castells, Manuel: The Informational City. Information Technology, Economic Restructuring, and the Urban-Regional Process. Oxford/New York: Blackwell, 1989
- Chomsky, Noam and Edward S. Herman: Manufacturing Consent: The Political Economy of the Mass Media. New York: Pantheon Books, 1988
- Conrad, Susan: Times Square in Transition: Constructing the Public of the Crossroads at the World. A Study of the 42nd Street Development Project. Master Thesis (unpubl.), Hampshire College, Amherst. (MA), 1993
- Dahl, Robert Alan: Who Governs? Democracy and Power in an American City. New Haven: Yale University Press, 1967
- Daly, William H: Law Enforcement in Times Square, 1970s-1990s. In: McNamara, Robert P. (ed): Sex, Scams, and Street Life. The Sociology of New York City's Times Square. Westport (CT)/London (UK): Praeger, 1995. S. 97-106
- Davis, Mike: City of Quarz. Excavating the Future in Los Angeles. New York: Vintage Books, 1990
- Davis, Peter A.: The Syndicate/Shubert War. In: Taylor, William R. (ed): Inventing Times Square. Commerce and Culture at the Crossroads of the World. Baltimore (MD)/London: Johns Hopkins University Press, 1996. S. 147-157
- Delany, Samuel R: Times Square Red, Times Square Blue. New York/London: New York University Press, 1999
- Donham, Willard: Public/private Partnerships as Public Policy: The Case of Times Square. Master Thesis (unpubl), Cornell University, Ithaka (NY), 1993
- Dunlap, David W.: On Broadway. A Journey over Time. New York: Rizzoli, 1990
- Dykstra, Gretchen: The Times Square Business Improvement District and Its Role in Changing the Face of Times Square. In: McNamara, Robert (ed): Sex, Scams and Street Life. The Sociology of New York City's Times Square. Westport (CT)/London: Praeger 1995. S. 75-81
- Eisner, Michael with Tony Schwartz: Work in Progress. New York: Random House, 1998
- Elfenbein, Stefan W: Die veränderte Rolle der New York Times. Einfluß in Politik, Wirtschaft und Gesellschaft seit Veröffentlichung der Pentagon Papers. Dissertation. Frankfurt/Main: Peter Lang, 1995
- Elfenbein, Stefan W.: The New York Times. Macht und Mythos eines Mediums. Frankfurt/Main: Fischer Taschenbuch Verlag, 1996
- Eliot, Marc: Walt Disney. Hollywood's Dark Prince. New York: Birch Lane Press, 1993
- Eliot, Marc: Down 42nd Street. Sex, Money, Culture, and Politics at the Crossroads of the World. New York. Warner Books, 2001
- Erenberg, Lewis. Impresarios of Broadway Nightlife. In: Taylor, William R. (ed): Inventing Times Square. Commerce and Culture at the Crossroads of the World. Baltimore (MD)/London: Johns Hopkins University Press, 1996. S. 158-177
- Fainstein, Susan S.: Governing Regimes and the Political Economy of Development in New York City, 1946-1984. In: Mollenkopf, John H. (ed): Power, Culture and Place: Essays on New York City. New York: Russell Sage, 1988. S. 161-99
- Fainstein, Susan S.: Stadtpolitik in New York - wem gehört die Stadt? In: Häußermann, Hartmut und Walter Siebel (Hrsg): New York - Strukturen einer Metropole. Frankfurt/Main: Suhrkamp Taschenbuch, 1993. S. 51-70
- Fainstein, Susan S.: The City Builders. Property, Politics and Planning in London and New York. Cambridge (MA)/Oxford (UK): Blackwell, 1995

- Fainstein, Susan S.: The Politics of Criteria: Planning for the Redevelopment of Times Square. In: Fisher, Frank and John Forester (ed): Confronting Values in Policy and Analysis. Newbury Park (CA): Sage Publications, 1987. S. 232-247
- Fainstein, Susan S. and Norman Fainstein: New York City. The Manhattan Business District, 1945 -1988. In: Squires, Gregory D. (ed): Unequal Partnerships. The Political Economy of Urban Redevelopment in Postwar America. New Brunswick/London: Rutgers University Press 1989. S. 59-79
- Feinblatt, John and Michele Sviridoff: The Midtown Community Court Experiment. In: McNamara, Robert P. (ed): Sex, Scams, and Street Life. The Sociology of New York City's Times Square. Westport (CT)/London (UK): Praeger, 1995. S. 83-96
- Fitch, Robert: The Assassination of New York. New York/London: Verso, 1993
- Fosler, Scott R. and Renee A. Berger (ed): Public-Private Partnerships in American Cities. Seven Case Studies. Lexington (MA)/Toronto: Lexington Books, 1982
- Frankel, Max: The Times of My Life and My Life With The Times. New York: Random House, 1999
- Fraser, Nancy: Rethinking the Public Sphere: A Contribution to the Critique of Actually Existing Democracy. In, Calhoun, Craig (ed): Habermas and the Public Sphere. Cambridge/MA, London/UK: MIT Press, 1992, S. 109-142
- Frieden, Bernard J. and Lynne B. Sagalyn: Downtown Inc. How America Rebuilds Cities. Cambridge (MA)/London (UK): MTI Press, 1989
- Friedman, Josh Alan: Tales of Times Square. Portland (Or): Feral House, 1986
- Fuchs, Ester R.: Mayors and Money: Fiscal Policy in New York and Chicago. Chicago: University of Chicago Press, 1992
- Garreau, Joel: Edge City - Life on a New Frontier. New York: Doubleday, 1991
- Gilfoyle, Timothy J: Policing of Sexuality. In: Taylor, William R. (ed): Inventing Times Square. Commerce and Culture at the Crossroads of the World. Baltimore (MD)/London: Johns Hopkins University Press, 1996. S. 297-314
- Gilmartin, Gregory: Shaping the City: New York and the Municipal Art Society. New York: Clarkson Potter, 1994
- Gilmore, Fiona: (ed): Warriors on the High Wire. The Balancing Act of Brand Leadership in the 21st Century. London: HarperCollinsBusiness, 2001
- Glaab, Charles N. and Theodore A. Brown. A History of Urban America. New York: Macmillan Company, 1967
- Gockel-Böhner, Christoph: Das wirklich nützliche Phantom der Oper. Andrew Lloyd Webbers weltweite Musical-Vermarktung. In: Brinkemper, Peter, Bernhard von Dadelsen und Thomas Seng (Hrsg): World Media Park. Globale Kulturvermarktung heute. Berlin: Aufbau TB, 1994. S. 88 - 107
- Gratz, Roberta Brandes: The Living City. New York: Simon and Schuster, 1989
- Gratz, Roberta Brandes and Norman Mintz: Cities Back From the Edge - New Life for Downtown. New York/Toronto: Preservation Press, 1998
- Grover, Ron: The Disney Touch. How a Daring Management Team Revived an Entertainment Empire. Homewood (IL): Business One Irwin, 1991
- Hachmeister, Lutz und Günther Rager (Hrsg): Wer beherrscht die Medien? Die 50 größten Medienkonzerne der Welt. München: C. H. Beck, 2000
- Hammack, David C: Developing for Commercial Culture. In: Taylor, William R. (ed): Inventing Times Square. Commerce and Culture at the Crossroads of the World. Baltimore (MD)/London: Johns Hopkins University Press, 1996. S. 36-50
- Hannigan, John: Fantasy City: Pleasure and Profit in the Postmodern Metropolis. London/New York: Routledge, 1998
- Harding, Alan und Patrick le Galès: Globalization; Urban Change and Urban Policies in Britain and France. In: Scott, Alan (ed). The Limits of Globalisation. Cases and Arguments. London and New York: Routledge, 1997. S. 181 bis 201

- Häußermann, Hartmut und Frank Roost: Globalisierung, Global City. In: Häußer-mann, Hartmut (Hrsg): Großstadt. Soziologische Stichworte. Opladen: Leske & Budrich, 1998, S. 79-91
- Häußermann, Hartmut und Walter Siebel (Hrsg): New York - Strukturen einer Metropole. Frankfurt/Main: Suhrkamp Taschenbuch, 1993
- Hertsgaard, Mark: On Bended Knee.The Press and the Reagan Presidency. New York: Farrar Straus Giroux, 1988
- Henderson, Mary: The City and the Theatre: New York Playhouses from Bowling Green to Times Square. New Jersey: Clifton/J.T. White, 1973
- Henderson, Mary: The New Amsterdam. New York: Hyperion Books, 1997
- Hiaasen, Carl: Team Rodent. How Disney Devours the World. New York: Ballantine, 1998
- Hiss, Tony: The Experience of Place. New York: Alfred A. Knopf, 1990.
- Hoogstraten, Nicholas van: Lost Broadway Theatres. New York: Princeton Architectural Press, 1997 (updated and expanded edition)
- Horkheimer, Max und Theodor Adorno: Dialektik der Aufklärung. Philosophische Fragmente. Frankfurt/Main: Suhrkamp, durchgesehene und erw. Neuauflage 1981.
- Huxtable, Ada Louise: Re-inventing Times Square 1990. In: Taylor, William R. (ed): Inventing Times Square. Commerce and Culture at the Crossroads of the World. Baltimore (MD)/London: Johns Hopkins University Press, 1996. S.356-370
- Jackson, Kenneth T.: (ed): The Encyclopedia of New York City. New Haven/London: Yale University Press, 1995
- Jacobs, Jane: The Death and Life of Great American Cities. New York: Random House, 1961
- Judd, Dennis and Todd Swanstrom: The Politics of American Cities. Private Power and Public Policy. Glenview (IL): Scott, Foresman, 1988. (2. Auflage)
- Kantor, Paul: The Dependent City Revisited. Boulder (CO): Westview Press, 1995
- Knapp, Margaret M: A Historical Study of the Legitimate Playhouses on West Forty-second Street between Seventh and Eighth Avenue in New York City. Dissertation (unpubl.), City University of New York, 1982
- Knapp, Margaret: Entertainment and Commerce: Introductory Essay. In: Taylor, Wil-liam R. (ed): Inventing Times Square. Commerce and Culture at the Crossroads of the World. Baltimore (MD)/London: Johns Hopkins University Press, 1996. S.120-132
- Koch, Edward I. with William Rauch: Mayor. An Autobiography. New York: Simon and Schuster, 1984
- Laas, William, Crossroads of the World. The Story of Times Square. New York: Popular Library, 1965
- Lampard, Eric: Structural Changes: Introductory Essay. In: Taylor, William R. (ed): Inventing Times Square. Commerce and Culture at the Crossroads of the World. Baltimore (MD)/London: Johns Hopkins University Press, 1996. S. 16-35
- Leach, William: Brokers and the New Corporate, Industrial Order. In: Taylor, William R. (ed): Inventing Times Square. Commerce and Culture at the Crossroads of the World. Baltimore (MD)/London: Johns Hopkins University Press, 1996. S. 99-117
- Leeds, Patricia Giles: City Politics and the Market: The Case of New York City's Financing Crisis. In: Sbragia, Alberta (ed): The Municipal Money Chase. Boulder (CO): Westview Press, 1983. S. 113-144.
- Levine, Marc: The Politics of Partnership: Urban Redevelopment since 1945. In: Squires, Gregory D. (ed): Unequal Partnerships. The Political Economy of Urban Redevelopment in Postwar America. New Brunswick/London: Rutgers University Press, 1989. S. 12-31
- Logan, John R. and Harvey L. Molotch: Urban Fortunes. The Political Economy of Place. Berkeley (CA)/London (UK): University of California Press, 1987
- Lord, William Jackson: How Authors Make a Living. An Analysis of Free Lance Writers Incomes 1953-1957. New York: Scarecrow Press, 1962.

- Lütke-Daldrup, Engelbert: Stadtumbau am Times Square. Aufbereitung einer Stadtmitte für einen neuen Verwertungszyklus. In: Becker, Ulrich und Annalie Schoen (Hrsg): Die Janusgesichter des Booms. Strukturwandel der Stadtregionen New York und Boston. Hamburg: VSA-Verlag, 1989. S. 212-231.
- Martin, Hans Peter und Harald Schumann: Die Globalisierungsfalle. Der Angriff auf Wohlstand und Demokratie. Reinbek bei Hamburg: Rowohlt, 1996
- Masters, Kim: The Keys to the Kingdom: How Michael Eisner Lost his Grip. New York: W. Morrow, 2000.
- McElvaine, Robert S.: Mario Cuomo. A Biography. New York: Scribner, 1988
- McLaughlin, Robert: Broadway and Hollywood: A History of Economic Interaction. New York: Arno Press, (Dissertation, University of Wisconsin, 1970), 1974
- McKelvey, Blake: The Urbanisation of America 1860-1815. New Brunswick (NJ): Rutgers University Press, 1962
- McNamara, Brooks:Shuberts of Broadway. New York:Oxford University Press, 1991
- McNamara, Brooks: The Entertainment District at the End of the 1930s. In: Taylor, William R. (ed): Inventing Times Square. Commerce and Culture at the Crossroads of the World. Baltimore (MD)/London: Johns Hopkins University Press, 1996. S.178-90
- McNamara, Robert P. (ed): Sex, Scams, and Street Life. The Sociology of New York City's Times Square. Westport (CT)/London (UK): Praeger, 1995
- McNamara, Robert: The Times Square Hustler: Male Prostitution in New York City. Westport (CT)/London (UK): Praeger, 1994
- McNickle, Chris: To Be Mayor of New York. Ethnic Politics in the City. New York: Columbia University Press, 1993
- Moffett, Kirsten R.: The Development and Preservation of Times Square. Master Thesis (unpubl.), Columbia University, New York, 1996
- Mollenkopf, John H. and Manuell Castells (ed): Dual City. Restructuring New York. New York: Russell Sage, 1991
- Moore, Thomas Gale: The Economics of the American Theatre. Durham (N.C.): Duke University Press, 1968
- Mumford, Lewis: the City in History. Its Origins, Its Transformations, and Its Prospects. New York: Harcourt, Brace & World, Inc, 1963
- Napiontek, Gertrud: Vom Campanile zur Postmoderne. Einfluß der Baugesetzgebung auf den Hochhausbau. In: Becker, Ulrich und Annalie Schoen (Hrsg): Die Janusgesichter des Booms. Strukturwandel der Stadtregionen New York und Boston. Hamburg: VSA, 1989. S. 178-197
- Nasaw, David: Cities of Light, Landscapes of Pleasure. In: Ward, David and Olivier Zunz (ed): The Landscape of Modernity: Essays on New York City 1900-1940. New York: Russell Sage, 1992. S. 273-286
- Newfield, Jack and Wayne Barrett: City for Sale. Ed Koch and the Betrayal of New York. New York: Harper&Row, 1988
- Newfield, Jack: How the Power Brokers Profit. In: Alcaly, Roger E. and David Mermelstein (ed): The Fiscal Crisis of American Cities. New York: Vintage Books, 1976. S. 296-314
- New York Times, The (ed): The Century in Times Square. New York: Bishop Books, 1999
- Page, Will A.: Behind the Curtains of the Broadway Beauty Trust. New York: The Edward A. Miller Publishing Co., 1927
- Paneth, Philip: Times Square. New York: Living Books, 1965
- Peterson, Paul E.: City Limits. Chicago/London: University of Chicago Press, 1981
- Pohlman, Marcus: Governing the Postindustrial City. New York: Longman, 1992
- Poggi, Jack: Theater in America: The Impact of Economic Forces 1870-1967. Ithaca, (NY): Cornell University Press, 1968
- Puttnam, David and Neil Watson: Movies and Money. New York: Alfred Knopf, 1998
- Reichl, Alexander J.: Politics and Culture in Urban Development: The Reconstruction of

- Times Square. Ph. D. (unpubl.), New York University, New York, 1995
- Reichl, Alexander J.: Reconstructing Times Square. Politics and Culture in Urban Development. Lawrence (KA): University Press of Kansas, 1999
- Roost, Frank: Die Disneyfizierung der Städte. Opladen: Leske&Budrick, 2000
- Roost, Frank: Stadtplanungsprojekte des Disney-Konzerns am Beispiel des 42nd Street Redevelopment in New York und der Siedlung Celebration in Florida. Diplomarbeit (unveröff.), Technische Universität Berlin, 1997
- Sagalyn, Lynne B.: Times Square Roulette. Remaking the City Icon. Cambridge/MA, London/UK: MIT Press, 2001
- Saidel, Rochelle G.: Never too Late to Remember. The Politics Behind New York City's Holocaust Museum. New York/London: Holmes & Meier, 1996
- Sandeen, Erik J.: The Value of Place: The Redevelopment Debate over New York's Times Square. In: Nye, David E. and Carl Pedersen: Consumption and American Culture. Amsterdam: VU University Press, 1991. S. 151-169
- Sassen, Saskia: The Global City. New York, London, Tokyo. Princeton (NJ): Princeton University Press, 1991
- Sassen, Saskia: Metropole - Grenzen eines Begriffs. In: Fuchs, Gotthard, Bernhard Moltmann und Walter Prigge (Hrsg): Mythos Metropole. Frankfurt/Main: Suhrkamp, 1995. S. 165-177
- Sassen, Saskia and Frank Roost: Converting Cities into Tourist Sites. In: Judd, Dennis and Susan S. Fainstein: The Tourist City. New Haven: Yale University Press, 1999. S. 132-141
- Schmidt, Johann: Wolken-Kratzer. Ästhetik und Konstruktion. Köln: Dumont TB, 1991.
- Schweizer, Peter and Rochelle Schweizer: Disney The Mouse Betrayed. Greed, Corruption and Children at Risk. Washington DC: Regnery Publishing, 1998
- Scott, Alan (ed). The Limits of Globalisation. Cases and Arguments. London and New York: Routledge, 1997
- Senelick, Laurence: Private Parts in Public Places. In: Taylor, William R. (ed): Inventing Times Square. Commerce and Culture at the Crossroads of the World. Baltimore (MD)/London: Johns Hopkins University Press, 1996. S. 329-353
- Sennett, Richard: The Conscience of the Eye: The Design and Social Life of Cities. New York/London: W. W. Norton, 1992
- Shaughnessy, Edward and Diana Trebbi: Clinton Times Square Survey: Final Report, 1978. Published as: A Standard for Miller: A Community Response to Pornography. Lanham (MD): University Press of America, 1980
- Smith, Neil: Gentrification in New York. In: Häußermann, Hartmut und Walter Siebel (Hrsg): New York - Strukturen einer Metropole. Frankfurt/Main: Suhrkamp Taschenbuch, 1993. S. 182-204
- Snell, Bradford C.: American Ground Transportation. In: Feagin, Joe (ed): The Urban Scene. New York: Random House, 1979. S. 247
- Sorkin, Michael: Exquisite Corpse. Writings on Buildings. New York/London: Verso, 1991
- Squires, Gregory D. (ed): Unequal Partnerships. The Political Economy of Urban Redevelopment in Postwar America. New Brunswick/London: Rutgers University Press, 1989
- Stone, Jill: Times Square: A Pictoral History. New York: Collier Books, 1982
- Taylor, William R.: Introduction. In: Taylor, William R. (ed): Inventing Times Square. Commerce and Culture at the Crossroads of the World. Baltimore (MD)/London: Johns Hopkins University Press, 1996 (Taschenbuch, Originalausgabe: New York: Russell Sage, 1991). S. xi-xxvi
- Taylor, William R. (ed): Inventing Times Square. Commerce and Culture at the Crossroads of the World. Baltimore (MD)/London: Johns Hopkins University Press, 1996 (Taschenbuch, Originalausgabe: New York: Russell Sage, 1991)
- Thomas, Dana L.: The Media Moguls. From Joseph Pulitzer to William S. Paley: Their Lives and Boisterous Times. New York: G. P. Putnam's Sons, 1981

- Tifft, Susan E. and Alex S. Jones. The Trust. The Private and Powerful Family Behind The New York Times. Boston/New York/London: Little Brown, 1999
- Trump, Donald J. with Kate Bohner: The Art of Comeback. New York: Times Books/Random House, 1997
- Venturi, Robert, Denise Scott Brown and Steven Izenour: Learning from Las Vegas. Cambridge (MA): MIT Press, 1972
- Ward, David and Olivier Zunz (ed): The Landscape of Modernity: Essays on New York City 1900-1940. New York: Russell Sage, 1992
- Weicher, John C.: Urban Renewal: National Program for Local Problems, Washington DC: American Enterprise Institute for Public Research, 1972
- Willis, Carol: Form Follows Finance: The Empire State Building. In: Ward, David and Olivier Zunz (ed): The Landscape of Modernity: Essays on New York City 1900-1940. New York: Russell Sage, 1992. S. 160-187
- Willis, Carol: Form Follows Finance: Skyscrapers and Skylines in New York and Chicago. New York: Princeton Architectural Press, 1995
- Zukin, Sharon and Jenn Parker: Hochkultur und „wilder" Kommerz. Wie New York wieder zu einem kulturellen Zentrum werden soll. In: Häußermann, Hartmut und Walter Siebel (Hrsg): New York - Strukturen einer Metropole. Frankfurt/ Main: Suhrkamp Taschenbuch, 1993. S. 264-285
- Zukin, Sharon: Landscapes of Power. From Detroit to Disney World. Berkeley/ Los Angeles (CA): University of California Press 1991
- Zukin, Sharon: Loft Living. Culture and Capital in Urban Change. Baltimore (MD): Johns Hopkins University Press, 1982
- Zukin, Sharon: The City as a Landscape of Power. London and New York as Global Financial Capitals. In. Budd, Leslie and Sam Whimster: Global Finance and Urban Living. New York/ London (UK): Routledge, 1992. S. 195-223
- Zukin, Sharon: The Culture of the Cities, Cambridge (MA)/Oxford (UK): Blackwell, 1995
- Zvonchenko, Walter: A Historical Study of the Relation of Theater and Broadcasting to Land Use in Midtown Manhattan in the Years 1925-28. Dissertation (unpubl.), City University New York, 1987

Zeitungen und Zeitschriften:

Andersen, Kurt: Reneval, But a Loss of Funk. In: Time Magazine, 29. Februar 1988, S. 102-103
Architecture: Theater Restauration Inaugures Times Square Revival, New Victory Theater. Februar 1996, S. 29
Backstage: Broadway Breaks Record. 11.-17. Dezember 1998, S. 1
Bagil, Charles V.: A Family Dynasty Turns Against Itself. In: The New York Times, 24. Mai 2000, S. B1
Bagli, Charles V.: Another Time Warner Unit Wins Tax Break From City. In: The New York Times, 29. Juni 1999, Sec. B, S. 7
Bagli, Charles V.: Bargaining Begins On Site for Times. In: The New York Times, 23. März 2000, Sec. B, S. 8
Bagli, Charles V.: Companies Get Second Helping Of Tax Breaks In: The New York Times, 17. Oktober 1997, Sec. A, S. 1
Bagli, Charles V.: Deal Reached to Acquire Land for The Times's Headquarters. In: The New York Times, 28. Februar 2001, Sec. B, S. 2
Bagli, Charles V.: Disney, Marriott, AMC Get in Line for Sweetheart Deals on 42nd St. In: The New York Observer, 1. Mai 1995, S. 1, 10

Bagli, Charles V.: $ 111 Million for Times Sq. Redevelopment Site. In: The New York Times, 17. Januar 2001, Sec. B. S. 8
Bagli, Charles V: $ 2.8 Million for Tiny Site Vital to Tower. In: The New York Times, 15. Januar 1998, Sec. B, S. 10
Bagli, Charles V.: Ernst & Young Gets Breaks to Stay in New York City. In: The New York Times, 23. Juli 1999, Sec. B, S. 2
Bagli, Charles V.: Lease Deals Helps Pave Way for Fourth New Tower in Times Sq. In: The New York Times, 16. Oktober 2000, Sec. B, S. 2
Bagli. Charles V.: M.T.A. Shortchanged Itself In Reuters Deal, Report Says. In: The New York Times, 28. Oktober 1999, Sec. B, S. 4
Bagli, Charles V.: Publisher Turns Down Tax Breaks But Will Build in Times Sq. Anyway. In: The New York Times, 5. September 1999, Sec. 1, S. 27
Bagli, Charles V.: Reuters Given Big Tax Deal For Its Project In Times Square. In: The New York Times, 1. November 1997, Sec. B, S. 1
Bagli, Charles V.: Reuters to Build 32-Story Headquarters in Times Sq.. In: The New York Times, 6. September 1997, Sec. 1, S. 26
Bagli, Charles V.: Times Co. Picks Developer for New Home in Times Sq. In: The New York Times, 19. Februar 2000, Sec. B, S. 3
Bagli, Charles V.: Times ist Said to Consider a New Tower. In: The New York Times, 14. Oktober 1999, Sec. B, S. 3
Bagli, Charles V.: George Klein Seethes as Doug Durst Moves in. In: The New York Observer, 27. November 1995, S. 1, 22
Bagli, Charles V.: Tower in Times Square, Billboards and All, Earns 400% Profit. In: The New York Times, 19. Juni 1997, Sec. A, S. 1
Bagli, Charles V.: Two Times Square Sites Are Suddenly Much in Demand. In: The New York Times, 1. Januar 1998, Sec. B, S. 6
Bagli Charles V. and Nick Paumgarten: Rivals Durst and Klein Embrace on 42nd Street after Long Bitter Spat. In: The New York Observer, 9. Oktober 1996, S. 1, 26
Bagli Charles V. and Randy Kennedy: Disney Wished Upon Times Sq. and Rescued a Stalled Dream. In: The New York Times, 5. April 1998, S. 1, 38
Barnett, Jonathan: Onward and Upward With the Art of Zoning. In: New York Affairs, Mai 1980, S. 4-14
Barrett, Wayne: A Finale Test for Times Square. In: The Village Voice, 8. März 1988, S.11
Barrett, Wayne and William Bastone: Times Square Developer Linked to Payoff Scandal. In: The Village Voice, 15. Dezember 1987, S. 17
Barrett, Wayne: Gotterdammerudy. In: The Village Voice, 29. April 1997, S. 24
Barron, James: Mornings, They Like to Watch. In: The New York Times, 31. Oktober 1999, Sec. 4, S. 2
Barron, James: Public Lives. In: The New York Times, 4. März 1999, Sec. B, S. 2
Bastone, William: The Porn Broker: City's Anti-sleaze Drive Adds to Porn's King's Coffers. In: The Village Voice, 18. Juli 1995, S. 13
Becker, Ulrich und Engelbert Lütke Daldrup: Ablaßzahlungen des Big Business in New York und Boston. Konfliktmanagement bei der Durchsetzung großer Bauprojekte. In: RaumPlanung 37, Dortmund, 1987, S. 64-71
Bell, John: Disney's Times Square. The New Amsterdam Community Theatre. In: Drama Review, Frühjahr 1998, S. 24-48
Belsky, Gary: N. Y. Times Pinched by Area Crime Wave. In: Crain's New York, 4. Dezember 1989, S. 4
Berman, Marshall: Sign of the Times: The Lure of 42nd Street. In: Dissent, Herbst 1997, S. 76-83
Berman, Marshall: Signs Square. In: The Village Voice, 18. Juli 1995, S. 23
Bernard, Sarah: Gotham Food Fight. In: New York Magazine, 26. Juli 1999, S. 13
Birch, Eugenie, L.: Planning in a World City: New York and its Communities. In: Journal of the American Planning Association, Herbst 1996, S. 442-459

Blumenthal, Ralph: Broadway Theater Still Awaits a Windfall Built on Thin Air. In: The New York Times, 12. November 1998, Sec. E, S. 1
Brantley, Ben: Broadway Doesn't Life There Anymore. In: The New York Times, 7. November 1999, S. 6
Braun, Raymond E.: Exploring the Urban Entertainment Center Universe. In: Urban Land Supplement, August 1995, S. 11-17
Breskin, Ira: Times Square's Dykstra: Political, Management Skills Help Turn Seedy Into Spiffy. In: Investor's Business Daily, 22. Mai 1997, S. A1, A8
Bressi, Todd: Reveille for Times Square. In: Planning, September 1996, S. 4-8
Bumiller, Elizabeth: Giuliani, Eying Legacy, Proposes Monuments; Critics See Fantasies. In: The New York Times, 26. Januar 2000, Sec. B, S. 1
Business Week: Behind the Profit Squeeze at The New York Times. 30. August 1976, S. 42
Carberry, James and Daniel Hertzberg: West Side Story: New York Plans Renewal of Sleazy Times Square, but the Planning Stage is About as Far as It Gets. In: The Wall Street Journal, 20. August 1980, S. 40
Carter, Bill: CBS Is Divided Over the Use of False Images in Broadcasts. In: The New York Times, 13. Januar 2000, Sec. C, S. 1
Carter, Bill: Part ABC Studio, Part Disney Billboard. In: The New York Times, 18. September 1999, Sec. C, S. 1
Carter, Bill: The Times in News Deal With ABC. In: The New York Times, 21. Januar 2000, S. 4
Carter, Bill: TV Notes: ‚Good Morning,' Uh... ‚Today'. In: The New York Times, 15. September 1999, Sec. E, S. 10
Case, Tony: Sulzberger Named E&P Publisher of the Year. In: Editor & Publisher Magazine, E&P online, 8. Mai 2000
Chambers, Marcia and Sua Sponte: New York's First Community Court Will Open this Summer to Reclaim Broadway. In: The National Law Journal, 5. Juli 1993, S. 1
Chira, Susan: Bank's Withdrawal Deals Major Blow To Times Sq. Plan. In: The New York Times, 21. April 1989, Sec. A, S. 1
Collins, Glenn: Broadway Puts On a Free Show for the Democrats. In: The New York Times, 16. Juli 1992, S. C15
Cook, Burr: The Passing of the Angels. In: Theatre Magazine XL, November 1924
Cook, John: A Blueprint For Conflict. In: Brill's Content, April 2001, S. 102-108
Cooper, Michael: Giuliani Plans Own Business With Top Aides in Consulting. In: The New York Times, 13. Dezember 2001, S. D1
Crain's New York: Desolate 42nd Street. 29. Juni 1992, S. 6
Crain's New York: One Man's Fight Over Times Square. 16. Oktober 1989, S. 48
Crain's New York:Times Square Plan Gets New Chief. 23. April 1990, S. 1
Crain's New York: Many Vying to Lead Times Sq. Cleanup. 7. Oktober 1991, S. 6
Crosbie, Michael J.: Times Square Development Provokes Dispute in New York. In: Architecture, Mai 1984, S. 54-62
Daily News: Cuomo Kin Was a Lazar Biz Partner. 7. Mai 1986, S. 14
Darnstädt, Thomas: Der Ruf nach mehr Obrigkeit. In: Spiegel, 7. Juli 1997, S. 48-61
Davidson, John: Times Square Revival. In: Working Woman, März 1998, S. 13
Davis, Lee:The Magnificent Dramatic Temple. In:Showmusic, Sommer 1997, S.32-61
DePalma, Anthony: One Times Square, Its Future Unsure, is Sold Again. In: The New York Times, 11. Juli 1984, Sec. A, S 22
Dobrian, Joseph: Searching for Winning Formulas. In: Real Estate Forum, Mai 1998, S. 70-78
Dubner, Stephen J: Last Man Out of Times Square, Turn Out the Lights. In: New York Magazine, 28. Januar 1991, S. 14
Dunlap, David W.: Blight to Some Is Home to Others; Concern Over Displacement by a New Times Building. In. The New York Times, 25. Oktober 2001, S. D1

Dunlap, David W.: Cuomo Backs Loan Program For Broadway. In: The New York Times, 7. Januar 1994, S. B1, B2
Dunlap, David W.: Hearst May Finish Tower Started in 1926. In: The New York Times, 21. Februar 2001, S. B1
Dunlap, David W.: Midtown Office Tower Preparing for a Comeback. In: The New York Times, 2. Dezember 1998, S. B10
Dunlap, David W.: New Times Sq. Plan: Lights! Signs! Dancing! Hold the Offices. In: The New York Times, 20. August 1992, S. B3
Dunlap, David W.: Rejecting Times Square, Prudential Gets Tax Breaks to Stay in New York. In: The New York Times, 6. August 1992, Sec. B, S. 3
Dunlap, David W.: Rethinking 42d St. for Next Decade. In: The New York TImes, 27. Juni 1993, Sec. 10, S. 1
Dunlap, David W.: Theater Air Rights Plan Awaits Reviews. In: The New York Times, 25. Januar 1998, Sec. 11, S. 1
Dunlap, David W.: Theater Restauration Begins on Seedy Times Square Block. In: The New York Times, 18. Mai 1994, S. B1
Dunlap, David W.: The City Casts Its Theaters in Stone. In: The New York Times 22. November 1987, Sec. 4, S. 6
Dunlap, David W. Times Goes Forward on Plan for Tower on Eighth Avenue. In: The New York Times, 14. Dezember 2001, S. D1
Dunlap David W.: Times Square Is on Hold, But the Meter Is Still Running. In: The New York Times, 9. August 1992, Sec. 1, S. 44
Dunlap, David W.: Times Supports Designating Part of Building as Landmark. In: The New York Times, 28. März 2001, S. B6
Durst, Seymour: As New York Keeps Losing Light and Open Space (letter to the editor). In: The New York Times, 25. Juli 1984, S. A 22
Dykstra, Gretchen: Can Zoning Stem Pornography? In: The New York Times, 14. November 1993, S. 21.
Eaton, Leslie: Report Sees Media as Source of New Jobs. In: The New York Times, 9. Dezember 1998, Sec. B, S. 18
Economist: Buyers in Manhattan. 21. August 1993, S. 65
Fainstein, Susan S.: The Redevelopment of 42nd Street: Clashing Viewpoints. In: City Almanac, Sommer 1985, S. 2-8
Farber, M. A.: Ex-Official Part-Owner in Building Where City Rents. In: The New York Times, 2. März 1986, Sec. 1, S. 38
Farber, M. A. and Michael Oreskes: Lazar, Ex-City Aide, Seen as Key Figure in Inquiries. In: The New York Times, 26. März 1986, S. B1
Farnham, A.: US Suburbs Under Siege. In: Fortune, 28. Dezember 1992, S. 42-44
Feldman, Amy: All Stars: Douglas Durst: Finance/Insurance/Real Estate: The Developer Who Changed Grime Into High-Rise Green. In: Crain's New York, 14. April 1997, S.19
Feldman, Amy: Big Developers Team Up to Shop Times Squar. In: Crain's New York, 12. Mai 1997, S. 3
Feldman, Amy: Developer Klein Goes Quietly into NY Night. In: Crain's New York, 10. Juni 1996, S.3
Filkins, Dexter: Bloomberg Far Outspends Mayoral Rivals. In: The New York Times, 11. August 2001, S. B4
Fisher, Adam:The New York Times Building. In:Metropolis, September 1992, S.21-5
Franklin, Ben A.: 2 Reagan Aides Acted to Speed Portman Hotel. In: The New York Times, 28. Dezember 1981, Sec. B, S. 9
Gabriel, Frederick: As Roles, Powers Expands, BIDs Come Under Scrutiny. In: Crain's New York, 1. September 1997, S. 19

Gargan, Edward: City and State Offer Plan to Rebuild Times Sq Area. In: The New York Times, 11. Februar 1981, Sec. B, S. 4

Gill, Brendan: The Sky Line. Disneyitis. In: The New Yorker, 29.April 1991, S.96-99

Goldberger, Paul: An Old Jewel of 42d Street Reopens, Seeking to Dazzle Families. In: The New York Times, 11. Dezember 1995, S. A1

Goldberger, Paul: Face Lift Dept. In: The New Yorker, 8. November 1999, S. 34

Goldberger, Paul: 4 New Towers for Times Sq.. In: The New York Times, 21. Dezember 1983, Sec. B

Goldberger, Paul: Lurching Toward a Terrible Mistake. In: The New York Times, 19. Februar 1989, Sec. 2, S. 37

Goldberger, Paul: The New Times Square Design: Merely Token Changes. In: The New York Times, 1. September 1989, Sec. B, S. 1

Goldberger, Paul: Talk of the Town. In: The New Yorker, 29. November 1999, S. 41

Goldman, Andrew: Bang-Bang! Annie Gets Her Critics. In: The New York Observer, 22. März 1999, S. 1, 9

Goldstein, Richard: Porn Free. In: The Village Voice, 1. September 1998, S. 28-34

Gottlieb, Martin: As Prices Soar, Cost of Land For Times Square Plan is Harder to Estimate. In: The New York Times, 26. April 1985, S. B 1

Gottlieb, Martin: Lazar Ousted From Role in Times Square Project. In: The New York Times, 5. April 1986, S. 31

Gottlieb, Martin: Mayor Opposes Lazar in Project in Times Square. In: The New York Times, 27. März 1986, S. B3

Gottlieb, Martin: Times Square Development Plan: A Lesson in Politics and Power. In: The New York Times, 9. März 1984, Sec. B, S. 1

Grant, Peter: Architects Alienated By Times Sq. Query. In: Crain's New York, 22. Mai 1989, S. 8

Grant, Peter: Tenants See Tricks, No Treat, With Shift; Times Square Project Draws Companies' Ire. In: Crain's New York, 22. Oktober 1990, S. 3

Grant, Peter: Why Prudential needs Times Square. In: Crain's New York, 4. September 1989, S. 17

Gray, Christopher: A Landmark Mired in Bureaucracy. In: The New York Times, 16. Februar 1991, Sec. 10, S. 6

Gray, Christopher: On Preservation: „I Told You So". In: The New York Times, 12. Juli 1992, S. 7

Greenberg, Jonathan: How to Make It Big in New York Real Estate. In: Forbes, 8. Oktober 1984, S. 43-48

Gross, Michael: The Tangled Web of New York's Most Powerful Public-Relations Man. In: New York Magazine, 15. März 1999. S. 28-35, 80

Guttenplan, D.D.: Debacle on 42nd Street. In: The Village Voice, 7. Mai 1985, S.14-20

Guttenplan, D. D.: Klein's Square. In: The Village Voice, 15. Dezember 1987, S. 20

Haberman, Clyde: Free Speech For Publisher, Not the Help. In. The New York Times, 12. Mai 2001, Sec B. S. 1

Hamill, Pete: Fear and Favor at The New York Times. In: The Village Voice, 1. Oktober 1985, S. 17-24

Hays, Constance L.: Court Rejects 5 Challenges to Times Square Plan. In: The New York Times, 18. Oktober 1989, Sec. B, S. 3

Heiskell, Marian and Cora Cahan: Footlights in 42d Street. In: The New York Times (letter to the editor), 11. April 1998, Sec. A, S. 10

Hellmann, Peter: Bright Light, Big Money. In: New York Magazine, 19. Mai 1997, S. 46-50

Hoff, Jeffrey: Who Should Pay to Transform Times Square. In: Barron's, 25. September 1989, S. 64

Holson, Laura M.: White House Externs; Two Turns of the Revolving Door. In: The New York Times 3. Februar 1999, Sec. C, S. 1

Holusha, John: A Corporate Headquarter Next to Bugs and Mickey. In: The New York Times, 6. September 1998, S. 9

Holusha, John: It Was the Year of „Let's Make a Deal". In: The New York Times, 11. Januar 1998, Sec. 11, S. 1

Houstoun, Lawrence: Betting on BIDs. In: Urban Land, Juni 1994, S. 13-18
Houstoun, Lawrence: Are BID's Working? In: Urban Land, Januar 1997, S. 57-58
Huyssen, Andreas: The Fear of Mice. In: Harvard Design Magazine, Winter/ Frühjahr 1998. S. 26-28
Huxtable, Ada Louise: Die Monster von New York. In: Süddeutsche Zeitung, 24./25. Oktober 1987, S. 111
Huxtable, Ada Louise: Redeveloping New York. In: The New York Times, 23. Dezember 1979, Sec. 2, S. 31
Huxtable, Ada Louise: Times Square Renewal (Act II), a Farce. In: The New York Times, 14. Oktober 1989, S. 25
Interiors: The New Victory Theater, New York City. März 1996, S. 44-49
Jacobs, Karrie: Times Square: The Dreamers and the Dream. In: Metropolis, 9. Mai 1988, S. 20-22
Jencks, Charles: Unterhaltungsarchitektur. In: Archplus, Dezember 1992, S. 111-113
Jubak, Jim: The Times Square Affair. In: Sierra, November 1984, S. 14-18
Kates, Brian: Testimony Barred. In: Daily News, 30. Oktober 1986, S. 7
Kasindorf, Jeanie Russell: Zuckerman Unbound. In: New York Magazine, 6. Juni 1994, S. 34-38
Keister, Kim: A Little Something for Dave. In: Historic Preservation, März-April 1994, S. 10
Kennedy, Shawn G.: Disney and Developer Are Chosen To Build 42d Street Hotel Complex. In: The New York Times, 12. Mai 1995, S. B1, B2
Kennedy, Shawn G.: Zuckerman Sees Politics in a Deadline. In: The New York Times, 9. Dezember 1993, S. B3
Kerrison, Ray: One Big Warning Sign Koch and Co. Chose to Ignore. In: The New York Post, 24. April 1986, S. 7, 31
Kerrison, Ray: Times Sq. Fix Was in With Secret Real Estate King. In: The New York Post, 28. April 1986, S. 7, 16
Kleege, Steven: Sale of Times Square Tower Taken as a Sign of Renewal. In: American Banker, 10. März 1992, S. 7
Klein, Chris: It's a Neon Sunrise. In: The National Law Journal, 21.Juli 1997, S.A1,9
Kleinfield. N. R: In New York, Solace and Signs of Opposite For the Man of the Moment at the Moment. In: The New York Times, 15. September 1998, S. A23
Koolhaas, Rem: Delirious New York. In: Archplus, Oktober 1990, S. 56-76
Kornblum, William: 42nd Street: Crossroads of an Urban University. In: Social Policy, Sommer 1986, S. 26-27
Kornblum, William and Vernon Boggs: Redevelopment and the Night Frontier. In: City Almanac, Sommer 1985, S. 16-18
Lambert, Bruce: Ex-Outreach Workers Say They Assaulted Homeless. In. The New York Times, 14. April 1995, Sec. B, S. 1
Landler, Mark: Mickey and Minnie Go to Hong Kong. In: The New York Times, 3. November 1999. S. 1, 14
Lazere, Cathy: The 42nd Street Follies. In: Institutional Investor, November 1989, S. 113-118
Lee, Kenny: Give Their Regards To Nasdaq Plaza. In: The New York Times, 7. Mai 2000, S. C6
Leonard, Devin: Grand Old Times Palace Could End up as Rubble If Newspaper Moves Out. In: The New York Observer, 29. November 1999, S. 1, 10
Levy, Clifford: Fine Reflects How Donors Curry Favor. In: The New York Times, 29. September 1997, S. B1, B3
Levy, Clifford: Times Sq. Subway Station Plan is Canceled. In: The New York Times, 23. August 1992, Sec. 1, S. 40
Levy, Clifford: With a Month to Go, Giuliani Has 3 Times as Much Money as Messinger. In: The New York Times, 4. Oktober 1997. S. B1
Lindgren, Hugo: The New Urban Renewal. In: Metropolis, November 1993, S. 13,16
Livable City: The Municipal Art Society of New York. Oktober 1986, S. 3

Lobbia, J. J.: Act II: The Siege. Battle Over Theater Zone Nears Final Scenes. In: The Village Voice, 28. Juli 1998, S. 26

Lobbia, J. J: Choking on Air Rights. West Siders Hope It's Curtains for Theater Plan. In: The Village Voice, 5. Mai 1998, S. 26

Lubasch, Arnold H.: 2 Ex-City Aides Indicted in Graft Inquiry. In: The New York Times, 27. März 1986, S. A1, B2

Lueck, Thomas J.: City Council Orders Review of 33 Business Improvement Districts. In: The New York Times,19. April 1995, Sec. B, S. 1

Lueck, Thomas J.: Madame Tussaud's Loses Bidding War and Drops Times Sq. Plan. In: The New York Times, 23. März 1995, Sec. B, S. 5

Lueck, Thomas J.: Miscalculations in Times Square. In: The New York Times, 10. August 1992, Sec. B, S. 3

Lueck, Thomas J.: $34 Million Plan Detailed By Disney in 42d St. Pact. In: The New York Times, 18. Januar 1995, Sec. B, S. 3

Lueck, Thomas J.: 3 Prime Sites in Times Square Renewal Plan Go Up for Sale. In: The New York Times, 18. März 1997, Sec. B, S. 1

Massa, Robert: Those Dancing Feet. In: The Village Voice, 15. November 1988, S. 103-6

MacDonald, Heather: BIDs Really Work. In: City Journal, Frühjahr 1996, S. 29-42

McCloud, Darlene: Preserving the Core of the Big Apple. In: City Almanac, Sommer 1985, S. 19-21

Meislin, Richard: Carey ,s Listet As Having Held Citisource Stock. In: The New York Times, 22. Mai 1986. Sec. B, S. 2

Meyers, Richard: Why They Let George Do It. In: Institutional Investor, November 1987, S. 139-147

Mirabella, Alan: Broadway Fears a Mouse That Will Roar. In: Crain's New York, 28. Februar 1994, S. 1

Mollenkopf, John H.: The 42nd Street Development Project and the Public Interest. In: City Almanac, Sommer 1985, S. 12-15

Moss, Mitchell: We've Got the Human Element on Our Side. In: The New York Observer, 15. Januar 2000, S. 1

Muschamp, Herbert: A Rare Opportunity for Real Architecture Where It's Needed. In: The New York Times, 22. Oktober 2000, Sec. 2. S. 1, 38

Muschamp, Herbert: 42d Street-Plan: Be Bold or Be Gone. In: The New York Times. 19. Dezember 1993. Sec. E, S. 3

Muschamp, Herbert: The Party's Never Over in the New Times Square. In: The New York Times, 3. Januar 2000, Sec. E, S. 1

Nelson, Steve: Broadway and the Beast: Disney Comes to Times Square. In: Drama Review, Sommer 1995, S. 71-85

Neuwirth, Robert:Hundred Years of Subsidy. In. The Village Voice, 12.Februar 1991,S.11

New York Newsday:
Giving With A Goal. 30. August 1998, S. A 4
Durst's Anti-plan Plan For a New Times Square. 26. Oktober 1989, S. 10
Polishing the Tarnish Off Times Square. 4. Juni 1992, S. 105-108

New York Times, The:
- A New Opening for Times Square. 10. August 1992, S. A 10
- Angels in Albany - and City Hall. 8. Januar 1994, Sec. 1, S. 22
- A Promising Debut on Broadway. 1. Januar 1998, Sec. A, S. 20
- A Second Term for Mayor Dinkins. 24. Oktober 1993, Sec. 4, S. 14
- The Blackout Battle, 2. Mai 2000, S. A26
- The Chronology. 26. November 1986, Sec. B, S. 3
- The City Planning Lesson, Contd. 27. Juni 1980, Sec. A, S. 30
- Companies Aid Times Square Study. 16. Juni 1978, Sec. 2, S. 2
- Disney Official Guilty in Pornography Case. 17. Dezember 1999, Sec. A, S. 28

- Divorce on 42d Street? 13. August 1983, S. 22
- The First Step on 42d Street. 7. November 1984. Sec. A, S. 26
- Gridlock City. 17. Juli 1999. S. A 12
- Koch Favors Competitive Bidding on Development of Times Square Area. 15. Juni 1980, B 12
- Measuring a Combined Viacom/CBS Against Other Media Giants. 8. September 1999, S. B 18
- Miracle on 42d Street. 19. April 1990, S. A 24
- Peace and Promise for 42nd Street. 23. Oktober 1983. Sec. 4, S. 18
- Progress in Midtown. 6. August 1994, Sec. 1, S. 18
- Re-Elect Mayor Giuliani. 26. Oktober 1997, Sec. A, S. 14
- Reveille for Broadway, 24. Oktober 1984, Sec. A, S. 24
- Reviving the Rialto. 23. Juli 1995, Sec. 4, S. 14
- Spotlight on Justice in Times Square. 17. November 1991, Sec. 4, S. 16
- The Mayor's Book Deal. 4. Februar 2001, Sec. 4, S. 16
- Times Square As a Living Stage. 24. März 1984, Sec. 1, S. 22
- Times Square District Appoints President. 21. November 1991, Sec. B, S. 4
- Times Square Stirs While Planning Sleeps. 15. Januar 1980, Sec. A, S 18
- Who'll Set the Beat for 42d Street? 3. Oktober 1984, Sec. A 26

Oculus: 42nd Street Update. Januar 1994, S. 11

Oculus: New York Chapter Speaks Out: 42nd Street Now!. Februar 1994, S. 13

Oculus: Times Square Tower to Be Demolished?. Januar 1984, S. 12-13

Onishi, Norimitsu: Developer Seeking Campaign Reform Tops Donor List. In: The New York Times, 15. Mai 1998, S. B 8

Onishi, Norimitsu: Giuliani Pick's an Ally's Son As Director of City Budget. In: The New York Times, 8. Juli 1998, Sec. B, S. 1

O'Shaugnessy, Patrice and Frank Lombardi: Times Square Deal Barred in Jury's New Indictment. In: Daily News, 8. Mai 1986, S. 5

Pepchinski, Mary: Berlin gleicht einer Baustelle in den USA. In: Die tageszeitung, 24. Oktober 1992, S. 34

Pinder, Jeanne: Disney Considers Move into Times Square. In: The New York Times, 15. September 1993, S. C15

Playbill: Notes From the League: New Uniform in Times Square. Juni 1992, S. 31

Pollack, Andrew: Feature Film to Be Produced for Direct Release on the Web. In: The New York Times, 24. August 1999, Sec. C, S. 1

Pogrebin, Robin: A Theater Goes the Way of Arenas With an Airline Name. In: The New York Times, 1. März 2000, Sec. E, S. 1

Pulley, Brett: A Mix of Glamour and Hardball Won Disney a Piece of 42d Street. In. The New York Times, 29. Juli 1995, S. 1, 22

Pulley, Brett: Tussaud's and Movie Chain Join Disney in 42d Street Project. In: The New York Times, 16. Juli 1995. Sec. 1, S. 25

Pulley, Brett: 2 Win By Not Quitting 42d Street; Milstein Brothers at Last Get in On Renewal Plan. In: The New York Times, 12. Januar 1996, Sec. B, S. 1

Purdum, Todd: For Lazar, ‚Fringe' Areas Afford Investment Changes. In: The New York Times, 29. Juli 1984. Sec. 8, S. 7

Purnick, Joyce: 26 Rebuilding Proposals Submitted For Times Sq.. In: The New York Times, 9. September 1981, Sec. B, S. 1

Purnick, Joyce: Key Officials Call Scandal Undetectable. In: The New York Times, 12. Mai 1986, Sec. B, S. 1, S. 5

Ramirez, Anthony: N.R.A. Plans Times Square Restaurant and Arcade. In: The New York Times, 20. Mai 2000, S. B1

Real Estate Weekly: Theater Advocacy Group Wants NYC to Answer Upkeep Questions. 1. August 1990, S. 3

Redburn, Tom: Putting Sex in It's Place. In: The New York Times, 12. September 1994, Sec. B, S. 1
Reese,Thomas: A Good Time For Times Square (letter to the editor). In: Crain's New York, 27. September 1993, S. 12
Rice, Andrew: Scrappy Garage Man Battles Times Tower, Won't Sell His Lot. In: The New York Observer, 16. July 2000
Rich, Frank: A Detour in the Theater That No One Predicted. In: The New York Times, 18. Oktober 1998, Sec. 2, S. 1
Rich, Frank: Culture Fire Sale. In:The New York Times, 25. Juni 1998, S. A 13
Rich, Frank: The Mouse That Ate America. In: The New York Times, 2. Oktober 1996, Sec. A, S. 23
Roost, Frank: Recreating the City As Entertainment Center: The Media Industry's Role in Transforming Potsdamer Platz and Times Square. In: Journal of Urban Technology, Dezember 1998, S. 1-21
Rose, Frank: Can Disney Tame 42nd Street? In: Fortune, 24. Juni 1996, S. 94-104
Rubinstein, Rafael: Times Up - Artist Evicted From Times Square. In: Art in America, Mai 1995, S. 31
Russell, James: Golddiggers of 1984. In: Architectural Record, Oktober 1984, S. 124
Saltonstall, Dave: Peep Show King Eyes New Times. in: Daily News, 12. November 1995, S. 21
Sargent, Greg and John Benson: De Niro and Weinstein Sticking It to Giuliani By Heading to Yonkers. In:The New York Observer, 17. April 2000, S. 1, 6
Schiesel, Seth: The Media Giants. For Disney's Eisner, the Business Is Content, Not Conduits. In: The New York Times, 2. Juli 2001, S. C1
Schoenfeld, Gerald: On Bottom Lines and Chorus Lines. In: New York Newsday, 16. Juli 1986, S. 1
Schweitzer, Eva: Das neue, rasende Herz der Welt. In: Der Tagesspiegel, 8. August 1999, S. 3
Schweitzer, Eva: Größer, höher, bunter. In: Spiegel, 10. April 2000, S. 110-112
Schweitzer, Eva: Wenn die Polizei schwach wird. In: Der Tagesspiegel, 7. August 1998, Seite 32
Schweitzer, Eva: Gemeinsam zu Harry Potter. In: Berliner Zeitung, 17. Dezember 2001, S. 15
Segal, Paul: The Theater Advisory Council Opinion. In: Oculus, Mai 1988, S. 23
Shane, David Graham: Vacant Cities - die neue Downtown von Manhattan. In: Die Bauwelt. Heft 31/32, 1997, S. 1735-1741
Sheehy, Gail: Cleaning Up Hell's Bedroom. In: New York Magazine, 13. November 1972, S. 50-66
Sheehy, Gail: The Landlords of Hell's Bedroom. In: New York Magazine, 20.November 1972, S. 67-80
Slatin, Peter: Behind the Eighth Ball. Many Firms Cheer New Porn Law, But Landlords Rely on Trades Spoils. In: Crain's New York, 23. Oktober 1995, S. 3
Sleeper, Jim: Days of the Developers. Boom and Bust With Ed Koch. In: Dissent, Herbst 1987, S. 437-450
Smith, Neil: Of Yuppies and Housing: Gentrification, Social Restructuring, and the Urban Dream. In: Environment and Planning, Society and Space 5, 1987, S. 151-172.
Sorkin, Michael: Status Quo Vadis? In: Harvard Design Magazine, Winter/Frühjahr 1998, S. 29-31
Sorkin, Michael: Wir seh'n uns in Disneyland. In: Arch+, Dezember 1992, S. 100-110
Stephens, Suzanne: Forty-second Street Part I: What You Might Still Want to Know about 42nd Street. Who's Who: Cast of Characters. In: Oculus, November 1993, S.11
Stern, William J.: State Capitalism, New York Style. In: The City Journal, Sommer 1994, S. 70-75
Stern, William J.: New York: The Unexpected Lessons of Times Square's Comeback. In: San Diego Union-Tribune, 12. Dezember 1999, S. B1, G4
Stevens, Elizabeth Leslie: Mouse.ke.fear. In: Brill's Content, Dezember 1998/Januar 1999, S. 95-103
Stuckey, James: It's No Street of Shame. In: New York Newsday, 7. Dezember 1988, S. 70
Sturz, Herbert: A Planner Faces Reality (ed). In: The New York Times, 6. August 1988, Sec. 1, S. 24
Sussman, Mark: New York's Facelift. In: Drama Review, Frühjahr 1998, S. 34-42
Tierney, John: Times Square With Infant Is Impossible Parental Trek. In: The New York Times, 25. Oktober 1999, S. B1
Tifft, Susan E. and Alex S. Jones: Scion Of the Times. How Arthur Sulzberger Jr. Has Struggled to Keep the Family Newspaper What it Was - and What it Must Become. In: The New Yorker, 26. Juli 1999, S. 52-67

Tifft, Susan E. and Alex S. Jones. The Family. How Beeing Jewish Shaped the Dynasty That Runs The Times. In: The New Yorker, 19. April 1999, S. 44-52
Traub, James: The Anti-Trump. In: The New York Times Magazine, 20. Dezember 1998, S. 62-68
Trebay, Guy: Times Square: The Sequel. In: The Village Voice, 12. September 1989, S.24
Village Voice, The: Leper Lazar. 21. Oktober 1986, S. 10
Wall Street Journal, The: Times Square Gains Spot on List of Costly Streets. 6. Februar 1998, S. B 13F
Weber, Bruce: Disney Unveils Restored New Amsterdam Theater. In: The New York Times, 3. April 1997, S. B1
Weber, Bruce: In Times Square, Keepers Of the Glitz, 3 Women Overseeing Block's Rebirth Promise to Return its Splendor. In: The New York Times, 25. Juni 1996, B1
Weber, Bruce: Taking The Show to Television. In: The New York Times, 19. Januar 2000, Sec. E, S. 1
Weisbrod, Carl: 42d Street Landlords: Greed Inc. In: The New York Times, 17. Juni 1989, Sec. 1, S. 23
Weiss, Carol: What America's Leaders Read. In: Public Opinion Quarterly, Frühjahr 1974, S. 1-22
Whitt, Allan and John C. Lammers: The Art of Growth: Ties between Development Organisations and the Performing Arts. In: Urban Affairs Quarterly, März 1991, S. 376-393
Wiseman, Carter: Brave New Times Square. In: New York Magazine, 2. April 1984, S. 28-36
Wiseman, Carter: Clouds Over Times Square. In: New York Magazine, 20. Oktober 1986, S. 101-102
Witchel, Alex: Attention Please: Is Disney the Newest Broadway Baby? In: The New York Times, 17. April 1994, Sec. 2, S. 1
Young, Joyce: Getting a Drop On Times Sq.. In: Daily News, 30. März 1992, S. 9

Quellen aus der Verwaltung und von Organisationen

- Agreement of Lease Between 42nd Street Development Project Inc. (Landlord) and New Amsterdam Development Corporation (Tenant), New York, 29. Dezember 1994
- Allee, King, Rosen & Fleming Inc, Parsons, Brinckerhoff, Quade & Douglas Inc, Eng-Wong, Taub & Associates P.A.: 42nd Street Development Project: General Project Plan Amendment. Prepared for: New York State Urban Development Corporation. New York, August 1993
- Board of Estimate: Resolution on Calendar Number 31, Adopted November 8, 1984. New York 1984.
- City of New York, Department of City Planning: Midtown Development Review. Juli 1987
- City of New York, Department of General Services: Agreement of Lease No. 6159, 31. Juli 1981
- City of New York, Office of the City Clerk: Lobbyist Annual Report, 1996
- City of New York, Office of the City Clerk: Lobbyist Annual Report, 1997
- City of New York, Office of the City Clerk: Lobbyist Annual Report, 1998
- City of New York, Office of the City Clerk: Lobbyist Annual Report, 1999
- City of New York Police Department Analysis Report, Midtown Enforcement Project, Mai 1981
- City of New York, Special Commission to Investigate City Contracts, New York, September 1986
- Cooper Eckstut Associates: Forty-Second Street Development Project: Design Guidelines. New York 1981
- Council of the City of New York: Cities Within Cities. Business Improvement Districts and the Emergene of the Micropolis. New York 1995
- Earth Day New York: Lessons Learned. Four Times Square. An Environmental Information and Ressources Guide for the Commercial Real Estate Industry. New York 1997
- Gans, Herbert: The 42nd Street Development Project Draft EIS: An Assassment. Xerox Copy submitted in BoE-Hearing On Behalf of the Brandt Organisation. Mai 1984, New York. In: Parsons, Brinckeroff, Quade & Douglas Inc and AKRF, Inc.: 42nd Street Development Projekt. Final Environment Impact Study, Vol.1 und Vol 2, New York, 1984. Prepared on Behalf of the New York State UDC

- Hardy Holzman Pfeifer, Robert Silman Ass. PC, Jack Green Ass, Tishman Construc-tion: New Amsterdam Renovation and Restauration Study, New York, 4. Juni 1993
- Kornblum, William: West 42nd Street: The Bright Light Zone. New York: Graduate School and University Center of the City University of New York, 1978
- Lazard Freres&Co LLC, Cushman&Wakefield: Times Square Crossroads Of the World. Development Sites and Related Credits Offered By the Prudential Insurance Company of America (undatiert)
- League of American Theatres & Producers, Inc.: The Broadway Industry: Its Economic Impact on New York City 1997. New York, Februar 1998
- League of American Theatres and Producers, Inc. Who Goes to Broadway? A Demographic Study of the Broadway Audience. New York, Januar 1998
- Leichter, Franz: A Public Subsidy Exceeding One Billion Dollars. Prepared By the Office of State Senator Franz S. Leichter, 3. Oktober 1988
- Lopez, Edwards, Frank and Co: Financial Statements for „42nd Street Local Develop-ment Corporation and Wholly Owned Subsidiary West Side Properties, Inc." 1979-86
- MTA, The Transit Authority. Times Square Station Complex Reconstruction. Conceptual Design Proposal, 10 März 1993
- Municipal Art Society of New York: Analysis of the 42nd Street Development Project. New York, 28. Juli 1994
- New 42nd Street Inc.: Fact Sheet 1998
- New York City Department of City Planning: Adult Entertainment Study, 1994
- New York City Department of City Planning: Planning New York City 1991-1992. NY 1991.
- New York City Planning Commission: Midtown Zoning. New York 1982
- New York City Planning Commission and Urban Design Group, Department of City Planning: 42nd Street Study. New York 1978
- New York City Planning Commission: Shaping the City's Future. New York City Planning and Zoning Report. New York 1993
- New York Empire State Development Corporation: General Project Plan, Juni 1981, Amendment vom 14. Januar 1998
- New York State Comptroller, Office of State Deputy Comptroller for NYC. NYC Planning Commission, Granting Special Permits for Bonus Floor Area, Report A-23-88. New York, 1988
- New York State Urban Development Corporation, Attachment to General Project Plan from 1981, 1. Oktober 1984
- New York State Urban Development Corporation, Memorandum of Understanding, 30. Dezember 1992
- New York State Urban Development Corporation, 42nd Street Development Land Use Improvement Project, General Project Plan, 15. September 1993
- New York State UDC, The City of New York and Times Square Center Associates: Project Agreement, 21. Juni 1988
- New York State Urban Development Corporation: 42nd Street Development Project: A Discussion Document, New York 1981
- New York State Urban Development Corporation: 42nd Street Development Project Design Guidelines, New York 1981
- New York State Urban Development Corporation: 42nd Street Development Project: General Project Plan, New York 1981
- New York State Urban Development Corporation: 42nd Street Development Project: General Project Plan, 1984, Amendment vom 14. Januar 1998
- Parsons, Brinckeroff, Quade & Douglas Inc and AKRF, Inc.: The 42nd Street Development Project, New York. Draft Environmental Impact Statement. Prepared On Behalf of the New York State UDC, New York, Januar 1984

- Parsons, Brinckeroff, Quade & Douglas Inc and AKRF, Inc.: The 42nd Street Development Projekt, New York. Final Environment Impact Study, Vol. 1 und Vol 2, New York, August 1984. Prepared on Behalf of the New York State UDC
- Port Authority Cultural Assistance Center: Arts As an Industrie. Their Economic Impact to the New York-New Jersey Metropolitan Region. 1983, New York:
- Sanborn Land Book of the City of New York. Published By: First American Real Estate Solutions, Weehawken, New Jersey, 1975/76
- Sanborn Land Book of the City of New York, 1982/83
- Sanborn Land Book of the City of New York, 1988/89
- Sanborn Land Book of the City of New York, 1990/91
- Sanborn Land Book of the City of New York, 1994/95
- Sanborn Land Book of the City of New York, 1999/00
- State of New York, Board of Elections: Financial Disclosure Statement, Monetary Contributions Periodic Filing (New Yorkers for Koch Inc.), 1983-1989
- Stegman Michael: Housing and Vacancy Report New York City 1987, Department of Housing Preservation, New York, 1988
- Stern, Robert A. M.: 42nd Street Now! A Plan for the Interim Development of 42nd Street. Prepared for: 42nd Street Development Project, Inc., New York State Urban Development Corporation, New York City Economic Development Corporation. New York, 1993
- Times Square BID: Retail and Market Analysis. New York, 1997
- Times Square Business Improvement District: Annual Report. New York, 1997
- Times Square Business Improvement District: Annual Report. New York, 1998
- Times Square Business Improvement District: Annual Report. New York, 1999
- Times Square Business Improvement District: Annual Report. New York, 2000
- Times Square Business Improvement District: Board of Directors Briefing Book. New York, 1998/1999
- Times Square Business Improvement District: Report on the Secondary Effects of the Concentration of Adult Use Establishments in the Times Square Area. New York, 1994
- President: National Urban Policy Report, 1978. U.S. Department of Housing and Urban Development, Washington DC, 1979
- Vera Institute of Justice, 35-Year-Report, New York, 1997

Websites

http://www.cfb.nyc.ny.us
http://www.disney.go.com/investors
http://www.hellskitchen.net
http://www.newscorp/public
http://www.nytco.com
http://www.nytimes.com
http://www.opensecret.org
http://www.paramount.com
http://www.seagram.com/company
http://www.timessquarebid.org
http://www.timesunion.com/capitol

Interviews

Bagli, Charles, Reporter der New York Times, zuständig für den Times Square, 1. Dezember 2001
Barwick, Kent, President der Municipal Art Society, 2. April 2001
Bland, Frederick, Architekt bei Beyer, Blinder, Belle, zuständig für das „AMC"-Multiplex und das „Ford Center", 20. Juli 1998
Brandt, Robert, früherer Theaterbesitzer an der 42nd Street, 10. Juli 1998
Cahan, Cora, Präsidentin der New 42nd Street Inc., 10. März 1999
Durst, Douglas, Besitzer der Durst Organisation, 30. Juni 1998
Dykstra, Gretchen, Präsidentin des Times Square Business Improvement District (bis September 1998), 12. Mai 1998 und 17. August 1998
Eldridge, Ronnie, Mitglied des City Council für die Upper West Side, 7. August 1998
Finnegan, Kevin, Community Board 5, 20. Juli 1998
Folta, Carl, Pressesprecher Viacom, 16. November 1999
Fowle, Bruce, Architekt für das Reuters- und Conde-Nast-Gebäude, 17. April 2001
Frankel, Max, früherer Chefredakteur der New York Times, 8. Januar 1999
Goldberger, Paul, Architekturkritiker des New Yorker und früherer Architekturkritiker der New York Times, 22. Oktober 1998
Goodhue, Henry, Marketing Director von Prudential, 1. September 1998
Hardy, Hugh, Architekt für das „New Victory" und „New Amsterdam", 23. November 1998
Heiskell, Marian von der Sulzberger-Familie, Chairman der New 42nd Street Inc., 27. Januar 1999
Hill, Mitch, Senior Vice President von Walt Disney Imagineering, 1. September 1998
Klein, George und Elisabeth Mounihan, Projektleiterin bei Park Tower Realty, 1. Februar 1999
Koch, Edward I., New Yorker Bürgermeister bis Ende 1989, heute Anwalt bei Robinson, Silverman, Pearce and Partners, 23. November 1998
Kramer, Kenny, „The Real Kramer", Bewohner des „Manhattan Plaza", am 26. März 1999
Leichter, Franz, Senator für die Upper West Side im Staat New York, 29. Mai 1998
Levin, Brenda, Mitglied der Planning Commission und des City Council, 13. Juni 1998
Mannarino, Anthony, früherer Vizepräsident der Public Development Corporation, heute bei Tishman Speyer Properties, 22. Dezember 1998
Messinger, Ruth, Borough-President von Manhattan von 1989 - 1993, 20. August 1998
Papert, Fred, President der 42nd Street Development Corporation, 15. Oktober 1998
Pettolina, Tim, Executive Assistant der Nederlander Company, am 1. Februar 1999
Robertson, Rebecca, frühere Präsidentin der 42nd Street Project, dann Immobilien-beauftragte der Shuberts, am 27. Mai 1998, 11. Juni 1998 und 22. November 1999.
Rosenthal, Jack, früherer Leiter des Editorial Board der New York Times, heute President der New York Times Company Foundation, 8. Mai 2001
Schoenfeld, Gerald, Geschäftsführer der Shubert Organisation und der Shubert Foundation, 14. Dezember 1998
Sexton, Brendan, früherer Präsident der Municipal Art Society, seit Ende 1998 Präsident des Times Square BID, 15. Juli 1998 und 8. August 2001
Stern, Robert, Architekt für das Konzept „42nd Street Now!" und Board Member der Walt Disney Company, 29. Januar 1999
Stern, William, früherer Chairman der Urban Development Corporation, 25. Juni 1998
Sulzberger, Arthur Ochs Jr., Herausgeber der New York Times, 10. März 1999, 4. November 1999
Sturz, Herbert, früherer Chairman des Department City Planning, dann im Editorial Board der New York Times und des Vera Institute, 6. November 1998
Weisbrod, Carl, früherer President der 42nd Street Project und heute President der Downtown-Lower Manhattan Business Association, 11. Juni 1998
Zukin, Sharon, Professor of Urban Planning, City University, 30. Juli 1998

Bildnachweis:

Coverfoto/Montage: Eva C. Schweitzer
Eva C. Schweitzer: Seiten 8, 23, 35, 38, 64, 69, 82, 153, 159, 163, 164, 173, 184, 189, 192, 199, 200, 203, 214, 220, 225, 226, 233, 234 oben, unten links, 238, 249, 250, 276, 277
Public Domain: Seiten 26, 40, 43, 58
New York Times Company: Seiten 46, 73, 234 unten rechts
Postkarten: Seite 49, 50, 55, 61, 81
42nd Street Project: 89
Johnson, Burgee Architects: Seite 104-105
Lazard, Freres: Seite 122-123
Times Square BID: Seite 143, 219
Zur Verfügung gestellt von den Portraitierten: Seite 152.
Helmut Schweitzer: Seite 183
City University: Seite 279

Quellenangaben Nachwort

Bagli, Charles V.: After 30 Years, Times Square Rebirth Is Complete. In: The New York Times, 3. Dezember 2010.
Bagli, Charles V.: Investment Firm Buys Most of the Former Times Building. In: The New York Times, 28. April 2011.
Bagli, Charles V.: Trade Tower Is Set to Add Prime Tenant, a Law Firm. In: The New York Times, 26. Januar 2012.
Bishop, Marlon: CT Native American Tribe Gets a Piece of Broadway. In: WNYC, 11. August 2010
Broadwayworld.com: Marian S. Heiskell Stepping Down as New 42nd Street Chairman of the Board; Fiona Howe Rudin is Named New Chairman. 26. April 2012.
Chafets, Zev: The Missionary Mogul. In: The New York Times Magazine, 16. September 2007
Holusha, John: Sleaze-Free Times Square as a New Financial Center. In: The New York Times, 3. November 2004.
Perez-Pena, Richard: Times Co. Building Deal Raises Cash. In: New York Times, 10. März 2009.

Anhang

West 42nd Street zwischen Eighth und Seventh Avenue, circa 1920

Gerastert: Legitimate Theatres
Weiß: Sonstige Bauten, Wohnungen, Kleingewerbe
Quelle: G.W. Bromley and Co: Atlas of the Borough of Manhattan, City of New York

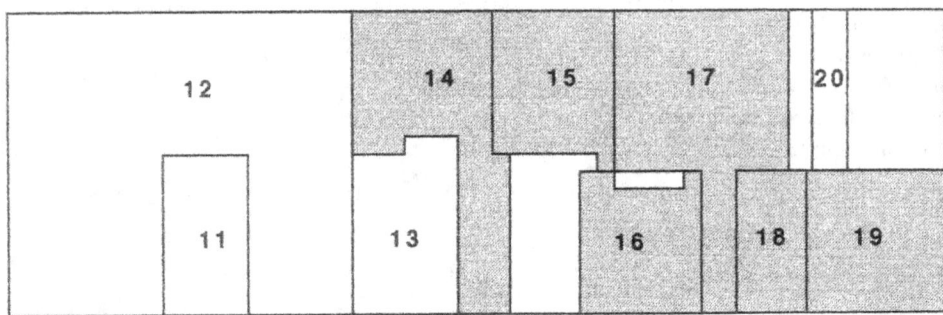

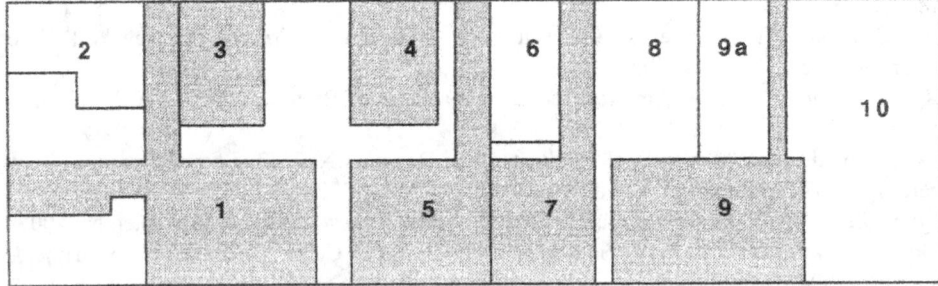

1) American Theater
2) Franklin Savings Bank
3) Frazee Theatre (späterer Name: Fields, Hackett, Harris, Wallack's, Anco)
4) Eltinge Theatre (späterer Name: Empire)
5) Liberty Theatre
6) Murray's Restaurant (späterer Name: Hubert's Flea Circus)
7) Cohan and Harris Theatre (späterer Name: Candler, Harris)
8) Candler Building
9) New Amsterdam Theatre
9a) New Amsterdam Office Building
10) Kleingewerbe (u.a. The Hermitage)
11) Clinton Apartments
12) Diverse Brownstones (u.a. "Soubrette Row")
13) St. Luke's Evangelical Lutheran Church, dann: Case Building
14) Selwyn Theatre und Office Building
15) Apollo Theatre (späterer Name: Academy, heute: Ford Center)
16) Times Square Theater
17) Lyric Theatre (heute Ford Center)
18) Republic Theatre (späterer Name: Belasco, Minsky's Republic, Victory, New Victory)
19) Rialto Cinema (vorher Victoria Theatre)
20) Strand Hotel

West 42nd Street zwischen Eighth und Seventh Avenue, 2000

Schwach gerastert: Renovierte historische Theater
Stark gerastert: Neubauten
Weiß: Sonstiges/Leerstand
Quelle: Times Square BID Improvement Business District Map, 1999

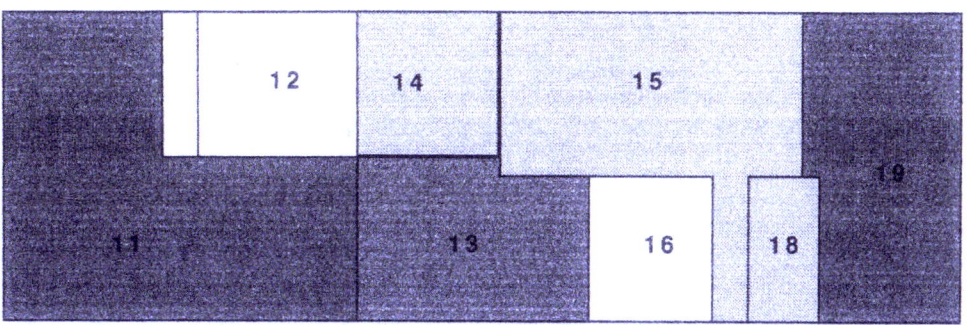

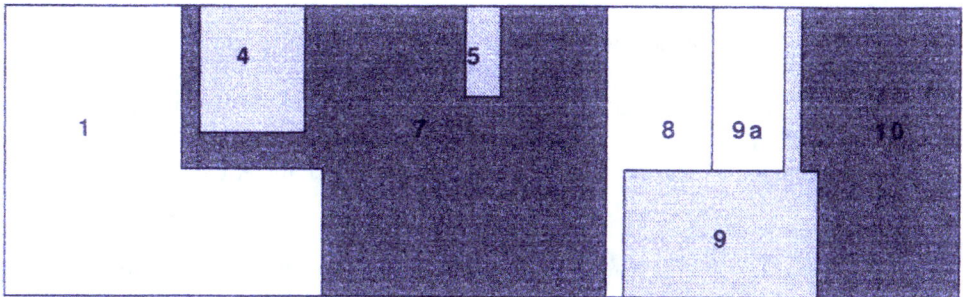

1) Milstein-Parkplatz
4) Empire Theatre (früher: Eltinge)
5) Eingang Liberty Theatre
7) Ratner-Komplex: Multiplexkino von AMC und Madame Tussaud
8) Candler Building
9) New Amsterdam Theatre
9a) New Amsterdam Office Building
10) Hochhaus Boston Properties/Zuckerman: Ernst&Young und Disney Store)
11) Hotel Tishman/Westin, Sony-Loews-Multiplex
12) Hotel Carter
13) Probebühne auf ehemaligen Selwyn-Grundstück
14) Selwyn Theatre
15) Ford Center for the Performing Arts (ehemals Apollo und Lyric-Theatre)
16) Times Square Theatre
18) New Victory
19) Hochhaus Rudin, Reuters

Legende zu den Grundstückslisten:

Dies ist eine Auflistung aller Grundstücke im Projektgebiet und den daran angrenzenden Grundstücken, geordnet nach Blöcken und nach Grundstücksnummern („Lots"). Es handelt sich um Block 994 und 995, Block 1012, Block 1013 und Block 1014, außerdem um den Annex der New York Times im Block 1015 sowie der Teil des Blocks 1171 an der Upper West Side, auf dem sich bis 1980 die Druckerei der New York Times befand.

Die Grundstücke, also die Lots, sind nach ihren Nummern geordnet und lassen sich so auf der zugehörigen Karte wiederfinden. Die Karte ist nicht genordet (oben ist Westen). Die jeweils erste Seite dieser Listen dokumentiert den Nutzungswechsel über die letzten zwei Jahrzehnte, die jeweils zweite Seite dokumentiert die Eigentümerwechsel über den gleichen Zeitraum, und die dritte Seite die Entwicklung der Bodenwerte.

Hierbei lässt sich folgendes erkennen: Das Grundeigentum am Times Square, das in den siebziger Jahren noch in den Händen zahlreicher Einzeleigentümer war, konzentrierte sich in den letzten zwei Jahrzehnten in den Händen einiger weniger Developer und großer Firmen, die Leasingnehmer von Stadt und Staat sind. Damit ging eine erhebliche Neubautätigkeit einher. Zudem hat es zwei Wellen von spekulativen Verkäufen und Aufkäufen gegeben und zwar einmal um 1981 herum, als die Ausweisung des Projektgebietes bevorstand, und ein zweites Mal Mitte der achtziger Jahre, auf dem Höhepunkt des Immobilienbooms am Times Square.

Die Quelle für die Nutzung der Gebäude ist die oben erwähnte Untersuchung der City University of New York (CUNY) unter der Leitung von Kornblum von 1978 sowie eine eigene Datenerhebung um 1999. Die Quellen für die Eigentümer und die Wertsteigerung ist das Sanborn Manhattan Land Book 1979 – 2000. Das tatsächliche Verkaufsjahr findet sich in Klammern sowohl hinter dem Namen des Eigentümers als auch hinter dem Verkaufspreis.

Definition der Begriffe:
Assessed Value: Der behördlich festgelegte Grundstückswert, der zur Berechnung der *real estate tax* herangezogen wird und der in etwa den deutschen Verkehrswert entspricht.
S. *Sales Price*, das ist der letzte bekannte Verkaufspreis, also der Marktpreis.
E: *Estimate*, ein geschätzter Verkaufspreis
M: *Multiple*, d.h. mehrere Grundstücke eines Eigentümers wurden zusammen zu einem gemeinsamen Preis verkauft.

Der *Assessed Value* aller Grundstücke zusammen im Projektgebiet (außer *Site 8*. d.h. die Mart/New York Times) war zum Zeitpunkt der Enteignung um 1990:

Gesamtwert Block 1014:   25 Millionen Dollar
Gesamtwert Block 1013:   17 Millionen Dollar
Gesamtwert Block 994:   7,5 Millionen Dollar
Gesamtwert Block 995:   18 Millionen Dollar

Insgesamt: **68 Millionen Dollar**

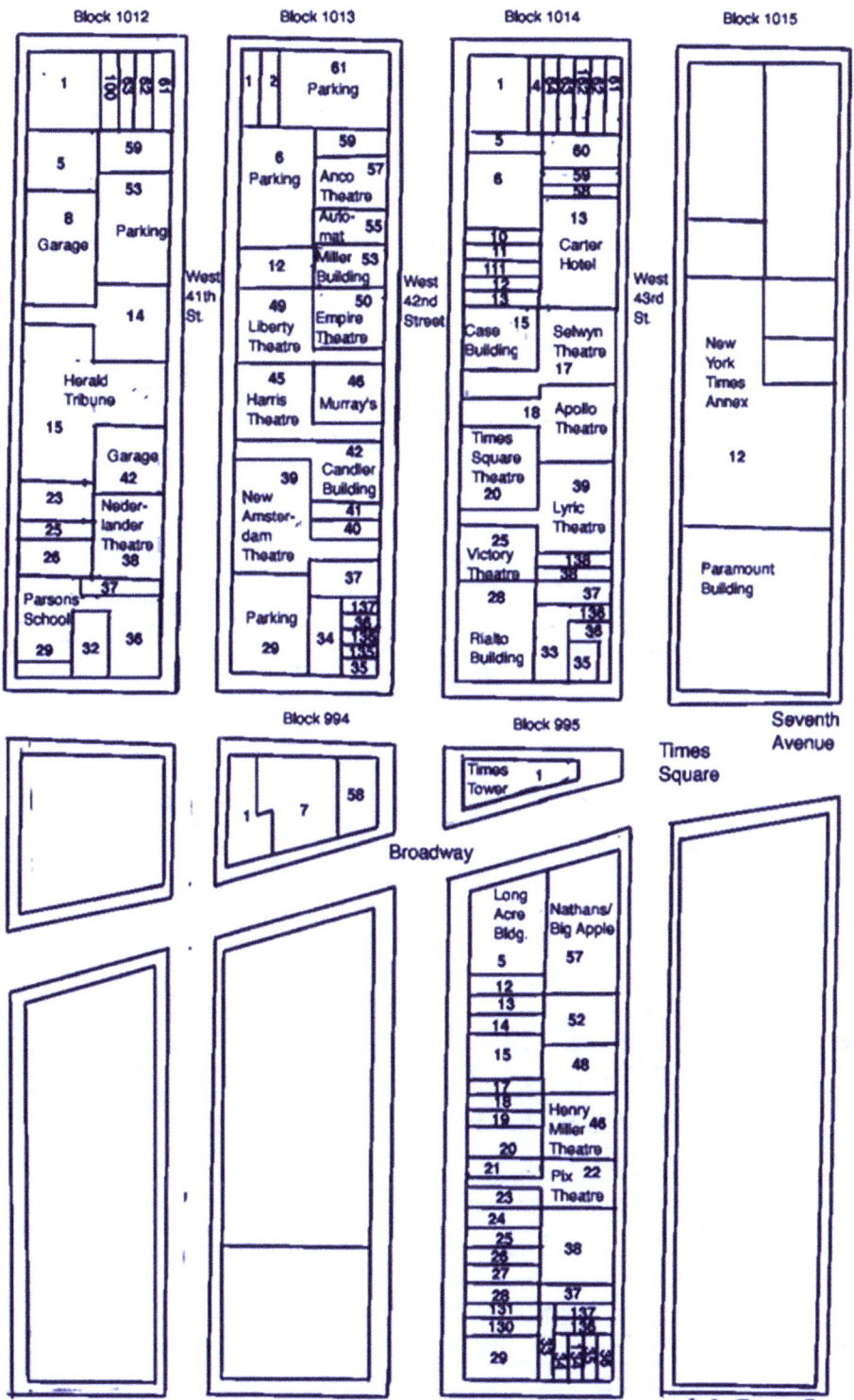

Times Square-Projektgebiet mit den Nummern der Blöcke und der Lots.
Quelle: Sanborn Manhattan Land Book

Blocks 994, 1015, 1171

Lot	(Historischer) Name	Adresse	Nutzung 1978	Nutzung 1999/2000
	Block 1015			
12	New York Times Annex	229 West 43rd	New York Times Headquarter	New York Times Headquarter
	Block 1171			
pt1	Warehouse	605-49 West 59th	???	Parkplatz
pt1	Television City	5-7 Westend Ave	Railways	Riverside South
pt1	Television City	320 West 66th	Railways	Riverside South
60	NYT-Grundstück	121-35 Westend Ave	Chemical Bank	ABC-Studio+Offices
62	NYT-Grundstück	101 Westend Ave	New York Times Plant	Public Housing
63	NYT-Grundstück	35-53 Westend Ave	New York Times Plant	Park/Housing
	Block 994			
1	Rosenthal Office	1451-55 Broadway	Office	Zuckerman/Anderson
7	Office Building	1457-63 Broadway	Office/Bank	Zuckerman/Anderson
58	Crossroads Building	1465-67 Broadway	Pornostore	Zuckerman/Anderson

Lot	Eigentümer 1975/76	ET-Wechsel bis 1982	ET-Wechsel bis 1990	Eigentümer ab 1999
	Block 1015			
12	The New York Times (1913)			The New York Times
	Block 1171			
pt1	NY Central RR			Hudson Waterfront Ass ('95)
pt1	NY Central RR	Lincoln West Ass. (1982)	Donald Trump (1985)	Donald Trump
pt1	New York Times (1969)			Donald Trump
60	New York Times (1969)	Ambroco Corp (ABC, 1982)		ABC
62	New York Times (1969)		Ambroco Corp (ABC, '85)	Jerry Speyer (1998)
63	New York Times (1969)		Ambroco Corp (ABC, '85)	Jerry Speyer (1998)
	Block 994			
1	First National City Bank	Imre Rosenthal (1956)	Rosenthal (1985)	UDC, Lesse: Klein (1990)
7	Transamer Real Estate	Urban, Newmark (1974)	Fieldman (1985)	UDC, Lesse: Klein (1990)
58	Maidman	NYC: Lesse: F. Papert (1979)		UDC, Lesse: Klein (1990)

Blocks 994, 1015, 1171

Lot	Value 1975	Ass. Value (A) 1982	Ass. Value 1982-1990	Assessed Value 1999
	Block 1015			
12	10.750.000 $	12.200.000 $ (A)		19.800.000 $ (A, 1999)
	Block 1171			
pt1	Kein Wert	Kein Wert	41.800.000 $ (A, 1988)	63.480.000 $ (S, 1996)
pt1	Kein Wert	19.650.000 $ (S, 1982)		115.000.000 $ (M, 1985)
pt1	Kein Wert	Kein Wert	41.800.000 $ (A, 1988)	8.609.000 $ (A, 1999)
60	2.450.000 $	2.450.000 $ (A, 1975)	16.000.000 $ (S, 1982)	
62	11.435.000 $	11.400.000 $ (A, 1975)	10.950.000 $ (S, 1985)	21.250.000 $ (S, 1998)
63	(dasselbe Lot wie 62)	(dasselbe Lot wie 62)	6.998.000 $ (S, 1985)	58.032.000 $ (P, 1998)
	Block 994			
1	1.250.000 $	Kein Wert	310.000 $ (S, 1985)	2.070.000 $ (E)
7	2.200.000 $	2.620.000 $ (A)	4.970.000 $ (A, 1990)	3.690.000 $ (E)
58	1.575.000 $	Kein Wert	1.260.000 $ (A, 1990)	1.660.000 $ (P)

(S=Sales Price (Verkaufspreis), E=Estimate (geschätzter Wert), M=Multiple (Wert mehrerer Flurstücke)

Block 1015 befindet sich zwischen Seventh und Eighh Avenue sowie zwischen W43rd und W44th Street. Er gehört nicht zum Projektgebiet. Hier befand sich bis 2008 das Hauptquartier der New York Times. Das Gebäude existiert noch, steht aber leer. Block 1171 befindet sich weit außerhalb des Projektgebietes westlich der Westend Avenue zwischen W61st und W62nd Street. Hier war früher die Druckerei der New York Times. Heute (2012) hat Donald Trump hier Eigentumswohnungen gebaut, als Teil von "Riverside South". Block 944 befindet sich südlich des ehemaligen Times Tower. Hier steht heute eines der vier Projekt-Hochhäuser.

Block 1012

Lot	(Historischer) Name	Adresse	Nutzung 1978	Nutzung 1999/2000
1	Bank	620-28 Eighth Ave	Office, Vacant, Shoes	(NYT-Lot) Cameras, Clothes
5	Lofts	251-59 West 40th	Factory, Clothes	(NYT-Lot), Factory, Clothes
8	Public School	239-49 West 40th	Parking Garage	(NYT-Lot), Parking Garage
14	low-rise retail	238-46 West 41st	Parking Lot	(NYT-Lot), Parking Lot
15	New York Herald Tribune	219-35 West 40th	Offices	Offices, Clothes, Croissants
23	Lofts	215-17 West 40th	Factory	Factory
25	low-rise retail	213 West 40th	Factory	Factory
26	Metropol. Opera Storage	209-11 West 40th	Lager	Chinatex
29	Parsons School of Design	560-64 Seventh Ave	Garment Synagoge/School	Garment Synagoge/School
32	low-rise retail	566-68 Seventh Ave	Offices, Restaurant, Repair	Offices, Shoes, Clothes
36	Cowans Building	570-76 Seventh Ave	Offices, Fashion, Food	Offices, Clothes
37	Hotel	206 West 41th	Hotel/Restaurnant	Nederlander Theatre
38	National Theatre	208-18 West 41st	National Theatre	Nederlander Theatre
42	Hudson Garage	220-26 West 41st	Parking Garage	Parking Garage
53	low-rise retail	248-56 West 41st	Parking Lot	(NYT-Lot), Parking Lot
59	Brooks Building	258-62 West 41st	Food/Restaurant	(NYT-Lot), Student Housing
61	low-rise retail	268 West 41st	Bar, Adult Books, Liquor	(NYT-Lot), Video, Peepland
62	low-rise retail	636 Eighth Ave	Exchange Bar	(NYT-Lot), Adult Entertainm.
63	low-rise retail	630-32 Eighth Ave	Bus Stop Bar&Grill, Clothing	(NYT-Lot), Adult Video

Lot	Eigentümer 1975/76	ET-Wechsel bis 1982	ET-Wechsel bis 1990	Eigentümer ab 1999
1	Irving Maidman	Stratford & Wallace (1950)	City of New York (1987)	Stratford Wallace&Ano (1987)
		Lesse: Silverstein (1977)		
5	Williams & Co		Rlty Co/Joe Orbach ('83)	Three O. Realty LLC (1997)
8	Walter Scott & Co	Louis Smadbeck (1974)		Chobee Properties/Smadbeck
		Lesse: Rhoda Wolf		Lesse: Mets Parking Inc.
14	George Comfort Inc.	Brach's Glatt Kosher (1979)		TS Garage/Glatt Kosher
15	???		RKC Tribune Ass (1983)	Oaktree L.A./Porosoff (1997)
23	Saltzman/Cuyler (1953)		Saltzman/Newmark ('87)	Arnoldt Saltzman/Newmark
25	Union Dime Sav. Bank	Heon Realty (1981)	Isaak Gross (1986)	Muih NG Wong (1995)
26	Wometco Poto Sav. Inc.	First National Trading (1980)		FNT Export/Jaua Chen
29	Brotherhood in Action	New School f.S.R.(1978)		New School f. Social Research
32	Gragor Ass./T. Graham		EBM Corp/Lungtat (1983)	EBM Development Co/Lungtat
36	Larry Silverstein (1972)			Larry Silverstein
37	Nives Rlty Co	Nederlander Theaters (1980)		Nederlander Theatrical Corp
38	Billy Rose Finding Co	James Nederlander (1978)		Robert Nederlander (1997)
42	Times Square Corp	Brach's Glatt Kosher (1979)		Samuel Brach's Glatt Kosher
53	Lincoln Savings Bank	Leonard Weiss (1980)		Leonard Weiss
59	Solow Managment ('70)		Sheldon Solow (1984)	Times Square Church (1993)
61	A. I. Rosner Ass	Transworld/Carroll (1981)		Transworld/Richard Carroll
62	EMM Rlty (1961)			EMM Rlty/Robert Lapin
63	Jenni Ross	Olympia Buller (1979)	M. Levy/Triftmore (1982)	Matthieu Goldenberg (1985)

Block 1012

Lot	Value 1975	Ass. Value (A) 1982	Ass. Value 1982-1990	Assessed Value 1999
1	1.665.000 $	920.000 $ (A)		1.377.000 $ (A)
5	985.000 $	750.000 $ (S, 1979)		2.467.000 $ (A)
8	1.045.000 $			2.150.000 $ (A)
14	4.700.000 $	495.000 $ (S, 1979)		846.000 $ (A)
15	(= Lot14)		12.200.000 $ (S, 1983)	13.364.000 $ (S, 1997)
23	680.000 $	420.000 $ (A)		1.644.000 $ (A)
25	140.000 $	280.000 $ (S, 1981)	2.000.000 $ (S, 1986)	1.598.000 $ (S, 1995)
26	595.000 $	775.000 $ (S, 1980)		850.000 $ (A)
29	2.300.000 $	2.360.000 $ (E)		3.780.000 $ (E)
32	770.000 $		3.100.000 $ (S, 1983)	1.442.000 $ (A)
36	2.700.000 &	3.835.000 $ (S, 1972)		4.476.000 $ (A)
37	130.000 $	150.000 $ (S, 1980)		157.000 $ (A)
38	620.000 $	475.000 $ (S, 1978)		1.573.000 $ (S,1997)
42	385.000 $	875.000 $ (S, 1979)		605.000 $ (A)
53	556.000 $	926.000 $ (M, 1980)		982.000 $ (A)
59	340.000 $	200.000 $ (A)		900.000 $ (S, 1993)
61	365.000 $	460.000 $ (S, 1981)		627.000 $ (A)
62	155.000 $	146.000 $ (A)		275.000 $ (A)
63	275.000 $	300.000 $ (S, 1982)		729.000 $ (A)
(S=Sales Price (Verkaufspreis), E=Estimate (geschätzter Wert), M=Multiple (Wert mehrerer Flurstücke)				

Block 2012 befndet sich zwischen Seventh und Eighth Avenue und W40th und W41st Street. Am östlichen Ende befindet sich die Synagoge für den Garment District, die Parsons School of Design und ein Teil der New School. Die gesamte westliche Hälfte wird heute von dem Hochhaus der New York Times eingenommen. Ursprünglich befanden sich viele kleine Geschäfte, Bars, Pornoläden, aber auch zwei Parkgaragen im Block, von denen viele weichen mussten. Ein paar Geschäfte des Garment Districts, die Stoffe und Applikationen verkaufen, sind geblieben. Auch das Nederlander-Theater, das südlichste Broadway-Theater, ist noch hier.

Block 1013

Lot	Historischer (Name)	Adresse	Nutzung 1978	Nutzung 1999/2000
1	low-rise retail (Mart)	640 Eighth Ave	Bargain-Shop	Parking Lot
2	low-rise retail (Mart)	642 Eighth Ave	Elektro/Camera	Parking Lot
6	American Theater (Mart)	245-49 West 41st	Parking Lot	Parking Lot
12	low-rise retail	241 Seventh Ave	Parking Lot	AMC-Multiplex
29	Stanley Movie Theatre	582-90 Seventh Ave	Parking/Adult Books/FastFood	Zuckerman/Ernst&Young
34	Hotel National/Hermitage	592-94 Seventh Ave	Topless Bar/SRO-Hotel	Zuckerman/Ernst&Young
35	Disney Store	598 Seventh Ave	FastFood	Zuckerman/Ernst&Young
36	Disney Store	206 West 42nd	Vacant	Zuckerman/Ernst&Young
37	Disney Store	210-12 West 42nd	Adult Books/Peepshow	Zuckerman/Ernst&Young
39	New Amsterdam	214 West 42nd	2nd-run Movie Theatre	Disney's New Amsterdam
40	New Amsterdam-Office	216 West 42nd	X-rated Movies Cine 42	Disney-Office
41	New Amsterdam-Office	218 West 42nd	Clothing	Disney-Office
42	Candler Building	220-24 West 42nd	Gifts/FastFood, vacant offices	SFX Entertainment
45	Harris Theatre	226 West 42nd	KungFu+Porno-Theatre	AMC-Multiplex
46	Murray's/Hubert's Museum	228-32 West 42nd	AdultBooks/"Peepland"	Madame Tussaud
49	Liberty Theatre	234 West 42nd	KungFu+Porno-Theatre	Madame Tussaud
50	Empire Theatre	236-42 West 42nd	X-rated-Movie	AMC-Multiplex
53	Miller Building	244-48 West 42nd	PeepShow/Clothing	AMC-Multiplex
55	Automat Restaurant	250-52 West 42nd	Adult Books/FastFood	AMC-Multiplex
57	Anco Theatre	254-58 West 42nd	X-rated-Movies	AMC-Multiplex
59	American Theater (Mart)	260 West 42nd	Discount/FastFood	Parking Lot
61	Franklin Savings Bk (Mart)	644-58 Eighth Ave	Parkplatz	Parking Lot
135	Disney Store	202 West 42nd	Adult Books	Zuckerman/Ernst&Young
136	Disney Store	204 West 42nd	Vacant	Zuckerman/Ernst&Young
137	Disney Store	208 West 42nd	Peepshow	Zuckerman/Ernst&Young

Block 1013 befindet sich zwischen Seventh Avenue und Eighth Avenue sowie W41st und W42nd Street. Dies ist einer der beiden Blocks, in denen die historischen Theater sind, beziehungsweise waren, eingeschlossen das New Amsterdam, das inzwischen von Disney übernommen wurde. Heute, 2012, sind dort Madame Tussauds, das Hilton Hotel, Ripley's Believe it Or Not, und das AMC Multiplex Kino (anstelle des Empire Theatre). Am westlichen Ende des Blocks liegt der Parkplatz der Milstein-Brüder, der inzwischen verkauft und mit einem Bürohochhaus bebaut wurde, das im Jahr 2012 eröffnet wurde.

Anhang

Block 1013

Lot	Eigentümer 1975/76	ET-Wechsel bis 1982	ET-Wechsel bis 1990	Eigentümer ab 1999
1	Irving Maidman	Franklin Savings Bk (1976)	Milstein (1983)	Milstein
2	Franklin Savings Bank (1975)		Milstein (1983)	Milstein
6	Franklin Savings Bank (1975)		Milstein (1983)	Milstein
12	109 Operating Corp.	RRNT Ass, C.Ferrari (1979)	RRNTAss, Richard Basciano	NYC (1999)
29	Anfour Enterprises	Elghanayan/Rockrose ('81)	Jeffrey Elghanayn (1986)	NYC (1990)
34	First National City Bank	Samuel Goldgrub (1978)		NYC (1990)
35	Mildred Brock (1924)			NYC (1990)
36	90 Corp, H. Jacobwitz (1950)		M.Jacobite/V.Vienna (1986)	NYC (1990)
37	Sevco Realty Corp.	Martin Hodas (1977)	Richard Basciano (1985)	NYC (1990)
39	Anfour Enterprises/Finkelstein		NYC Indust. Dev. Agency	UDC (1992), L:Disney
			Lesse: Nederlander (1983)	
40	Max Schaffer, Leo Clark ('68)			NYC (1990), L: Klein
41	???	Peter di Conza (1978)	Clarose C./Leo Clark (1984)	NYC (1990), L: Klein
42	Newmark	Lazar/Shafran (1981)	Benjamin Winters (1985)	Massach. Mutual ('93)
45	Mark Finkelstein (1952)			NYC (1997)
46	228-32 W 42St Realty Corp	Waterloo/Lucy Nicolosi (1977)		NYC (1990), L: Klein
49	Joe Lubin (1966), L: Brandt			UDC ('93), NYC ('97)
50	Joe Lubin (1966), L: Brandt		Ann Goldstein (1984)	UDC ('93), NYC ('97)
53	Henry Rosenberg	RRNT Ass, C.Ferrari (1979)	RRNTAss, Richard Basciano	NYC (1999)
55	Gertin Enterprises	Aztec, Jack Laboz (1977)		NYC (1999)
57	Mark Finkelstein (1974)	Lesse: Clark	Cine 42 Theaters (1989)	NYC (1999)
59	Franklin Savings Bank (1967)		Milstein (1983)	Milstein
61	Franklin Savings Bank (1967)		Milstein (1983)	Milstein
135	90 Corp (Jacobwitz) (1933)		Marion Berson (1985)	NYC (1990), L: Klein
136	Robert. E. Hill Corp		Stephen Quesenberry (1989)	NYC (1990), L: Klein
137	First National City Bank	Joe Stareshefsky (1978)	Fieldman (1985)	NYC (1990), L: Klein
			Daniel Swick (1988)	

Bei diesem Block, aber auch bei allen anderen Blöcken sind erhebliche Wertsteigerungen einzelner Grundstücke in relativ kurzer Zeit zu erkennen, die mit der planungsrechtlich erlaubten Verdichtung einhergeht, auch dann, wenn noch keine tatsächliche Wertverbesserung durch die Nutzung geschehen ist. Beim Block 2013 trifft das insbesondere auf Lot 42 zu, das Candler Building, das lange Zeit Michael Lazar gehört hat.

Block 1013

Lot	Value 1975	Ass. Value (A) 1982	Ass. Value 1981-1990	Assessed Value 1999
1	315.000 $	425.000 $ (M, 1975)	5.000.000 $ (M, 1983)	540.000 $ (A)
2	180.000 $	425.000 $ (M, 1975)	5.000.000 $ (M, 1983)	540.000 $ (A)
6	1.510.000 $	750.000 $ (A)	5.000.000 $ (M, 1983)	2.430.000 $ (A)
12	110.000 $	80.000 $ (S, 1979)		220.000 $ (A)
29	1.395.000 $	2.000.000 $ (S, 1981)	3.760.000 $ (S, 1986)	1.050.000 $ (E)
34	780.000 $	850.000 $ (S, 1978)		1.150.000 $ (E)
35	525.000 $	503.000 $ (A)		540.000 $ (P)
36	200.000 $	237.000 $ (A)	371.000 $ (A, 1986)	450.000 $ (P)
37	655.000 $	875.000 $ (S, 1977)	2.700.000 $ (S, 1985)	1.580.000 $ (E)
			1,440.000 $ (S, 1991)	
39	1.175.000 $	1.215.000 $ (E)		2.490.000 $ (E)
40	340.000 $	410.000 $ (A)		760.000 $ (E)
41		305.000 $ (A)	400.000 $ (S, 1984)	400.000 $ (S, 1997)
42	2.600.000 $	1.300.000 $ (S, 1981)	14.800.000 $ (S, 1985)	5.670.000 $ (A)
45	800.000 $	791.000 $ (A)		1.400.000 $ (E)
46	650.000 $	626.000 $ (A)		855.000 $ (E)
49	670.000 $	672.000 $ (A)		1.410.000 $ (E)
50	700.000 $	764.000 $ (A)	1.150.000 $ (S, 1985)	1.240.000 $ (E)
53	750.000 $	522.000 $ (S, 1979)		1.140.000 $ (E)
55	460.000 $	928.000 $ (S, 1977)		
57	580.000 $	601.000 $ (A)	1.780.000 $ (S, 1989)	1.410.000 $ (E)
59		290.000 $ (A)	5.000.000 $ (M, 1983)	720.000 $ (A)
61	1.060.000 $	1.830.000 $ (A)	5.000.000 $ (M, 1983)	3.680.000 $ (A)
135	310.000 $	317.000 $ (A)	428.000 $ (A, 1990)	417.000 $ (P)
136	260.000 $	276.000 $ (A)	418.000 $ (A, 1990)	417.000 $ (P)
137	210.000 $	215.000 $ (S, 1978)	251.000 $ (A, 1985)	450.000 $ (P)
			362.000 $ (A, 1990)	

(S=Sales Price (Verkaufspreis), E=Estimate (geschätzter Wert), M=Multiple (Wert mehrerer Flurstücke)

Block 1014

Lot	(Historischer) Name	Adresse	Nutzung 1978	Nutzung 1999/2000
1	low-rise retail	263 West 42nd	FastFood/Camera/Discount	Sony/Loews Multiplex, e-walk
4	low-rise retail	261 West 42nd	FastFood	Sony/Loews Multiplex, e-walk
5	low-rise retail	259 West 42nd	Peepshow/Cigarettes	Sony/Loews Multiplex, e-walk
6	Clinton Apartments	251-56 West 42nd	Peep/Bks/Gift/Office	Sony/Loews Multiplex, e-walk
10	low-rise retail	249 West 42nd	Peepshow ("The Harem")	Sony/Loews Multiplex, e-walk
11	low-rise retail	247 West 42nd	Adult Books	Sony/Loews Multiplex, e-walk
12	low-rise retail	243 West 42nd	Clothing	Sony/Loews Multiplex, e-walk
13	Hotel Dixie	241 West 42nd	SRO-Hotel	Tourist Hotel Carter
15	Case Building	233-39 West 42nd	Camera/Gifts/Artist Lofts	Duke Probebühne
17	Selwyn Theatre	229-31 West 42nd	KungFu+Porno-Theatre	Roundabout Theatre
	(Selwyn Offices)		(Grand Luncheonette)	Duke Probebühne
18	Apollo Theatre	225-27 West 42nd	Legit Theatre	Ford Center f. Performing Arts
20	Times Square Theatre	215-23 West 42nd	KungFu+Porno-Theatre	Times Square Theatre
25	Victory Theatre	207-11 West 42nd	KungFu+Porno-Theatre	New Victory Theatre
28	Rialto Movie Theatre	1481-83 Broadway	X-rated-Rialto-Theatre 1+2	Reuters
33	low-rise retail	1485 Broadway	Playland	Reuters
35	Foot Looker	1487-98 Broadway	X-Rated Movies	Reuters
36	Stardust Diner	1491 Broadway	Fast Food	Reuters
37	Strand-Hotel (Scarboro)	206-08 West 43rd	SRO-Hotel	Reuters
38	low-rise retail	210 West 43rd	Deli	Reuters
39	Lyric Theatre	214-16 West 43rd	KungFu+Porno-Theatre	Ford Center f. Performing Arts
58	low-rise retail	264 West 43rd	Liquor Store	Tishman, Hotel Westin
59	low-rise retail	266 West 43rd	Van Dyck Bar	Tishman, Hotel Westin
60	low-rise retail	268-74 West 43rd	Van Dyck Restaurant	Tishman, Hotel Westin
61	low-rise retail	678 Eighth Ave	Grocery/Coffee/FF	Tishman, Hotel Westin
62	low-rise retail	676 Eighth Ave	Peepshow	Tishman, Hotel Westin
63	low-rise retail	672 Eighth Ave	Las-Vegas-Bar	Tishman, Hotel Westin
64	low-rise retail	670 Eighth Ave	X-rated Movies	Tishman, Hotel Westin
111	low-rise retail	245 West 42nd	Gifts/Imports	Sony/Loews Multiplex, e-walk
134	low-rise retail	202 West 43rd	Movies	Reuters
136	low-rise retail	204 West 43rd	Liquor Store	Reuters

Block 1014 befindet sich zwischen Seventh und Eighth Avenue sowie zwischen der W42nd und W43rd Street. Das ist der zweite Block mit den historischen Theatern; hier befindet sich das New Victory, das Times Square (2012 im Umbau), das Selwyn Theatre, das heute American Ailines Theater heißt, und das Ford Center, heute Foxwoods Theater. Auch die Probebühne The Duke ist hier, der B.B. King Blues Club, das frühere Kino Loews, heute Regal E-Walk, und das Hotel Carter. Am Westende befindet sich das Westin Hotel, und am Ostende das Hochhaus von Thomson Reuters, das ebenfalls zu den Projekt-Hochhäusern gehört.

Block 1014

Lot	Eigentümer 1975/76	ET-Wechsel bis 1982	ET-Wechsel bis 1990	ET ab 1999
1	Judd Estates	Alan Goldberger (1981)		UDC (1995)
4	Micar Cigares	Louis Lefkowitz (1979)		UDC (1995)
5	259W42nd St Realty (1914)		Richard Basciano (1985)	UDC (1999)
6	Jeyer Operation Inc.	Rosenberg/Atamian (1975)	Di Lorenzo (1988)	UDC (1999)
10	J. Bacharach/Le. Atamian (1942)			UDC (1994)
11	Reep Realty Corp	Murray Puderbeutel (1982)	Melvin Heller e.a. (1995)	UDC (1999)
12	Wildor Realty/Modell (1945)		Modell Family (1987)	UDC (1995)
13	Transamer Real Estate	Tran Dingh Troung (1977)		UDC (1995)
15	Union Dime Savings Bank	Julius Charnow (1980)		UDC (1995)
17	Annbar Ass./Josef Lubin (1966)		Ann Goldstein (1984)	NYC (1993)
	Lesse: Brandt		Lesse: Brandt	
18	Brandt Enterprises (1966)			NYC (1993)
20	Annbar Ass./Josef Lubin (1966)		Ann Goldstein (1984)	NYC (1993)
	Lesse: Brandt		Lesse: Brandt	
25	Annbar Ass./Josef Lubin (1966)		Ann Goldstein (1984)	NYC (1993)
	Lesse: Brandt		Lesse: Brandt	
28	Chemical Bank/A. Kohlberg (1961)			UDC, L: Klein (1990)
	Lesse: Brandt			
33	Brandt Enterprises (1968)			NYC, L: Klein (1990)
35	Ira Koenigsberg	York Amusemt/Nicolosi (1980)		NYC, L: Klein (1990)
36	Council Commerce Corp	Childs Restaurants/Riese (1975)		NYC, L: Klein (1990)
37	Strand Hotel Ass.	Bernard Bruder (1979)		NYC, L: Klein (1990)
38	Brandt Enterprises (1969)			NYC (1993)
39	Annbar Ass./Josef Lubin (1966)		Ann Goldstein (1984)	NYC (1990)
	Lesse: Brandt		Lesse: Brandt	
58	Menrob Realty		Jenbern/B. Paige (1982)	UDC (1995)
59	1042 Corp, G. Parthenides (1961)			UDC (1995)
60	Westmoreland, R. Watch ('70)			UDC (1995)
61	West Side Federal S-L	Nicholas Petras (1981)		UDC (1995)
62	Emil Lublin	Edward Lublin (1978)		UDC (1995)
63	Emil Lublin	Edward Lublin (1979)		UDC (1995)
64	Irving Maidman (1969)		Richard Basciano (1984)	UDC (1995)
111	Whiteway Arcade	Jerald Hart/Robert Black (1979)		UDC (1999)
134	York Amusement/L.Nicolosi (1951)			
136	Daniel Hirsch, Ed Ross (1949)			NYC, L: Klein (1990)

Anhang

Block 1014

Lot	Value 1975	Assessed Value (A) 1982	Ass. Value 1982-1990	Ass. Value 1999
1	1.420.000 $	173.000 $ (S,1981) bei 1.500.000 $ (A)		1.660.000 $ (E)
4	170.000 $	159.000 $ (A)		249.000 $ (E)
5	240.000 $	225.000 $ (A)	1.300.000 $ (S, 1985)	686.000 $ (E)
6	1.075.000 $	1.350.000 $ (S, 1975)	4.400.000 $ (S, 1988)	1.530.000 $ (E)
10	245.000 $	189.000 $ (A)		342.000 $ (E)
11	285.000 $	485.000 $ (S, 1982)	484.000 $ (S, 1982)	293.000 $ (E)
12	205.000 $	200.000 $ (A)	227.000 $ (A, 1990)	249.000 $ (E)
13	2.350.000 $	1.500.000 $ (S, 1977)		315.000 $ (A)
15	1.020.000 $	1.040.000 $ (A)		1.240.000 $ (E)
17	900.000 $	900.000 $ (A)	1.530.000 $ (E, 1988)	1.350.000 $ (E)
18	415.000 $	350.000 $ (A)		556.000 $ (E)
20	1.765.000 $	1.570.000 $ (A)	2.610.000 $ (E 1988)	2.860.000 $ (E)
25	810.000 $	697.000 $ (A)	1.080.000 $ (E, 1988)	1.240.000 $ (E)
28	3.030.000 $	2.950.000 $ (A)	4.440.000 $ (A)	4.860.000 $ (E)
33	725.000 $	(Kein Wert)	864.000 $ (A)	945.000 $ (E)
35	290.000 $	500.000 $ (S, 1980)	861.000 $ (A)	918.000 $ (E)
36	655.000 $	850.000 $ (S, 1975)	933.000 $ (A)	963.000 $ (E)
37	180.000 $	275.000 $ (S, 1979)	362.000 $ (A)	441.000 $ (E)
38	122.000 $	117.000 $ (A)		254.000 $ (E)
39	980.000 $	950.000 $ (A)	1.190.000 $ (E, 1988)	1.100.000 $ (E)
58	63.000 $	74.000 $ (A)		140.000 $ (E)
59	63.000 $	72.000 $ (A)		140.000 $ (E)
60	342.000 $	310.000 $ (A)		631.000 $ (E)
61	355.000 $	724.000 $ (S, 1981)		510.000 $ (E)
62	135.000 $	140.000 $ (A)	68.000 $ (S, 1989)	135.000 $ (E)
63	165.000 $	4.500 $ (S, 1979) bei	30.000 $ (S, 1989)	175.000 $ (E)
64		191.000 $ (A)	415.000 $ (S, 1984)	363.000 $ (E)
111		9.000 $ (S, 1979) bei 270.000 $ (A)		551.000 $ (E)
134		292.000 $ (A)		(kein Wert)
136		152.000 $ (A)		275.000 $ (E)

Block 995

Lot	(Historischer) Name	Adresse	Nutzung 1978	Nutzung 1999/2000
1	Times Tower	1457 Broadway	Offices/Cafe/FastFood	Warner Bros./vacant
5	Long Acre Building	1482-90 Broadway	Gifts/Shoes/FF/Offices	Conde Nast/Skadden, Arps
12	low-rise retail	145 West 42nd	Bar/Times Square Gym	Conde Nast/Skadden, Arps
13	low-rise retail	143 West 42nd	Mens Shoes	Conde Nast/Skadden, Arps
14	low-rise retail	142 West 42nd	Mens Shoes	Conde Nast/Skadden, Arps
15	low-rise retail	135-39 West 42nd	Sport Goods	Conde Nast/Skadden, Arps
17	low-rise retail	133 West 42nd	Eingang X-rated Avon	Computer
18	low-rise retail	131 West 42nd	Mens Shoes	Photo
19	low-rise retail	129 West 42nd	Mens Shoes	Clothes
20	American Savings Bank	125-27 West 42nd	X-rated Love Theatre	Tortillas
21	low-rise retail	123 West 42nd	Mens Shoes	Giftshop
22	Pix Theatre	121 West 42nd	X-rated Rialto 3	Laura Belle/Peep-O-Rama
23	Drake's Restaurant	119 West 42nd	Tad's Steaks	Tad's Steaks
24	low-rise retail	117 West 42nd	Clothing	Duane Read
25	low-rise retail	115 West 42nd	Gifts/Imports	Duane Read
26	Remington Building	113 West 42nd	Fun City/Peepshow)	Fun City, Vacant Office
27	low-rise retail	111 West 42nd	FastFood/China Arts	vacant
28	low-rise retail	109 West 42nd	???	vacant
29	low-rise retail	1101-09 Sixth Ave	???	Pronto Pizza
33	low-rise retail	1111 Sixth Ave	???	Foto, McDonald
34	low-rise retail	1113-15 Sixth Ave	???	Fast Food
35	low-rise retail	1117 Sixth Ave	???	Donuts
36	low-rise retail	1119 Sixth Ave	???	Deli/Office
37	low-rise retail	106 West 43rd	???	Chinese Takeout
38	Hotel Diplomat	108-16 West 43rd	Hotel Diplomat	Airborne X-press
45	Henry-Miller-Theatre	124-30 West 43rd	Discothek Xenon	Henry-Miller-Theatre
48	W.O.V-Building	132-36 West 43rd	X-rated Avon Theatre/ACLU	Barbeque Grill
52	???	138-42 West 43rd	Restaurant	Conde Nast/Skadden, Arps
57	George M Cohan-Theatre	144-56 West 43rd	Nathan's/Big Apple (x-rated)	Conde Nast/Skadden, Arps
130	low-rise retail	105 West 42nd	Donuts	vacant
131	low-rise retail	107 West 42nd	Vacant	vacant
137	low-rise retail	104 West 43rd	???	Checks Cash

Block 955 ist der Block zwischen Sixth und Seventh Avenue sowie zwischen W 42nd und W-43rd Street. Der Block wird vom Broadway durchschnitten. Auf dem kleineren, durch den Broadway abgetrennten westlichen Teil befindet sich der früher Times Twer. Der östliche Teil ging nach und nach fast vollständig in das Eigentum der UDC und dann der Durst Organization über, dort befinden sich heute (2012) das Hochhaus von Condé Nast und Skadden Arps, sowie; seit 2010, die Zentrale der Bank of America,. Beide wurden von Durst errichtet..

Block 995

Lot	Eigentümer 1975/76	ET-Wechsel bis 1982	ET-Wechsel bis 1990	Eigentümer ab 1999
1	New York Times (1904)	Alex Parker (1974)	Allan Riley (1984)	Lehman Bros. (1995)
	Chemical Bank (1961)	TSNY Realty (1981)	Stephen Israel (1985)	Jamestown One TS (1997)
5	Moises Cosid/Hoyt (1964)			UDC (1990), L: Durst ('96)
12	Seymour Durst			UDC (1990), L: Durst ('96)
13	Genesco Inc.	Seymour Durst (1979)		UDC (1990), L: Durst ('96)
14	Adler Shoe Shops	Seymour Durst (1979)		UDC (1990), L: Durst ('96)
15	Brick Management Corp	Seymour Durst (1979)		UDC (1990), L: Durst ('96)
17	Brick Management Corp	Seymour Durst (1979)		Douglas Durst
18	Wohl Shoe Corp (1975)			Douglas Durst (1995)
19	Melville Realty corp	Ed McMahon Singer (1978)		Douglas Durst (1999)
20	Brick Management Corp	Seymour Durst (1981)		Douglas Durst
21	Genesco Inc.	Ed McMahon Singer (1980)		Douglas Durst (1999)
22	Brandt Enterprises (1969)			Brandt Organisation
23	Fulton St. Holdings Corp	Seymour Durst (1976)		Douglas Durst
24	Brick Management Corp	Seymour Durst (1973)		Douglas Durst
25	Seymour Durst			Douglas Durst
26	Irving Maidman (1940)	Richard Maidman (1980)		Maidman-Family
27	Brick Management Corp	Seymour Durst (1976)		Douglas Durst
28	E. J. Adams	Cadillac Campeau (1981)	Triline/Bildrocco (1986)	Triline Trading/Bildrocco
29	Brick Management Corp	Seymour Durst (1981)		Douglas Durst
33	The Finch Corp.	Cadillac Campeau (1981)	Triline/Bildrocco (1986)	Triline Trading/Bildrocco
34	Brick Management Corp	Seymour Durst (1972)		Douglas Durst
35	Brick Management Corp	Seymour Durst (1971)		Douglas Durst
36	Harry Goldberg (1954)		Susan Rosenberg (1988)	David Rosenberg (1995)
37	Brick Management Corp	Seymour Durst (1976)		Douglas Durst
38	Brick Management Corp	Seymour Durst (1974)		Douglas Durst
45	Seymour Durst			Douglas Durst
48	Brick Management Corp	ACLU (1979)		Douglas Durst (1997)
52	Dining Room Emp. Union	Viacom International (1981)		UDC (1990), L: Durst ('96)
57	Blackwell/Lefkowitz (1967)			UDC (1990), L: Durst ('96)
130	The Finch Corp.	Cadillac Campeau (1981)	Triline/Bildrocco (1986)	Triline Trading/Bildrocco
131	The Finch Corp.	Cadillac Campeau (1981)	Triline/Bildrocco (1986)	Triline Trading/Bildrocco
137	Brick Management Corp	Seymour Durst (1971)		Douglas Durst

Block 995

Lot	Value 1975	Ass. Value (A) 1982	Ass. Value 1982-1999	Assessed Value 1999
1	4.575.000 $ (S, 1964)	6.250.000 $ (S, 1974)	16.500.000 $ (S, 1984)	27.500.000 $ (S, 1995)
		12.000.000 $ (S, 1981)	18.100.000 $ (S, 1985)	110.000.000 $ (S, 1997)
5	3.100.000 $	2.330.000 $ (A)	3.760.000 $ (S, 1990)	4.050.000 $ (E)
12	325.000 $	285.000 $ (A)	523.000 $ (E)	360.000 $ (E)
13	305.000 $	261.000 $ (A)	392.000 $ (A)	318.000 $ (E)
14	310.000 $	212.000 $ (A)	412.000 $ (A)	356.000 $ (E)
15	775.000 $	670.000 $ (A)		810.000 $ (A)
17	290.000 $	263.000 $ (A)		375.000 $ (A)
18	225.000 $	233.000 $ (A)		2.500.000 $ (S, 1995)
19	250.000 $	229.000 $ (A)		409.000 $ (A)
20	685.000 $	500.000 $ (A)		611.000 $ (A)
21	245.000 $	214.000 $ (A)		370.000 $ (A)
22	750.000 $	750.000 $ (A)		208.000 $ (S, 1996)
23	300.000 $	302.000 $ (A)		393.000 $ (A)
24	270.000 $	810.000 $ (S, 1973)		412.000 $ (A)
25	300.000 $	751.000 $ (S, 1977)		751.000 $ (S, 1991)
26	590.000 $	494.000 $ (A)		565.000 $ (A)
27	285.000 $	276.000 $ (A)		544.000 $ (A)
28	300.000 $	4.100.000 $ (M, 1981)	11.000.000 $ (M, 1986)	423.000 $ (A)
29	1.215.000 $	1.100.000 $ (S, 1981)		1.450.000 $ (A)
33	205.000 $	4.100.000 $ (M, 1981)	11.000.000 $ (M, 1986)	283.000 $ (A)
34	435.000 $	526.000 $ (A)		746.000 $ (A)
35	160.000 $	177.000 $ (A)		274.000 $ (A)
36	245.000 $	243.000 $ (A)	321.000 $ (A, 1990)	626.000 $ (A)
37	175.000 $	169.000 $ (A)		337.000 $ (A)
38	900.000 $	995.000 $ (A)		1.480.000 $ (A)
45	680.000 $	730.000 $ (A)		765.000 $ (A)
48	765.000 $	1.530.000 $ (A)		6.800.000 $ (S, 1997)
52	675.000 $	1.380.000 $ (A)		7.000.000 $ (S, 1996)
57	3.570.000 $	2.550.000 $ (A)	4.520.000 $ (E)	5.250.000 $ (E)
130	240.000 $	4.100.000 $ (M, 1981)	11.000.000 $ (M, 1986)	346.000 $ (A)
131	245.000 $	4.100.000 $ (M, 1981)	11.000.000 $ (M, 1986)	346.000 $ (A)
137	180.000 $	169.000 $ (A)		461.000 $ (A)

(S=Sales Price (Verkaufspreis), E=Estimate (geschätzter Wert), M=Multiple (Wert mehrerer Flurstücke)

Zum Weiterlesen:

Manhattan Moments
Eva C. Schweitzer

Taschenbuch: 304 Seiten
Verlag: Knaur TB (1. Juni 2009)
ISBN-13: 978-3426782163
9,95 Euro

Der Times Square ist das Herz der Welt. Aber an der glitzernden Kreuzung, wo die Musicaltheater des Broadway, die Medienkonzerne und die Zeitungshäuser wie die New York Times und der New Yorker residieren, leben auch Menschen, die es in der Millionen-Metropole schaffen wollen: Schauspieler, Buchautoren, und Drehbuchschreiber, Architekten, Kneipiers, und politische Aktivisten.

Eva C. Schweitzer, die seit fünfzehn Jahren in New York lebt, nimmt uns mit auf eine Seinfeldeske Stadtführung, die das Leben von sechs New Yorkern nachzeichnet, von denen fünf an der Westside von Manhattan leben und eine in Brooklyn. Das Buch führt durch ein Jahr, das sich von Neujahr in Chinatown über den Sommer in Coney Island bis zum Silvester am Times Square spannt. Und auch so mancher, den wir in dieser Doktorarbeit kennengelernt haben, taucht in diesem Geschichtenband wieder auf.

Tea Party: Die Weiße Wut
Eva C. Schweitzer

In den USA ist eine neue rechte Bewegung groß geworden: Die Tea Party, eine weiße, erzkonservative und nationalistische Strömung. Viele Tea Partier sind schlichtweg konservativ – nicht mehr und nicht weniger. Aber es gibt auch Rechtsradikale unter ihnen, die aus Prinzip keine Steuern zahlen, den Holocaust leugnen, Anschläge auf Politiker planen, Abtreibungsärzte erschießen und mit Sturmgewehren herumballern. Wer sind diese Leute? Das Buch gibt einen Überblick über die Neue Rechte, ihre Wurzeln, ihre medialen Unterstützer und ihre Finanziers, über die Think Tanks und die Strippenzieher im Hintergrund und ihre Verflechtungen. Es geht aber auch um Widersprüche, interne Streitigkeiten, Frontenwechsel und darum, wie sich diese amerikanische Bewegung von vergleichbaren politischen Strömungen in Europa unterscheidet.

Taschenbuch: 280 Seiten
Verlag: Deutscher Taschenbuch Verlag (1. Januar 2012)
ISBN-13: 978-3423249041
14,90 Euro

Amerika und der Holocaust
Eva C. Schweitzer

Amerika gilt als Hort der Freiheit und der Demokratie. Tatsächlich aber haben die Vereinigten Staaten bis in die vierziger Jahre hinein mit dem Dritten Reich paktiert und dort Geschäfte gemacht. Ein paar Beispiele: Die Union Banking Corporation, die Bank von George W. Bushs Großvater Prescott Bush finanzierte die Aufrüstung der Wehrmacht, zudem war Bush Mitinhaber einer Fabrik, die in Auschwitz Kohle produzierte. IBM, Ford, General Motors und die Standard Oil der Rockefellers verkauften Maschinerie, Panzer, Fahrzeuge und Flugbenzin an die Wehrmacht. Und die restriktive Einwanderungspolitik der US-Regierung kostete Hunderttausende von jüdischen Flüchtlinge das Leben. Dies ist ein erschütternder Report aus einer ungekannten, dunklen Vergangenheit der USA.

Taschenbuch: 400 Seiten
Verlag: Knaur TB (1. 11. 2004)
ISBN-13: 9783426777848
14,90 Euro

www.ingramcontent.com/pod-product-compliance
Lightning Source LLC
Chambersburg PA
CBHW051401070526
44584CB00023B/3244